高等院校会计系列特色教材

会 计 理 论

ACCOUNTING THEORY

(2016)

主 编　张 斌

副主编　蒋小康　姚瑞马

江苏大学出版社

图书在版编目(CIP)数据

会计理论 / 张斌主编. —镇江：江苏大学出版社，
2008.8(2017.8 重印)
(高等院校会计系列特色教材/孔玉生主编)
ISBN 978-7-81130-047-5

Ⅰ. 会… Ⅱ. 张… Ⅲ. 会计学－高等学校－教材 Ⅳ.
F230

中国版本图书馆 CIP 数据核字(2008)第 129152 号

会计理论

主　　编/张　斌
责任编辑/吴明新　张　平
出版发行/江苏大学出版社
地　　址/江苏省镇江市梦溪园巷 30 号(邮编：212003)
电　　话/0511-84446464
排　　版/镇江文苑制版印刷有限责任公司
印　　刷/虎彩印艺股份有限公司
开　　本/787 mm×960 mm　1/16
印　　张/20.25
字　　数/440 千字
版　　次/2008 年 8 月第 1 版　2017 年 8 月第 3 次印刷
书　　号/ISBN 978-7-81130-047-5
定　　价/40.00 元

高等院校会计系列特色教材

编 委 会

总序

改革开放 30 年,我国的社会生产力得到了前所未有的发展,市场经济不断繁荣,国际化程度不断提高,新经济现象层出不穷。"经济越发展,会计越重要。"为适应这种经济发展的要求及不断变化的国际环境的需要,我国会计改革也与经济社会改革发展同步,在完善规范会计体系,加强法规制度建设方面迈出了重大步伐。2006 年 2 月 15 日,国家财政部正式颁布实施了新会计准则体系,其中包括 39 项企业会计准则和 48 项注册会计师审计准则,修订和完善了独立审计准则及新的税收法律制度。新会计准则标志着我国与国际惯例趋同的企业会计准则体系和注册会计师审计准则体系正式建立,意味着中国企业将使用国际通用的商业语言与国际企业对话。

会计教育改革是我国会计改革工作的重中之重,面临着新的机遇和挑战。当前,除了要解决我国 1 200 多万会计从业人员的知识更新问题外,高等院校的会计教育还担负着为社会培养和输送参与 21 世纪市场竞争的财务与会计管理人才的重任。"工欲善其事,必先利其器",尽快适应会计教育改革的需要,编写一套体系科学,内容新颖、切合实际的反映我国会计制度改革成果和新会计准则精神的会计教材,既是当前经济发展与会计改革的迫切要求,也是培养高素质应用型、复合型会计人才的切实需要。为此,我们组织编写了《基础会计》、《会计学》、《中级财务会计》、《高级财务会计》、《审计学》、《财务管理》、《高级财务管理》、《管理会计》、《税法》、《财务报表分析》、《税务筹划》、《会计理论》、《金融企业会计》、《成本会计学》、《政府与非营利组织会计》这套高等院校会计系列特色教材。

在编写过程中,我们力求做到体系合理、内容适时、思路清晰、易学易懂。本书特色如下:

（1）与时俱进，全面反映新准则、新经济法规的相关内容。突出"新"字，不仅体现了很多具体准则变化的业务处理，而且体现了财务管理相关知识的最新变化以及适应国际化竞争需要的国际惯例和准则。如《金融企业会计》一书在充分吸纳最新法律、法规精神实质的同时，借鉴国际金融会计惯例，注重模拟金融企业真实环境，重视运用图、表、例说明问题，采用的数据资料、凭证、账簿均源于实践，具有较强仿真性。

（2）理论联系实际。充分反映了会计研究的最新理论成果，并选编了大量案例，以增强理论知识的可接受度，力求在讲授知识的同时，培养学生的实际应用能力。如《税务筹划》一书突出体现了"实战性"，通过大量的税务筹划操作案例，引导读者明确区分合理的税务筹划与偷逃税的界限，掌握税务筹划的基本要领和操作技巧。

（3）教学与科研相结合。在完整表达相关学科基础知识和基本原理的同时，尽量体现最新的会计研究方向与成果，使学生在掌握基础知识的同时提高科研创新能力。如《高级财务管理》一书针对较为成熟的财务管理的特殊业务作了深入阐述，同时对于一些尚不成熟的热点及前沿问题，则以专题形式进行论述，其中凝聚了作者最新的研究成果。

（4）由浅入深、由表及里的逻辑思路。在内容编排上循序渐进，由基础性知识逐步导向理论性的探索和研究。如《高级财务会计》一书在内容安排上力求与《中级财务会计》相衔接，使之形成完整的学科体系。

（5）专业教育与普及教育相结合。同时兼顾了财经专业与非财经专业学生的学习需要，内容安排上既重视基础知识的阐述又突出重点、难点，既体现了专业性也兼顾了普及性。如《会计学》一书在讲述基本概念和基本理论的同时，尽量列举一些国内外重大会计案例，对一些重点和难点问题进行分析和探讨。

本系列教材由部分高等院校具有丰富教学科研经验、思维敏锐、勇于创新的中青年教授、博士生导师编写，所有作者都倾注了极大的热情，付出了艰辛的劳动。如果本套教材能够引起大家的思考，打开读者的视野，为在会计教育改革中不断摸索的同行提供一些有益的借鉴，那就达到了我们编写这套书的目的。

教授、博士生导师

2008 年 7 月于江苏大学

前言

　　理论是一种知识体系,会计理论是对会计实践的一种理性认识,它既反映会计实务的本质和特征,揭示会计信息系统运行、发展的规律性,又是由会计的特定概念和方法程序所构成的逻辑体系。20 世纪,会计思想、会计学科、会计制度、会计实务以及会计教育和会计人才培养都获得了巨大发展,会计系科大分化、大整合,会计由"艺术"走向"科学"。21 世纪是知识经济的世纪,知识创新是知识经济的灵魂,社会经济环境日新月异,这一切都向会计理论提出了新的挑战。

　　在会计学专业中,会计理论(或财务会计理论)是一门非常重要的课程。尽管国内外已有不少类似的教材,但其具体内容及难度不尽相同,且国外的教科书大多以北美会计准则与会计实务为基础,未必完全适合我国的国情。根据这一实际情况,本书的编写力求体现如下特色:(1) 充分借鉴国外的会计理论,尤其是美国财务会计准则委员会以及国际会计准则委员会的研究成果;(2) 立足我国国情,尽量反映我国企业会计准则改革的成果,在我国会计准则与国际会计准则趋同的大背景下,这显得格外重要;(3) 力争反映编者在教学中的体验与经验,努力满足教学的需要,内容阐述不求面面俱到,而是有选择地讲解财务会计理论中的基础知识和重要内容。

全书共十一章,主要介绍了会计准则理论、财务会计概念框架、会计计量理论、财务报表要素的确认和计量(包括资产确认和计量、负债确认和计量、业主权益确认和计量、收益确认和计量)、财务会计报告理论,并对如何构建我国的会计理论体系作了专门阐释,最后,主要从会计信息的价值相关性角度阐述了资本市场中的会计研究。本书既可作为本科院校会计及相关专业本科生、研究生的教学用书,也可作为在职财务会计人员的培训及自学参考书。

本书由张斌担任主编,蒋小康、姚瑞马担任副主编,具体分工如下:第二章、第三章、第九章、第十一章由张斌编写,第五章至第八章由蒋小康编写,第一章、第四章、第十章由姚瑞马编写。

在编写过程中,我们参考了大量的国内同类论著、教材以及学术论文,在此对相关作者表示诚挚的感谢。各兄弟院校会计专业学术同仁对本书的编写给予了宝贵的意见和建议,江苏大学出版社为本书的出版做了大量工作,扬州大学出版基金对本书的出版提供了资助,在此一并致谢。

由于时间、水平的限制,本书难免存在不妥、疏漏,甚至错误之处,敬请读者批评指正。

编 者

2008 年 6 月

目录

第一章

会计理论概述

【本章导读】

会计理论有其自身的演变历史。本章首先从古代会计理论的产生、近代会计理论的发展、现代会计理论的突破，描述会计理论的历史发展脉络；随后阐述会计理论的不同概念；最后介绍会计理论的分类。

通过本章的学习，要求了解会计理论的历史发展；掌握会计理论的概念及其分类；熟悉规范会计的研究方法。

第一节 会计理论的历史发展

一、古代会计理论的产生

古代的会计，从时间上看，是从旧石器时代的中晚期逐步产生和发展起来的，直到封建社会末期；从会计运用的技术方法看，主要涉及原始计量记录方法、单式簿记法和初创的复式簿记法（也称复式记账法）等内容。

人类的原始计量记录行为产生于旧石器时代。在新石器时代，随着生产力的发展，人们已经具备了数字的概念，能够开始运用一些符号和表现方法，如结绳记事和绘图记事等。但从严格意义上讲，这一时期的原始记录方法并不是单纯的会计行为和会计方法，而只是一种与数学、统计学以及其他相关学科有关的综合性的行为和方法，结绳记事和绘图记事等行为是这些学科的萌芽状态。真正的会计行为是到奴隶社会的繁盛时期才逐渐产生的。

单式簿记法产生于奴隶社会，在封建社会得到充分发展。奴隶社会时期，私人财产的增加导致了受托责任会计的产生，受托责任会计不仅应保护奴隶主的财产安全，还应证明管理这些财产的人履行了他们的职责。单式簿记的方法体系由会计核算项目、账簿设置、记录方法、会计凭证、结算方法以及会计报告等具体方法组成。需要注意的是,单式簿记的主要目的不是计量而是进行控制。可以这样认为,内部控制是所有古代簿记的重要特征。在世界各国,单式簿记都是逐步发展的:先是设置流水账,再逐步演变为设置"三账",相当于现在的日记账、明细分类账和总分类账。这种账簿设置方法为复式账簿组织体系的建立奠定了基础。在古代会计的发展过程中,各文明古国曾处于世界先进行列,如中国、埃及、巴比伦、罗马和希腊等。中国古代的会计处在绝对领先的地位,只是到了近代才逐渐落后于西方。

在单式簿记的发展过程中,随着商业交换的复杂化,复式簿记体系开始萌芽。复式簿记产生于 1250 年至 1440 年之间的意大利北部。著名会计学家利特尔顿(Littleton)认为,复式簿记产生的条件可以概括为两方面:一是表达能力,如书写艺术和数学的发展以及统一货币单位的广泛使用等;二是机构的发展,如私人财产概念、信用的发展和资本的积累等。随着资本主义的萌芽,当时的意大利城邦都已具备了上述条件。有理由认为,复式簿记体系是源远流长的,人们早已经开始运用复式簿记,只是直到 1494 年卢卡·帕乔利《算术、几何及比例概要》一书的出版,才有了这方面的记录。我国的复式簿记产生于明代,经历了从不完善到完善,从三脚账、龙门账到四脚账的过程,而这些记账方法直到 20 世纪 30 年代还有应用。

古代会计活动确实存在,但会计理论却非常薄弱。可以说,古代没有会计理论,即使有,也只是存在于人们的头脑之中而没有以著作的形式反映出来,因而至今已无法考证。所以,一般认为最早的会计理论著作是《算术、几何及比例概要》一书。

二、近代会计理论的发展

会计史学界认为,自从《算术、几何及比例概要》这一著作问世,整个会计界才从对会计实务的研究中摆脱出来,转而向着以会计理论研究为中心的方向发展。卢卡·帕乔利对会计学的贡献是划时代的,这部著作的出版标志着近代会计时期的开始。

近代会计,从时间上看,是从《算术、几何及比例概要》一书的出版到 20 世纪 30 年代;从会计运用的技术方法看,主要集中在复式簿记法的演进和运用上。

《算术、几何及比例概要》一书对于复式记账在欧洲的广泛传播起了很大作用,尤其是对意大利的会计实务工作产生了极其深刻的影响。1494 年后,复式簿记法在意大利迅速得到普及并不断完善。随着美洲大陆的发现和东西方贸易的发展,欧洲的政治和商业中心逐步转向大西洋沿岸。同时,欧洲各国建立了统一的货币制度、阿拉伯数字取代了罗马数字、纸张的普遍使用等因素都促使复式簿记法向整个欧洲传播。复式簿记法的发展中心由意大利转移到荷兰、德国、法国,随后又转移到英国,在这一过程中,复式簿记法得到了进一步发展和完善。卢卡·帕乔利的著作几乎影响了整整一个时代,不过,复式簿记的发展与其说是技术的创新,不如说是使用范围的扩大。即使是现在,我们仍然采用复式簿记的方法,虽然美国会计学家井尻雄士提出了三式记账方法,我国学者黄宏辉也提出了三维记账方法以及具体的操作程序,但都没有在会计实务中得到广泛应用,现行会计实务仍然采用复式记账方法。

卢卡·帕乔利的复式记账法产生以后,从 15 世纪至 18 世纪(1494—1775 年)的大约 300 年间,西方会计理论研究处于一个停滞时期。18 世纪后期,西方工业资本主义兴起,会计实务和会计理论在 1775—1933 年这 150 多年间迅速发展。资本主义的发展对会计理论的影响主要表现在以下 3 个方面。

(1)股份公司对会计理论的影响。最早的股份公司产生于 1600 年的英国,股份所有者对公司债务承担有限责任。为了保护债权人的利益和保证企业经营的连续性,需要限制股利的分配,这就需要系统地进行利润计量,其中包括更精确地区分资产和费用。尽管会计理论的基本概念很少是单纯因股份公司产生的,但股份公司的建立确实使会计思想发生了很大变化,如对持续经营假设和会计分期假设的理解等。

(2)工业革命对会计理论的影响。18 世纪后期至 20 世纪初期,相继发生的两次工业革命为会计的发展提供了广阔的天地。工业革命对会计学影响的结果是对复式簿记的原有结构增加了一系列补充事项,如折旧观念、资产计价、收益计量,以及一系列的系统性事项。持续经营、会计分期和应计观念已经成为大型制造企业会计实务处理中必不可少的部分。

(3)会计职业对会计理论的影响。如果说复式簿记著作的出版是近代会计史上的第一个里程碑,那么,会计职业的出现就是近代会计史上的第二个里程碑。世界上第一个注册会计师专业团体于 1845 年在英国产生。会计职业的出现促使会计实务开始走向规范化,从而引发人们对会计准则的不懈探索,进而带来了会计理论的空前发展。只有在会计职业出现之后,严格意义上的会计学才真正产生,在此之前,会计只是簿记。

在 1933 年以前的近代会计阶段,由于长期受实用主义的影响,虽然有一些著名的会计学家出版和发表过不少会计理论著作和文章,但这些会计理论大多缺乏系统研究,不具权威性,因而并未得到会计界的普遍承认,对当时的会计实务也未能起到指导作用。

在这一时期的会计实务中,会计人员在选择会计程序和方法方面有相当大的自由。这一时期会计的主要特点如下:

(1)不同企业对同一会计事项所采用的会计程序和方法是不同的,从而使不同企业的会计报表无法进行比较;

(2)会计目标主要是计算应税收益,并且是为了尽可能少交所得税;

(3)人为地平均各个年度的收益,例如,随意采用递延收益和递延费用账务处理方法的现象极为普遍;

（4）大多数会计程序和方法缺少会计理论上的依据,因而会计具有实用主义的特点,对复杂的会计账务问题采用权宜的处理方法。

对于上述现象,大部分西方会计学者都持有异议,并于1920年后纷纷发表文章对这些现象进行抨击,不仅提出要改进实务,而且有组织、有系统地研究和探讨会计理论。这样,在1933年以后,会计理论进入了迅速发展的现代会计理论时期。

三、现代会计理论的发展

西方大多数会计学家认为,1933年以后的历史时期是现代会计理论的发展阶段,在此之前的会计理论几乎纯属实用主义,并且缺乏系统的理论阐述;即使有一些理论阐述,也大多是描述性的,对会计实务解释、预测和指导的作用十分有限。

1933年之后,美国、英国、澳大利亚、加拿大、新西兰等英语国家成为会计思想的开拓者。其中,美国居于领先地位。现代会计理论的发展经历了两个不同的阶段:第一阶段,由会计专业团体建立统一的会计准则阶段;第二阶段,由具有更大政治代表性的会计团体健全会计准则阶段。

（一）由会计专业团体建立统一的会计准则阶段（1933—1973年）

20世纪30年代,西方资本主义国家爆发了严重的经济危机,公司纷纷破产倒闭,股票和债券在证券市场上大量抛售,许多公司陷入无力偿付债务的境地,政府和社会公众迫切要求公司会计报表能够真实反映公司的财务状况。在这种政治经济背景下,美国政府于1933年和1934年分别颁布了《证券法》和《证券交易法》,要求公司送交证券交易管理委员会的会计报表必须按统一的会计准则编制,并经注册会计师审计。这就促使会计界必须对编制会计报表所应依据的会计准则及其基础概念进行认真研究,从而改进会计实务,提高会计报表的可靠性、一致性和可能性。这一时期会计的主要目标是使企业向社会公众提供可靠和相关的会计信息,使投资者在向股份公司投资时能够根据公司提供的会计报表作出正确的投资决策,进而使投资者和债权人的利益得到保护。

在1933—1973年的40年间,美国和英国的一些会计专业团体对于改进会计实务和完善会计理论付出了巨大努力,并发表了不少建议性的公报。这些公报对建立统一的会计准则和促进会计理论的发展起到了相当大的推动作用。其中,美国的会计专业团体主要有:美国注册公共会计师协会(也称美国注册会计师协会,AICPA)及其下属的会计程序委员会(CAP)、会计原则委员会(APB),美国会计学会(AAA),全国会计师协会(NAA)。除了美国的会计团体,英格兰和威尔士特许会计师协会(ICAE)、加拿大特许会计师协会(SCAC)、澳大利亚特许会计师协会(ICA)等专业团体,也都积极参与制定本国会计准则,对会计理论的发展作出了贡献。

虽然上述会计专业团体对推进会计实务的标准化以及会计理论的发展作出了很大贡献,但是,社会公众和会计界对当时的会计实务仍然强烈不满,其主要原因有以下几点:

(1) 不同企业仍然采用不同的会计程序和方法,会计报表的可比性较差,有必要采取更为有效的措施来缩小企业之间的会计实务差异;

(2) 对于新发生的会计账务处理问题,仍然没有合理的解决方式;

(3) 这一时期发生了许多诈骗案件,会计信息失真现象严重,这说明会计报表并不能真实反映企业的财务状况和经营成果;

(4) 各专业团体发布的文件权威性差,并且这一时期还未建立系统的会计理论以作为指导会计实务的基础观念。

根据这种状况,美国注册会计师协会(AICPA)于 1971 年成立了两个委员会,即特鲁布拉德委员会和惠特委员会,具体负责确定会计报表的目标以及建立健全统一的会计准则。惠特委员会于 1972 年提交了一份报告,即《惠特报告》,建议取消会计原则委员会(APB),成立财务会计准则委员会(FASB),该项报告被 AICPA 所接受。于是,1973 年 FASB 成立,标志着会计准则的建立和健全进入了一个崭新阶段。

(二) 由具有更大政治代表性的会计团体健全会计准则阶段(1973 年至今)

由于由会计专业团体制定会计准则未得到普遍承认和广泛应用且缺乏权威性,于是,美国财务会计准则委员会(FASB)和证券交易委员会(SEC)成为建立健全会计准则的主要机构。

1. 财务会计准则委员会

美国财务会计准则委员会(Financial Accounting Standards Board,简称 FASB)是由具有更大政治代表性的会计团体组成的,下设 7 个委员会,分别代表会计师事务所、企业、政府和会计教学机构等。FASB 既不隶属于 AICPA,也不受美国政府管辖。

虽然 FASB 具有较为广泛的基础,并且是一个半独立性组织,可以克服 APB 所碰到的一些困难,但仍有许多问题继续存在并产生新的困难:

(1) 没有足够的资金作为这一领域迅速发展的保障。

(2) FASB 必须依靠所有有关当事人的自愿合作,其准则缺乏强制力。在这一点上,它和 APB 是一样的。FASB 的准则可以被证券交易委员会(SEC)或其他政府机构所推翻,并且可能为公司主管人员所不理不睬。

(3) FASB 所制定的准则反映的是那些对其施加压力的团体,特别是财务主管人员和许多会计师的利益。

2. 证券交易委员会

美国证券交易委员会(Securities and Exchange Commission,SEC)于1934年依据国会法案而建立。美国建立这一机构的目的是为了贯彻执行各项证券法规,并在国会所赋予的权限内规定会计准则和会计报表的编制程序和方法。

SEC对美国会计实务的发展具有相当大的影响。这种影响主要体现为它对APB的"意见书"和FASB的"说明"草本加以评论,"意见书"和"说明"发表前需经其同意。少数情况下,SEC实际上曾经否决过"意见书"或者在APB拒绝贯彻其决定时采取过行动。例如,在SEC的"会计通告文件"第96号中,SEC曾确认了处理投资减免税额的好几种方法,而过去在"意见书"第2号中只建议采用对收益将导致递延影响的那些方法。

关于SEC和FASB的关系,在1973年后期由SEC在"会计通告文件"第150号中作了一些说明:"财务会计准则委员会公布的原则、准则和实务,将由该委员会视为具有实质上的权威性支持。而违反财务会计准则委员会的这些公布文件,将视为不具有这种支持。"尽管这表明SEC希望FASB作为财务会计准则发展上的民间领导,但其文件却说:"本委员会将继续确定投资者的信息需要所存在的范围,并确定适应这些需要的适当反映方法。"虽然SEC对财务会计准则的这种保证还有一些保留,但至少美国的政府规章对一般财务报表的披露或会计程序的使用没有实行严格的管理,因为严格管理将会抑制会计理论的发展。

这一时期的企业会计主要具有以下几个重要特点。

(1) 不同企业所采用的会计程序和方法的可选择性范围大大缩小,从而增加了不同企业会计报表的可比性。

(2) 负责制定会计准则的机构具有更大的权威性和政治代表性,每个会计人员必须遵循统一的会计准则,这已被列为会计职业道德规范的一项行为准则。

(3) 对会计实务所依据的会计基础观念和理论进行了有组织和更深入的探讨,表明:随着社会经济环境的迅速发展变化,会计的基本理论亦在迅速变化,而传统的会计基本理论则受到相当大的冲击。

(4) 在会计准则的制定过程中,政治干预较多,从而增强了会计准则的政治化意志。在这一时期,美国国会的少数政治家开始干预会计准则的制定过程。美国国会分别于1976年和1977年成立了两个委员会,即以众议员约翰·莫斯为主席的"州际和对外商务委员会"以及以参议员李·梅特卡夫为主席的"政府运作委员会"下的"报告、会计与管理分委员会"。这两个委员会进行了一系列的研究。以莫斯为主席的委员会认为,美国缺乏一套公允的准则,SEC应当在会计和审计准则的制定与执行过程中发挥更大的作用。梅特卡夫认为,由于SEC未能较好地履行监管会计事务的权力,导致大量问题产生,这些问题严重影响了公众对公司报告信息的准确性和有用性的信心。在对会计界进行了猛烈批评之后,梅特卡夫建议联邦政府应直接对会计实务加以控制,应由联邦政府制定会计和审计准则,并严格监督审计人员执行这些准则。由于这两个人的干预,AICPA 和 FASB 开展了一系列的活动,以向国会证实其在准则制定过程中不可替代的地位。

综上所述,西方现代会计理论的发展历程是一个不断发展的过程,来自于会计界内部和外部的因素在会计理论的形成和发展过程中,从各自的利益角度出发,往往直接干预准则的制定以期促成有利于自己的经济后果。20 世纪 70 年代兴起的实证会计研究,从人的自利性假设出发,经过推论、验证,认为企业选择一种而放弃另一种会计准则,同样是出于对自身利益追求的考虑。随着社会经济环境的发展变化,会计信息使用者对会计报告的需要也不断变化。因此,会计理论研究应适应社会经济环境的变化,满足会计信息使用者的新需求,从而推进会计理论的发展,充分发挥会计理论对会计实务的解释、评价和指导作用,并使会计理论在会计实践中得到检验和验证。

第二节　会计理论的含义

从实践到理论、再用理论来指导实践的认识论,同样适用于会计领域。会计尽管是因其实用性而产生和发展起来的,但它建立在理论体系或概念框架的基础之上。也就是说,会计实务的形成及发展有其思想体系依据,会计理论体系或概念框架为会计特定方法的出现奠定了合理基础。什么是会计理论,可以有不同的解释。

AAA 在 1966 年发表的《基本会计理论说明书》中,对会计理论作出如下解释:作为会计理论,必须包括对会计从逻辑规划到推理论断均予以联结起来的说明或建议;还应包括会计前提假设、原则等的说明和验证,并且得出结论。但所得出的结论并非均能得到验证,如预测新会计信息或新会计理论,预测时并未得到验证,只有当对未来的预测变为现实,得出确切结论后,才会得到验证,信息和结论一旦得到验证,就是对原有会计理论的修正。从其解释可见,会计理论将随着社会的发展、人们对会计认识的加深而不断地得到充实和完善。

《韦氏新国际词典》(1983 年版)对会计理论的定义是:会计理论是一套紧密相连的、假定性的、概念性和实用性的原理的整体,它构成了所要探索领域的可供参考的一般框架。

美国著名会计学家莫斯特(Most)在 1986 年出版的著作《会计理论》中认为:"理论是对一系列现象的规则或原则的系统描述,它可视为组织思想、解释现象和预测未来行为的框架。会计理论由与会计实务相区别的原则和方法的系统描述组成。"

美国著名会计学家亨德里克森(Hendricksen)在其《会计理论》一书中对会计理论定义如下:会计理论可以解释为一套以原则作为形式的逻辑推理,这些原则用来① 提供评价会计实务所依据的通用观点;② 指导和发展新的实务和程序。

美国会计学家斯科特(Scott)认为,会计理论应该从两方面来定义,其一是对会计实务有解释作用;其二是能改进人们对会计环境的理解,如代理理论能够解释公司管理机构对会计政策的选择和对会计信息的披露等。

瓦茨(Watts)和齐默尔曼(Zimmerman)在《实证会计理论》中对会计理论作了如下解释:"会计理论的目标是解释和预测会计实务;解释是指为观察到的实务提供理由;预测是指会计理论应能够预计未观察到的会计现象。"

FASB 从 20 世纪 70 年代后期开始研究财务会计的概念框架(Conceptual Framework,CF),并指出:财务会计概念框架是由互相关联的目标和基本概念所组成的逻辑一致的体系,这些目标和基本概念可用来引导首尾一贯的准则,并对财务报告的性质、作用和局限性作出规定。财务会计概念框架实际上就是对财务会计基本理论的一种特定表述。

从上述会计学家和会计团体对会计理论的阐述和分析中不难看出,会计理论就是人们从会计实践中概括总结出来的关于会计知识科学而又系统的结论。它在会计实践或会计实务基础上产生,并用来指导会计实践。其主要作用在于:作为评价会计实务的一般依据,或指导用以发展新的会计实务和程序。通过会计理论来解释现在的会计实务,可以加深对会计实务的理解。需要说明的是,此处的会计实践指的是财务会计实践,而不包括管理会计实践和审计实践。

研究会计理论就是要科学地界定会计的概念、合理地确定会计的范围,以进一步发展会计理论、指导会计实务,并不断改进不适应之处。与此同时,还应建立和确定会计前提、假设等,以用来判断、评价会计信息,为会计信息的使用者提供资料,也为会计研究人员寻求扩大会计应用范围提供有用的框架。

第三节　会计理论的分类与研究方法

虽然会计理论有多种流派,但归纳起来主要有两大类:规范会计理论和实证会计理论。

一、规范会计理论

所谓规范会计理论,就是试图从会计实务的规则来概括会计的理论概念,并试图用这些理论概念引导出"良好的"会计实务的理论。这种理论着重于说明会计"应当是什么",而不限于说明会计"是什么"。所以,规范会计理论并不完全满意于现有的会计惯例和做法,而是要从逻辑性方面概括或指明怎样才算是良好的会计实务。穆尼茨(Moonitz)1961 年发表的《会计的基本假定》、钱伯斯 1966 年发表的《会计、计量与经济行为》以及 20 世纪 70 年代末 FASB 开始陆续发布的"财务会计概念公告"(SFACs),都属于典型的规范会计理论。

　　在绝大多数会计课程中所学到的会计理论,都是规范会计理论。规范会计理论注重归纳和逻辑推理,有一定的长处。因此多年来,随着人们对会计本质理解的深入,规范会计理论已经得到会计学界的广泛认可,在实践中也较普及。

　　对规范会计理论的主要批评是,它所描述的会计实务并不是建立在已认同的经验观察结果或方法之上。瓦茨和齐默尔曼认为,规范性命题必须明确目标和目标函数。所谓目标函数是指那些能影响设定目标的特定行为或变量。他们推断,规范会计有两个可能的目标:一是经济效率;二是财富的公平分配。这两个目标都是不完美的或主观的。经济效率并没有把同一时点的利益的备选方案分成不同的等级,对财富的公平分配则未考虑不同的人会有不同的偏好。人们无法确证这些偏好将按可望导致一致性的结果或统一性的形式进行综合,甚至即使能导致一致性或统一性的结果,充其量也只是会计人员所确定的结果,而无法解决不同个人在决策方面的差异。他们甚至认为会计人员有越俎代庖之嫌。

　　规范会计理论所认定的目标及目标函数被认为不受不同个人偏好的影响。如果根据目标和目标函数所作的推论符合逻辑,那么,其推论之结果自然也就无懈可击。但是,实践是检验真理的唯一标准,如果某一理论经不起实践的检验,那么这样的理论就是站不住脚的。规范会计理论认为人们的行为与一定的目标相联系,但如前所述,这些目标都是主观的,并且未能对其适当性进行经验验证。因而,实证会计理论认为,规范会计理论中的结论是不可接受的。例如,有些人认为资产应按现时销售价格来反映,以使债权人知晓企业的变现能力;而另一些人则认为资产应按现时成本来反映,以使投资者知晓交给经营者操持的资金能否保持企业的经营能力。这些都是规范会计理论的研究范畴。然而,多方面的情况都表明这些结论可能存在缺陷,是不可接受的:

　　(1) 由于这是一个价值判断问题,因此不可能证实或反驳企业会计应当向债权人提供有关企业变现能力或其他方面的信息;

　　(2) 正由于这是一个价值判断问题,因此,也不可能证实或反驳企业会计应当向投资者提供企业维持其经营能力的信息;

　　(3) 由于难以对某一个目标更为重要作出判断,因此也就不可能对相关理论的客观性作出评价。

　　正因为如此,有一些学者认为规范会计理论从方法论角度看是不完美的。

二、实证会计理论

　　实证会计理论研究的目的就是要以确凿的证据证实某些会计现象的存在,解释所观察到的会计现象,并寻找这些会计现象发生的原因。实证会计源于哲学中的实证理论。实证理论是 19 世纪 30 年代由孔德在其名著《实证哲学教程》中提出的。孔德认为,哲学不应以抽象推理而应以实证的、确实的事实为依据；人们不可能也没有必要去认识事物的本质，科学只是主观经验的描写而不反映任何客观规律。最早将实证理论应用到经济学上的是米尔顿·弗里德曼。他指出：实证理论的最终目的是拓展这样一种"理论"或"假设"，即对还未观察到的现象作出有效和富有意义（即不落俗套）的预测。

瓦茨和齐默尔曼将这一理论移植到会计学领域："（实证）会计理论的目标是解释和预测会计实务……解释是为观察到的实务提供理由。例如，实证会计理论应当解释为什么一些公司采用的是后进先出法，而不是先进先出法的存货计价方法……预测是指会计理论应能够预测未观察到的会计现象。未观察到的会计现象未必就是未来现象，它们包括那些已经发生，但与其有关的系统性尚未从数据中搜集到的现象。"

可以看出，实证会计理论所关注的是：什么原因促使企业采用这一种会计程序和方法，而不是另外一种也可以被选择的会计程序和方法，以及企业对新发布的会计准则的反应等。实证会计理论还关心企业为什么会反对某一新会计准则的出台或原有会计准则的取消。这些现象的实证研究结果可预测出某些会计规范在其实际执行时可能遇到的问题和产生的影响。

一般认为，实证会计理论所关注的是经济和会计现象，并致力寻求如下问题的答案：

（1）选择不同会计程序和方法或会计政策的成本与效益是多少？

（2）制定会计准则和会计制度的成本与效益是多少？

（3）财务报表以及其他信息披露对股票市场，尤其是投资者的决策有什么样的影响？

（4）在特定的组织契约中，经理人员的会计行为会表现出哪些特点？

实证会计理论在寻求这些问题的答案时，通常对个人的行为作了如下的假定：

（1）所有的经理人员、投资者、债权人以及其他个人都是理性的，都追求价值效用的最大化；

（2）经理人员有权选择会计政策以求得效用的最大化，或改变企业的筹资、投资和生产方针以求其效用最大化；

（3）经理人员通常可以采取能使企业价值最大化的行动。

实证会计理论的倡导者们认为，这一理论在方法论上比规范会计理论更具科学性，上述理论观点直接或间接地构成了经济学上大部分以经验为依据的研究基础，同时，它也是科学上广为采用的理论观点。

相对规范会计理论而言，实证会计理论具有以下优点：

（1）可以通过实证研究来检验某一假设是否合理，从而可以接受或抛弃某一理论，因此就方法论而言要优于规范会计理论；

（2）其目的是解释和预测会计实务，而不是像规范会计理论那样描述会计实务，它克服了规范会计理论中的目标及目标函数的束缚，从而在没有谁先谁后的目标前提下得出结论；

（3）可以评价现有会计原则的合理性，这是规范会计理论无可比拟的；

（4）试图将会计、企业和市场纳入一个模型，从而可以在整个经济框架结构中分析会计问题。

除了规范会计理论和实证会计理论之外，还有一类所谓的行为会计理论。行为会计是研究特定约束条件下会计行为的指向及其变动规律的学科。它是会计学、行为科学、心理学、社会学等学科相互渗透、相互融合的产物。行为会计理论认为，会计行为不是无序的，而是有规律并且可以控制的。会计行为是各约束条件的函数，即会计行为取决于各个影响因素形成的约束条件。一般情况下，有什么样的一组约束条件，就有与之相对应的会计行为，包括会计个体的行为和会计群体或组织的行为等。行为会计理论的主要代表人物有 Bamber，Alston 和 Libby 等。

三、规范会计研究的方法

在现代会计理论的发展过程中，出现了两类主要的会计理论学派，并且形成了两类比较典型的研究方法：一类是规范会计研究的方法，如归纳法、演绎法、伦理法、社会学法、经济学法和事项法等；另一类是实证会计研究的方法。需要指出的是，规范会计研究的方法同样可以在实证会计理论的研究中使用。在一定意义上，归纳、逻辑推理存在于任何研究之中。

（一）归纳法

归纳法是指对大量事项进行观察、计量、分类，从中概括出一般性结论的一种研究方法。归纳法的基本特点是通过对大量的事项进行观察、分析，然后科学地加以归类，从中概括出符合一般规律的相关概念，并将这些概念用符合逻辑的简练语言表述出来。归纳法的基本步骤包括：

（1）观察并记录全部观察结果；

（2）分析并将全部观察结果进行分类；

（3）从观察到的分类结果的相互联系中推导出会计的一般概念和原则；

（4）对推导出的会计一般概念、原则进行验证。

上述步骤可表示为"观察与记录——分析与分类——概括与推导——检验与证实"。

例如，会计人员在长期的应收账款核算过程中，通过对各项应收账款发生、收回情况的观察和记载，发现有的款项可能按期收回，有的款项可能延期收回，有的款项根本收不回来；通过对收不回来的款项进行归类与分析，可发现这些收不回来的款项已经形成坏账损失；对所发生的坏账损失，可推导出两种处理方法，即直接转销法和备抵法。经论证，直接转销法不能真实反映某一会计期间的净损益，不符合配比会计原则，故而应该采用备抵法。人们正是在这种大量的记账实践的观察中,才归纳出备抵法,进而总结出了谨慎性会计原则。

20 世纪 60 年代以前,大量的会计文献主要采用归纳法,如哈特菲尔德 1927 年的《会计学——原理与问题》、吉尔曼 1938 年的《会计中的利润概念》、佩顿(Paton)和利特尔顿 1940 年的《公司会计准则绪论》、利特尔顿 1953 年的《会计理论结构》等。不仅学术界,当时的"公认会计准则"的研究与制定过程也主要是描述性、归纳性的。从 20 世纪 80 年代开始,传统的归纳法在会计理论研究中逐渐退出基本方法之列。

采用归纳法不受预定模式的约束,并可以将会计理论研究形成的观念或结论建立在观察大量现象的基础上。会计理论研究者可以自由地进行他们认为恰当的观察,而且结论一经得出,还可以再用演绎法的逻辑程序加以验证。但是,归纳法的不足之处在于,会计理论研究者很可能受被观察对象和范围的限制,因为每一个被观察的对象不尽相同,有关数据关系及内在联系也可能存在差异,因而归纳法的结论就可能不够准确。

(二) 演绎法

演绎是指由一般的前提推导出个别性的结论。会计理论研究的演绎法是指以会计目标、假设等为先决条件,推导得出能指导会计实务的准则及相应的会计方法和程序。会计理论演绎法的基本步骤包括:

(1) 提出目标和假设,即先决命名,这是施行演绎法的前提条件;

(2) 对前提命名进行推导,从中得出结论;

(3) 对推导出的结论进行检验证实,以确定结论正确与否;

(4) 用得到验证并确认为正确的结论指导具体会计实务。

该步骤可表示为"提出前提并予以命名──→推导命题得出结论──→验证结论正确与否──→正确结论指导实务"。

例如,在组织财务会计核算过程中,首先提出应假定企业在可预见的未来不会发生破产或倒闭,将会永远经营下去,据此提出"持续经营"会计前提假设。根据这个假设可以推导出这样的结论:企业购置房屋建筑物是为了在生产过程中使用,而不是为了销售或变现为收入,因而其价值就不能一次性地转移到产品成本或有关费用中去,而要通过计提折旧的形式,在固定资产使用期内逐渐计算其损耗价值。为此,应采用折旧会计,这样才能正确地反映固定资产的转移价值。这已被会计实践证明是科学合理的。购置固定资产发生的支出,不是为实现当期收入而发生的,此项支出不能作为收益性支出全部计入当期的成本费用,而只能作为资本性支出。正是以持续经营作为会计前提条件,才可以采用折旧会计反映固定资产的损耗价值,才可以推导出划分收益性支出与资本性支出的会计原则。

演绎法在西方会计理论构建过程中主要有两种逻辑思路:一是从会计假设开始,推导出基本会计原则,再制定具体会计准则,最后再通过具体会计准则来指导会计实务,如 AICPA

所属会计研究部制定第 1 号会计研究文集《会计的基本假设》和第 3 号会计研究文集《试论广泛使用的企业会计原则》所采用的方法;二是从会计目标开始,推导出信息质量特征,确定各要素概念,再制定确认、计量与报告的标准。例如,FASB 于 1978 年发布的财务会计概念框架第 1 号公告《企业财务报告的目标》,以及至 1985 年陆续发布的 5 份财务会计概念框架公告并据以制定的会计准则,均采用了依据概念框架演绎会计准则的做法。

这种构建会计理论的演绎法,以来自外部客观环境的会计假设作为前提命名,所以强调客观环境对财务会计或会计准则的制约作用。在这种客观环境前提下推导出的会计准则,就可以很好地指导会计实务。同时,演绎法还可以保持相关概念之间的内在关系,使其所构建的会计理论体系具有逻辑上的严密性。然而,演绎法推导出的会计理论结论是否正确,取决于前提命名是否正确。如果前提命名是虚假的,那么,推导出的整个结论也将是错误的。而且这种推导会计理论结论的方法,没有将财务会计目标作为发展和制定会计准则的最高层概念,也就不能很好地强调会计信息的有用性。

(三) 伦理法

伦理法又称道德标准法,是通过制定处理会计信息和编制财务报表应遵循的道德标准,来作为建立会计准则或理论体系依据的一种专门方法。

美国会计学家亨德里克森将道德标准概括为"公正、真实、正当和无偏见"。"公正、真实、正当和无偏见"是指会计报告不受不正当的权势或偏见的影响,客观、实事求是地揭示会计主体的经济活动,这也意味着对那些与报表以及事实的公正展示有利害关系的单位或个人的不偏不倚。其基本内容体现在 3 个方面:其一,处理会计信息的整个过程,对一切利害关系方面都必须一视同仁,不能有远有近;其二,财务报告中的一切数据和指标都必须是所反映主体经济活动客观、真实的陈述,不能有丝毫的主观美化或歪曲;其三,会计所提供的信息应该是对客观经济活动的真实反映,就会计信息本身而言,它应该是公正的、不偏不倚的。这里的"公正"或"不偏不倚"是指会计报告不受外来因素的影响,不为某一特定对象服务,特别是不能有人为地偏向管理机构或业主的意图。例如,会计人员在编制会计报表时,应不受不正当权势或偏见的影响,报表编制者不应带有损害他人而为特定单位或个人服务的倾向;应平等地考虑各有关方面的利益,特别不能为讨好企业管理机构或企业所有者而有失事实地编报会计报表。

伦理思想随着人类社会的发展而日渐成熟,其在早期的会计活动中体现为某些道德上的要求,但在当时的会计学界还未形成明确的伦理法思想。可追溯的最早明确要求会计信息的加工处理和公开报告要符合一定道德标准的,是英国在 1844 年颁布的《股份公司法》中规定的,公司的资产负债表必须是"充分和公允"的。1948 年,英国的《公司法》接受职业界的建议,进一步明确规定审计师在其编报的报告中,应说明会计年度终了时所编制的资产负债表和利润表是否具有真实、公正的观点。而真正将伦理思想运用于会计理论研究中的是美国会计学家斯科特,1941 年他在美国《会计研究》上发表的《会计原理基础》论文中明确指出了公正、正当和真实是会计的主要职业道德标准,从而使伦理法在会计理论研究中得到重视。其后,一些著名的会计学者如詹姆士·W·帕洛蒂、L·斯帕塞克等,从多角度对会计伦理道德理论进行了研究和探讨,从而使伦理法在会计理论研究中得到了普遍的认同。

随着伦理法在会计理论中的深入探讨,伦理思想作为一种基本的规范深入到会计实务界和会计准则制定之中。例如,1978 年欧共体发布的第 4 号理事指令中也把真实、公正作为财务报表编制的最高标准。根据这一指令,法国在 1982 年修订的《会计总方案》中规定年度财务报表遵循的基本会计概念,包括"真实"以及"真实与公允反映"的概念。在美国,虽然没在"公认会计原则"中明确提出真实与公允的规定,但是财务报表仍然受到基本道德的约束,因此 AICPA 在《审计程序说明》第 33 号对"展示的公正"作了明确规定,在会计报表符合该规定的情况下,审计人员可在审计报告上展示"公正"的字样。1989 年 7 月 1 日,国际会计准则委员会(IASC)公布的《关于编制和提供财务报表的框架》中明确提出了"真实和公正地概括公正地反映"这一质量特征:"运用主要的质量特性和适当的会计准则,通常可以产生一般所理解的,表达上述资料的真实和公正的概况的财务报表,或是公正地反映上述资料的财务报表。"我国 1996 年所制定的《独立审计准则》,亦要求使用"在所有重大方面公允地反映了"这一表述方式。

综上所述,伦理法最核心的思想就是真实与公允。在委托-代理理论下,代理人应向委托人及会计报表的其他各方使用者提供客观、准确的财务信息,且在这些财务信息的选取至报表的编报完成过程中,要做到不偏不倚,使该报表能真实、公允地反映企业的财务状况、经营成果和现金流量。然而,会计理论构建的伦理法虽已被各方面所接受,但真实、公允这一伦理思想过于抽象,很难具体化,需要根据人们的主观判断来运用。就是最早提出这一思想的英国,也是经过长期的努力,直至最近才明确提出:遵守了现行的会计准则,即可以达到真实与公允。但是这一规定也十分宽泛。因此,伦理法更多的是为会计理论和会计实务奠定了思想观念的基石,而它自身的特点决定了它不能对会计准则及会计实务产生太大的影响。

(四) 社会学法

用社会学法构建会计理论,强调会计信息要能反映企业经营活动对社会的影响,或企业所应承担的社会责任。这一方法把"公正性"概念扩展到"社会福利"方面,并强调会计技术和方法的社会效应。如亨德里克森在其所著的《会计理论》一书中,曾引用德怀特汉·R·拉德(Dwight R. Ladd)所著的《当代公司会计与公众》一书中的两个命题,其中之一就是基于这样一种假设——会计有一个极端重要的社会任务,就是向公众传递关于公司权利的范围和使用的信息。

根据社会学法,对所有会计原则、准则和程序的评价,都要依据它们所规定的财务报告对社会各个集团利益的影响。这一研究方法还包含一种期望,即会计数据要有助于"社会福利政策"。为了实现这一目标,它假定已经存在一种"既定的社会价值",可以用来作为建立会计理论的标准。对于"社会价值"的理解,会计学者贝德福德认为,社会利益的最大化与会计上的收益计量密切相关,"经济利益"的计量可以起到润滑剂的作用,它能促进社会的经营职能充分发挥;特别是,已确定的收益可作为实现社会经营目标所必需的计算数据。

20 世纪 70 年代,西方会计理论研究者便应用社会学法构建社会经济学科,提出了建立社会经济会计的目标,鼓励在市场经济条件下应通过财务会计报表来反映企业对社会环境的影响。即会计报告应从整个社会效益的角度而不是单纯从企业的经济效益角度,揭示企业社会本质与社会收益的内在联系,进而反映出企业社会责任履行情况。例如,美国注册会计师协会(AICPA)于 1970 年成立了生态环境委员会和社会衡量委员会,着手研究社会责任会计问题。1973 年,AICPA 提出的财务报告目标中曾指出:"一个经济实体,当它为社会福利尽一份力量的时候,就是一种社会利益;当经济实体把负担强加给社会时,它就成为一种社会费用。"1976 年 7 月,英国六大会计团体共同组织的会计准则指导委员会(ASC,20 世纪 90 年代后改为会计准则委员会,即 ASB)在其发布的"公司报告"讨论稿第一部分"关于基本准则"中就论述了公司的社会经营责任,其含义包括:每个公司的社会经营责任产生于公司对社会的受托责任,公司同社会之间存在着许多财务关系和非财务关系;由于企业不仅是一个单纯追求自身利润最大化的营利组织,更重要的是,它是一个履行社会责任、承担社会责任成本的社会组织,因而公司应致力于社会生活的改善和世界文明的发展。因此,"公司报告"提出增加"增值表"、"雇员报告"等新的内容,从不同方面反映企业履行社会责任的情况,以满足使用者评价企业实现社会为其设立的目标的有效性、企业按社会要求的资源进行再分配的能力、企业与社会有关的经济功能和业绩以及归属于企业的社会成本和利益的需要。在这一时期,环境影响作为社会责任的一部分,没有特别提出。

20 世纪 80 年代之后,由于环境问题日益严重,西方国家开始重视环境的保护。例如,联合国下属跨国公司与管理分部、经济与社会发展署发布了一份报告,讨论了当时的环境会计问题,并提出了可持续发展会计模式的发展趋势和计量国民收入账户中的环境影响问题。AICPA 于 1995 年公布了一份会计指南公告草案《环境责任负债》,对计量和报告环保的支出及相关的环保效益和负债提出了一系列具体的规范建议。

综上所述,社会学法把会计理论构建中的公正概念扩展到了社会福利方面,而且强调会计技术和方法的社会效益。按其要求,对会计准则、概念等的评价,必须依据这些准则、概念对社会各方利益的影响来进行。但是,应用社会学法构建会计理论也存在一定的困难。例如,会计人员必须掌握足够的依据,才能判断和断定所构建的会计理论最符合哪种福利,而"足够的依据"又很难取得。如果依据掌握不全,那么,就不利于作出正确的判断,在这种情况下恰当的会计原则和会计处理程序就不能建立起来。

(五)经济学法

经济学法是指,构建会计理论时将不同会计方法、技术的选择置于会计所在经济政策的影响下,使会计政策、会计程序和会计方法既能反映经济现实,又能与经济结果衔接。这里的经济现实是指一个国家的总体经济情况;经济结果主要指其应体现一个国家宏观经济政策的预期目标。也就是说,在经济学法下,会计政策等的选择是从整个国民经济的稳定性出发,在符合国家的宏观经济目标的前提下进行的有利于企业经济利益的选择。

例如,美国国会于1962年通过的一项收入法案规定,1961年以后投入经营的固定资产可以按其资产成本的一定百分比从各期税务负债中扣除,其实质是为了鼓励企业更新设备、采用新技术而采用的一种税收优惠政策。对该政策引起的"投资贷项"的会计处理问题,当时会计学界有两种做法:一种是将资产抵税额在资产的使用年限内分期摊销,这称为递延法;另一种是将资产抵税额在购入当年一次摊销,这称为流尽法。从会计角度看,递延法更符合资产在使用中逐渐损耗的客观经济规律,但是美国国会认为递延法将会降低财政政策的激励作用,削弱投资效应,因此只有流尽法才符合鼓励企业投资的宏观经济目标。

从描述性或规范性观点看,经济学法和前述社会学法相类似,经济学法就是将"公正性"从"社会福利"扩展到"社会总体经济效益"。作为描述性方法,它着重说明会计程序对经济计量和经济活动的影响。例如,从对存货计价方法转变过程可以明显看出,为了坚持谨慎性会计原则,20世纪70年代美国对存货的计价方法由先进先出法转变为后进先出法。由于计价方法的转变,原来所计算的国民生产总值减少了,并且还可能因存货计价的调整而影响了所计利润。虽然因计价方法转变而人为地减少了原来的国民生产总值或影响了应计利润,但是,并不可以因此认为这种计价方法的转变是完美的。

(六)事项法

现有的会计方法可以看做是"价值法"或"使用者需要法",即会计信息主要属于价值信息,并主要通过几张总括的通用财务报表将信息传递给使用者。按照价值法理论,会计的目的是确定资本价值和最佳收益,可以根据资产负债表和收益表数据来决定使用者的决策模式,但是,事项法与这种观点相反。事项法认为:(1)不同的用途需要会计提供不同的数据,要想使通过用货币表现的价值信息对一切使用者都有用是不可能的;(2)虽然财务报表能满足主要使用者的共同需要,但是不能忽视使用者有自己的特殊用途与专门的信息需要,即使用者或许要利用会计数据来预测、测定特定的事项(如生产线、销售线等),并按他们自己对这些事项的预测来决定其决策模式所必需的输入信息。所以,会计人员对数据的加工,尤其是分配、递延、预计、摊销、汇总等程序有时是多余的,因为不是会计人员而是会计信息使用者才能把对他们的决策最有用的数据转变成最适合其决策模型的会计信息。

从事项法的观点来看,会计的目标在于提供与各种可能的决策模型相关的经济事项,会计人员的任务只是提供有关事项的信息,而让使用者自己选择适用的事项。所谓事项,是指可以观察到的,亦可用会计数据表现其特性的具体活动、交易和事件。所以,资产负债表是一个企业自创立以来的所有有关会计事项,通过账户分别汇总后以余额间接表现的报表。表上的所有汇总数字都可在汇总后以余额间接表现,表上的所有汇总数字都可以分解,分别列示企业开业以来的全部事项。一方面不同的使用者可以从自己感兴趣的事项中取得有用信息。例如,存货不是只反映年末用价值表示的单一余额,而应当同时表示存货的购买、消耗(包括数量与金额)等事项,会计人员甚至可以不必再按存货流动假设计算各个期间的存货余额。另一方面,收益表则被视作企业在某个期间所发生的经营事项的直接表现,而且应侧重于表内描述经营活动的重要事项,如销货收入、销货成本、销货退回、折扣、营业费用、其他主要收入与损失等。事项法的一些倡导者还提出,收益表的确切名称应叫"经营事项表"。

按照传统观念,资金报表或财务状况变动表是反映营运资本在某个期间内变动情况与结果的报表,而事项法却认为,这一报表应当是提示财务与投资事项(活动)的报表,它不应把重点放在营运资本的变动上,而必须侧重于企业的财务与投资事项是否与决策相关,是否应予以报告。随着现代计算机和网络技术的发展,事项法越来越有可能变为现实。

❖◇❖◇❖◇❖◇❖◇❖◇❖◇❖◇❖◇❖◇❖◇❖◇❖◇❖◇❖◇❖◇❖◇❖◇❖◇❖

【名词与术语】

会计理论   规范会计理论   实证会计理论   归纳法   演绎法
伦理法   社会学法   经济学法   事项法

【思考题】

1. 资本主义的发展对会计理论有何影响?
2. 现代会计理论发展的特点是什么?
3. 什么是规范会计理论和实证会计理论?
4. 规范会计研究的方法有哪些?

第二章

会计准则理论

【本章导读】

　　会计准则在财务会计实务中有着举足轻重的影响,它不仅是会计规范中的一种重要形式,并且是构成财务会计理论体系的重要组成部分。本章首先介绍会计准则的定义、制定机构以及推动其发展的主要组织;随后讨论会计准则的制定方式;最后分析会计准则的制定导向。

　　通过本章的学习,要求掌握会计准则的定义;了解会计准则的制定机构以及推动其发展的主要组织;掌握会计准则民间制定方式和政府制定方式的优劣,以及会计准则制定规则导向模式、原则导向模式和目标导向模式的含义及其优劣。

第一节　会计准则概述

一、会计准则的定义

　　不同的国家对会计准则有不同的名称,比如美国就习惯称为公认会计原则(Generally Accepted Accounting Principles,GAAP)。

　　美国著名会计学家佩顿和利特尔顿在他们 1940 年所著的《公司会计准则绪论》(An Introduction to Corporate Accounting Standards)中指出:GAAP 之主体,非会计方法和程序,但为会计方法与程序之指南针。

　　美国注册会计师协会(AICPA)所属会计术语委员会在其 1953 年公布的第 1 号"会计术语公报"中指出,会计原则是所采纳的或宣称的一般法则,是行动的指针,是行为或实务的一个确立基础。

美国会计原则委员会(APB)1970年在其发布的第4号"说明"中对GAAP的含义所作的阐述是:公认会计原则是会计人员所得出的一致性意见,认为在财务会计工作中,哪些经济资源应记录为资产,哪些经济义务应记录为负债;哪些资产和负债的变动应予记录,并应在何时记录;资产和负债及其变动应如何计量;应当编制哪些会计报表,以及在会计报表中应披露哪些信息等。

美国著名会计学家艾利克·L·柯勒认为:会计原则者,有关会计理论与程序之原理也。其目的在于解释通行会计实务,并为选择会计程序之指标。

美国著名会计学家P·H·沃尔巴克认为:GAAP这个用语具有指导方针的广泛含义,从最基本的观念、准则直到详细的方法和程序,它包含财务会计和财务报告每一方面的原则。

综上所述可以发现:一方面,GAAP是指导会计实务的规范,即特定会计主体的会计人员在对该主体的经济活动进行会计处理时,应当采用GAAP规定的程序和方法,以提高会计信息的可比性;另一方面,GAAP必须得到公认,即必须具有相当权威的支持,一般要由全国性或国际性的会计职业团体的表决通过,或者由政府有关部门审核后颁布,以保证会计准则在更大的范围内得到应用。

二、美国会计准则的制定机构

(一) 会计程序委员会(1938—1959年)

1938年,AICPA正式成立由21位任期一年的委员组成的会计程序委员会(Committee on Accounting Procedure,CAP),乔治·梅任首届主席。CAP从次年开始陆续发表"会计研究公报"(Accounting Research Bulletins,ARBs),宣告其所认可的一些会计准则、程序和名词,但是更侧重于对具体会计实务处理的指南。从1939—1959年的20年间,会计程序委员会共发表了51份"会计研究公报",其中前8份研究公报专门阐述一些基本名词和概念,其余的针对具体实务问题。

CAP发表的ARBs,主要是对现行会计处理惯例加以选择和认可,而缺乏对会计准则的系统研究。大部分ARBs都是就事论事,缺乏前后一贯的理论依据,对同一事项的会计处理指南往往前后矛盾,并允许会计方法、程序的过分多样化;同时,其强制性和权威性也不够。结果,CAP招致实务界和会计理论界的普遍抨击,其在1959年不得不停止工作。

(二) 会计原则委员会(1959—1973年)

1957年,AICPA主席阿尔文·詹宁斯(Alvin R. Jennings)认为会计准则的制定应采取新的方法。于是由他提议成立了一个研究项目特别委员会（Special Committee On Research Program），对会计程序委员会的工作进行认真回顾。该委员会于 1958 年在向 AICPA 理事会提交的报告中提出，CAP 的 ARBs 缺乏理论研究，未能说明会计的必要假设和基本原则，无法解决外界的强烈批评，并建议成立新的会计准则制定机构。于是，AICPA 在 1959 年成立了会计原则委员会（Accounting Principles Board，APB），取代了 CAP。

APB 由 18 至 21 位委员组成，他们主要是来自会计师事务所的代表，也有少数成员来自工商界、政府部门和会计教育界。APB 的主要任务是"推动 GAAP 构成内容的书面表达"。因此，它把制订会计实务处理的指南或文告作为工作重点，陆续发表了一系列意见书（APB's Opinions）。1959—1973 年，APB 共发表了 31 份意见书。此外，它还发表了一些报告（APB's Statements），这些报告代表 APB 对一些会计与报表的基本问题的观点，但并不作为 GAAP 的内容。

APB 与其前任 CAP 的一个重大区别是，其发表的文告的权威性和强制力得到了认可和提高。1964 年，AICPA 发表了一份特别公告，其中指出：

（1）GAAP 是指那些具有相当权威支持的原则；

（2）APB 的意见书构成相当的权威支持；

（3）"相当权威支持"也适用于意见书之外的其他阐述会计原则的文件；

（4）在有"相当权威支持"这一点上，CAP 的 ARBs 和 APB 意见书并无区别。

因此，该公告要求所有会员从 1965 年 12 月 31 日起，对任何偏离 APB 意见书和 CAP 的 ARBs 规定的且影响重大的事项，都要在财务报表附注和审计报告中加以披露。与此同时，AICPA 还在其《注册会计师职业道德守则》第 203 条中明确认可 APB 的权威性。从此，美国的 GAAP 文告转入具有较大权威性和强制性的新阶段。

在成立 APB 的同时，AICPA 还设立一个会计研究部（Accounting Research Division，ARD），由一些专职研究人员组成。ARD 主要进行重大会计问题的理论研究，以便为 APB 制订意见书提供依据，它主要是以研究人员的个人名义发表"会计研究文集"（Accounting Research Studies，ARSs）。1961—1973 年，ARD 共发表了 15 份 ARSs。

根据研究项目特别委员会的建议，APB 和 ARD 之间的关系应当如图 2-1 所示。

但是，APB 的工作仍然不能令会计职业界和工商界满意。外界批评 APB 只是对实务问题采取"救火队员"式的工作方式，而忽略了基本会计理论研究，从而使其意见书因缺乏理论框架而出现了不一致。另外，APB 无法对经济环境变化作出正确反应并无力抵制某些外界集团的压力。例如，关于投资贷项的会计处理，APB 第 2 号意见书要求统一按递延法进行处理，但受到一些大公司通过证券交易委员会（SEC）施加的压力之后，不得不用第 4 号意见书允许采用的递延法、流尽法等多样化的处理方法。又如，关于所得税会计处理的第 11

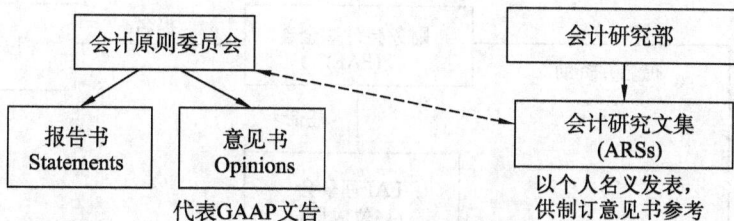

图 2-1 APB 与 ARD 关系图

号意见书,也由于受到外界利益集团的抵制而宣告放弃。此外,还有人批评 APB 成员主要是来自几家大会计师事务所的合伙人,由于他们是兼职的,在制定会计原则时必然要考虑其事务所客户的压力,所以难以真正代表公共利益;甚至他们赞成制订多样化的 GAAP 文告,旨在有利于他们的客户——某些企业管理当局对"收益"数额进行操纵。

(三) 财务会计准则委员会(1973 年至今)

由于外界批评的加剧,证券交易委员会(SEC)公开指责 APB 的意见书容易导致误解。这迫使 AICPA 于 1971 年 4 月宣布成立一个由前证券交易委员会委员弗兰西斯·惠特为首的会计准则制定研究委员会(又称惠特委员会)对 APB 的工作程序加以分析。惠特委员会于 1972 年 3 月提出一份题为《财务会计准则的制定》(Establishing Financial Accounting Standards)的研究报告,建议应重建会计准则的制定机构。于是,财务会计准则委员会(FASB)在 1973 年 6 月 30 日宣告成立。FASB 取代了 APB,作为一个新的独立性的会计准则制定机构一直工作到现在。

在组织形式上,FASB 脱离 AICPA 的直接领导,而归属于由 9 个职业团体的代表组成的财务会计基金会(FAF)。FASB 设 7 位专职委员,具有较为广泛的代表性,每位委员任期 5 年。其组织结构如图 2-2 所示。

FASB 的主要任务是,针对重大会计问题,回顾前任机构制订的准则文告,并制定相应的财务会计准则及其解释文件等。FASB 成立以来所发布的正式文告有四大类。

(1) 财务会计准则公告(Statement of Financial Accounting Standards,SFAS)。

(2) 解释(FASB's Interpretations)。解释是对现有准则的修正和扩展,它与准则公告具有同等的权威性。但是一般来说,解释的制订不必经过像准则公告那样严密的应循程序。

(3) 财务会计概念公告(Statement on Financial Accounting Concepts,SFACs)。自 20 世纪 70 年代中期以来,FASB 在制订财务会计准则公告的同时,还花费相当一部分精力对一系列财务会计概念进行研究,以便为会计准则的制定提供一个良好的理论框架。FASB 先后发表了 7 份正式的财务会计概念公告和一些公告草案。

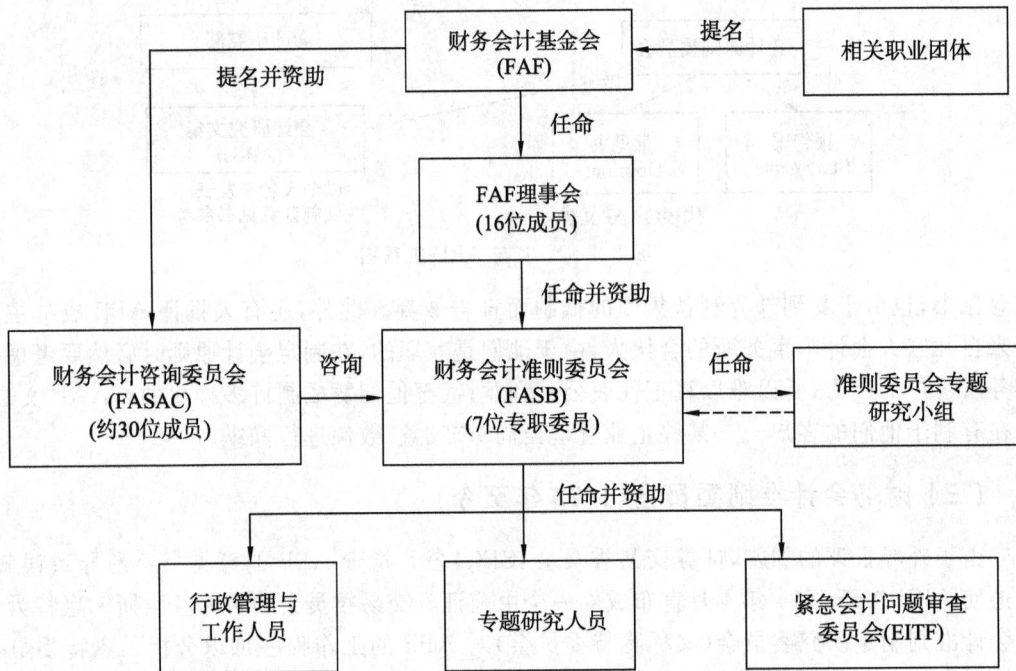

图 2-2　FASB 组织结构关系图

（4）技术公报（Technical Bulletins）。FASB 发布技术公报的目的在于为财务会计与报告实务问题以及准则公告的执行提供及时的指南。技术公报的发布有 3 个前提：不会导致大部分企业会计实务的重大改变；实施成本较低；不会与其他基本会计原则发生冲突。

尽管 FASB 在财务会计准则的制定上取得了很大的成绩，然而它也经常因为未能及时提供紧急问题的准则执行指南而备受批评。为此，FASB 采取了相应的对策：一是于 1984 年建立了紧急问题工作组（Emerging Issues Task Force，EITF）；二是扩大技术公报的研究范围，使之提供更及时的实务处理指南。

EITF 的组建是对两个现象的反应。一方面，会计人员在新情况、新问题面前找不到现有准则文告的支持，如利率互换和一些新的金融工具等；另一方面，又有许多会计人员抱怨准则过多过细。FASB 建立 EITF，试图同时解决这两个问题。

EITF 的成员主要来自会计师事务所，同时也包括了由财务经理协会（FEI）、管理会计师协会（IMA）等推荐的行业代表。SEC 的首席会计师作为观察员也定期参加工作组的会议。EITF 在 FASB 制定和推广财务会计准则方面起着越来越重要的作用。

三、美国推动会计准则发展的主要组织

在美国,不少职业团体或有关政府机构都积极地参与或推动了 GAAP 的形成与发展,其中最主要的组织包括以下几个。

(一) 美国注册会计师协会(AICPA)

AICPA 在 GAAP 的发展过程中长期处于主导地位。它的前身最早是美国公共会计师协会(AAPA),成立于 1887 年,于 1917 年改名为美国会计师协会(AIA),1957 年后又改为现在的名称。长期以来,AICPA 一直是全美最大的会计师职业团体,成员主要由职业会计师组成,而各主要会计师事务所的代表在其领导机构中占支配地位。目前,美国的执业会计师或在其他领域工作的注册会计师大多为 AICPA 的会员,都有义务遵守 AICPA 发布的一系列文告或规定,如 AICPA 所属机构制订的会计原则和准则公告(CAP 的会计研究公报和 APB 的意见书)以及 AICPA 会计准则部(Accounting Standards Division)下属的会计准则执行委员会(Accounting Standards Executive Committee,ASEC)就某些特殊行业会计处理问题发表的"审计和会计指南"(Industry Audit and Accounting Guides)、"见解声明"(Statement of Position)和"实务说明"(Practical Bulletins)。AICPA 还制订会员《职业道德守则》,其中的"行为守则"明确限定会员有遵循其有关文告的义务。如果会员有任何违纪行为,将受到职业纪律委员会(Discipline Committee)的制裁,包括短期停止会员执业、吊销注册会计师执照和开除会籍等。

虽然,目前的 FASB 已不归 AICPA 直接领导,但 AICPA 的代表在 FASB 专职委员中仍占有重要职位,AICPA 仍继续发挥其作用。而且,AICPA 现在仍然以发表"审计和会计指南"、"见解声明"和"实务说明"的形式为 FASB 未予考虑的特殊行业部门(如金融、保险、慈善机构、政府部门等)制定会计处理规则和审计规则,这些规则作为 FASB 会员应遵守的义务而对会计实务施加约束。此外,AICPA 还通过主持美国统一的职业考试、在职教育、授予执照和出版专业刊物等形式,鼓励会员及时了解 GAAP 的发展与要求,增进业务能力,并提高整个会计职业的声誉。

(二) 美国证券交易委员会(SEC)

1934 年成立的 SEC 对美国会计原则和准则的发展有着非常重要的作用。根据 1933 年的《证券法》和 1934 年的《证券交易法》的规定,SEC 是由国会授权成立并负责制定美国统一会计规则的法定机构。尽管它在 1938 年把这一权利授予了会计职业界,但它仍然保留对会计原则和准则制定的监督权和否决权。如果 SEC 认为职业团体制定的有关准则文告是

不恰当的,就有权加以拒绝。当然,在实务中,除了针对 APB 的个别意见书之外,这种现象很少出现,因为会计准则制定机构并不愿意出现这种情况影响自己的声誉,它们往往在拟议有关的文告之前就充分与 SEC 进行协商,或者 SEC 经常事先将自己的意图传达给准则制定机构,以尽可能达成一致意见。

SEC 是介于国会和政府之间的独立机构。它的委员由国会直接任命,主管美国各证券交易所对上市企业的注册、登记和信息披露要求。所以,SEC 自身设有首席会计师办公室(Chief Accountant Office),并根据形势需要不断公布一系列要求注册企业财务报告应予以遵守的会计规则,其中包括:(1)注册报告编制规则;(2)财务报告文集(Financial Reporting Releases,FRRs);(3)SEC 官员意见,主要是 SEC 首席会计师办公室针对上述两项规则的解释与答复意见或就其他会计处理问题发表的正式见解。由于 SEC 属于立法授权,它的会计规则具有法规的权威性和强制性,所有的证券上市企业都有义务执行,而职业界会计准则制定机构的有关原则或准则文告一般不能与之相抵触。

(三)美国会计学会(AAA)

AAA(American Accounting Association)是美国最大的会计学术组织,其前身是美国大学会计教师联合会(AAUIA,成立于 1916 年)。AAA 早期着重研究会计学教育课程的质量和学术研究,而不是各种会计实际问题。1935 年,联合会进行改组,更名为美国会计学会,并且扩大研究范围,把目标转向“发展基本和广泛的会计原则和准则,以求得工商企业、公共会计师、企事业内会计人员和政府机构的支持和认可”。实际上,AAA 当时试图在会计原则制定方面起主导作用,并于 1936 年正式发表了它的第一份重要文件《公司财务报表会计原则的暂行说明》,综合概括了当时的一些会计惯例或规则。

但是在 1938 年,当 SEC 正式把会计原则和准则的制定权转授给 AICPA 之后,AAA 的目标转向了加强对基本会计原则或会计准则的理论依据的研究。1940 年,AAA 出版了两位著名会计学者佩顿和利特尔顿撰写的《公司会计准则绪论》一书,这一著作成为当时最有影响力的会计理论文献。1941 年,AAA 修订其 1936 年的报告,并在标题中删去“暂行说明”后重版发行,1948 年又更名为《企业财务报表的基本概念和准则》发表。从 1950 年至1954 年,AAA 共发表了 8 份补充说明,以解释或扩展 1948 年的文件。1957 年,AAA 对这份文件又作了修改,以《企业财务报表的会计和报告准则(1957 年修订本)》再次发表,并在1957—1964 年期间为其发表了 5 份补充说明。很明显,AAA 的这一系列工作的目的在于影响或引导会计职业界对会计原则和准则的制定。

1964 年,AAA 根据经济形势的变化实施了一个重大举措,新设了一个发展基本会计理论报告委员会,该委员会于 1966 年发表了《基本会计理论说明书》(A Statement of Basic Accounting Theory,ASOBAT),运用规范性研究方式对一系列重要的财务会计理论概念作了充分概括。这一说明书现已成为美国现代最重要的会计文献之一,它所提出的许多思想或观念对当时及后来的会计原则和准则的发展产生了极大影响,不少内容被 APB 和后来的 FASB 所认可和采纳。

20 世纪 80 年代末,AAA 成立了一个常设机构——AAA 财务会计准则委员会,负责对 FASB 提出的有关财务会计和报告问题进行研究,并表述 AAA 的见解。这一委员会主要由著名的会计学者组成,不定期地对 FASB 所提出的评论邀请作出回应,着重阐述有关会计与报告问题的性质及所需处理方法、程序的理论依据,借以加强 AAA 对 FASB 准则项目的影响。事实上,在过去的半个世纪,AAA 通过持续致力于重大会计和报告问题的理论研究,对 GAAP 的发展起着不可低估的推进作用。

(四) 美国管理会计师协会(IMA)

美国管理会计师协会(Institute of Management Accountants,IMA)的前身包括全美成本会计师联合会(NACA)和全美会计师联合会(NAA)。NAA 成立于 1919 年,其会员主要为美国各企业或其他经济个体内部的会计人员。它长期注重成本会计、管理会计和某些财务会计问题的研究。从 1920 年至 1940 年,NAA 曾经针对成本会计、管理会计的一些重要问题发表过研究论文集,以期指导这些领域的会计处理。1945 年,NAA 曾任命一个专门委员会,并宣布将就管理会计方面的实务处理发表权威性意见,但这一计划后来未予以实行。

1968 年,NAA 进行战略调整,其下属的长期目标委员会建议扩充联合会的研究计划,并要"包括那些管理企业和提供资本者所需要的全面的社会经济信息",以建立适应特定信息使用者需要和改进现行会计实务的新概念和报告程序。目前,NAA 主要发表自己的有关研究文集,但它通过参加财务会计基金会(FAF)和财务会计准则咨询委员会(FASAC),对会计原则和准则制定充分施加影响。

1972 年,NAA 实施了一项计划,其目的是使会计师达到和取得管理会计的职业水平与资格,并在通过一些考试和满足教育与职业等方面的标准(要求)后,正式颁发"注册管理会计师"(Certified Management Accountant,CMA)证书。该联合会于 20 世纪 90 年代初期正式更名为美国管理会计师协会(IMA)。IMA 不仅侧重提升管理会计人员的职业水平,而且制订了《管理会计人员道德行为准则》,借以规范其会员正确履行工作职责。

(五) 政府会计准则委员会(GASB)

由于各级政府部门的会计和报告实务与企业会计工作具有较显著的差别,因此美国政府会计准则的制定是与企业会计准则制定分开的。在 20 世纪 80 年代之前,政府会计准则主要由全美政府会计委员会(National Committee of Governmental Accounting,NCGA)负责制定。但是在 1984 年,NCGA 的这一职责转交给了新成立的政府会计准则委员会

(GASB),由后者发布有关的政府会计和一些公营机构的会计准则,指导各级政府组织编制财务报告。

根据美国现行的会计准则制定框架,GASB 与 FASB 同隶属于财务会计基金会(FAF),但是两者在制定准则方面又有分工,FASB 制定企业和非营利组织会计准则,GASB 制定政府会计准则。由于一些企业或非营利组织需承接大量的政府资助合约,影响政府基金的使用和报告,因此,GASB 亦关注 FASB 的会计准则制定,并且通过参与 FAF 理事会和 FASAC 对 FASB 的准则制定过程施加一定的影响。

(六) 财务经理协会(FEI)

财务经理协会(Financial Executives Institute,FEI)的前身为成立于 1931 年的美国主计长协会(CIA)。FEI 是由工商界企业财务经理组成的全国性组织,下设财务经理研究基金会,对一些财务与会计问题发表研究报告,其内容涉及多种经营企业财务报告、企业合并会计处理、环境对会计的影响、租赁业务会计处理等问题。而且,FEI 还设立了一个企业报告技术委员会,专门负责与会计准则制定机构进行合作,参加有关会计准则文告的听证讨论会,充分发表自己的意见,并经常召集企业财务经理与主管人员对拟议中的会计准则文告加以评论。目前,FEI 还作为 FAF 的资助者,积极参与会计准则的制定。

第二节 会计准则的制定

一、会计准则的制定方式

(一) 民间制定方式

民间主体模式也称民间职业团体模式(简称民间模式),是指由政府几乎不干预的注册会计师团体来制定会计准则的模式。纵观世界各国早期的会计准则制定,大多数国家都是以注册会计师职业团体为主体。以民间机构来规范会计准则模式的典型代表是英国和加拿大。

英国在 20 世纪 70 年代以前,没有正式制定过会计准则。直到 1970 年,英格兰和威尔士特许会计师协会发表了一份题为《20 世纪 70 年代会计准则意向书》的文件,才提出了增强会计实务统一性、制定会计准则的目标,并首次建立了会计准则筹划委员会(ASSC)以推动会计准则的制定工作。1976 年,英国六大会计职业团体联合成立了会计团体咨询委员会(CCAB),将 ASSC 改名为会计准则委员会(ASC),并且规定:先由 ASC 制定会计准则的草案,提交 CCAB 理事会进行讨论与批准后才能正式实施。从 1976 年成立到 1990 年止,ASC 共发布了 25 项会计准则(当时称"标准会计实务公告",即 SSAP)。1987 年 CCAB 又成立了一个称为德林委员会的专门机构,对英国会计准则的制定机构设置以及制定程序进行检讨与评价。

1990 年,在德林委员会的指导下成立了专门的会计准则制定机构会计准则委员会(ASB),以指导 ASC 的会计准则制定工作。从 1990 年起,由 ASB 发布的会计准则改称为"财务报告准则"(FRS)。

会计准则民间制定模式的优点如下:

(1) 它响应了不同社会成分的要求。第一,除注册会计师外,ASB 的成员构成包括了各种不同的利益集团;第二,其资金支持与个体、公司及协会等不同团体组成的供资者是相分离的;第三,它采纳了复杂的正当充分处理的程序,该程序十分看重所有利益集团的反应;第四,正当充分处理的程序引发了对各利益集团行动后果的积极关注。

(2) 它最大限度地体现出会计准则的技术性,保证其科学化和合理化。它能够吸引具有必要技术知识的人作为其成员或工作人员去开发和执行不同的计量和披露体系,并使准则制定的内在逻辑一致性和完整性得到充分保证。作为一个整体,毫无疑问,准则更有可能被会计公司、企业和外部用户所认可。

(3) 它所制定的准则强调"真实和公允的要求"至高无上、会计概念清晰和明确,并重视会计环境的制约。

(4) 最能代表公众(指大众投资者)的利益。这是因为它能避免会计准则依附特定政策(如政府政策多变)而反复变更,也能避免因政府或党派之争或过分政治化而导致特定会计准则项目的破产。

会计准则民间制定模式的缺陷在于:

(1) 民间职业团体缺少法定权限和执行权力,难于保证准则的遵守;

(2) 它对于大的利益集团和公司仍然缺乏独立性,因此,客观上仍存在对公众利益责任的缺乏;

(3) 在会计准则中允许不同会计处理方法的存在;

(4) 仅注重准则的一般性质而忽略其详细的操作程序;

(5) 准则制定所需时间太长,对有些利益集团十分重要的主要问题反应迟缓;

(6) 小型企业难于满足准则的要求。

正因为如此,采用民间制定模式的国家也开始借助政府的力量进行改制。英国 ASB 受其制约的财务报告委员会(FRC)的主席一职,必须由英国贸易与工业大臣和英格兰银行总裁联合任命,这使得 ASB 带有了一定的官方色彩。而加拿大则是由民间职业团体——加拿大特许会计师协会(SCAC)制定会计准则后,交联邦政府或省级政府的有关法律机构给予直接确认。

（二）政府制定方式

政府主体模式也称政府管制模式（简称政府模式），是指政府或政府部门通过立法和行政权力来制定会计准则，以直接控制各种会计经济活动和交易行为的模式。它的最大特点是政府对会计准则拥有直接的制定或干预权，而且这种制定或干预权一般又是通过政府财政部门来实施的。从世界各国会计准则制定权的安排看，大多数国家的通用会计准则实质上都由政府部门制定（供给）的。政府主体模式最典型的代表是法国和日本。

实际上，在法国，会计规范的主体是会计制度，而不是会计准则。法国会计规范的基本特征：一是会计原则和方法必须遵守国家的税法，通常称之为"以税务为导向的会计"；二是在税法及其他法律的基础上，由政府制定颁布全国统一的《会计方案》来指导全国的会计工作；三是吸收民间参与由政府制定与颁布的执行和扩展《会计方案》所需的会计准则。随着法国跨国公司的发展，特别是欧盟的成立与启动，国际资本市场与货币市场日益扩大，客观上提出了对会计的国际协调要求，对会计准则的制定、修订及解释变得更加迫切。1998年法国专门组建了会计法规委员会，它是一个权力机构，专门负责根据全国会计委员会提出的建议或意见，制定具有法律效力的条例或法令和会计准则，并由经济与财政部、司法部和预算部批准后发布实施。

政府或政府立法机构来安排会计准则制定权的理由是：从公共选择理论看，会计信息是一种典型的公共物品，而规范会计信息生成的会计准则也是一种公共物品，由此决定了会计准则应该由全体适用单位共同享受，而不应服务于或服从于个别利益集团，这是会计准则公平性原则的经济根源，由此也决定了会计准则用以规范和维系现代社会市场秩序的有效性和必然性。按照经济学的观点，作为公共物品的会计准则也具有资源稀缺性、供给垄断性、消费非竞争性和供求双方效用函数矛盾性的基本特点。根据以上命题，可以推断出会计准则应由政府或政府立法机构来制定。具体理由：一是会计准则资源的稀缺性、社会利益冲突与合作的关系特点，使得政府作为执行公共职能的行政机构总是执行某一特定社会经济制度的国家的意志，独占行政执法权力资源，利于会计秩序的形成和稳定，避免存在对部分会计处理的争议；二则是由于用一个机构建立一套保护产权与社会发展的大规模会计准则系统比建立许多小规模的私人契约系统、用政府的强权更能带来规模经济效益。正如现代产权经济学家所称的"霍布斯规范定理"——政府通过建立通用会计准则结构，使私人协议难以达成所造成的损失最小。

会计准则政府制定模式的优越性在于：

（1）通过政府或立法机构的法定权限使会计准则取得了更高的法律效力和执行权力，保证了会计准则的权威性；

（2）政府对于会计改革过程的推动作用不可置疑，在指导从"安全"或"稳健"的会计方法向革新的和现实的会计方法过渡方面，政府或立法机构将发挥主导作用，保证了会计准则的革命性；

（3）在民间团体被监视和被控制时，政府制定会计准则可以避免会计准则袒护企业集团的利益，从而保护公众利益，保护投资者免受可察觉到的舞弊的影响，保证了会计准则的公正性；

（4）政府制定准则有利于推动公共政策，平衡不同利益集团的需要，尤其是税收政策的贯彻落实，从某种意义上保证了会计准则的公平性。

会计准则政府制定模式的不足在于：

（1）政府机构对信息的规范会发生较高的成本，不会过多地考虑制定与披露的成本与效益，由于不同政府部门或立法机构可能要求财务报表提供不同信息，政府法规的遵循成本和执行成本通常较高；

（2）由政府单方面制定会计准则，难免使政府制定有利于国家的会计准则，而特定的利益集团同样也会主动地游说政府机构，从而使准则制定日益政治化而难以保护公众利益，进而影响会计准则的公正性及质量；

（3）此外，Beckleyt 和 O'Sullivan 在考察政府规范准则的失败案例中还发现了零成本现象（指制定者与监管者不承担其失败的成本）、规范滞后或未履行、规范陷阱以及越理越乱效应等情况。由于上述缺陷，许多政府主体模式的国家开始改革。法国在其准则制定机构中不断地吸收社会各阶层的力量（包括部委、公共机构和其他组织机构、公司以及法律、经济、雇主联盟、总商会、贸易联盟等各阶层代表），以权衡准则的导向。日本在 2001 年前公认的会计准则是由大藏省及其顾问机构企业会计评议会（官方组织）制定的，2001 年 7 月在借鉴英美模式的基础上成立了日本会计准则委员会（ASBJ）（民间组织），取代企业会计评议会来制定会计准则。

（三）混合制定方式

混合主体模式也称独立民间机构模式（简称混合模式），是指由非利益关系的独立民间机构制定准则与政府管制相结合的模式。混合模式最典型的代表是美国，它是由政府机构授权，独立民间机构制定，必要时政府会对民间机构的活动进行干预。美国的准则制定模式又可称为"三权分立"模式，即政府享有一般通用会计准则的制定权，经营者享有剩余会计准则的制定权和通用会计准则的选择权，独立、客观、公正的会计职业界被赋予对经营者遵循一般通用会计准则和制定剩余会计准则的监督权。

在美国，私营经济占主导地位，会计团体长期实行职业自律，并且在社会上具有较大影响力。20 世纪 70 年代以前，美国的会计准则采用的是民间制定形式。美国采取由会计职业组织或民间团体负责制定会计准则的做法与 SEC 采取的策略有关。由于没有联邦公司法,美国许多州为了为美国会计准则制定相关问题研究吸引投资,纷纷试图减轻公司在信息披露上的负担。因此,联邦证券立法对公司信息披露的管理就显得特别重要。SEC 是根据1934 年《证券法》成立的、负责管理证券市场的独立政府机构。根据《证券法》和《证券交易法》的规定,SEC 有权制定在其注册的公司的财务会计报告准则,并对审计准则和程序具有监督权。自成立以来,SEC 的策略是授权民间机构(财务会计准则委员会,FASB)制定会计准则,而自己则保留裁决权。但是,这并不意味着不同利益集团完全接受民间制定会计准则这一形式。由于民间制定和政府制定都既有优点又有一定的局限性,但两者有可能互补,因此,理想的会计准则制定形式应当是民间组织和政府力量的结合。所以,到 20 世纪 80 年代初期,美国采取了混合主体模式。

混合制定模式具有独立性、广泛代表性、研究工作的权威性等特征。一般认为美国的这种模式兼具民间团体模式的优点,同时还具有以下长处:

(1) 政府机构既可以充分利用民间雄厚的会计力量和充足的经费来源,使其更有经济与人才实力去创新和发展会计准则,又可以迎合美国社会厌恶"政府干预"的心理需要;

(2) 利用政府机构的最终裁决权来引导会计准则与会计实务的发展方向;

(3) 专职的委员和广泛的群众参与较多,使会计准则具有更大的广泛性、超然性和合理性,因而更有利于会计准则的公正性;

(4) 法律对会计准则的直接影响有限,美国的公司法是由各州制定的,对会计的约束少,《证券法》和《证券交易法》对会计的确认与计量没有详细规定,税法对企业会计也没有直接影响,实质上美国的财务会计与税务会计是相互分离的。这样,会计准则完全可以按照会计的规律及内在要求来制定,而不必过多考虑其他因素的影响。

正因为如此,许多学者认为美国现行的模式代表了会计准则制定模式的发展方向。

二、会计准则的制定程序

公认会计原则(GAAP)的制定程序是否科学和严密,对其质量具有直接的影响。美国财务会计准则委员会(FASB)在制定会计准则时,主要采用了如下程序:

(1) 确定选题。由 FASB 主席根据各方面的建议,将需要制定的准则项目列入计划,并提请委员会审批。

(2) 成立专题小组。在选题确定以后,由委员会组织对选题内容有丰富经验和深入研究的人员形成专题小组(每个选题成立一个小组)进行研究、讨论,并提出书面讨论备忘录,报送委员会主席审批。

(3) 举行公开听证会。由委员会将会计理论界、职业界、企业界、银行、政府等各界有关人士聚集在一起,让专题小组广泛听取意见,并据以修改其书面讨论备忘录。

(4) 提出草案。专题小组修改讨论备忘录后,制定出会计准则草案,经委员会主席审定后对外发布,供社会公众评论或再次进行公开听证。

(5) 进行投票表决。由委员会成员对会计准则草案进行投票表决,若多数成员表示同意,即可直接形成或修改后形成正式的会计准则。

(6) 研究复审意见。若在准则发布以前有人提出复审,应慎重研究和恰当处理。

(7) 对外发布。

第三节 会计准则制定导向

一、会计准则制定导向模式的界定

制定什么样的会计准则,关键问题是解决会计准则的制定导向或制定基础。会计准则制定导向是准则模式研究中的核心问题之一,通常在狭义上,把准则制定导向直接看做准则制定模式。对该问题的研究早在 20 世纪六七十年代就已开始,而"安然事件"等一系列会计丑闻的出现,使得该问题成为当今的一个热门话题。

20 世纪以前,美国的 GAAP 采取规则导向模式加以制定,并一直认为这一模式是最为完善和高质量的。但 2001 年安然公司破产案暴露了美国这种模式的致命缺陷。此后,美国开始重新审视会计准则的制定模式。

2002 年 7 月 25 日通过的《2002 年萨班斯-奥克斯利法案》、2002 年 10 月 21 日发布的征求意见稿《美国准则制定中的原则基础法》、2003 年美国证券交易委员会(SEC)应国会要求发布的研究报告——《对美国财务报告体系采用以原则为基础的会计制度的研究》等充分说明,美国会计准则模式已由规则基础模式向原则基础模式转变。但是,美国又不愿意照搬欧洲大陆或国际会计准则委员会(IASC)的原则导向模式。因此,2003 年 7 月 25 日 SEC 向国会提交了《按照 2002 年萨班斯-奥克斯利法案第 108(4)节的要求对美国财务报告采用原则导向的会计体系的研究》的报告,提出了全新的三分法会计准则制定模式,即除了以原则为导向(或称为"纯原则的方法")和以规则为导向的模式外,还有一种被称为目标导向的准则制定模式。该报告得出的结论是:目标导向的准则制定方法是发展的方向,在某种程度上,美国采用该方法的收益应当会大于成本。在美国,可以说,目标导向概念的提出使原则导向与规则导向之间的争论画上了一个句号,并且似乎使会计准则的制定导向通过"目标"在"原则"和"规则"之间找到了最优的均衡点。

二、规则导向模式的优缺点及其改进

（一）规则导向模式的基本含义

虽然《2002年萨班斯-奥克斯利法案》中的措辞似乎已将美国现行的准则认定为规则导向，但实际上目前包括美国在内的世界各国会计界对于该问题并没有统一性的认识，持不同观点者不乏其人。造成这种分歧的根本原因在于，目前美国会计界对规则导向与原则导向两个概念的确切内涵并没有统一的认识。本书认为，对两者的涵义可以从以下两个角度进行理解：

第一种解释是从准则制定的逻辑起点来看问题，认为原则基础蕴涵着准则的制定必须是以具有逻辑一致性的理论体系为基点，强调概念框架的重要性，反对简单地对现行实务进行总结归纳；而规则基础则主要是在现行会计实务的基础上进行归纳总结，在此基础上提出具体的操作规范，不太重视对一般性原理的研究。按照这种解释，可以发现，美国的会计规范发展历程是逐步走向原则基础的。在美国，最早的准则制定机构是CAP，在准则制定过程中是对已有的会计惯例进行归纳和总结，忽视了对会计内在逻辑原理的研究。因此，CAP受到人们的普遍责难，并导致其被APB所取代。APB成立之初也雄心勃勃地要建立会计准则体系，但最后却因与CAP几乎同样的缺陷而告终结，取而代之的是现在的FASB。FASB成立伊始就积极地展开会计概念体系的研究，并于1978年发布了《第1号财务会计概念公告——企业财务会计报告的目标》，随后又发布了6份概念公告，建立了以会计目标为主导的关于确认、计量和报告的比较完善的财务会计理论体系。FASB在准则制定过程中以概念框架为基本准绳，尽管不能说所有的准则都严格遵循了概念框架，但至少绝大部分是以概念框架为基础的。从这个意义上讲，美国现行的会计准则制定是具有原则基础性的。FASB的成员之一Katherine Schipper在2003年就认为美国会计准则在总体上是以概念框架中阐述的原则为基础的，但由于包括了大量的例外事项及许多具体的实施指南使得其同样表现为规则基础。这种解释似乎与当前主流的观点不符。

目前较具代表性的观点认为美国的会计准则是规则基础的。要对此进行解释有必要从第二种角度予以考虑，即从准则条文的具体与详细程度高低、准则执行的弹性大小来判断。原则基础的准则比较原则化，比较粗线条，在执行过程中要求较多的职业判断，弹性较大；而规则基础的准则比较具体，在执行过程中不需太多职业判断，弹性较小。2003年FASB在一篇文章中指出，应将此两概念视为一个连续集，其一端是最严格的毫无弹性的准则，另一端是基于经济学概念的一般性定义。一般现实中的准则处于这两种极端的中间。美国的会计准则正变得日益繁琐已是不争的事实，大量的例外事项和实施指南使得会计规范变得异常复杂。从这个意义上说,美国的会计准则的确是规则基础型的。FASB及AAA曾针对会计准则的质量作过调查,反馈结果显示《租赁会计》与《企业合并》被评为质量最差的两个准则,其中一条最重要的理由就是准则太过具体,太规则化,反而使企业可以通过交易安排来规避准则。安然公司的特殊目的实体的合并会计处理问题显然是这次原则基础与规则基础之争的直接导火索,"3%规则"显然已是众矢之的。从事件的背景分析可以看出,美国监管层急切地希望会计准则制定转向原则基础是从第二种解释的角度提出的。

(二)规则导向模式的主要特征

规则导向的会计准则通过出台各种解释公告、实施指南,详细规定各种情况下的具体会计处理。其主要特征为:

(1)其内容有较多"明界"(Bright-line)检验。规则包括具体的标准、"清晰的界限门槛"、示例、范围限制、例外和连续性的惯例,它们通常被称为规则要素。例如,相关会计准则对融资租赁和经营租赁的区分,对权益结合法和购买法的选择,都设置了较多数字或百分比界限。

(2)有过多细节描述。准则由较多详细、具体、复杂的规则组成,操作性较强。

(3)包含较多例外事项。由于准则所依赖的概念框架某些方面仍不够完善,且存在内部不一致及模棱两可的情况,并没有为解决会计和报告问题提供所有的必备工具。而SEC又试图考虑到准则适用所有的可能情况,这样就必然存在大量例外原则,还包括大量解释与实施指南。如美国财务会计准则第133号《衍生工具和套期活动的会计处理》就提供了大量的例外事项规定及相关的解释和执行指南。

(4)职业判断的空间较小,在规则导向模式下更倾向于反映经济事项的形式而不是实质。

(5)会计准则往往是各方面利益集团协调的结果,准则之间的、内在的一致性较差。

(三)规则导向模式的缺陷

规则导向的会计准则存在诸多弊端:

(1)导致形式重于实质,不利于公司和注册会计师发挥职业判断与公允判断。规则导向的会计准则对业务的处理规定得过于细致,使得财务报告的编制者将注意力集中到满足会计准则所规定的固定模式,而不是如何真实、准确地反映经济活动的内在本质上,致使本应反映经济活动实质的会计信息流于形式上的处理。同时,规则导向的会计准则可能使公司和注册会计师过分关注会计准则的细节规定而忽略了对财务报告的整体作出公允判断,结果,财务报告可能成了数字游戏。

(2)仍难以保证准则的及时性与完整性。世界不断发展变化,经济活动日新月异,新型金融产品和交易方式不断涌现且复杂程度日益加深,规则导向的会计准则无法满足也不能满足未来日趋复杂和变化难测的不确定性情况的需要,充其量只能适用于准则出台当时的外界条件。此外,尽管现行会计准则如此详细,但仍不完整,并没有将所有行业和业务事无巨细地包含在内,它的适用范围仍存在一定的局限性。

(3)详细的规则往往被别有用心的公司和个人通过交易和策划加以规避,以达到自身所追求的某种目的。企业管理者只需提供形式上符合要求的财务报告,就不会遭到外部审计师的反对,这样可以避免或减少法律诉讼的风险。事实上,企业管理者可以采取"构造交易"和"组织创新"的方法进行财务造假,达到粉饰财务报表的目的,其手法更为隐蔽,可以轻而易举地达到规避相应法律责任的目的。安然公司也正是看到了这一制度缺陷,通过交易构造,"设计"了3个特殊交易作为隐瞒巨额债务、掩盖损失的工具,并将其排除在合并报表之外,从而导致1997—2000年高估了4.99亿美元的利润。

(4)规则基础造成准则过于繁琐,难以为实务工作者掌握与应用。美国会计准则体系中,由FASB发布的会计准则至今已有150多个,若加上AICPA会计准则执行委员会(AC-SEC)的文件、FASB紧急事项处理小组(EITF)的意见及其他下属小组发布的执行指南,总共有厚达4 530页的公认会计原则,单单是衍生金融工具会计准则,其全部指南就多达800多页,可见其数量之庞大,内容之繁杂。面对如此庞杂的准则体系,要掌握其全部细节并且准确地将其运用于复杂多变的实践,其难度足以让人望而却步,结果公允的职业判断只能让位"交易设计"和"组织创新"。

美国会计实践的经验也表明:以规则为基础的准则反而为那些试图围绕准则宗旨钻空子的人大开方便之门;特有的众多的例外和大量的详细指南,经常会导致准则运用时的不一致;过细的指南常内含冲突,只能带来虚幻的可比性;准则内部隐含的不一致、过多的例外事项和百分比界线检验鼓励了那些意在规避准则的人。2003年3月21日,美国SEC主席Havey L. Pitt在国会听证会上指出,以规则为导向的准则制定模式:(1)会延迟准则指南发布的及时性;(2)会使准则缺乏灵活性,难以适应市场未来的发展;(3)会使人们容易通过会计技巧的设计而达到它们想要的目标。SEC在《对美国财务报告体系采用原则为基础的会计制度的研究》中,已否定了美国会计准则的规则导向。

但是依据"经济达尔文主义"的观点,能够生存下来的制度就有其存在的合理性。因此,需要思考的是准则的规则化倾向是否有其产生和存在的客观必然性。美国采用这种复杂而臃肿的会计准则,其原因有二:

一是环境使然。美国社会"好诉"成风,为避免风险,利益各方都期望准则对每个问题给出"唯一"的答案。2002年FASB在《美国会计准则制定中的原则基础法计划书》中指出,详细、具体而且复杂的美国会计准则是需求推动的。这些需求主要来自各个利益主体:公司需要具体的会计准则以减少交易安排的不确定性;审计师需要具体的准则以减少与客户间的分歧并减少潜在的法律责任；监管者需要具体的准则以便于进行有效的监督。

二是准则制定权利安排的结果。美国采取混合主体模式制定准则，一方面缺乏必要的强制力，无法形成完善及权威的概念框架体系，另一方面又要兼顾各会计主体的利益，由此导致美国主要采用归纳法制定会计准则。归纳法是指从实务的各种会计处理方法中，根据各主体的偏好来制定能使主体效用最大化的会计准则的一种程序。从本质上看，它是以主体偏好集合为基础的一种集体选择程序。在现实中，对相同或相似交易和事项存在着多种会计处理方法，各主体报告其交易或事项所采用的会计处理方法有所不同，其产生的财务会计信息自然也就有所差异。由于不同的财务会计信息对主体效用的满足程度各异，所以各主体对不同的会计处理方法也产生不同的偏好。当各主体之间的偏好发生冲突时，用归纳法制定会计准则就是要选择能代表社会利益所要求的、大多数主体偏好的会计处理方法。为提高其所颁布准则的可接受性，FASB在准则内容上除了对所规范的交易或事项进行一一规范外，还允许诸多例外情况的存在。

三、原则导向模式的优缺点及其改进

（一）原则导向模式的基本含义与特征

原则导向模式的会计准则是与规则导向相悖的另一极端，其典型代表是国际会计准则。这种模式只规定各有关经济交易通用的会计处理原则，不规定具体的会计处理方法或具体操作指南，因此需要运用较高的职业判断。具体而言，它具有以下显著特征：

（1）突出经济业务的实质，强调会计处理的原则而非具体方法。

（2）有一个全面完整、内涵一致的概念框架（CF），对经济事项的确认和计量加以引导。原则基础的会计准则制定模式注重概念框架的完整性，强调应用概念框架确定原则，强调原则在判断和处理会计事项中的绝对地位。

（3）由若干基本原则组成，原则应用宽泛，对原则的例外则很少。

（4）有关准则运用的解释和应用指南较少，而针对准则的职业判断将增加。因原则宽泛且强调一致性，因此对准则运用更多地依赖相关人员运用合理的、与准则的内涵和目标相一致的职业判断处理交易，而不是详细的、甚至能够与会计实务问题一一对应的会计标准，因而有关解释和应用指南较少。

（二）原则导向模式的优点

显然，与规则导向模式相比，以原则为导向制定会计准则的模式具有以下优势：

（1）更能突出经济业务的实质。它的一大特点就是强调财务报告应当如实反映经济活动的本质而非形式,从而使会计信息的提供者和鉴证者更加关注交易和事项的实质。同时它强调的是会计处理的原则并非具体方法,这样就可以防止公司在会计实务中会一味迎合会计规则中的具体条文进行账务处理,降低通过"交易设计"和"组织创新"规避准则的可能性。

(2)会计准则的可理解性和可比性更强。这种会计准则强调以概念框架(CF)普遍适用的定义为基准,能提高财务报告使用者对该概念框架的理解,从而达到 FASB 宣称的"致力于提高公众对财务报表内在信息的理解"。同时以原则为基础制定的准则简单、明了,处理方法内在逻辑一致,很少或没有例外情况,这减少了操作指南的数量,从而降低了准则的复杂性。因此,准则更容易理解和应用,并使类似的交易和事项以类似的方式进行会计处理,既增强了可比性,而且还能减少准则的制定成本和执行成本。

(3)原则导向的会计准则只提供一般的原则,对准则的具体运用在很大程度上依赖于财务报告编制者和审计师的职业判断,这势必加大报表编制者、公司管理层以及外部审计师的法律责任。为此,公司管理层将更加谨慎地处理经济业务,表达会计结果,以期减少诉讼风险。

(4)更能保持会计准则的相对稳定性。美国现有的不少准则都是根据实务中出现的某一问题而专门制定的,甚至有些准则只是应急性地从现有的会计处理方法中加以选择和认可,因此,它们不仅容易为交易创新所规避,而且必须随着经济环境的变化不断修订、补充,稳定性差。相反,采取原则基础模式制定的会计准则大多是原则性规定,因而容易具备一定的前瞻性,比规则基础的会计准则更能经受得住时间演变和交易创新的考验。

(三)原则导向模式的缺陷

原则导向的准则也并非完美无缺,它至少在以下几方面还存在缺陷或不足:

(1)企业会计选择的空间加大,可能导致职业判断的滥用,为会计操纵提供便利。规则基础准则重形式轻实质,其勾画出的具体界限标准给会计操纵者提供了一个明显的靶子,便于其伺机通过交易策划来规避。而原则基础准则实质重于形式,因此其所允许的职业判断空间较大,而这也可能被自利的管理机构所利用而作为会计操纵的新契机。

(2)由职业判断引起的对类似交易和事项的不同解释,可能会降低信息的可比性。即灵活的职业判断可能损害会计信息的可比性。如果人为的以职业判断之名行会计操纵之实,更使会计信息不可比。

(3)增加了注册会计师的审计风险,加大了会计职业界的法律风险。原则导向的准则对具体会计问题的处理不再进行明确的界定,即使会计人员和审计师忠实地履行了自己的义务,但当面临诉讼时,监管机构和法庭存在"第二次判断",由于法庭所掌握的信息与会计人员或审计师所掌握的信息存在差异,因此会作出与会计人员或审计师不同的判断,从而增加会计人员和审计师败诉的可能性。

（4）需要企业和审计师进行更多的专业判断，对企业会计人员和审计师的专业素质和道德水准提出了更高的要求，会计监管的难度也可能会加大。Katherine 在 2003 年认为，原则导向的会计准则制定模式需要依赖大量的职业判断，这对于整个会计职业界来说是一个不小的挑战。在这一模式下，会计准则只提供了原则性的意见，会计人员要利用自己的专业知识和职业经验对会计原则的选择和协调、会计处理方法和程序的选择、会计估计的运用、重要性原则的判断、收益性支出与资本性支出的区分、利益驱动与公正的观念和立场之间的矛盾与抉择作出判断与选择。因此，是否能够运用合理的职业判断对经济活动的本质作出恰当的描述，使财务报告公允地反映企业真实的财务状况、经营成果和现金流量，将完全依赖于会计人员及公司管理层的知识技能水平和职业道德素质。

因此，在美国，虽然 SEC 提出了美国会计准则制定模式由规则基础模式向原则基础模式的转变，但许多学者对原则导向的会计准则发表了保留意见。针对以上缺陷，不少美国学者认为要实现原则导向模式的会计准则，必须有良好的运行环境，其包括：

（1）诚信的道德环境。会计报表的编制者和注册会计师在实施职业判断时，必须能够以诚信为本，坚持原则，否则，有可能导致准则的滥用，使投资者利益蒙受更大损失。正如国际会计准则委员会（IASC）①主席 David Tweedie 爵士所言，国际会计准则要求公司及其审计师必须再三考虑建议的会计处理方法是否符合基本原则，要求公司及其审计师为了公众的利益而进行职业判断，要求会计报表的编报者对财务报表坚定地承诺、忠实地陈报所有的交易，也需要审计师坚决抵制客户压力。

（2）完善的监管体系。对违法会计行为的防范，一靠道德约束，二靠法律制裁。原则基础模式在赋予公司和注册会计师更多的判断选择权的同时，无疑对会计监管提出了更高要求。会计监管包括内部监管和外部监管，内部监管主要是从完善公司治理结构入手，减少经理人员操纵会计的机会；外部监管则既包括民间监管（注册会计师审计以及有关媒体的监管），也包括政府监管（政府对公司的监管以及政府对注册会计师的监管）。监管体系是否完备、监管措施是否有效，是原则基础模式是否能够有效运行的重要前提。事实上，美国在采取原则基础模式的同时，一方面要求完善公司内部结构，如扩大审计委员会的会计监管权与明确财务报告的责任主体；另一方面加大了对会计违法行为的处罚，并改变了多年来美国会计职业界行业自律的管理体制（以公共管制模式取而代之）。

（3）完善、一致的财务会计概念框架。以宽泛原则为基础的会计准则，要求概念框架全面完整、内在一致、清晰明了。为此，FASB 将进行改进概念框架的研究，同时考虑制定类似第 1 号国际会计准则（财务报表的列报）的整体报告框架。

---

① IASC，国际会计准则委员会，2001 年后改为国际会计准则理事会，简称 IASB。

（4）高素质、高水平的从业人员。在具体操作指南和解释很少、对准则的应用主要依据职业判断的情况下，对会计、审计人员的素质要求是不言而喻的。对此，就连高等教育非常发达的美国也存有疑虑。2002 年 12 月 12 日，在 AICPA 全国会员代表大会上，FASB 主席 Robert H. Herz 做了主题为"面对风云变幻，迎接财务报告挑战"的演讲。他在演讲中，一方面赞同原则基础的会计准则制定模式，另一方面也对这种模式是否能在美国恰当地运用表示了怀疑。

四、目标导向模式的提出及其意义

（一）目标导向模式的基本含义与特征

SEC 的 Staff 于 2003 年 7 月 25 日公布了研究报告——《按照〈萨班斯-奥克斯利法案〉第 108(4)节的要求对美国财务报告采用以原则为基础的会计体系的研究》（下文简称《报告》）。该《报告》提出了一个全新的概念——目标导向。《报告》指出："为了把我们对以原则为基础的会计准则制定方法的看法与他人区分开来，我们把它叫做目标导向的准则制定。"因此，目标导向是 SEC 对原则基础的一种固定化的解释，也即 SEC 所认可的对原则基础这一概念的定义与目标导向是同一的。只是以前准则的制定基础都被划分为两类：规则基础与原则基础，而按照《报告》的提法，准则制定基础可划分为 3 类：规则基础、目标导向（原则基础）、纯原则。目标导向是与规则基础及纯原则相对立的。

根据《报告》的描述，目标导向模式的基本特征是：赋予了管理机构在财务报表中准确报告交易和事项经济实质的责任，并以蕴含于准则中的会计目标和原则为基础，明确了对交易和事项的经济实质的报告方式，同时提供适当数量和详细程度的指南，给管理机构和审计人员提供了一个足够详细的框架以使准则具有操作性。结合这些描述，可以认为目标导向模式的具体特征应包括以下几个方面：

（1）准则必须建立在改进之后的概念框架基础上，并与之保持一致；

（2）准则应包括对该准则所要实现的会计目标及相关重要会计原则的论述；

（3）准则应当具有广泛的适用性，没有或只有很少例外情况，对经济实质相同的事项保持基本相同的会计处理；

（4）准则应包括数量适中的指南，以提高实务中准则应用的一致性，避免采用"清晰界线"规定，减少或避免通过交易安排以达到从字面上符合准则要求，实质上绕开准则本意的做法。

（二）目标导向模式的优点

按照 SEC 的设想，目标导向集原则导向与规则导向两者的优点于一身，且在"度"的控制上恰到好处。其实,在现实中每一个准则都应是"原则"与"规则"的混合体,原则基础抑或规则基础并非是绝对非此即彼的问题,其间并无不可逾越的鸿沟,有的只是"度"的差异。原则基础本质上体现为规则基础的高度集中化和抽象化,而规则基础往往是原则基础的极端个体化和具体化。准则越是详尽具体,对交易、事项的会计认识活动的约束就越大,就越有可能把握不住交易与事项的"个性化特征";准则越是原则,就越有可能彰显交易与事项的"个性化特征",会计所描绘的经济活动就越生动、深刻,但却可能因会计师的职业判断能力而得出完全相反的结论。因此,SEC 研究报告认为,目标导向的准则制定模式应强调目标在准则中的作用,克服规则导向的过于详尽复杂以及"纯原则方法"的过于言简意赅的缺陷,是两者之间的最优均衡。

具体来讲,目标导向模式的会计准则具有以下优点:

(1) 增进了准则的统一性与可理解性。每个准则的制定都要根据内在一致的概念框架进行,这意味着整个会计系统将形成一个统一的整体。各准则与 CF 保持一致,能提高财务报告使用者对该概念框架的理解程度,进而增强财务报告使用者解读会计报表信息的能力。

(2) 确保了高质量会计信息的提供。目标导向会计准则强调财务报告编制者进行会计决策及审计人员进行会计鉴证时,必须保证遵循会计准则的目标,这样的话,可将绕过会计准则本来意图而进行财务操纵的可能性减至最小。

(3) 避免了使用例外条款和明线测试,减少了准则的制定与执行成本。因为例外的本质就是对会计准则目标的违背,它会引起更多准则内部的矛盾,引起更多对详细指南的需求。明线通常是例外的产物,它同样背离了会计准则的目标,只要交易的形成或组织有稍微改变,它就可以越过门槛,使经济实质相似的交易以完全不同的会计方法处理。因此,准则中没有或很少提供例外和明线。

(4) 有效地防止了职业判断的滥用。目标导向的会计准则会清楚地说明它将适用于哪些类型的交易,同时向财务报告的编制者和审计人员提供足够详细的指南,可以帮助他们判断公司的交易应采取何种会计方法。

(5) 有助于会计国际化。因为目标导向模式只不过是对原则导向模式的一种改进,对于美国而言,采用原则导向会计准则就缩小了其与国际会计准则在制定模式上的差异,这有利于美国进一步争夺国际会计准则制定的主导权。从世界范围来看,会计国际化已是大势所趋,目前的焦点是各国通过争取国际会计准则制定的主导权,制定对己有利的国际会计准则,并附加于各种国际经济事务之上,从而导致国际上财富的转移。因此,近年来,美国一改昔日的冷淡态度,转而积极参与 IASC 的各项事务,以谋求国际会计准则制定的主导权,并已取得了相当大的进展。

（三）目标导向模式的实现条件

但是要实现目标导向的会计模式，在美国，SEC 研究报告认为，尚需解决以下问题：

（1）确保新制定的准则明确表述会计目标，并尽可能避免例外及过于具体的细节；

（2）解决 CF 的缺陷和前后不一致的问题；

（3）确保新制定的准则与 CF 保持一致；

（4）修订现存的过于规则化的准则；

（5）重新界定 GAAP 的级次；

（6）确保 FASB 作为准则制定机构的唯一性，AICPA 的会计准则执行委员会（ACSEC）不再发布"权威"标准，FASB 的紧急问题工作组（EITF）的一致意见必须得到 FASB 的批准；

（7）努力同其他国家、IASC 进行会计准则的协调等。

【名词与术语】

公认会计原则　　　　民间制定方式　　　　政府制定方式　　　　规则导向模式
原则导向模式

【思考题】

1. 什么是会计准则？它在会计理论体系中有何重要作用？

2. 什么是会计准则民间制定方式？试分析其优劣。

3. 什么是会计准则政府制定方式？试分析其优劣。

4. 会计准则制定导向模式有哪几种？比较其含义、特征和优劣。

第三章

财务会计概念框架

【本章导读】

　　财务会计概念框架是财务会计理论的核心内容。本章介绍财务会计概念框架的含义、作用以及国外财务会计概念框架的研究情况;比较会计目标的主流观点;讨论会计信息质量特征;分析财务报表要素及其确认与计量。

　　通过本章的学习,要求掌握财务会计概念框架的概念;了解国外关于财务会计概念框架的研究;掌握受托责任观会计目标和决策有用观会计目标的含义、背景以及财务报表要素的确认与计量。

第一节　财务会计概念框架概述

>>>

一、财务会计概念框架的内涵

　　财务会计概念框架,也称财务会计概念结构(Conceptual Framework of Financial Accounting,简称 CF),其专门术语最早出现于美国财务会计准则委员会(FASB)1976 年 12 月 2 日公布的《关于企业财务报表目标的暂行结论》《财务会计和报告概念结构:财务报表的要素及其计量》和《财务会计概念框架研究项目的范围与含义》等 3 个文件中。按照 FASB 的定义,它是一套目标与基本原理相互关联的有内在逻辑关系的财务会计理论体系,是一个由相互关联的目标和基本概念组成的协调一致的系统,是用来指导并评价会计准则的基本理论框架。从 1978 年起,FASB 陆续发表了 7 辑"财务会计概念公告"(Statement of Financial Accounting Concepts,SFAC)。此后,CF 不仅成为很多国家效仿的典范,而且也成为规范会计理论研究的核心,英国、澳大利亚、加拿大等国以及国际会计准则委员会(IASC)也陆续发布了各有特点的 CF 性质的公告。

二、财务会计概念框架的作用

关于 CF 的作用,FASB 的观点最具代表性。FASB 认为,CF 主要在以下几个方面发挥重要的作用:

(1) 能够为会计准则制定机构在制定和评估会计准则时提供指南,以保证会计准则的一贯性和系统性;

(2) 在缺乏权威性文件的情况下,能够为人们分析新的或正在出现的财务会计和报告问题提供参考依据;

(3) 由于 CF 能够保证会计准则的一贯性与会计实务的合理性,因此可以提高财务报表的可比性,促进使用者对财务报表的了解并增强使用者的信心。

作为一个致力于会计准则国际趋同的组织,IASC 制定其 CF 的目的主要包括以下几点:

(1) 帮助 IASC 制定新的国际会计准则和审议现有的国际会计准则;

(2) 为减少国际会计准则所允许选用的会计处理方法的数目提供基础,借以协助 IASC 倡导协调与编报财务报表有关的规定、准则和程序;

(3) 帮助各国会计准则制定机构制定本国的准则;

(4) 帮助财务报表编制者应用国际会计准则和处理尚待列作国际会计准则项目的问题;

(5) 帮助审计师形成关于财务报表是否符合国际会计准则的意见;

(6) 帮助使用者理解根据国际会计准则编制的财务报表内包括的信息;

(7) 向关心 IASC 工作的人士提供关于制定国际会计准则的方法的信息。

根据美国 FASB 的观点和 IASC 的观点,可以这样来理解 CF 的作用。

(1) CF 的出现是制定和评估会计准则的需要。为了制定高质量的前后一致的会计准则和对现存的会计准则进行评估,需要一套完整的会计理论体系提供指导;同时,会计准则的制定具有经济后果。在这种情况下,有一套相对较为完整的 CF 提供理论指导,可以在一定程度上避免利益集团的影响。

(2) CF 是会计实务发展的需要。会计实务的发展是会计准则和会计制度制定的先导和前提。发布的会计准则和会计制度总是滞后。在经济全球化趋势日益加剧的今天,如何对创新的业务进行核算,如何规范其核算,是会计工作必须直面的现实问题。解决这些问题,均需要会计实务创新,而会计实务的创新依赖于会计理论提供指导,需要 CF 来满足会计实务发展及时性的需要。

(3) CF 是会计信息使用者阅读和理解会计信息的需要。会计信息的有效性至少涉及两个方面:一方面是会计信息的提供者必须按照会计准则编制提供会计信息;另一方面是会计信息的使用者充分理解财务报表所提供的信息。在会计信息提供者按照准则提供会计信息的前提下,CF 可以为会计信息的使用者提供其理解会计信息所必要的会计理论知识。

(4) CF 的产生与发展是会计理论自身发展的需要。任何理论都有一个不断发展、完善的过程,在理论发展的某一阶段,需要对此前的理论成果进行归纳整理。通过 CF 的研究,既可肯定传统会计理论中的合理部分,又能展示社会经济环境变动情况下会计理论研究的最新成果,从而推动会计理论研究向前发展。

三、国外财务会计概念框架研究

(一)美国的财务会计概念框架研究

1. 第一阶段

1907 年,美国出版的斯普拉格的著作《账户的原理》,是世界上第一部可称作会计理论的著作。在这部著作中,涉及了会计的一些基本概念,如账户、会计等式、资产、负债、权益等,但它并没有对这些基本概念作出具体的阐述。20 世纪 20 年代后期,美国会计学会(AAA)进行了改组,其工作重心由原来着重探讨会计教育与教学方法转向会计理论的研究。1936 年 6 月,AAA 正式发表了《试论公司财务报表编报的会计原则》的报告,该报告主要由佩顿和利特尔顿执笔,目的是为统一编制财务报表和正确辨明企业财务状况与经营成果而建立概括性的基本原则。但该报告受到了会计界的批评。佩顿和利特尔顿在仔细分析批评意见后认为,应当提出一个基本的理论框架作为该报告的理论依据,随后,两人于 1940 年出版了《公司会计准则绪论》一书。该书是会计史上最早明确要求建立由若干基本概念所形成的会计理论体系的著作,两位作者提出的用连贯、协调、内在一致的理论体系来指导会计准则的思想也成为构成 CF 的基本要求。

此后,美国会计程序委员会(CAP)曾发布过会计名词研究公报,对会计原则、资产、负债、收入、费用、收益等进行界定。由于 CAP 过分迁就实务,对这些概念的讨论缺乏内在一致的理论基础,因而未能形成一个连贯理论体系,而这一缺陷也最终导致 CAP 被会计原则委员会(APB)所取代。APB 所属会计研究部(ARD)于 1961 年和 1962 年发布了第 1,3 号会计研究文集(ARS No.1,No.3),分别讨论会计基本假设和会计原则,并力图强调二者的内在联系,形成了以"假设-原则"为核心的 CF 研究思路。但会计假设的研究受假设难以确定以及假设和原则之间的内在逻辑关系不严密等弊端的限制,难以取得令人满意的效果。因此,探寻区别于"假设-原则"的新思路就成为必然。尽管 ARS No.1 和 ARS No.3 与后来 FASB 对 CF 研究的思路不同（后者以目标为起点），但这两份文献中的创新思想，却可以在后来的 FASB 和其他国家的 CF 中找到。

1966 年，AAA 所属发展基本会计理论报告委员会发布了著名的题为《基本会计理论说明书》的报告，该报告虽然未直接建立 CF，但是它所提出的"会计是一个经济信息系统"的观点，为以目标为起点的新的 CF 的建立提供了最直接有效的理论准备。由于美国注册会计师协会（AICPA）的督促，并对其应研究的基本概念、原则作出了明确的指示，APB 再次做了研究 CF 的努力，结果于 1970 年 10 月形成了 APB 第 4 号报告《企业财务报表的基本概念和会计原则》。APB 第 4 号报告定义了"财务会计"、"公认会计原则"等会计的基本概念，第一次提出财务会计的基本特征、目标，描写了构成详细原则（当时的 GAAP）的两个基础性的会计原则（普遍原则和广泛适用原则），第一次明确地概括了财务会计的 13 项基本特征，第一次对公认会计原则给出了权威定义，并为确认（尤其是收入与费用的确认）、计量和报告提供了一些基本指南。这些对后来 FASB 研究 CF 都有显著的贡献。

20 世纪 70 年代初，面对社会各界对 APB 的指责，AICPA 成立了 Trueblood 委员会来研究财务报表的目标。AICPA 要求 Trueblood 委员会回答 4 个问题：(1) 谁需要财务报表？(2) 他们需要什么信息？(3) 会计师能够提供他们所需要的信息有多少？(4) 要提供所需要的信息应建立什么框架？委员会集中了学术界、实务界和咨询专家进行研究，于1973 年 10 月发表了著名的《Trueblood 报告》。第一次全面系统地论述了基于美国市场经济环境下的财务会计目标，并提出了对后来 FASB 制定 CF 有参考价值的会计信息质量特征：相关性、重要性、实质重于形式、可靠性、中立性、可比性、一致性和可理解性。这为后来FASB 继续探讨财务报表目标并将其作为 CF 的起点，提供了较好的基础和可能。

以上 AICPA 制定 CF 的阶段，可以看做是美国制定 CF 的第一阶段，其特点是"有框架之实，而无概念框架之名"。

2. 第二阶段

美国研究 CF 的第二阶段是从 FASB 继续研究《Trueblood 报告》开始的。1973 年FASB 成立后充分认识到财务会计目标的重要性，立即对《Trueblood 报告》进行研究。FASB 于 1974 年 6 月首先发表了一份讨论备忘录《财务会计和报告的概念框架：对财务报表目录研究小组报告的思考》，这份文件第一次使用概念框架（CF）的术语。在此后的 1978年到 1985 年 7 年间，FASB 陆续发表了 6 辑 SFAC。

SFAC No.1：《企业财务报告的目标》（1978 年 11 月），介绍了会计目的效用。

SFAC No.2：《会计信息的质量特征》（1980 年 5 月），考察了能使会计信息有用的质量特征。

SFAC No.3：《企业财务报表的要素》（1980 年 12 月），对诸如资产、负债、收入和费用之类的财务报表中的项目作了定义。

SFAC No.4:《非营利组织编制财务报告的目的》(1980 年 12 月),后为 SFAC No.6 所代替。

SFAC No.5:《企业财务报表的确认与计量》(1984 年 12 月),提出了 5 个基本的确认和计量标准,对哪些信息应正式的包括在财务报表中提出了指导。

SFAC No.6:《财务报表的各种要素》(1985 年 12 月),它取代了 SFAC No.3,并将 SFAC No.4 也包括在内。

这 6 辑财务会计概念公告标志着美国 CF 体系的基本形成。2000 年 2 月,FASB 又发布了 SFAC No.7《在会计计量中使用现金流量信息和现值》,SFAC No.7 是对前 6 辑 SFAC 中存在缺陷的弥补。它标志着会计理论从此真正走上了实现财务会计"价值计量"之路。

CF 的出现产生了巨大的影响,在美国,通过 CF 逐步确立了会计的科学化和会计准则制定的科学化思想。美国 SFAC 主要的特点及贡献在于:

第一,以目标为制定 CF 的起点,并提出了财务报告的目标。FASB 的这一做法几乎影响了世界后来的所有的 CF 制定者,在所有的 CF 文献中,基本假设概念几乎不再出现在正文中。SFAC 提出财务报告的目标是提供对经济决策有用的信息,人们简称为"决策有用性",对世界各国会计目标的建立影响深远。

第二,提出会计信息质量特征的完整框架及其层次联系。FASB 把相关性和可靠性列为会计信息的主要质量。这一点也为其他国家 CF 所效法,只不过英国增加了可理解性和重要性,加拿大增加了可理解性和可比性。

第三,给出财务报表的要素及其定义并影响了其他 CF 制定者。仅就适用企业的报表看,FASB 提出了资产、负债、所有者权益、业主投资、派给业主款、全面收益、收入、费用、利得和损失共 10 项要素。同时,对比美国以前的文献和其他国家的情形,FASB 在要素的定义上有重要的突破,对要素下定义的目的很明确,即为在记录上和报表中确认该要素时提供一项最基本的标准。

第四,在财务报表的确认和计量方面有重要创新。在确认方面,提出 4 项基本标准:可定义性、可计量性、相关性和可靠性,同时补充了对盈利构成内容(主要指收入和费用)确认的补充指南。在计量方面,FASB 仍主张各种计量属性同时并用,但 SFAC No.7 则鲜明地倾向于采用公允价值。

SFAC 虽然取得了巨大的成功,但在借鉴其成功之处的同时,也要分析其缺陷,从某种意义上看这甚至更重要。美国 CF 的主要缺点是:内容过于详细、面面俱到、重点不突出且论述重复甚至有明显的逻辑缺陷。CF 的研究方法,总体上应该是演绎法。但遗憾的是,在 SFAC No.3 中,FASB 中断了"财务报告目标──信息质量特征──会计要素"之后的演绎法,在后续的"要素内涵──要素外延──要素确认──要素计量──要素报告"的过程中采用了实务中的做法,即归纳法。由于实务中不存在现金流量的确认与计量,因而与现金有关的要素始终未出现在 CF 中。不仅如此,SFAC 中还存在其他矛盾。如 SFAC No.1 讨论的是财务报告的目标,而到 SFAC No.3 和 SFAC No.6 要素部分,未经任何术语转换就变为财务报表的要素,从而使目标与要素之间无法衔接。另外,SFAC No.3 和 SFAC No.6 的一个创举是将资产定义为"可能的未来经济利益",但 SFAC No.5 在资产计量属性上却选择了"历史交换价格",向会计实务屈服。而且在整个 SFAC 中没有包括财务报表及其编报,使 SFAC 严重不完整。对此,FASB 不是无能为力,而很可能是担忧因触及各方利益会遇到阻力。

虽然 SFAC 存在问题较多,但瑕不掩瑜,其取得的巨大成就是有目共睹的。SFAC 的成功,在国际会计界引起了强烈反响。一些国家和国际组织纷纷效仿制定 CF,并表现出了自己的特色。

(二)英国的财务会计概念框架研究

1975 年,英国会计准则筹划委员会(Accounting Standards Steering Committee,ASSC)发表了"公司报告"。这份讨论性的文件在对英国现代财务报告的用户、目标和方法重新评估方面走出了第一步。在内容上它已涉及 SFAC 所包含内容的主要方面,但未能与会计准则的制定结合起来。1990 年改组后的英国会计准则制定机构——会计准则委员会(ASB)制定的 CF,称为财务报告原则公告(SP)。SP 在很多方面都体现了创新与超越 FASB 系列概念公告的企图,但遗憾的是,SP 仍然带有美国色彩。

尽管如此,在很多具体内容的界定上,SP 仍体现了自己的特色。第一,它以利得和损失代替了收入和费用。在英国,尽管损益表还是目前企业编报的业绩报表,但更重要、更全面的企业财务业绩,反映在"全部已确认利得和损失表"中,这就是利得和损失被提升为财务报表要素的原因。第二,它承认资产的本质是未来的经济利益,但是,它认为资产不等于未来的经济利益,而是具有未来经济利益的权利或其他利益增长。第三,SP 增加了财务信息的列报,并涉及了关于报告主体。这是 SFAC 未涉及的内容。第四,关于财务报表的质量,则明确提出了 FASB 一再回避的问题,认为财务报表的信息必须相关和可靠,当两者矛盾时,相关性居于首位。

(三)加拿大的财务会计概念框架研究

1980 年 6 月,加拿大特许会计师协会(CICA)发表了其研究成果《公司报告:它的未来发展》,即后来所说的《Stamp 报告》。《Stamp 报告》所提议的方法是渐进的。该报告先确定问题和概念的症结所在,再根据所指认的公司财务报告的目标提出解决方法。该报告认为公司报告的用户、用户需要的性质以及评价准则质量和公司经管责任的标准都是加拿大 CF 的可能组成内容。随着这份报告的发布,1991 年 CICA 出版了《加拿大特许会计师手册》,

其中第 1 000 节"会计一般",插入了"财务报表概念",这实际上就是加拿大的 CF。

加拿大的 CF 与美国的 CF 比较相似,但也有一些体现加拿大特色的不同之处。如财务报表概念主要是归纳法的产物,因而各部分之间并不存在非常清晰的逻辑线索,内容之间也缺少内在一致性;主要针对财务报表,而不涉及其他财务报告;将财务报表的目标界定为提供对"资源配置决策和评估管理当局受托责任"有用的信息两个方面;在具体说明应当提供的信息时,它也没有强调现金流量信息,这是它与 SFAC 的主要差异之处。

(四)国际会计准则委员会(IASC)的财务会计概念框架研究

IASC 于 1989 年公布了《编报财务报表的框架》(Framework for the Preparation and Presentation of Financial Statements),作为一种不具有强制力的文件它有以下特点:

第一,它认为财务报表的目标,是提供在经济决策中有助于一系列使用者的关于企业财务状况、经营成果和财务状况变动的信息;为此目的编制的财务报表,能够满足大多数使用者的共同需要。

第二,该框架在目标之后增加了基础假定——权责发生制和持续经营。提出这两条假定,一是为了实现目标,二是为编制报表提供基础。

第三,对于财务报表质量特征中的主要特征,除相关性和可靠性外,还增加了可比性和可理解性,从而包括 4 项主要的质量特征:可理解性、相关性、可靠性和可比性。其中,相关性还包括补充质量重要性,而真实反映、实质重于形式、中立性、审慎、完整性则构成了可靠性的补充质量。

第四,该框架对资产和负债定义不是落实于未来的经济利益而是落实于资源,但明确指出了这种资源是含有未来经济利益的。定义收益(不是收入,包括利得)和费用(包括损失),也通过经济利益的增加和减少来表述。

除上述国家与组织之外,CF 在新西兰、突尼斯等国家也开花结果,这些国家在建立 CF 的过程中主要受到美国、英国、加拿大和 IASC 的影响。

作为一种先进的会计理论成果,西方 CF 的构建对我们具有极大的借鉴意义:从逻辑上讲,要形成一个会计理论,必然会有一个连续性的过程,即从目标开始,直至形成一个用于指导会计方法的 CF 或制度而结束。如美国 FASB 就经历了 ARS No.1、ARS No.3、APB 第 4 号报告、《Trueblood 报告》、SFAC 等一系列过程。

四、建立财务会计概念框架的目的

正是由于财务会计概念框架具有指导会计准则制定与应用的作用,各个会计准则制定机构都坚信:只要建立了财务会计概念框架,就可据以形成一套完善且内在一致的质量较高的会计准则,并通过会计准则指导会计实务,最终实现财务报告的目标。

因此,FASB认为:财务会计概念框架是由互相关联的目标和基本概念组成的逻辑一致的体系。这个体系能用来引导前后一贯的会计准则,并指出财务会计与财务报表的性质、作用与局限性。FASB希望它所制定的概念框架能"指导机构负责建立会计准则"。英国会计准则委员会(ASB)则认为:概念框架确立了指导对外财务报表编报的概念,其主要目的是为会计准则委员会制定与审查会计准则,提供一个内在一致的参考结构。它还可以在特殊情况下为选择不同的会计处理方法提供依据。FASB希望它所制定的概念框架"可以帮助委员会发展未来会计准则和评价现有会计准则,为委员会减少立法和会计准则所允许的多种备选处理方案提供基础"。IASC则希望它制定的概念框架能够"帮助国际会计准则委员会理事会发展今后的国际会计准则和复议现有的国际会计准则,为减少国际会计准则所允许的备选会计处理方法的数目提供基础,借以协助国际会计准则委员会理事会倡导协调与编报财务报表有关的法规、会计准则和程序"。

五、西方财务会计概念框架的缺点

财务会计概念框架重在对会计的一些基本概念作出解释,这些基本概念十分有用,但极少是完整无缺的。西方国家现有的概念框架都或多或少地存在着一些缺点,从而遭到了一些会计专家和学者的严厉批评。

例如,著名会计学家高尔在其著作中竟列举了美国财务会计概念框架的7条观点混乱现象、10条未实现承诺和6项未解决的问题。著名会计学家安东尼更是认为,财务会计只有为数不多的几个基本问题,FASB却全都视而不见。我国也有学者认为,美国财务会计概念框架的内容并不完整,至少缺少有关财务会计的基本假设、对象和会计记录的理论。葛家澍教授等人在《会计大典——会计理论卷》中指出:美国的财务会计概念框架研究方法不一致,先是演绎法,后又为归纳法,使概念框架内在的逻辑性受到损害;财务报告与财务报表的运用不明确;资产的定义与确认、计量之间不一致;目标定位不恰当,文字不严密,没有涉及财务报表及其编报等。

第二节 财务报告目标

财务会计概念框架是由互相关联的目标和基本概念所组成的逻辑一致的体系,其内容主要有财务报告的目标、会计信息的质量特征、财务报表要素和财务报表的确认与计量等。这些内容相互关联,形成一个完整的体系,目的在于指导会计准则的制定与应用。

一、影响财务报告目标的环境因素分析

政治、经济、文化、教育、法律等对财务报告都有影响，但影响并不像会计环境对财务报告的影响那样是分层次、分程度的。

（一）影响财务报告目标的存在因素

财务报告目标的存在因素从宏观上影响着一个国家是否能够设立财务报告目标以及财务报告在实质上所能发挥的作用。政治因素、法律因素和文化因素均属于影响财务报告的存在因素。

1. 政治因素

政治因素非常丰富，如政治管理体制、政治态度等，这些因素尤其是政治管理体制会从宏观上影响并决定财务报告目标的存在。在德国、法国和日本等相对集权的国家，国家较多的干预经济活动，会计通常被作为国家宏观管理的工具并不被重视，也少有严密表述的财务报告目标。例如，德国的会计文献中很少提及财务报告目标，而更多地描述为会计的任务。政治态度一定程度上也影响财务报告目标的存在。

2. 法律因素

法律因素在很大程度上也影响着财务报告目标的存在。在多数成文法国家，会计规范往往是法律或法规的组成部分，法律有其目标和规则，会计自身的目标便是可有可无的。严密性财务报告目标产生于判例法的国家美国。美国的会计准则由民间会计职业团体发布，由美国证券交易委员会（SEC）提供权威性支持，其本身并不是法律的组成部分。在这样的会计环境中，科学的财务报告目标得到了发展。但在法律环境基本相同的情况下，决定财务报告目标存在与否的关键却是政治因素。例如，我国改革开放以后，政府减少了对经济活动的集权管制，在各方面开始与国际惯例接轨，并开始重视对包括财务报告目标在内的会计理论的研究。

3. 文化因素

一般而言，在等级森严的国家中，会计职业界往往不发达，不利于产生科学的财务报告目标；而祥和、平等的文化环境，则有利于形成发达的会计职业界并产生科学的财务报告目标。然而，会计职业界的发达与否受政治因素和法律因素的绝对影响。如成文法国家中，会计的统一性比较高，所以会计职业界一般都不够发达，而判例法国家的情况正相反。因此，文化因素对财务报告目标的影响是间接的、次要的。

综上所述，政治因素、法律因素和文化因素是对财务报告目标存在较大影响的因素，它们可以解释为什么有些国家存在严密性的财务报告目标，而另一些国家存在宽泛性的财务报告目标，或者根本没有财务报告目标。但是当财务报告目标的建立为一国的现实选择时，财务报告目标的定位就成了主要问题，这时，影响财务报告目标的定位因素就成为财务报告

目标制定者应侧重考虑的因素。

（二）影响财务报告目标的定位因素

分析影响财务报告目标的定位因素,主要解决的是财务报告目标在 CF 中如何表述,会计为谁提供什么样的信息的问题。

1. 经济因素

一国的经济体制、资金来源、市场特征等因素对财务报告目标具有决定性的影响。因为会计信息系统应该为"谁"提供"什么样"的会计信息主要取决于整个社会的"投资者环境",即社会上主要的投资者及其特征。而"投资者环境"主要取决于各国的经济管理体制(尤其是所有制结构)、资金来源以及市场的发达程度等经济因素。如英美模式主要将财务报告目标定位在"提供决策有用会计信息"上,而法德模式主要将财务报告目标定位在"提供受托责任会计信息"上。首先,从经济管理体制上看,法德强调政府的干预,国有经济的比例较大,国家对会计活动的管制比较大并且是企业会计信息的主要需求者;而英美国家经济的直接管制较少,国有经济的比例也不大,国家对会计活动直接管制比较小,对会计信息的需求也比较少。其次,从资金来源上看,法国企业在资金方面都比较依赖银行;而英美企业资金主要依赖于资本市场。再次,从资本市场来看,显然英美的资本市场比法德发达得多,大量的投资者来源于发达的资本市场。

2. 教育因素

教育因素的影响主要表现在制约作用上。因此,财务报告目标定位以后,会计人员和信息需求者的素质不会影响财务报告目标的实现,教育素质的影响可以被忽略;若会计人员和信息需求者的素质难以保证财务报告目标实现,那么设定财务报告目标时,必须考虑教育因素的影响。

二、财务报告目标的主流观点

关于财务报告的目标,美国会计在 20 世纪 70—80 年代形成了两个代表性的流派:受托责任学派和决策有用学派。

（一）受托责任观

受托责任学派的代表学者有井尻雄士和帕罗科(Prlock)等。受托责任起源于财产委托,资源的受托方接受委托,管理委托方所交付的资源。受托方因此承担了如实地向委托方报告其受托责任的履行过程与结果的义务,因此从经济学的角度来讲,受托责任观在会计信息的披露方面侧重道德风险的防范。现代公司的形成,使受托责任观念发展成为委托代理关系。在受托责任观下,财务报告是提供关于受托责任履行情况和结果的信息。为实现该目标,会计人员站在第三者的角度,利用财务报告和会计记录,从双方的共同需要和利益出发报告受托责任及其履行情况。因此,受托责任观强调会计系统整体的有用性,而非会计报告信息本身的有用性。

受托责任学派认为,会计应如实反映受托责任及其履行结果,强调信息的可靠性和客观性;在会计确认上只确认企业实际发生的经济事项;在会计计量上,由于历史成本具有客观性和可验证性,因此坚持采用历史成本计量模式;在会计报表方面,侧重于反映经营业绩的收益表。

在较长的时间内,会计的受托责任一直体现在货币的经济方面,且局限于资源方面的受托责任。人力资源会计的出现,打破了货币与非货币的界区,使会计受托责任渗透到整个经济领域,但仍未突破"资源性受托责任"界限。社会责任会计的出现,使会计受托责任再次突破"资源受托责任"的禁区,进入"社会受托责任"领域。据此,可将受托责任分为"资源受托责任"和"社会受托责任",同时,受托责任又有经济方面和非经济方面之分,在经济方面又有可用货币计量和不可用货币计量之分。

尽管在受托与委托关系明确的情况下,按受托责任观进行会计确认、计量及披露可以提供真实、可靠的信息,但是受托责任观也存在着缺点:如强调采用历史成本计量而无法适应经济环境的变化;在会计信息方面,受托责任派很少会顾及到资源委托者以外的信息需求;现代公司股权复杂分散,有时甚至没有明确的受托与委托关系,此时受托责任就显得无所适从。

(二) 决策有用观

决策有用学派的主要代表人物有安东尼(Anthony)、斯普劳(Sprouse)和亨德里克森等。决策有用学派认为,财务报告目标就是向会计信息的使用者提供对他们决策有用的信息,而对决策有用的信息主要是关于企业现金流动的信息和关于经营业绩及资源变动的信息。决策有用观更强调信息的相关性,理由是在高度发达的资本市场中,社会资源的分配是通过资本市场进行的,所有者(委托人)与经营者(受托人)、委托与受托关系已经比较模糊。决策有用观下作为委托人的投资者更加关注整个资本市场的可能风险和报酬以及投资企业可能的风险和报酬。因此,从经济学的角度讲,决策有用观在信息披露方面侧重于解决逆向选择的问题。1978 年 FASB 的 SFAC No.1《企业财务报告的目标》对决策有用观进行了详细阐述,其他国家和组织在确定目标时,采用的都是与 FASB 基本类似的观点。FASB 在 SFAC No.1 中将财务报表(财务报告)的目标主要确定为以下 3 个方面:

(1) 财务报告应该提供对现在的和可能的投资者、债权人以及其他使用者作出合理的投资、信贷及类似决策有用的信息。这类信息对那些相当了解经营和经济活动并愿意相当勤勉地研究这类信息的人们来说,应该是全面的。

(2) 财务报告应该提供有助于现在和可能的投资者、债权人以及其他使用者评估来自销售、偿付、到期证券或借款等的实得收入的金额、时间分布和不确定性的信息。

(3)财务报告应能提供关于企业的经济资源、对这些资源的要求权(企业把资源转移给其他主体的责任及业主权益)以及使资源和对这些资源的要求权发生变动的交易、事项和情况影响的信息。决策有用观关注信息使用者,主张应以信息使用者的需求为导向提供相关信息。在提供信息的数量上,认为只要信息满足对信息使用者决策有用、对信息提供者而言效用大于成本这两个条件,就应该提供;在提供信息的内容上,认为既包括企业过去和现在的信息,又包括未来的信息,尤其是对决策有用的未来的信息;在会计信息质量特征的权衡上,更强调相关性,同时也认为不可靠信息是没有用的;在计量属性上,倡导以公允价值为主、多种计量属性并存,并不要求会计信息绝对精确;在会计报表上,强调财务报告的有用性,会计报表作为会计信息的"物质载体"应尽量全面提供对决策有用的会计信息,由于会计信息使用者需求的多样性,因此不存在对某种会计报表的特殊偏好。

(三) 两种观点的比较

受托责任观和决策有用观都以市场经济为运行环境,并通过现代企业来实现,二者虽然都根植于委托-代理理论,但是在许多方面却有着根本的区别。

(1)二者所依托的外部经济环境——集中体现在资本市场的发育程度和资本市场的有效性等方面不同。受托责任观所认定的两权分离,委托方、受托方不是主要通过资本市场联结的,所有者和经营者关系明确。决策有用观所认定的两权分离是通过资本市场进行的,委托方变得模糊,资源的所有者对委托资源的管理变得淡化。而且资本市场的介入使作为委托方的投资者并不关注具体企业资本的保值与增值,而更多关注资本市场的平均风险与报酬水平及其所投资企业的可能风险与报酬。并且,委托者往往用"用脚投票"的方式(而不是直接更换经营者)实现股权转让,从而实现报酬与风险比例最优。

(2)会计信息使用者和会计信息内容不同。受托责任观的信息使用者主要是资源的直接委托者(如投资者、债权人等)和间接委托者(如社区环境的享有者等);决策有用观的信息使用者除包括上述使用者外,还包括潜在的投资者、债权人等。会计信息使用者不同导致会计信息内容也不同。受托责任观认为最能反映受托责任履行情况的信息是关于经营业绩的信息;决策有用观认为对信息使用者决策最相关的信息是企业预期现金流量的金额、时间分布及不确定性。

(3)会计信息质量(至少是主要的会计信息质量)的要求也不尽相同。受托责任观强调可靠性,要求受托者完整地、不偏不倚地揭示和提供受托资源真实履行过程和结果;决策有用观对信息质量强调"相关性",认为相关性与决策更有用,提高相关性就意味着增强了决策的把握性。

(4)计量属性与计量模式不同。受托责任观为确保会计信息的可靠性,认为应以历史成本为计量属性,并采用历史成本计量模式。决策有用观认为,决策所需的信息既包括过去的信息也包括现在和将来的信息,主张多种计量属性并存,当物价明显变动时还考虑采用物价变动会计模式。

　　长期以来,两大学派虽存在分歧,但二者似乎并非水火不容。FASB虽采用了决策有用学派的财务报告目标,但在后续的SFAC中,也未能完全前后一致地贯彻决策有用学派的思想,对受托责任观也没有一概偏废。同样的情况更明显地出现在IASC准则、英国和我国的CF之中。如英国会计准则委员会(ASB)的财务报告原则公告(SP)将目标定义为"向一个广泛范围内的使用者提供关于一个报告主体财务业绩和财务状况的信息,以利于他评价该主体管理当局履行受托责任情况并进行相应的经济决策"。基本准则将其定义为"企业会计应当如实提供有关企业财务状况、经营业绩和现金流量等方面的有用信息,以满足有关各方的信息需要,有助于使用者作出经济决策并反映管理层受托责任的履行情况"。FASB框架中写道:"财务报表的目标是提供在经济决策中有助于一系列使用者的关于企业财务状况、经营业绩和财务状况变动的信息","财务报表还反映企业管理当局对交托它的资源的操持责任或经管责任(受托责任)的成果。使用者之所以评估企业管理当局的经管责任(受托责任)是为了能够作出经济决策"。其在1997年修订的第1号国际会计准则《财务报表列报》第5段中写道:"通用财务报告的目的是提供有助于广大使用者进行经济决策的有关企业财务状况、经营成果和现金流量的信息。财务报表还反映企业管理部门对受托资源保管工作的结果。"这些都表明既存的CF和新修订的会计准则都兼收并蓄这两个学派的观点。

　　针对上述情况,许多学者提出两种观点应相互补充、相互融合,他们认为两个学派尽管有分歧,但实质是相同的,两者并非互相排斥。委托人通过财务报告评价受托责任的履行情况,旨在作出是否继续维持和终止委托受托关系的决策,两者都要求财务报告提供信息,信息使用者都要根据信息进行决策,只是决策的目的不同而已——受托责任观要对是否更换受托人进行决策,决策有用观要对是否追加或转让投资进行决策。二者实质相同的观点是客观的,因为根据代理人提供的财务报告决定是否继续聘任或就此解聘,本身就是一项决策,但用融合来表示二者的关系并不合适。两种观点代表了不同经济发展水平和资本市场发达程度的要求,决策有用观是资本市场高度发达的环境下对财务报告的要求,是受托责任观的进一步发展,受托责任观只是决策有用观的低级阶段,即受托责任往往体现为决策有用发展到一个特定历史横截面上的特例,两者之间不存在对等关系。基于具体的会计环境,可能出现"决策有用"下"受托责任"强调或是单列现象,但绝不是融合的关系。融合是一种包含与被包含,相互渗透的关系,这种关系无法体现资本市场发展对会计的要求,决策有用可以包含受托责任,但受托责任显然无法承担决策有用的全部内容,所以二者应是一种"包含或前后相继"的关系。

　　通过以上分析可以看出,无论是受托责任学派还是决策有用学派,都与具体的经济环境相关联。离开具体经济环境,争论孰优孰劣是没有意义的。两种观点在对两权分离具体形式的认定上并不相同。就代理关系和资本市场的演进而言,受托责任只是决策有用的低级阶段,随着资本市场的发展和投资者分散化,决策有用应该是公司财务报告的根基和本质,而受托责任作为决策有用的一个阶段或是某阶段下的一个特例也会长期存在。美国的财务会计概念框架以目标作为研究起点,用于指导所有其他项目的研究,并作为整个概念框架的基石。显然,这是跟特定环境因素相适应的。

第三节 会计信息质量特征

一、会计信息质量特征的意义

从某种意义上讲,会计信息就是会计主体向社会提供的一种公共产品。作为产品,都要有质量,而且产品的质量越高对消费者的影响就越大。会计信息也是如此,虽然它主要以数字的形式表现出来,但它并不是抽象的数字,这些数字代表着一定的经济意义。数字不同,对使用者决策的影响也就不同,因此会计信息必须要有一定的质量。越是高质量的会计信息,对信息使用者进行经济决策的影响就越大,会计信息的使用者就会越多,财务报告的目标也才能较好地实现;反之,低质量的会计信息即使提供了,对使用者的经济决策也没有多大用处,财务报告的目标也就难以实现。

会计信息的质量特征就是使会计信息有用的特征,即会计信息所要达到或满足的质量标准。它是进行会计选择时所应追求的质量标志。在财务会计概念体系中,会计信息的质量特征与财务报告目标存在着内在的逻辑关系。一方面,财务报告是会计信息的载体,财务报告目标是一般目标,是判断会计信息质量的基础,有了目标,才能对会计信息的质量特征作出规定;另一方面,会计信息的质量特征是质的目标,它维护着财务报告目标,是联系财务报告目标与实现该目标的各种手段之间的桥梁,它对财务报告所提供的会计信息起着约束作用,使其能符合财务报告目标的要求。

二、会计信息质量特征的内容

在会计发展史上,人们对会计信息质量特征的探索和研究只有 30 年左右的历史。美国是最早研究这一问题的国家,所取得的研究成果也最具代表性。20 世纪 70 年代,美国会计学会(AAA)首先开始了对会计信息质量特征的研究。1970 年,在其发表的第 4 号报告中提出:会计信息的质量应满足相关性、易懂性、可验证性、中立性、及时性、可比性和完整性等 7 条标准。

显然,这些标准不太完善。经过进一步的研究,该学会又于 1977 年发表了题为《会计理论与理论认可》的报告,明确指出为了使财务报告对投资者和信贷人的决策有用,会计信息必须具备几个标准的质量要求:首先是相关性;其次是可靠性,并指出客观性、可验证性、中立性以及精确性等是与可靠性重叠的术语,即包括在可靠性之内;其他的质量要求如可比性、可理解性、及时性以及节约性等也很重要。这份报告对会计信息的质量特征作了比较全面的论述,为 FASB 明确会计信息质量特征奠定了坚实的理论基础。

1980 年 5 月,FASB 发布了第 2 号财务会计概念公告——《会计信息的质量特征》。这份公告的发布,标志着美国对会计信息质量特征的研究从纯粹的理论研究正式走向了实际应用。在报告中,FASB 对会计信息的质量特征进行了全面而详细的论述。它认为会计信息质量的各种特征具有一定的层次结构,其中最重要的特征是决策有用性。相关性和可靠性是决策有用的重要质量特征,而相关性又包括预测价值、反馈价值和及时性,可靠性则包括真实性、可核性和中立性。可比性(包括一贯性)是决策有用的次要质量特征。可理解性是针对用户的质量。另外,会计信息的效益大于成本和重要性,是会计信息质量特征的两个约束条件。会计信息质量的层次结构如图 3-1 所示。

为了便于理解图 3-1,并进一步阐明会计信息各个质量特征之间的关系,可将美国的会

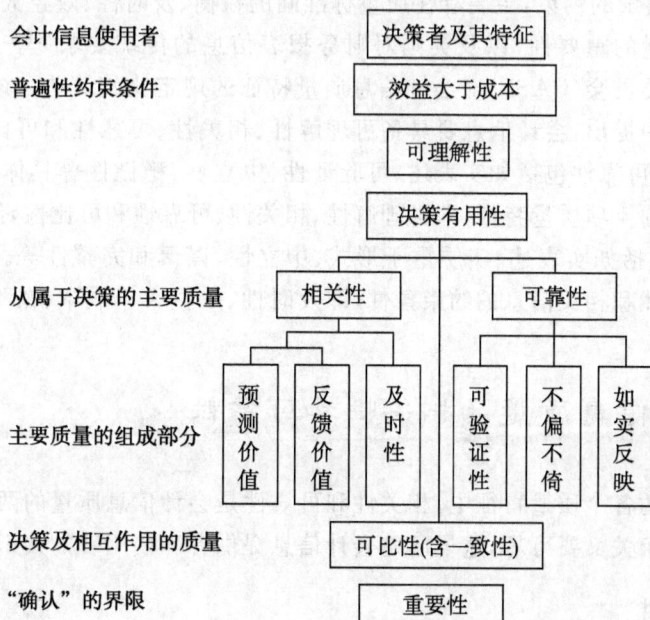

图 3-1　FASB 的信息质量层次图

计信息质量特征划分为 4 个层次:第一层次是有用性,这是对会计信息质量的总体要求;第

二层次是相关性和可靠性,它们是会计信息的两个重要特征;第三层次是预测价值、反馈价值、及时性、真实性、可核性和中立性,它们是对相关性和可靠性的具体说明;第四层次是可比性(包括一贯性),它是会计信息的次要特征。此外,提供会计信息时应当满足两个约束条件,即效益大于成本和重要性。至于可理解性,主要是对会计信息使用者的知识水平提出的要求,当然,为了让使用者更充分地理解并使用会计信息,会计人员在提供信息时,应使用通俗易懂的表达方式。应当指出,给会计信息质量特征分层的目的是为了阐明一定的关系,而不在于指定相对权重。不同质量特征的相对权重必须随环境而变动。

在 FASB 的影响下,英国、加拿大等国的会计准则制定机构以及 IASC,也都将会计信息的质量特征作为各自财务会计概念体系的重要内容进行了一定的研究。其中,英国 ASB 的研究成果有一定的创新,该委员会在其 20 世纪 90 年代发布的"原则公告"中,将会计信息质量分为三大部分:

(1) 与内容有关的质量,主要有相关性和可靠性。相关性包括预测价值和证实价值,可靠性包括如实表述、实质性、中立性、谨慎、完整性等。

(2) 与报表表述有关的质量,主要有可比性和可理解性。可比性包括一致性和会计政策的充分披露,可理解性包括汇总与分类、使用者能力要求等。

(3) 对信息质量的约束,主要有在质量标准间的权衡、及时性、效益大于成本等。此外,还有作为先决质量的重要性,以及英国对财务报表信息的传统要求——真实性与公允性。加拿大会计准则委员会(CASB)对会计信息质量特征的规定比较简单。该委员会在它发布的财务报表概念中提出,会计信息要具备可理解性、相关性、可靠性和可比性等 4 项质量特征,并指出其中的可靠性包括如实表述、可验证性、中立性、稳健性等具体特征。IASC 也提出与加拿大相同的 4 项质量特征,即可理解性、相关性、可靠性和可比性,但认为相关性包括重要性,可靠性包括如实表述、实质重于形式、中立性、谨慎和完整性等。此外,IASC 还提出 3 项有关可靠性和相关信息的约束条件,即及时性、效益大于成本、在不同质量特征之间的权衡。

三、会计信息质量的相关性和可靠性

在会计信息的各个质量特征中,相关性和可靠性是会计信息质量的两大重要特征,有用的会计信息既要相关又要可靠,这早已是会计信息提供者和使用者的共识。

(一) 相关性

相关性是指财务报告所提供的会计信息应与投资者、债权人和其他部门或人员所作的投资、信贷和类似的决策有关。编制财务报告的目的就是要为投资者和债权人以及有关各方提供对其决策有用的会计信息,也就是说,会计信息最终必须为其使用者所使用,它理所当然应符合使用者的要求。相关性反映了会计信息对决策的影响能力。相关性的具体标志主要有预测价值、反馈价值和及时性 3 个方面。

1. 预测价值

预测价值,是指会计信息能增强决策者的预测能力,能帮助决策者预测未来事项的可能结果。目前的财务报告所提供的会计信息,虽然主要是企业过去经济活动的信息,但未来是现在的延续,如果不明白历史,预测就会缺乏基础。

2. 反馈价值

反馈价值,是指会计信息能帮助决策者证实或更正过去决策时的预期结果。预测价值和反馈价值往往同时存在并相互影响,反馈的目的是为了更好地进行预测。例如,一个公司的月报对本月的实绩具有反馈价值,对年度绩效则同时具有预测价值。

3. 及时性

及时性,是指会计信息应在使用者失去影响决策能力以前予以提供。如果会计信息提供过晚,已失去决策的时机,信息的相关性将会大打折扣,甚至完全没有用处。及时的信息不一定相关,但相关的信息必须及时提供;否则,相关的信息也会变成不相关的了。及时性显然具有不同程度,这要根据特定会计主体的具体经济活动而决定。在某些情况下,为了保证信息的及时性而牺牲一些精确性是允许的,因为迅速得出的近似值往往要比花费更长的时间所得出的精确信息更有用;但如果因及时性而在很大程度上牺牲了可靠性,则是不允许的,因为可靠性牺牲的太多,就会影响信息的有用性。

(二) 可靠性

可靠性是指财务报告所反映的会计信息应使决策者足以信赖。它要求会计信息避免错误并减少偏差,忠实地表达企业的财务状况和经营成果。只有可靠的会计信息,才可能引起决策者的注意。所提供的信息如果不可靠,对决策就没有任何用处。通常,如果一个理性的、对会计信息有充分理解能力的人,依据所提供的会计信息能够作出合理的决策,我们就认为这些会计信息是可靠的。可靠性也有不同程度,绝不是简单的"黑与白"的问题,而是比较可靠和不大可靠的问题,完全可靠是无法达到的。可靠性的具体标志主要有真实性、可核性和中立性 3 个方面。

1. 真实性

真实性,是指会计信息应能如实地反映其所要表达的现象或状况。真实性并未要求会计信息百分之百地反映客观实际。事实上,会计信息往往是近似计量的结果,而不是精确计量的结果。只要选择运用的会计处理方法和程序合规、合理,并进行了无错误的加工、整理,会计系统所输出的信息就被认为是真实的。

2. 可核性

可核性,是指会计信息应当具有可重复验证的特征,也叫可验证性,即对同一会计事项,由不同的人依据相同的方法和程序,应当得出相同或基本相同的结论。现行财务报表以历史成本为主要计量属性,可以保证会计信息的可核性。

3. 中立性

中立性,是指会计人员在根据会计准则选择会计方法和程序时,应主要考虑所提供的信息是否对决策者有用,而不能根据个人的偏好或为了其他不正当的目的故意去选用会计方法或歪曲会计信息。中立性要求会计人员要站在客观的立场上,不偏不倚地选择会计方法。

(三) 相关性与可靠性之间的关系及其矛盾与平衡

相关性和可靠性是同等重要的会计信息质量特征,二者紧密相连,它们总是同时影响或决定着信息的有用性。一般而言,越是可靠的信息,其相关性也越大;而相关性越大的信息,其可靠性也越强。凡是对决策起了作用的信息肯定既具有相关性,又具有可靠性。

相关性和可靠性也常常相互冲击。有的信息相关性很好,但可靠性较差;有的信息可靠性很好,相关性却较差。在某种情况下,相关性和可靠性对信息的有用性也有不同的影响,不能片面强调一方而忽略另一方。事实上,由于财务会计本身的局限性,相关性和可靠性的选择犹如鱼与熊掌,很多时候不能兼得。因此,在不影响信息有用性的前提下,应根据具体情况有所取舍。有时,可能以某一质量的失去换来另一质量的得到,但只要不削弱信息的有用性就无关紧要。从某种程度上讲,可靠性是财务报表所表达信息的最主要质量,所以,有时为了保证信息的可靠性,会适当牺牲一些相关性,而对于那些相关但不十分可靠的信息,一般应在财务报表以外披露。

不同的信息使用者有不同的需要,对信息质量的相关性和可靠性也有不同的偏爱,有的使用者更关心相关性,而有的使用者则更关心可靠性。同一信息使用者在不同的时期,对相关性和可靠性的侧重也有所不同。以美国为例,在资本主义经济危机过后,人们主要关心会计信息的可靠性而不是相关性。1980 年 FASB 的第 2 号概念公告虽然把相关性和可靠性摆在同等重要的地位,但社会各界普遍认为,会计信息的相关性实际已降低很多。于是,AICPA 理事会成立了特别委员会,对会计信息质量问题进行了广泛深入的研究,并于 1991 年 4 月完成了一份综合报告——《改进企业报告——着眼于用户》。该报告以相关性为主线,而对可靠性的论述只有短短的两段,其目的显然是要提高信息的相关性,但一些实证研究的结论却表明,会计信息的相关性本来就没有降低。有些人认为,近年来,美国将要以弱化可靠性为代价换取相关性,过一时期再转而强调可靠性;另一些人则认为,美国即使面临提高相关性的巨大压力,也不会以牺牲可靠性为代价,如果在可靠性得到基本保证的前提下,尽可能提高相关性进而实现会计信息的决策有用性,则是一种较好的选择。

四、会计信息质量的约束条件

（一）效益大于成本

效益大于成本，是指企业从所提供的会计信息中所获得的效益应大于其为提供信息所花费的成本。这是对会计信息的普遍性约束条件，而且在性质上主要是一个数量方面的约束条件。有些会计信息可能是有用的，但如果所花费的成本过高，就不值得提供。有时只花费不多的成本便可获得很多的信息，但如果这些信息对决策的用处不大，也就不必提供。信息既要有用，又要值得提供。

会计信息的使用者众多，各类使用者各有其不同的要求，即使是同一类会计信息使用者，由于其使用的决策方法和程序不同，对会计信息的要求也不尽相同。从会计信息成本与效益的角度出发，所提供的会计信息不可能满足所有使用者的所有决策的需要。

（二）重要性

重要性是指提供的信息要能够影响会计信息使用者的决策。它也是会计信息的约束条件。某项会计事项是否具有重要性，在很大程度上取决于会计人员的职业判断。从性质方面讲，只要该事项发生就可能对决策有重大影响时，该事项就属于具有重要性的事项；从数量方面讲，当该事项的发生达到一定数量则可能对决策产生影响时，该事项则被认为是重要的事项。凡重要的事项必须单独提供。不同的企业以及同一企业的不同时期，其重要的会计事项可能都不一样。在某种情况下，提供的会计信息中可能包括不重大的误差，即使如此，信息仍然能达到可靠性的要求，因为不重大的误差不会降低信息的有用性，也就是说，可靠性要求凡是重大的信息都必须可靠。相关性与重要性有相同之处，都需要对决策产生影响。

五、会计信息质量的其他特征

（一）可理解性

可理解性是指财务报告所提供的信息，对于那些对企业的经济活动具有合理程度的知识，而且自身又愿意用适当的精力去研究会计信息的人士，应当是可以理解的。这是会计信息有用的前提条件。可理解性一要看会计人员对会计信息的表达方式，二要看信息使用者的知识水平和理解力。

对会计人员来说，为了增强使用者对信息的理解力，应当使用通俗易懂的表达方式；应在财务报表附注中对存在重大不确定性的资产和负债项目作出披露,交代对未来事件的估计和判断依据,说明计算过程。

对会计信息使用者来说,应具有一定的知识水平和对会计信息充分的理解力。如果使用者能充分理解会计信息,就有利于其作出经济决策;反之,如果使用者不能理解会计信息,会计信息的作用便发挥不出来,即使这些信息是相关和可靠的,也会被白白地浪费掉。同时,信息使用者应当认识到,财务报告所能提供的会计信息是有局限性的。如这些信息往往是关于个别会计主体的,而不是属于行业和整个经济的;往往来自近似的而不是精确的计量,这些计量通常包含许多估计、分类、汇总、判断和分配;主要是反映已经发生的交易和事项的财务影响等。因此,会计信息只是使用者进行决策所需要的依据之一,除了会计信息以外,有些非会计信息如企业的地址、职工人数等也对决策有用,但财务报告不能提供,因为财务报告不是企业报告,它只是企业报告的重要组成部分,它所提供的信息要受会计本质的限制。

(二) 可比性

可比性(包括一贯性)是指经济情况相同时,提供的会计信息应当相同;如果经济情况不同,会计信息应能反映其差异。可比性要求不同企业之间或同一企业不同时期之间的信息应能够进行对比。对比的目的在于发现和说明异同,对比不是等同。如果信息能够对比,将会大大提高信息的有用性。但有些时候,可比的信息不一定相关和可靠,而相关和可靠的信息也不一定能够比较。企业应在保证信息相关和可靠的前提下,尽量使信息可比,但绝不可为了信息的相互可比,而牺牲信息的相关性和可靠性,因为可比性是会计信息的次要特征。

如果不同的企业或同一企业的不同时期一贯地使用相同的会计方法和程序,而且使用过长,就可能阻碍会计发展。因此,包括在可比性之内的一贯性允许在一定的条件下改变会计方法和程序,但应在财务报告中进行适当的披露。

(三) 实质重于形式

实质重于形式是指会计人员应根据会计事项的实质和经济现实,而不能根据其法律形式或人为形式进行会计处理并提供会计信息。会计信息质量的这一特征是由 IASC 提出的,目前已越来越受到世界各国会计准则制定机构的重视。

尽管美国、英国等经济发达国家的会计准则委员会以及 IASC 都规定了各自的会计信息质量特征,并且起到了应有的作用,但从总体上看,还存在一些缺点。例如,对会计信息质量的表述具有某种程度的模糊性,即构成会计信息决策有用性两大特征的相关性和可靠性,是两个含义不能确指的概念。以相关性为例,多数人认为会计信息的相关性包括一般相关和特殊相关。目前的会计信息早已达到了一般相关的要求,即目前编报的通用财务报告已经能够基本满足现有的、潜在的投资者和债权人以及其他使用者的一般决策需要,但还远远达不到使用者进行特殊决策的要求,而且根本就不可能满足。这是财务会计采用历史成本作为计量属性,以名义货币作为计量单位所决定的,除非改变财务会计计量属性和计量单位。可是到目前为止,在这方面所做的努力大都未见良好成效。此外,会计信息各个质量特征之间的关系也不是非常明确。

　　会计信息的质量特征不是固定的,它们会受到编制财务报告时的经济、法律、政治和社会环境的影响。当获得新的深入见解和研究成果时,这些特征就应当改变。由于种种原因,现有财务报告提供的信息还存在许多质量问题,世界各国都应继续深入地研究会计信息的质量特征。

第四节　财务报表要素

一、财务报表要素的意义

　　财务会计的要素是财务报表借以构成的"积木",它是财务报表项目的基本分类。其实,要素可以理解为会计处理对象的具体化,即把会计对象用会计特有的语言加以表达。基本要素是报表项目的概括性分类或财务信息群体的分类基础,而每一类别都具有会计上的特定含义和计量特征。为了提供有用的财务信息,会计理论界和职业界长期以来对财务会计和财务报表基本要素的含义、内容及其确认与计量问题进行了大量的研究,而且作了诸多表述。

二、财务报表的分类

　　会计要素是按经济特征分类的会计对象,即对会计对象进行第一层次划分则形成会计要素。由于受会计环境等因素的影响,不同的国家以及不同的会计团体对会计要素的设置和定义存在一定的差异。但会计要素的设置及定义并没有优劣之分,重要的是适合本国实际并能完全满足会计目标的需要。要达到这一点,会计要素的设置和定义要有科学性、系统性和逻辑性。CF 中给出要素定义的主要目的是严格划分不同要素的质与量的界限,从而为确认一个项目为某项要素确立一个严格而规范的标准。因此,要素的界定应由其基本特征组成,并尽可能解释最本质的特征。

　　AICPA 的会计名词委员会最早试图对基本要素进行规范性研究,它在 1953 年 8 月至 1957 年 1 月陆续公布了 4 份"会计名词公报",其中试图对若干会计名词,如资产、负债、收入、费用、成本、收益、利润等作出较统一的定义，以便为财务会计处理惯例和报告提供一个合理的依据。随后，又有不少会计学者或者学术团体对这些要素作了持续研究。但是，他们往往仅限于对这些名词或概念单独地下一个定义或提出定义的合理性，而没有进行更深入、系统的研究。

到1970年，AICPA下属的APB首次开始系统地专门地研究会计基本要素。它在第4号报告中专门列了一章（第5章）来论述财务会计基本要素的定义及其相互关系，并初步提到它们的计量将影响企业的财务状况和经营成果。根据APB的理解，财务会计有6个基本要素，即资产、负债、业主权益、收入、费用和净收益，而且它们可以分为两类：一类反映企业的财务状况；一类反映企业的经营成果。属于第一类的要素是资产、负债和业主权益，它们之间存在着下列数量关系：

$$资产-负债=业主权益$$

属于第二类的要素为收入、费用和净收益（净损失），这3个要素的数量关系也可表达为另一个公式：

$$收入-费用=净收益（净损失）$$

第4号报告还提到，在财务状况和经营成果的要素之间也还存在着勾稽关系。即一个会计期间内的净收益（净损失）、前期收益的调整以及在该期间内的业主投资和提款，这三者的综合影响应构成该期间内的业主权益的变动。

从20世纪70年代中期开始，FASB的概念框架研究的一个项目就在于重新概括财务报表的要素。FASB在1976年12月发表了一份讨论备忘录《财务会计与报告概念框架：财务报表的要素及其计量》。经过一段时间的公开征询意见和评论、修订，FASB于1980年2月正式发表了第3号财务会计概念公告《企业财务报表的要素》（SFAC No. 3）。与此同时，由于客观形势的需要，FASB还发表了第4号概念公告《非营利组织财务报告的目标》（SFAC No. 4）。随后，FASB和会计职业界对企业和非营利组织的财务报告目标作了较深入的研究，并得出结论，企业和非营利组织的会计实务具有很大的共性，尽管有一些财务会计概念不能同时适用于这两类组织，但它们之间的差异并不至于需要为非营利组织另行建立一套概念框架。所以FASB转向研究一套通用的财务会计概念框架，并于1985年12月发表了第6号概念公告《财务报表的要素》（SFAC No. 6），部分修订了 SFAC No. 2 的有关规定，并完全替代了 SFAC No. 3，使之同时适用于企业和非营利组织。

关于基本要素的概念公告集中了财务报表要素的分类与定义，因为"对财务报表要素的定义是确定财务报表内容的具有重大意义的第一幕"。对基本要素进行恰当的分类和定义，可据以判断具体事项是否符合某一要素的主要特性，从而成为财务会计对经济事项正确进行确认、计量和报告的必要条件，这也是有效制定和应用相应会计准则的一个重要依据。SFAC No. 3 共提出10项基本要素，并分别下了定义：

（1）资产是可能的未来经济利益，它是特定个体从已经发生的交易或事项中取得的或加以控制的。

（2）负债是将来可能要放弃的经济利益，它是特定个体由于已经发生的交易或事项，将来要向其他个体转交资产或提供劳务的现有义务。

（3）业主权益或净资产是以某一个体的资产减去其负债的剩余部分。

（4）业主投资是在特定企业里业主权益的增加，它是由其他个体转入有价值的东西以便在其中取得或增加业主权益的结果。业主投资最常见的是收到资产，有时也可能是接受的劳务或抵偿的本企业负债。

（5）派给业主款是在特定企业里业主权益的减少，它是企业向业主转交资产、提供劳务或承担债务的结果。

（6）全面收益是企业在报告期内，从与业主以外的交易以及其他事项和情况中所产生的业主权益变化。它包括报告期内除业主投资和派给业主款外的一切业主权益上的变化。

（7）营业收入是某一个体在其持续的、主要或核心业务中，因交付或生产了货物、提供了劳务，或进行了其他活动而增加的资产或减少的负债或二者兼而有之。

（8）费用是某一个体在其持续的、主要或核心业务中，因交付或生产了货物、提供了劳务，或进行了其他活动而减少的资产或增加的负债或二者兼而有之。

（9）利得是某一个体除来自营业收入或业主投资以外，来自边缘性或偶发性交易以及一切其他交易和其他事项与情况的业主权益的增加。

（10）损失是某一个体除出于费用或派给业主款以外，出于边缘性或偶发性交易以及一切其他交易和其他事项与情况的业主权益的减少。

这 10 项要素又可分为两大类：

（1）从静态（照相式）描述一瞬间的资产或对资产要求权的水平（余额），包括资产、负债和产权。即

$$资产＝负债＋产权$$

或

$$资产－负债＝产权（净资产）$$

（2）以动态描述在一定时距（期间）资产或对资产要求权的流动和变动的结果，包括其余 7 个要素，它们的关系是

$$全面收益＝（收入－费用）＋利得－损失$$

某一期间的全面收益＋该期间的业主投资－该期间内的分派业主款

＝期末净资产－期初净资产

＝产权（净资产）的期间内全部变动

尽管已经划分了 10 个要素，但第 6 号公告还明确强调，这些要素仅与直接计量企业的经营成果和财务状况有关，并不是财务报表仅有的要素。因为由权责发生制会计提供的关

于某一企业的经营成果和财务状况,虽然是财务报告所关注的首要的中心问题,但其他的中心问题也可能需要其他要素。这就是说,财务报表要素并非一成不变,如有需要还会增加。

在所有的要素中,资产是最重要的要素,它是西方会计文献中长期进行讨论的一个基本会计概念。早在20世纪30年代,美国的坎宁(Canning)就已经就经济学的要求对资产下了定义:"资产是指任何货币形态的未来服务或任何可转换为货币的未来服务。"1953年8月AICPA的名词委员会在其发表的第1号"会计名词公报"(ATB No.1)中则把资产定义为:按会计规则或会计原则进行结账而被结转为借方余额所代表的某些事物。1970年,APB第4号报告又提出资产的另一个定义:资产是"按照公认会计原则(GAAP)所确认和计量的企业的经济资源"。

但是,FASB对资产所作的定义有了重大突破。它认为,资产是"某一特定主体由于过去的交易或事项所获得或控制的可预期的未来经济利益"。这一定义吸取了坎宁定义中的合理部分,并在此基础上加以发展。FASB的资产定义不是从资产在企业周转中的静态表现,而是从资产在企业周转中的动态表现去研究资产的特性;它也不是从资产在企业经营活动中的存在形态,而是从资产在企业经营活动中所发挥的功能去考察资产的实质。因此,按照FASB的观点,资产的基本标志是看它能否有助于企业在未来期间内获得或实现经济利益,而不是看它是有形还是无形,是货币性或是非货币性,是流动的还是固定的。此外,用"未来的预期经济利益"作为资产的实质,也比"企业财产"或"经济资源"等其他一些定义有新的发展。企业财产不一定都有未来经济利益,特别是陈旧退废和积压的物品已不能在企业未来期间发挥其功能或效用,就应当在当期迅速处置或注销,不能再作为资产入账。而且,资产也不能理解为具有实体的经济资源,资产要素实际上还包括一些递延项目或专利权、商誉等无形资产。它们不仅没有存在的实体,甚至有的不能理解为企业的经济资源(如某些备抵项目),但它们同样有助于实现企业的未来经济利益或减少未来的经济牺牲,功能上和性质上就无异于其他资产项目。

FASB对资产的定义与传统概念的显著区别还表现为资产与成本的分离。长期以来,会计上的资产概念是与成本概念相联系的,即成本可分为两个部分:已消耗的成本为费用,未消耗的成本则为资产。这一观点自20世纪40年代初以来一直在财务会计中占有支配地位。可是随着经济环境的变化,用成本来定义资产显示出很大的局限性,这不仅仅是因为成本在通货膨胀条件下面临严峻的挑战。FASB认为,资产的实质是预期的未来经济利益,成本只是资产的一种计量属性,它可以证明资产的取得,但资产并不是成本,两者之间也不存在必然的联系,这一认识是对传统观念的一个进步。即使在传统的会计模式中,成本的发生也只是获得或增加企业经济利益的明显证据,在确定资产时,还要进一步考虑获得或增加的项目原先是否具有预期的未来经济利益,以及它对于企业未来经济利益的贡献的全部或任何部分是否继续存在。因此,只有与未来经济利益相关联的成本才能视为资产。如果某些项目的成本支出不能有助于企业的未来经济利益,或者它们的效能已经消失,从理论上说,就不能算为资产,而应当一次性转作费用。与此相反,在类似捐赠资产、实物投资或有价证券的溢价等某些经济业务中,承受企业并没有发生成本支出却无代价地获得了一定的"未来经济利益",就有必要按照合理的市价作为资产入账。所以,FASB 认为,"资产存在的最终证明是预期的未来经济利益,而不是正发生的成本"。

SFAC No. 3 中有一个首次提出的财务报表要素,即全面收益。它是指"一个主体在某个期间与非业主方面进行交易或发生其他事项所引起的业主权益(净资产)变动"。在传统会计文献中,对净资产变动通常用净收益或盈利来表示。但 FASB 认为,全面收益较之净收益或盈利能够更好地反映期间内净资产的全部变动,特别是它可以包括现行收益报告中难以处理或反映的物价变动影响以及期间净收益的确定。因为在现行收益确定模式下,由于价格变动或其他一些外在环境事件所引起的"损益"归于经营收益或盈利在理论上是不充分的,并且一直遭到非议。FASB 提出全面收益要素,旨在解决这一难题,即可以把因价格变动的持有损益作为全面收益的一个组成部分,同时也是为了更确切地反映由于前期调整对本期净收益的影响。为了说明这一问题,FASB 在第 5 号公告中还就全面收益和盈利的关系补充了下列公式:

＋收入	100	＋盈利	15
一费用	80	一累计会计调整	2
＋利得	3	＋其他业主权益变动	1
一损失	8		
＝盈利	15	＝全面收益	14

很明显,这一全面收益要素的提出,对现行收益决定与报告的准则产生了直接影响,并推动了西方财务会计理论和实务的进一步发展。例如,在美国,FASB 于 1984 年发表的 SFAC No. 5 中正式建议企业在整套财务报表中应报告当期的全面收益,并于 1997 年 6 月正式颁布了财务会计准则公告 SFAS 130《报告全面收益》,要求企业增报第 4 财务报表。英国的会计准则委员会(ASB)于 1992 年颁布了第 3 号财务报告准则《报告财务业绩》(FRS No. 3),要求企业增报"全部已确认利得和损失表",借以报告企业的全部财务业绩。这张报表亦获得 IASC 的认可,并在 1997 年修订的第 1 号国际会计准则中被正式要求编制。

第五节　财务报表要素的确认与计量

SFAC No. 3 解决了财务报表基本要素的定义问题,但是,哪些交易及其影响可以作为基本要素进入财务报表？它们又应在何时经过确认？在财务会计上，确认对实现财务报告的目标以及具体会计处理程序、规则的选择都有重要的制约作用。因此，FASB在概念框架研究中安排了对确认问题的专门研究，并于1984年12月正式发表了第5号财务会计概念公告《企业财务报表的确认和计量》(SFAC No.5)，第一次对确认概念和确认的标准作了明确概括。

SFAC No.5首先对确认下了一个定义："确认是指把一个事项作为资产、负债、收入和费用等正式加以记录和列入财务报表的过程。确认包括用文字和数字来描述一个项目，其数额包括于财务报表的合计数之内。"而且，确认包括对项目嗣后发生变动或清除的确认。

这一概念公告试图解决对符合基本要素定义的特定经济事项的确认问题。因为，一个事项具有某一要素的重要特性，是在财务报表中正式加以确认的必要条件，但不是充分条件。也就是说，具体的经济事项不仅要符合某一报表要素的定义，而且必须达到实际确认的标准，才能进入有关账簿和财务报表。由于财务报表是实现财务报告目标的最重要手段，因此对决策最有用的信息应列入财务报表，并且都要经过确认。如果信息不需要进入财务报表，则一般不需要经过确认。

如何进行确认，或者符合报表要素的经济事项应根据什么条件加以确认，这就是FASB企图解决的一个主要问题。SFAC No.5为此提出了4条基本确认标准：

(1) 可定义性——应予确认的项目必须符合某个财务报表要素的定义；

(2) 可计量性——应予确认的项目应具有相关并充分可靠的可计量属性；

(3) 相关性——项目的有关信息应能在使用者的决策中导致差别；

(4) 可靠性——信息应如实反映，可验证和不偏不倚。

这样，一个经济事项必须同时符合这4条基本确认标准才能予以确认。当然，确认标准也要服从普遍适用的效益大于成本和重要性的约束条件，即确认一个项目的预期效益应证明与提供和使用该信息的费用是适当的。而且，如果一个项目是不重要的，则可以不在财务报表上确认。

在上述4条基本确认标准中，相关性和可靠性原是为实现财务报告目标而规定的会计信息的两个质量特征。当它们被列为确认的基本标准时，意味着要根据某个项目是否具有相关性（具有导致差别的能力），或是否能增进整个报表的相关性以及是否可靠，来决定它应否列入报表和在何时才列入报表。可以说，这是使报表项目体现财务报告目标的一项重要保证，也是编制财务报表时所应作出的一项最重要的会计选择。这还可以联系到SFAC No.2来加以理解。财务会计必须进行大量的选择，"在每一个场合都会有选择，资产与负债、收入与费用的性质和定义，以及确认它们的标准，首先就必须做出选择"。

SFAC No.5还阐述了基本确认标准应用到盈利组成成分的确认指南。为什么盈利及其组成成分要有进一步的确认指南？因为盈利及其组成（收入、费用、利得和损失）是对一个主体在某一期间内经营成果的重要记录。这方面的信息(即获利能力的信息)往往受到使用者的最大关注。而且,盈利包括属于或不属于特定主体及其管理机构控制的事项或环境影响的确认结果,具有更大的不确定性。所以,对盈利及其组成成分应较之资产与负债及其变化的确认提出更严格的确认要求。同时,在盈利的组成成分的确认上,应用受传统的稳健处理(即宁可预计损失不预计收入)的影响,对收入和利得较之费用和损失也要有更严格的确认要求。

根据 SFAC No.5,盈利及其组成成分在遵循 4 条基本确认标准的前提下,还应有进一步的确认指南。

1. 收入和利得的确认指南

(1) 已实现或可实现,即收入和利得一般要到已实现或可实现时才予以确认。当产品(货物和服务)、商品或其他资产交换现金或现金要求权时,收入和利得才是已实现。可实现,则是指已取得或持有资产已经可以转变为确定数额的现金或现金要求权。

(2) 已赚取,即收入应在已赚取时予以确认。当企业实质上已完成有资格取得收入所代表的利益的努力之后,收入才算是已赚取的。

这样,收入和利得只有在至少达到上述的一个指南要求时才能确认。但是,由于不同企业经营活动的复杂性,收入业务各异,在具体运用确认指南时也会存在一定的差别或有不同的形式:

(1) 制造与销售企业(大部分工商企业)在销售(发货)时确认收入,业务这时可同时达到已实现或已赚取的条件。

(2) 如果销售活动或现金收入先于生产和发货(如订阅杂志),可按生产和发货时点确认为已赚取。

(3) 如果产品在生产前订立合同,可按完工比例法确认为已赚取的收入(生产已发生),但对完成合同的结果要合理估计,对完工进度的记录应可靠。

(4) 如果提供服务或转让资产的使用权随时间继续拖延(如利息或租金),且基于预订合同(契约)价格有可靠的计量,则可随时间的消逝确认收入为已赚取。

(5) 如果产品或其他资产易于变现,由于它们有可靠的确定价格又易于出售(如某些农产品、贵金属和有价证券),可在生产完成或该资产价格变动时确认收入和某些利得或损失。

(6) 如果产品、服务或其他资产与非货币性资产交换,则收入、利得或损失可根据它们已经赚取或交易已完成的情况予以确认。如果在非交互性交易中获取或交出非货币性资产,其交易利得或损失也可予以确认。这两种交易的确认取决于有关的公允价值,可在合理的限度内予以确认。

(7) 如果产品、服务或其他资产在交换中取得资产能否收回上发生问题,收入和利得可根据实际收到的现金予以确认。

　　2. 费用和损失的确认指南

　　一般说来,如果当一个主体的经济利益已经耗尽,或原确认资产的预期经济利益已经减少或消失时,通常应确认为费用和损失。

　　(1) 利益的消耗。预期的经济利益在某一期间内已消耗,并可以和当期确认的收入直接相关时,应确认为费用。

　　① 某些费用,如销货成本,是与收入相配比的,它们起源于同一交易或经营过程,所以应根据已确认的收入作为费用确认。

　　② 某些费用,如销售和管理人员工资,是相对那些取得同时即被耗用的物资或服务的,应在付出现金或产生负债的同时予以确认。

　　③ 某些费用,如折旧费和保险费等,应按系统和合理的程序,分配到有关资产预期提供经济效益的各个时期。

　　(2) 损失或不具有未来经济利益。如果可以证实资产的原确认未来经济利益已经减少或者发生或增加了可具有经济利益的负债,应当立即确认为费用或损失。

　　值得注意的另一问题是,在上述这些财务会计概念公告中,FASB都或多或少地考虑到了外界经济环境的主要变动即持续通货膨胀的影响。这可以从关于目标、要素、质量特征等概念公告中明显地表现出来。尽管FASB并不想完全放弃现行的财务会计模式,但它通过决策有用性目标和信息的相关与可靠的质量等要求,已经多次暗示在会计信息中应纳入反映通货膨胀影响的必要性与可能性(如通过全面收益来包括来自持有资产的价格变动的利得和损失)。而在SFAC No.5中,对这个问题,FASB又表示了更明确的意向。FASB既规定承认收入和利得可以通过"可实现"(尚未实现)来确认,又认为资产负债的确认可包括其价值的变动。它实际上有两种情况:

　　(1) 资产的取得和负债的发生以及资产的销售或其他处置或损失和负债的清偿或抵消。在这种情况下,资产价值的变动是基于资产本身的流入或流出,负债也是如此。

　　(2) 持有资产价值或结欠负债的数额的变动。在这种情况下,资产数额的变动又有两种形式:① 效用或实体的变动(包括生产中资产的使用、管理用资产的折旧,以及资产的自然灾害损失等);② 价格的变动。

　　FASB在SFAC No.5中提出,在一般的正常情况下,"对资产的取得和负债的发生的最初确认,一般涉及按确认日期的现行交换价格计量,并继续以原确认的数额计量,除非发生了改变资产或负债或其数额的事项,且该事项符合确认的标准"。这就是说,如果发生了可改变资产或负债或其数额的事项,就应当重新确认。按照现行财务会计实务,对上述资产和负债变动的第(1)和第(2)中①形式是立即予以确认的,而对第(2)中②形式,则一般不予确认。但FASB认为,"如果以现行价值为基础的信息具有充分的相关性和可靠性使得增加的信息成本是值得的,而且比其他信息更为相关时,那就应当予以确认"。这显然是说第(2)

中②形式也是可以在符合一定条件下予以确认的。这一观点,对于现行会计实务和会计准则来说是一个重大突破,它反映了 FASB 在今后制定未来会计准则的新观念或新趋势——不再坚持历史成本原则是不可改变的传统观念。

当然,FASB 还认为,关于资产和负债的价格变动的确认不能一概而论。它提出,在某些情况下,确认价格变动的优点是明显的(如短期证券的市价变动);但在另一些场合,基于现行价格的信息或代替信息的相对优缺点可能仍较模糊,或可能还存在争论。所以,为了考虑基本确认标准的应用,必须根据每一事例的情况来评价这些相对的优缺点。

【名词与术语】

财务会计概念框架　　　受托责任观　　　决策有用观　　　财务报表要素
财务报表要素确认　　　财务报表要素计量

【思考题】

1. 什么是财务会计概念框架?它有何作用?
2. 试述受托责任观的含义和理论背景。
3. 试述决策有用观的含义和理论背景。
4. 财务报表要素有哪些?试对其进行定义。
5. 财务报表要素确认的标准是什么?

第四章

会计计量理论

【本章导读】

会计计量理论和方法在会计理论研究中具有重要的地位。本章介绍会计计量的含义，以及计量属性、计量单位和计量模式。

通过本章的学习，要求掌握会计计量的概念，了解其演变过程；掌握不同的计量属性，以及会计计量单位的含义和会计计量模式的含义；了解会计计量单位的作用。

第一节　会计计量概述

一、会计计量的含义

会计理论的研究已开展了几十年，尤其是 20 世纪 30 年代以来有了长足的进步。会计计量理论和方法在会计理论研究中居于重要的地位，有不少会计学家曾试图对会计计量作出一般性的概述。但到目前为止，对会计计量一直存在不同的理解和认识。

美国会计学家井尻雄士 1975 年在《会计计量理论》一书中认为："会计计量就是以数量关系来确定物品或事项之间的内在数量关系，而把数据额分配于具体事项的过程。"

国际会计准则委员会（IASC）在《关于编制和提供财务报表的框架》中提出："计量是指为了在资产负债表和收益表中确认和计列财务报表而确定其金额的过程。这一过程涉及具体的计量基础。"

美国会计学会（AAA）在 1966 年公布的《基本会计理论说明书》中给计量下了一个定义："会计就是要计量和传递一个经济主体活动中的数量方面，虽然定性信息是重要的，但会计职能强调通过数量表示有意义的定量信息来增进有用性。会计从历史上来看，主要是一种以货币形式来反映经济活动的手段。"

享德里克森则表述为:"会计上的计量是指给那些与企业有关的事物确定其数值而按适合于加计总数或分开总数的方式来求得。"

1976 年,美国财务会计准则委员会(FASB)也提出了类似的观点。它在讨论备忘录《财务会计与报告的概念结构:财务报表要素及其计量》中写道:财务报表要素(资产、负债、产权、收入、费用、利得和损失)是关于企业的经济资源、其转移资源的义务以及这些资源的投入、产出或变动的数量表现。

我国会计学家葛家澍教授认为:"计量,是指在财务会计中对会计对象的内在数量关系加以衡量、计算并予以确认,使其转换为可以用货币表现的信息。"

尽管在对会计计量的表述上各有不同,但对计量的本质认识还是一致的。即会计计量确定的是会计对象(会计报表的具体要素)的内在数量关系以某种方式再现出来,并进行加总计算的过程。在理解会计计量时必须澄清两点认识:

(1)会计计量最终是为会计报告服务的,其真正目的是为会计目标服务。因此,会计计量原则、方法、模式的选择要服务于会计目标。美国会计原则委员会(APB)曾于 1970 年的第 4 号公报中提到:"会计的功能在于提供有关经济主体的数量信息(主要是财务性质),以便作出经济决策。"

(2)会计计量中,货币单位并不是唯一的计量单位。严格来说,会计计量包括使用价值和货币计价两个方面。使用价值定量是会计计量最基础的方面,如某资产的容器体积数字。货币计量,是以适当的货币尺度将所确定的使用价值以一定的货币数额表现出来。它体现了现代会计能综合、全面、系统地反映计量客体的要求。因此,现代会计的特征是一种货币计量。

二、会计计量的发展历史

会计计量的历史究竟有多久远?恐怕这个问题谁都无法确切地回答。通过回顾人类会计思想和会计行为的历史,我们或许可以找到答案。会计思想和行为的历史源远流长,追溯其起源,我们可以发现,人类会计思想与行为起源于"数量观念"这一人类原始思维活动的基本逻辑观念,随着观念的产生出现了人类最早的会计计量、记录。也就是说,会计与会计计量是互相伴随而产生的。

(一)原始计量时期

原始计量是人类早期的会计活动所运用的计量模式。这一时期计量的基本特征是:计量活动主要运用的是实物量度单位,计量过程主要是直接计量。

（二）统一量度单位时期

到统一量度单位时期，人们已经有意识地运用统一的货币量度单位作为会计计量的基础。这是会计计量发展史，也是会计发展史上一次质的飞跃，它对会计计量的影响，不亚于复式簿记对会计发展的贡献。

（三）计量方法完善时期

从理论上来认识、讨论会计计量问题，而不仅仅限于对具体计量方法孰优孰劣的争论，是这一时期的主要特征。早在 1907 年，Chartes E. Sprague 在其主要讨论记账原理的名著《账户的哲学》中，在说明账户的形式时，就涉及同计量有关的价值信息。该书第二章"账户的形式"指出，账户"需要提供如下的信息：多少价值，如何提供，何时提供，为何提供以及向谁提供"。

1922 年帕顿则明确把反映价值列为会计的功能。他说："会计的作用（功能）是记录价值、分类价值并按照所有者及其代理人可以明智地利用他们处置资本的要求来组织现行价值数据。"帕顿还说："会计人员的职责的本质包括分期决定企业净收益和财务状况。"

坎宁也重视计量与估价问题的研究。在他 1929 年出版的名著《会计的经济学》中，有五章涉及会计计量，除第 8 章专门讨论收益的计量外，9 至 13 章都讨论资产、负债、所有者权益即财务状况的估价与重估价。坎宁把估价分为直接估价和间接估价。"直接估价是当，而且仅当已实现的货币收益存在并满足可决定的条件时，这种收益的增加，既可能是正的符号，也可能是负的符号（钱进来或钱出去），它可用任何方法在将来的时期分配。"

Alexander S. 则更强调收益决定。他写道："收益决定是企业会计人员的主要职能。"其实，帕顿也是一贯强调收益决定重要性的代表人物。他后来在 1940 年同利特尔顿合著的《公司会计准则绪论》中则把他们重视收益决定的观点发展到了高峰。该书共 7 章，其中 3 章分别讨论了同收益决定有关的成本、收入和收益，同时还在第 11 章会计的基本概念中，创造性地提出了也是同收益决定密切相关的"计量的计价（报酬）"、"成本归属性"和"力量与成就"等 3 个概念。尤其在"力量与成就"部分，他们全面而深刻地阐述了会计上的配比原则，所谓"力量"是用"成本"测量的，而"成就"则由取得的"收入"表示。由于企业行为具有连续性，其最终的经营结果总是在不确定性的将来，管理机构、投资人和政府以及所有与企业利益相关的团体，其决策绝不能等到企业经营的最终结果得出之时才作出，而必须对企业业务进度在不同期间有一个"测量上的读数"，其方法就是把期间的收入同所费成本进行比较，这就是会计上的配比原则。

从会计的历史考察，帕顿和利特尔顿这部著作的出版年代（1940 年）大体上可以作为从会计计量上认定资产估价与收益决定孰轻孰重的分水岭。在 20 世纪 40 年代以前，会计界重视资产估价,资产负债表被列为第一报表;而在 20 世纪 40 年代以后,会计界转向重视收益决定(通过配比),损益表(收益表)变成实际上的第一报表,会计人员的作用也随之发生转变。其实,帕顿和利特尔顿在 1940 年已把资产视为"等待它们命运的未分配成本"。会计师本质上是"成本员"而不是"估价员"。

第二节　会计计量属性

20 世纪 70 年代以来,西方财务会计在计量理论与方法上的一个主要发展是开展计量属性的系统研究。所谓计量属性,是指被计量客体的特性或外在表现形式。如对一张桌子而言,可以分别从长度、高度、重量等方面进行测量,也就有了不同的计量属性。在财务会计中,计量属性是指资产、负债等要素可用财务形式定量化的方面,即能用货币单位计量的方面。经济交易或事项同样可以从多个方面予以货币计量,从而也有不同的计量属性。如资产的原始取得成本和原始收入、现行成本和现时收入、未来重置成本和未来脱手价值等。所以,FASB 认为:"每一个财务报表要素都有多种属性可以计量,而在编制财务报表之前,必须先确定应予以计量的属性。"

通常企业的资源是以货币交易价格计量的,但在财务会计中可能运用 4 种货币价格来计量经济资源,并可能得出不同的货币数额:

(1) 过去购买的交易价格——取得资源时的初始交易价格或在取得日支出的货币额;

(2) 现时购买的交易价格——类似资源的现时市场购买价格,类同于尚未持有而要取得资源的现时支付货币额;

(3) 现时出售的交易价格——在当期出售该资源时可能收到的货币额;

(4) 未来的交易价格——在未来期间的交换价格或者是与该资源有关的预期未来净现金流量的现值。

FASB 在概念框架的研究中,对计量属性作了较系统的探讨。它认为,现行实务和财务报告中同时并存多种计量属性,但会计论著和文献中对计量属性的表述过于多样化,其中有些仅仅适用于资产要素而不能应用于其他要素。所以,它重新概括了 5 种较为普遍认可的计量属性,可同时适用于资产和负债等项目的计量。FASB 于 1984 年发表的第 5 号财务会计概念公告《企业财务报表的确认与计量》中,将这 5 种属性表述如下:

(1) 历史成本或历史收入。财产、厂房和设备及大部分存货是按其历史成本报告的。历史成本就是取得一项资产时支出的现金数额或其他等值,在取得之后通常要以摊销或其他分配方式调整,包括向顾客提供物资和服务的责任在内的负债,一般是按其历史收入报告的,也就是在该项责任发生时收到的现金数额或其他等值,随后可能采用摊销或其他分配方式进行调整。

（2）现行成本。某些存货是按照它们的现行（重置）成本报告的。现行成本，是指加入在本期取得相同或类似的资产时将支出的现金数额或其他等值。

（3）现行市价。某些有价证券是按其现行市场价格报告的。现行市价，是指在正常清算情况下销售各该项资产时可望获得的现金数额或其他等值。现行市价往往也运用于那些预计要以低于原有价值的价格销售的资产。某些涉及可销售商品或证券的负债，如并不拥有作为其基础的商品或有价证券的约定购买数的承诺者或普通股的出售者所承担的费用，也是按照现行市价报告的。

（4）可实现（清偿）净值。短期应收款和某些存货是按照它们的可实现净值报告的。可实现净值，是指资产在正常业务进程中可望变换为非贴现的现金数额或其他等值（应扣除直接费用）。如应收账款需按扣除正常商业信用条件下合理坏账损失后的净值表示；涉及未来的不确定时期的应付款的已知或估计数额的负债，例如应付货款或商品保证责任，一般是按它们的清偿净值报告的。清偿净值，是指在正常业务进程中为清偿各该债务应予支付的非贴现值的现金数额或其他等值（如果有的话，还要包括这项偿付的直接费用）。

（5）未来现金流量的现值（或贴现值）。长期应收款是按照它们未来现金流量的现值（根据内含的或历史的贴现率计算）报告的。未来现金流量的现值，是指资产在正常业务进程中可望变换成未来现金流入的现值或贴现值减去为实现这一流入所需的现金流出的现值。

一、历史成本

历史成本也称为原始成本，是指取得资源的原始交易价格。如果以现金交换资源，则获取日付出的现金或承诺支付的现金等值即为获取资产的历史成本。长期以来，在财务会计中，按历史成本计量资产是一条重要的基本原则，历史成本原则已成为会计计量中最重要和最基本的属性。其之所以在财务会计中得到普遍推崇与应用，是由于以下一些原因：

（1）长期以来管理机构、投资人和债权人都是根据历史成本信息作出决策；

（2）历史成本为实际交易而不是可能的交易所决定，并且又为交易双方所认可，因而有较大的可靠性；

（3）财务报表的使用者总是习惯于传统的会计惯例，除非确已找到更为有用的计量属性，否则，人们不会轻率地放弃历史成本；

（4）在价格变化的情况下，虽然历史成本属性的相关性会下降，但实务界目前更倾向于在表外补充其他计量信息，这不仅可以提供所需的相关信息，而且风险较小。

但是，历史成本属性也有一定的局限性。在价格变动的情况下，这些局限性便尤为突出：

（1）当价格明显变动（包括上涨或下跌）时，基于各个交易时点的历史成本代表不同的价值量，严格地说，它们是没有可比性的；

（2）由于费用以历史成本计量，而收入以现行价格计量，从理论上看，两者的配比似乎缺乏理逻辑上的统一性；

（3）在价格上涨时，费用按历史成本计量将无法区分和反映管理机构的真正经营业绩和外在价格变动引起的持有利得；

（4）当价格上涨时，在以历史成本为基础的期末资产负债表中，除货币性项目外，非货币性资产和负债都会低估，这种报表就不能揭示实际的财务状况，从而对决策可能不相关甚至无用。

二、现行成本

现行成本又称为重置成本或现时投入成本。它通常表示在本期重置或重建持有资产的一种计量属性。实际上，它往往有不同的含义：

（1）重新购置同类新资产的市场价格；

（2）重新购置同类新资产的市场价格或扣减持有资产已使用年限的累计折旧；

（3）重新购置具有相同生产能力的资产的市场价格；

（4）重新购置或制造同类资产的成本；

（5）重新生产或制造同类资产的成本扣减持有资产的累计折旧。

除非在原始交易时日，现行成本与历史成本代表相等的数量，否则，两者代表不同的数量，即使价格不变，资产的现行（重置）成本也不完全等于其历史成本。其原因在于：一是对资产的预期和供求关系可能发生变动；二是技术进步和生产成本变动。这些变动都可能造成重置成本和历史成本的脱节。特别是在价格明显变动的情况下，历史成本和现行（重置）成本必然代表不同的数量，这首先将给期间经营利润的确定带来麻烦。经营利润来自收入和费用的配比。在价格上涨的情况下，以历史成本计算的费用将低于为补偿或重置已消耗资源的成本，所确定的经营利润难免不被高估，甚至将造成虚盈实亏的现象，影响企业的再生产能力。

假定，某企业在 2007 年 1 月 1 日购入一批存货 30 000 美元，并在年底全部售出。这些存货的年末市价上升为 32 000 美元，那么，经营收益的计算如下：

	历史成本	现行（重置）成本
销　　货	$ 50 000	$ 50 000
销货成本	30 000	32 000
销售毛利	$ 20 000	$ 18 000

很明显,企业在年末要维持原来的生产能力,必须采用重置成本来计算费用和确定收益。因为"对经营成果而言,已耗用的相关成本应当是重置那些已耗资产的现行成本,而在过去某个时日为购买这些资产所支付的交易价格是不相关的"。这时,重置成本与历史成本的差额即为资产的持有损益。

现行成本属性的主要优点是:

(1) 可以避免在价格变动时虚计收益,确切反映企业维持再生产能力所需生产耗费的补偿;

(2) 期末财务报表提供以重置成本为基础的现时信息,而不是过去的历史信息,以反映现时财务状况;

(3) 以现行(重置)成本与现行收入相配比,具有逻辑上的统一性,可增进期间收入与费用配比决定收益的可比性和可靠性;

(4) 便于区分企业的经营收益和持有损益,有助于正确评价管理机构的经营成果。

现行成本的主要缺点是:

(1) 现行成本的含义不明确,由于各种因素的影响,事实上难以存在与原持有资产完全吻合的重置(或重建)成本;

(2) 不能消除货币购买力变动的影响,财务报表项目之间仍然缺乏可比性;

(3) 现行成本的确定较为困难,在计算上缺乏足够可信的证据,影响会计信息的可靠性;

(4) 若将"持有损益"反映于收益表,无法解决资本保持,也就仍不能保证已消耗的生产能力得到补偿和更新。

三、现行市价

现行市价又称脱手价值,最早是由澳大利亚著名会计学家罗伯特·钱伯斯(Robert Chambers)提出的,它主要指资产在正常清理条件下的变现价值或"现时现金等值"。钱伯斯认为,企业是在市场中运行,由于市场瞬息万变,企业必须随时根据市场变化作出决策(诸如生产、改组或停业等决策),这时,只有资源的现时变现价值,才能反映企业及时适应市场变化能力的需要。很明显,过去的交易价格与企业预期要采取的决策或行为是不相关的,而未来的交易价格又未免有太大的不确定性,所以,现时的脱手价值或在正常清理条件下的销售价格是企业"现时现金等值"或适应市场能力的一个较好的指示器,是与决策相关的信息。如果企业仅有少量或不存在变现价值,企业适应市场变动的能力就非常有限;而变现价值越大,企业的适应能力就越大。

如果采用现行(脱手)价值属性,全部资产和负债就应按它们的变现价值重新估计。变现价值等于市场价格扣除预计的销售费用。作为脱手价值,它应依据卖方市场价格而不是像重置成本那样依据买方市场价格确定。采用脱手价值计量时,在会计上将完全放弃确认收入的实现原则,因为,所有的非货币性资产都是根据其现行脱手价值立即确认全部损益的。这样,经营收益在生产时即应确认,而持有利得或损失在购买或价格变动(而不是销售)时也可以确认。

　　假定某企业于 2007 年 1 月 1 日购入 1 000 个配件,每件 6 美元。在年内,企业售出 600 件,每件 10 美元,年内和年末的重置成本分别为每件 8 美元和 9 美元,年末的脱手价值为每件 12 美元。则按现行脱手价值计量的收益表和资产负债表如表 4-1 和表 4-2 所示。

表 4-1　收益表(脱手价值基础)

截至 2007 年 12 月 31 日的会计年度

收入		
销货 600 件×＄10	＄6 000	
存货 400 件×＄12	4 800	
小计		＄10 800
成本		
销货成本 600 件×＄8	4 800	
存货　　400 件×＄9	3 600	
小计		＄8 400
已实现持有利得		2 400
销售部分 600 件×(＄8－＄6)		1 200
未实现持有利得		
存货部分 400 件×(＄9－＄6)		1 200
当期脱手价值收益		＄4 800

表 4-2　资产负债表(脱手价值基础)

2007 年 12 月 31 日

资产		负债与业主权益	
现金	＄10 000	股本	＄10 000
存货[1]	4 800	留存收益	
		已实现[2]	2 400
		未实现[3]	2 400
	＄14 800		＄14 800

　　注:[1] 年末存货是按年末可变现价值计算:400 件×＄12＝＄4 800

　　　[2] 已实现留存收益包括:

　　① 已实现的经营收益,销货收入 $6 000－销货重置成本 $4 800＝$1 200

　　② 已实现的持有利得,销货重置成本 $4 800－销货历史成本 $3 600＝$1 200

　[3] 未实现留存收益包括:

　　① 未实现的经营收益,持有存货的收入 $4 800－持有存货的重置成本 $3 600＝$1 200

　　② 未实现的存货持有利得,持有存货的重置成本 $3 600－持有存货的历史成本 $2 400＝$1 200

现行(脱手)价值属性的主要优点如下:

（1）现行脱手价值可以表示来自资产销售的现金价值。现行价值是一种机会成本,因为这一价值与企业进行下列决策更为相关:在用资产是否继续持有;在用资产是否出售;企业是否继续经营。

（2）可以提供评估企业财务适应性和变现价值的相关信息。

（3）由于它反映了现时出售和持有使用的比较,从而可以为评估管理机构的经管责任提供更好的依据。

（4）采用了这一计量属性后,就没有必要在会计上再根据资产的寿命分期把资产成本转作费用,这将消除费用摊配上的主观任意性。

但是,这一属性也有缺点:

（1）现时变现价值与企业预期使用的资产是不相关的;

（2）某些资产或负债(如无形资产或专用设备或厂房)不存在可变现价值,它们的脱手价值难以恰当地确定;

（3）放弃实现原则、不等到销售发生就确认价值实现以及假定企业资源随时处于清算状态,都违背企业继续经营的基本假设;

（4）这一属性并未考虑一般购买力的变动,所以仍不能消除通货膨胀的影响。

四、可实现净值

可实现净值又称为预期脱手价值,它要计量资产在正常经营过程中可带来的未来现金流入或将要支付的现金流出,但均不考虑货币的时间价值。例如,涉及未来不确定时期已知数额的应付款和估计数额的其他负债(如商品保证义务),应按其未来的清偿价值计量,已知数额的应收款则按未来的可实现净值计量。

可实现净值和现行市价(脱手价值)这两种计量属性既有联系又有区别。它们的共同点是,都反映资产的变现(脱手价值)。其不同点在于变现的时间:现行市价属性基于当期的脱手价值,即在当期正常清算情况下的处置变现价值;而可实现净值属性属于预期的未来销售或其他未来事项。如一项已完工(成)资产将在近期内出售,它们的现行市价(脱手价值)和可实现净值是一致的;但假定资产在出售前还要继续加工,即存在未完工在制品,则这两种属性就存在差别。总之,现行市价属性是指该在制品在现时状态下即期处置可望获得的现金,而可实现净值属性则表示在制品预期最终完工销售所得现金流入在扣除为继续加工所需现金流出后的净额。它们的关系列示如下:

A 在制品	现行市价	可实现净值
现时售价	$ 1 000	$ 1 000
最终售价	/	1 500
继续加工费用	/	(300)
销售费用	(10)	(20)
	$ 990	$ 1 180

显而易见,可实现净值属性适用于预定期间将完成的交易,如计划未来销售的资产或未来清偿既定数额的负债。因此,其适用范围无法囊括全部资产。

五、现金流量信息、现值与公允价值

把"未来现金流量的现值"当作一项会计的计量属性原是 FASB 发布的财务会计概念公告(SFAC)No.5 的提法。但是,SFAC No.5 在解释未来现金流量的现值时,却只把它作为已按历史成本、现行成本或现行市价初始计量后用于摊销的一种方法。而 SFAC No.7 则明确否认未来现金流量的现值是一项计量属性。因为任何一种计量属性,都必须可用于交易或事项初始确认时的计量(初始计量),而现值则不可能,现值总是将未来的价值考虑货币的时间因素折算为现在的价值。所以,初始计量不存在什么现值问题。但是,运用未来现金流量的现值技术却可以寻求无法观察到的、直接由市场决定的一种计量属性:公允价值。公允价值,是指一项资产或负债在自愿双方之间,在现行交易中,不是强迫或清算销售所达成的购买、销售或结算的金额。现值可以通过未来现金流量的估计,运用预期现金流量法计算。现值只是未来现金流量与折现率的结合,不同的未来现金流量的估计与不同折现率的结合,产生不同的现值。什么现值代表公允价值? 即要符合或大致接近交易双方自愿达成的金额,亦即应符合公允价值的定义。

(一) 最符合公允价值定义的现值是市场价格

在通常情况下,最符合公允价值定义的现值是市场价格,即可观察到的、由市场决定的金额。正由于市场价格是会计计量的基本属性,1961 年莫里斯·穆尼茨(Maurice Moonitz)在 AICPA 下属的会计研究部(ARD)发表的会计研究文集(ARS)No.1 中把市场价格列为 B 类第 2 项基本假设。IASC 发布的国际会计准则第 39 号(IAS 39)中也把市场价格(活跃在市场上的公开标价)作为公允价值的首选标准。但是,会计人员有时无法观察到这种由市场机制决定、被人们共同接受的金额,从而不能把它们转化为历史或现行成本,或直接用价格来计量。例如交易双方签订一项合同,一方有权收取金融资产,另一方有义务在未来支付金融负债,其偿付的金额、时间安排均不确定。这时,就需要采用未来现金流量的估计值计算现值,进而确定交易双方均认可的公允价值。

(二)现值与公允价值的关系

按照 SFAC No.7 的说明,现值和公允价值的关系可概括为以下几点:

(1)如前所说,现值只是未来现金流量和折现率的结合,未来的现金流量是估计值,折现率也可以是某个随意的利率。这样得出来的现值,不可能个个同决策有关。而一个符合确认标准的计量属性,不但可用来计量,即具有可计量性,而且要具有相关性。因此,现值本身不是会计计量的目的,它仅仅是一种达到某种计量属性的手段和技术,现值不能代表一种可以应用的计量属性。

(2)现值要成为一种计量属性,必须能够反映被计量的资产或负债的某些可观察的计量要求。自愿交易的双方是持续经营的,交易的对象不是通过清算或强迫的交易,所达成的金额是交易双方自愿接受的,这种现值就变成公允价值。

人们在初始计量中运用现值,只是一种假象,实际上是通过现值技术来寻找公允价值,而以公允价值作为初始计量的计量属性。一旦初始计量采用公允价值,其后续计量所用的公允价值必须重新开始计算。

(3)借助于现值计量,应能捕捉到形成公允价值的各项要素。这些要素导致不同类型的未来现金产生经济差异。

例如,假定有带来未来现金注入 $10 000 的 5 项资产:

① 在 1 天内带来固定合同现金流量 $10 000 的一项资产,其现金流量是确定的收入;

② 在 10 年内带来固定合同现金流量 $10 000 的一项资产,其现金流量也是确定的收入;

③ 在 1 天内带来固定合同现金流量 $10 000 的一项资产,其最终收入金额是不确定的,可能小于 $10 000,但不会超过 $10 000;

④ 在 10 年内带来固定合同现金流量 $10 000 的一项资产,其最终收入金额是不确定的,可能高于 $12 000,低于 $8 000,或是这两者中间的某个其他金额;

⑤ 在 10 年内带来固定合同现金流量 $10 000 的一项资产,其最终收入是不确定的,可能小于 $10 000,但不会超过 $10 000。

从上列 5 项现金流量的例子可以看到,这些不同类型的未来现金流量之所以发生差异,是由于存在下列 5 项要素:

① 对未来现金流量按其发生的不同期间估计;

② 对这些现金流量的金额与时间安排的可能变量的预期;

③ 用无风险利率表示的货币时间价值；

④ 内含于资产或负债中的价格上的不确定性；

⑤ 其他难以识别的因素，包括不能观察和市场不完善。

（4）用于估计未来现金流量和流量的技术是多种多样的，它取决于所涉及的资产或负债从一种情况到另一种情况的环境。在计量资产或负债时，下列4条一般原则可用于现值技术：

① 在可能的范围内，对未来现金流量和流量的估计应当反映未来事项和不确定性的假设，这些假设是市场参与者在决定是否通过"一项公允的现金交易"去取得一项或一组资产所必须考虑的。

② 用于现金流量的折现率的内含假设，应当同估计现金流量时所内含的假设相一致，否则，一项假设的影响将被重新考虑或者被忽略掉。例如，一项借款合同现金流量的利率为12%，这个利率未考虑到该借款可能违约而发生拖欠，另一项借款合同的利率也是12%，但这一借款在预计现金流量时已考虑到违约拖欠。在后一种情况下，12%的利率就宜用作后一借款未来现金流量的折现率。

③ 现金流量与利率的估计应当中立而无偏见。被估计的资产、负债或一组资产或负债总会有无关的干扰因素影响客观估计，必须摆脱这些因素的影响，否则，计量将不可能公正。例如，为了表示一项资产表面上的未来盈利能力而故意压低所估计的净现金流量就是计量中的偏见。

④ 估计的现金流量或利率应反映一系列可能的结果（即考虑到每一个估计数及其出现的概率），而不只是反映单一的、最可能的、最小或最大的可能金额（这针对估计现金流量的传统法而言）。

（三）现值计量的两种方法——传统法与预期现金流量法

为了反映恰当的公允价值，在需要运用未来现金流量估计现值时，有两种现值的计量技术：一是传统法；二是预期现金流量法。

1. 传统法

按照传统法计算现值，通常使用单一的一组与估计现金流量呈正比的利率。例如，一次现金流量有1 000元、200元和300元3种可能，概率分别为10%，60%和30%。按照传统法，只考虑一种可能，即最大可能或最优的现金流量。在这个例子中，这一可能是概率为60%（最大可能）的200元，即按现金流量200元并选用恰当的利率折现。

传统法的优点是简单易行。如果具有合同约定的现金流量的资产和负债，运用传统法计量的结果同市场参与者对该项资产或负债的数量表述能够趋于一致。

采用传统法，关键在于识别和选择"与风险成正比"的利率。为此，需要找到可比较的两个因素：①被计量的资产或负债；②市场中存在的、相应的可观察到的利率,具有相似的未来现金流量特征的另一参照性质的资产或负债。在较为复杂的计量问题中,要找到第②项因素相当困难。例如,某种非金融资产或负债,既没有市场价格,也找不到类似的参照物。

2. 预期现金流量法

按照预期现金流量法,在计算未来的现金流量时,应当考虑到每一种可能的现金流量的发生概率,加权平均以求得可能的现金流量的平均期望值。仍按上例,在预期现金流量法下,现金流量的期望值应当是 220 元(100×0.1＋200×0.6＋300×0.3)。

FASB 在 SFAC No. 7 中也推荐这一方法。

对于预期现金流量法,存在两种不同的看法。一种看法认为预期现金流量法的现金流量估计值不能如实反映现金流量的实际情况。例如,有一项资产或负债可能产生两种现金流量：10 元和 1 000 元,其概率分别为 90％和 10％,若按照预期现金流量法,其预期现金流量为 109 元(10×0.9＋1 000×0.1)。有人认为,109 元不能代表最终可能收入或支付的金额。但 SFAC No. 7 认为,在会计计量中使用现值技术是以估计公允价值为目的。10 元由于产生的概率达 90％,似乎最可能代表最终收入或支出的现金流量,但是它不能代表资产或负债的公允价值,因为这一金额排除了尚有 10％的概率产生 1 000 元现金的收入或支出,因而它未能反映未来现金流量的不确定性。而在市场上交易的人们,则认为公允价值应贴近 109 元的折现值,既不是 10 元的折现值,也不是 1 000 元的折现值。因为在上述情况下,既没有人愿意以 10 元折现的价格出卖这项资产,也没有人愿意以 1 000 元折现的价格买进这项资产。

按预期现金流量法可以进行现值计算。如果现金流量的时间安排不确定,预期现金流量法同样可应用于现值技术。假定现金流量 10 000 元可能在 1 年、2 年、3 年内收到,其相应的概率为 10％,60％和 30％,以下的表式表明预期现值的计算状况。可知,预期现值 $895.36 与传统法下的现值最好估计 $902.73(本例中,概率为 60％)是不同的。

$1 000 的现值,在 1 年内收到,折现率为 5％	$952.38	
概率	10％	$95.24
$1 000 的现值,在 2 年内收到,折现率为 5.25％	$902.73	
概率	60％	541.64
$1 000 的现值,在 3 年内收到,折现率为 5.50％	$861.61	
概率	30％	258.48
预期现值(预期现金流量下的现值)		$895.36

总之,SFAC No. 7 主要为了说明：如果会计计量时无法采用某种可观察到的、由自由市场客观决定的市场价格(其转化形式是历史成本、现行成本或直接按现行市价)信息,就只能转向采用未来现金流量估计值,但现金流量的简单加总或其现值均不是计量属性。运用未

来现金流量的折现值是为了探求(反映)资产或负债的公允价值——在当前非强迫或非清算的交易中自愿双方之间达成的资产买卖或负债清偿的金额。

传统法只使用一组最好即最优的现金流量期望值而不考虑由于不确定性和风险产生的各种可能的现金流量。与传统法相反,预期未来现金流量法考虑到所有可能的现金流量期望值,而不是一种最好(最优)的期望值。在计算现值时,传统法也只使用单一的、与风险呈正比的利率,而预期未来现金流量法则使用不同时期的不同利率。

采用未来现金流量探求公允价值的过程,主要包含3个步骤:① 估计未来现金流量;② 计算现金流量的现值;③ 确定现值是否可反映公允价值。

在会计计量中,运用现值技术的主要目的在于捕捉一系列现金流量中不同范围的经济差异。运用现值进行初始计量后,还要在后续时期重新开始计量。

现值的计量也可用于负债。来自一笔贷款的收入就是贷款人将未来流(入)量的许诺作为一项资产而付出的代价。应付债券的公允价值就是该债券在市场上作为资产交易的价格,这样,采用现值技术去评估一项公允价值,就可以把它转换为一项的估计。采用现值技术计量负债不同于计量资产的特点是:必须反映借款人的资信状况,资信的好坏决定借款利率的高低。所以,在这种情况下采用预期现金流量法更有效,因为一个企业发生负债,意味着该企业将会有现金向外流出。从概率看,此项现金流出是一个随机变量,它有一个可能的取值范围。如果流出的金额很小,违约的概率也低;如果流出的金额很大,违约的概率也高。企业的资信状况可以较明显地反映在按预期现金流量法进行现值计算的结果中。通过与现值技术最相关的负债,通常可以反映企业被支付的资信状况。

第三节　会计计量单位

一、会计计量单位的含义和作用

会计计量单位指不同会计计量标准所运用的各种量度单位。它也是会计计量对象可计量性的特征之一,是会计计量运用不同计量标准实施会计计量的前提条件。从会计实务来看,任何可用做会计计量的各种标准,实际上都具有自身的计量单位,并且往往存在多重性的计量单位。因此,会计计量根据不同计量目的和具体计量对象的要求,确定了一定的会计计量标准之后,还存在着选择不同计量单位的问题。这是由不同会计计量标准本身特点的不同,及其外在表现形式的多样性所决定的。根据相同的会计计量标准,运用不同的计量单位所计量的会计信息会有各不相同的意义,使用恰当会起到互为补充的作用;而使用不当,则会导致不恰当的会计计量信息,从而使经营决策失误。所以,会计计量单位的研究以及在实务运用中的正确选择,是会计理论研究中的一项重要内容。

二、会计计量单位的不同属性

会计计量单位包括货币量计量单位和非货币量计量单位。非货币量计量单位主要有各种实物量单位和各种劳动量单位。不同会计计量标准的计量单位,按其性质可分为自然属性的计量单位和社会属性的计量单位。

(一) 自然属性的会计计量单位

自然属性的计量单位,指某项计量标准本身所固有的、不受社会环境变化影响的那些最基本的计量单位。如实物量计量中的千克、吨、件、米等,劳动量计量中的小时、分、秒等;货币量计量中按不同币制确定商品价值的基本量度单位(元、美元、英镑等)。在会计计量中确定采用何种计量标准之后,便能采用这些自然计量单位对不同的会计计量对象进行自然量度的计量并能获取最基本的会计计量信息。货币量标准的与非货币量标准的不同自然属性计量单位相结合,便能提供较完整、全面、不受社会环境变化和人的主观意念影响的客观会计计量信息。

(二) 社会属性的会计计量单位

社会属性的计量单位,是指那些并非计量标准本身所固有的,而是人们为了满足一定会计计量目的而赋予某项计量标准符合一定社会要求的特殊计量单位。运用这些有社会属性的计量单位,主要因为自然属性的计量单位不能满足会计信息使用者所要求获取的特殊会计计量信息。如在实物量标准的会计计量过程中,用原始的自然属性计量单位进行计量,便不能反映不同实物量之间的汇总信息,而采用社会标准量单位来进行计量,则能满足提供汇总会计计量信息的要求。又如采用劳动量标准计量时,仅用自然属性的劳动量计量单位进行计量,可能不能满足特定的会计管理目的,这时则可能要运用标准工时单位或标准工时工资率单位及标准工时费用分配单位来进行计量,以期获取更加具有社会性和更容易比较分析的会计计量信息。

1. 非货币量社会属性计量单位

采用非货币量社会属性计量单位进行计量的目的有二:

(1) 便于汇总相加,化不可汇总为可汇总,提高实物量标准和劳动量标准的计量力。确定社会属性计量单位首先要选择一种社会公认的标准实物量或劳动量单位作为基础,并测定其他非标准量与标准量之间的换算比例,最终得出以标准计量单位为基础的汇总的非货币量计量信息。在这种情况下,会计计量所用的标准量单位能超越其原有自然属性的计量单位,而形成一种新的计量单位。如某种被公认的标准产品的自然计量单位为千克,而其他几种非标准产品则用米、件或立方米等自然计单位来表示。如要将其全部折合为标准产量,则这些非标准产品的最终计量单位可都用千克,也可以全部采用一种全新的计量单位来表示。

（2）为了得到社会的公认,便于与社会其他同类经济业务或产品等进行比较分析。如企业的成本耗费水平,除了要与本企业历史水平纵向比较外,还要与社会平均水平或其他企业先进水平进行横向比较。而要实现这种比较,首先要求本企业的会计计量单位与社会公认的计量单位相一致;如不一致,则必须进行换算调整。同理,当会计计量信息在对外报告或提供给特定会计信息使用者时,这种社会属性计量单位的调整同样十分重要,它能提高会计信息的有用性和实际使用价值。

2. 货币量社会属性计量单位

货币量社会属性的计量单位,主要有名义货币计量单位和一般购买力货币计量单位两种。货币量社会属性计量单位的选择,主要是为了寻找一种不同经济环境下能代表相同购买能力的货币量单位。

众所周知,在经济发展和物价水平变动的情况下,今天一定量货币的购买力可能与昨天一定量货币的购买力水平相差甚远。这就决定了各种货币即使在其自然量度单位不变的情况下,其不同时期所代表的价值量也不同。这种变动会大大影响会计计量。为了保证会计计量信息的相关可靠性,理论上便不能排除选择一般购买力（不变购买力）货币单位的必要性。所以,会计计量在确定了货币自然属性的计量单位后,为了满足特定的会计计量目的,仍然面临着选择何种社会属性计量单位的问题。

名义货币计量单位是指某一国家法律规定使用的货币单位,有时也称货币面值单位。名义货币计量单位在一定时期内是相对稳定的,只要国家不对其发行的货币单位价值进行调整,那么名义货币计量单位是不会变化的。它实际上是货币自然属性的计量单位,只不过是由国家来决定而已。用它直接来作为会计的计量单位,具有相当的稳定性,所以它是会计货币计量的基础。

一般购买力货币计量单位,是指对名义货币计量单位按一定时日的一般购买能力（如物价指数）进行调整换算后得出的计量单位。使用这种货币计量单位的目的,在于能使不同时期会计的货币计量单位保持在一个相同的购买能力基础之上,不至于因自然属性的货币计量单位所实际代表的购买力（价值量）不同,而造成会计计量信息的失实或不相关,使其丧失决策价值。然而,使用这种货币计量单位,会引起会计计量的不稳定性。因为,每次确定这种货币计量单位时必须进行一定的调整换算,而这种调整换算的可靠程度则可能会对其最终的会计计量信息产生一定的影响。

三、会计计量单位的选择

会计计量单位的选择,要根据不同会计计量目的和具体计量对象的特点和要求来确定。从理论上讲,在会计计量的不同阶段、不同范围,或为了满足会计计量的不同目的,确有选择多种计量单位的必要,以确保会计计量能符合多种会计计量目的的要求,向不同信息使用者提供特殊需要的会计信息,以使会计信息更具决策有用性。

然而,在正常的经济条件下,不同会计计量标准下的计量单位的选择不应经常发生太大的变化。因为经常变化会计计量单位,不但会使会计信息变得不可捉摸、无法比较,也会使人感到会计计量的不严肃,从而对会计计量信息丧失信心。所以,只有在确有充分理由来证明原有的会计计量单位已不再适用时,才有必要改变原先选定的会计计量单位。如这种改变会引起对外报告的会计信息发生变化,则有必要对变化加以充分说明。日常会计计量中在选用非货币计量单位时,应尽可能保持原先选定的计量单位,使各期所用的实物量单位或劳动量单位保持一致,以便于比较分析和考核。如要运用某些标准量单位以进行调整换算,则一经选定也应尽可能地保持稳定,而不宜经常变动。当然,这主要是针对对外报告的会计计量信息而言的。至于对内提供的、为特殊决策所用的会计信息而选择特殊的非货币单位计量时,选择上的变化有时是必需的,只是要附加必要的说明解释。用货币计量单位计量时,在国家未作任何变动的情况下,一般均应以法定流通货币的名义单位进行计量,并保持长期稳定。如出现非本位币反映的经济业务,应按照国家规定的或市场公认的换算率,将非本位币货币换算成本位币货币进行计量。货币购买力微弱的变化,并不会对会计信息产生很大的影响,而且这种变化在一段时期内可能被相互抵消,所以不必马上改变货币计量单位。但在某些特殊情况下,例如当物价持续单向变动且变动率较大,有充分理由证明原有的会计计量单位已不再适用时,才有必要改变原先选定的会计计量单位。如这种改变会引起对外报告的会计信息发生变化,则有必要加以充分说明。

第四节 会计计量模式

上一节的分析表明了会计计量对计量属性和计量单位的选择。美国会计学家莫里斯·穆尼茨在 1961 的《会计基本假设》(ARS No.1)中指出:"会计计量有 3 个条件,一是时间因素,二是数量因素,三是单位因素。简言之,即在适当之时,以特定的单位作出的数量表示。"这一观点已随着对计量属性和计量单位的深入研究而逐渐为会计职业界所接受。所以,FASB 在 1976 年的概念框架研究的一份讨论稿《财务报表的要素及其计量》中对此作了肯定："会计计量就是要解决何种属性应予以计量以及采用什么单位进行计量。"

某种计量属性和计量单位的组合,构成特定的计量模式,如传统财务会计的计量模式是基于历史成本属性和名义货币单位。由于存在着多种可能的计量属性和计量单位,它们之间的组合也将产生不同的计量模式,诸如历史成本计量属性和一般货币购买力计量单位,现行成本计量属性和名义货币单位或者货币购买力单位的组合等。从理论上讲,现行的财务会计实务中至少可以采用 10 种不同的计量模式。这也说明,历史成本和名义货币单位相组合的传统计量模式并非财务会计的唯一计量模式。财务会计可能或者有必要选择不同的计量模式,提供满足使用者决策需要的会计信息。例如,西方财务会计中的通货膨胀会计分支,正是对这些不同计量模式的应用。

对会计计量模式的选择与应用受制于一定的客观条件,其中主要有 3 个方面：

1. 经济生活中的物价变动程度

当物价变动幅度较小时,各种计量属性或计量单位之间的计量结果并不存在显著差异,选择基于历史成本和名义货币单位的传统计量模式是相对可取的。因为在这时选择其他计量模式将增加信息加工成本(即确定其计量属性和计量单位的作业量增加),而所产生的边际效用则相对有限。但是,倘若经济生活中出现显著性物价变动时,传统的计量模式无法反映既定资源和经济交易的现时财务状况与经营成果,则选用其他计量模式可能有更大的优越性。

2. 使用者的特定决策需要

根据使用者的不同决策需要,应采用不同的会计信息。基于历史成本和名义货币单位的计量结果虽然有助于考核管理者的经管责任,但未必可以满足其他方面的决策需要。例如,当面临一项投资决策时,决策者要着重考虑的是该投资资源的未来经济效益(即产生未来净现金流量的能力)。又如,在企业兼并过程中,相关的信息是被兼并企业资源的现行市价或脱手价值,而并非其历史成本。为了提供与特定决策相关的信息,就有必要应用不同的会计计量模式。

3. 计量技术手段的发展程度

早期的会计实务主要依赖人工核算,计量技术与手段的发展相对简陋。因此,历史成本之外的其他计量属性虽然在理论上是可行的,但在操作过程中存在较大的困难而无法采用,或是其处理成本显著超过其效用。但是,随着会计电算化以及商务活动网络化的普及,计算机系统可以及时和有效地搜集和处理大量的市场价格资料并计算、提供不同的预期交易模式和计量结果,信息处理成本相对低廉,计算相对准确,从而为应用非传统计量模式提供了操作的可行性。

总之,计量属性、计量单位和计量模式的研究,已经丰富和拓展了会计计量的理论,并将对财务会计的计量和报告产生重大的影响。

✦◆✦◆✦◆✦◆✦◆✦◆✦◆✦◆✦◆✦◆✦◆✦◆✦◆✦◆✦◆✦

【名词与术语】

会计计量　　　计量属性　　　计量单位　　　计量模式

【思考题】

1. 什么是会计计量？
2. 什么是计量属性？有哪些计量属性？
3. 什么是计量单位？它有何作用？
4. 什么是计量模式？

第五章

资产及其计价

【本章导读】

　　资产是财务会计的一个基本要素,资产计价是会计计量的重要组成内容。实际中,财务会计的许多方法及其理论都同资产计价问题有关,涉及资产的性质与分类、不同资产项目的计价和报告等。

　　通过本章的学习,要求了解资产的性质与分类;掌握有关流动资产、长期资产和无形资产的计价。

第一节　资产计价原理

一、资产的概念

　　资产是一个重要的概念,自 20 世纪初以来,许多会计学家和主要会计文献都试图对资产加以定义或阐述资产的性质。

　　长期以来,会计学家和会计专业机构始终不乏对资产概念的研究,提出了许多不同的观点,对会计理论的研究起到了不同程度的推动作用,对会计实务也起到了指导作用。归纳起来大致有如下观点。

(一)未来劳务观点

　　1929 年,坎宁在《会计经济学》中将资产解释为:资产是指任何货币形态的未来劳务或任何可转换为货币的未来劳务(对那些由合同而产生的未来劳务要扣除合同双方都未履行的部分),这种劳务只有对某人或某批人有用时才是资产。

这是最早对资产的明确定义,也是对资产的一种早期认识。未来劳务观认为资产是劳务,虽然指出了资产对人有用的属性,但与现代会计的资产概念有明显的不同。

(二) 借余观点

借余观点出自于美国注册会计师协会(FASB)所属的会计术语委员会 1953 年所发布的"会计术语公报",这一观点认为:凡根据会计标准正确地结转下期的借方余额或理所当然地应该结转的借方余额(应该认为负债项目的那些偶尔出现的借方余额例外)都是资产,因为它们反映了已取得的财产权或财产价值,或者代表为取得财务权或有益于未来所发生的费用支出。

这种观点在当时对资产的界定产生了较大影响,但它是从纯粹会计计量技术的角度去定义资产,并没有揭示资产的经济实质,即资产具有什么样的用途,能为其所有者或使用者带来什么。

(三) 成本观点

成本观点是出于对收益确定的关心,它将资产的性质强调为未耗用的成本或应结转至未来期间的数额。按照这种观点,需将成本划分为两部分:一部分是已耗用的,称为费用;另一部分是未耗用的,称为资产。

将资产作为未耗用的成本,从会计确认和计量的角度来看,就是把资产的形成看做资本耗费。凡在当期支出但没有转化为费用的都是资产,而已经转化为费用的支出则不作为资产。这样,可以把收益性支出与资本性支出的划分和资产的确定联系起来,有一定的现实意义,但是这一观点没有揭示资产具有为企业带来经济利益的能力,而且也会导致对会计学中资产和费用两个基本概念的混淆。

(四) 经济资源观点

美国会计原则委员会(APB)认为:资产是按照公认会计原则(GAAP)确认和计量的企业经济资源,也包括某些虽不是资源但按公认会计原则确认和计量的递延借项。国际会计准则委员会(IASC)也认为:资产是一项作为过去活动的结果而为企业所控制的资源,由此所产生的经济利益预计在未来将流入该企业。我国财政部 1992 年的《企业会计准则》也持这种观点:资产是企业拥有或控制的能以货币计量的经济资源,包括各种财产、债权和其他权利。

这种观点在认为资产是经济资源的同时,又限定其必须能以货币计量。这一观点的优点是把资产的界限与经济学联系了起来,可以明确资产的经济属性,也剔除了那些难以进行货币计量的经济资源,如人力资源、信息资源等。其缺点是没有明确资产为企业带来未来经济利益的特征。

（五）经济利益观点

这种观点的代表是FASB。FASB在其1985年发表的第6号财务会计概念公告(SFAC)中明确指出：资产是可能的未来经济利益，它是特定个体从已经发生的交易或事项中所取得或加以控制的。我国财政部2006年发布的《企业会计准则——基本准则》第三章第二十条规定，资产是指企业过去的交易或者事项形成的、由企业拥有或者控制的、预期会给企业带来经济利益的资源。

经济利益观否定了未消逝成本观，发展了经济资源观，是一种目前较为流行的观点，它注重资产为企业带来未来经济利益的能力。凡能为企业带来未来经济利益，即能导致企业现金流入者为资产；凡不能为企业带来未来经济利益者不为资产。对于会计上常见的递延费用是否具有未来经济利益的特性，存在不同的认识。一种认识是，递延费用是由过去交易引起的资产价值的转化，通过摊销计入损益，并不直接为企业产生现金流入量，因而不具有收益能力；另一种认识是，递延费用是企业为获取长远利益而必须发生的支出，不能设想企业不承担代价而获取任何利益，因而属于为企业间接获益之资产。

二、资产的基本特征

FASB将资产定义为预期的未来经济利益，应该说比较符合企业持有资产的根本目的。因为从一个企业来看，它持有资产的目的，当然是为了获得未来的经济利益。FASB对资产的定义较之过去的各种定义都更为全面和严谨，它包括以下几个基本特征：

（一）资产的实质是未来经济利益

资产具有单独地或与其他资产结合在一起时具有直接或间接地为未来的现金净流入作出贡献的能力。它可以与对企业具有价值的其他事物相交换，可用以生产对企业具有价值的产品，或可用来清偿债务，因为资产具有为企业服务的潜能或某些特定的权利。在确认资产时首先要考虑两点：一是是否真正含有未来经济利益；二是未来经济利益的全部或任何部分是否继续保持。如果已经不含有未来经济利益或这种利益已经不能保持，就不能列作资产。或者说，未来经济利益等于为企业提供特定权利或服务的能力，而且这种能力必须是正值，已经耗尽的权利和服务不应列作资产。例如，当一定资产的剩余成本恰好等于其残值时，它已经丧失了服务潜能，从而不再是资产。

（二）未来经济利益必须为特定主体所控制或拥有

资产所带来的利益归集于特定主体而限制其他主体利益的取得，即资产对特定主体具有提供未来经济利益和服务的潜力，但这种能力是排他性的。如果各个主体都能分享这种利益,利用这种服务,它就不是特定主体的资产。例如,企业"可以在公路上驾车旅行"这种利益并不导致某个企业的资产。尽管在个别情况下,可能有其他的特定个人或主体分享这些利益和服务,但资产必须是处于特定主体控制之下。在此,控制可以包括直接持有(如库存存货),也可以包括某种形式的控制权利(如在其他企业的投资)。

(三) 对资源的使用权利或服务潜能必须有合法的要求权

如果某些主体、个人或政府机构可以无偿地获取权利和服务潜能,那么,这种权利和服务潜能就不能作为企业的资产。但这并不等于,企业必须拥有正式的"法定权利"(所有权)或正式的合同或规定才能获取权利和服务潜能。在许多情况下,企业往往依赖于利益的企图而不是根据严格的法定权利来确定资产。例如,租赁设备的法定所有权属于出租企业或个人,但它并不排斥承租企业把这项未来经济利益作为资产入账(只要存在一定的控制和使用权利)。所以,所有权不是资产的必备条件。例如,某企业花 50 万美元购买一块土地准备用于开采矿产,但由于在购买后遇到一场特大洪水,其开采潜能和重售价值趋于零。尽管其所有权仍然存在,但从会计角度来看,这块土地已不能列作资产。正如 FASB 所指出的,权利的法律强制性并不是企业拥有资产必不可少的先决条件,只要企业可能用其他方式来取得所包含的未来经济利益。例如,通过对某一形式和过程保密来保证所收得的未来经济利益不为他人获得。

(四) 经济利益必须是过去交易或事项的结果,或导致企业能获得这项利益的交易或其他事项已经发生

如果经济利益只能产生于未来而不能在现时存在或处于企业的控制之下,或促使企业能获得或控制这项未来利益的事项或情况尚未发生(或企业在过去具有获得或控制这项未来利益的能力,但已出现了消除该项能力的事项或情况),这种经济利益就不能作为资产。例如,某地的石油储藏可能早已存在,但只有当企业已获得允许开采权时才能列为企业的资产。这样,就把可能在未来成为但现在尚未成为企业资产的项目排除在外。又如,仅仅在预算中计划购买的机器并不是企业的资产。不过,在存在"应履约合同"情况下是一个例外。当企业与其他企业签订在未来既定期间内按现时协议价格交易的不可撤销合同契约(尤其涉及金融衍生工具交易)之时,其引发的资产项目通常伴随交易另一方的负债,虽然交易尚未执行,但在符合有关准则规定时,则可予以确认入账。

(五) 未来经济利益可能是有形的,也可能是无形的

存货可以作为企业的资产,它们具有实物形态;而预付费用、递延项目也可以作为资产,关键在于它们是否对企业存在着未来经济利益。商标、商誉、研究与开发费用等支出,都没有有形的实体,但它们同样对企业具有或有助于产生未来经济利益,也应作为资产。所以,

不论是采用有形或无形实体的形式,只要是可预期的未来经济利益,都应列为资产。如果仅有实物形态,但不能产生未来经济利益,如已陈旧过时及无法销售的存货,或因生产线改组而无法使用的专用设备,或者是其价值已经由于投资环境或市场、技术等条件变化而永久性损耗的投资项目,都不应再作为资产,而应作为费用与损失。

三、资产的分类

在财务会计中,资产要素包括许多次级要素,这实际上是对资产的次级分类,其目的是为了提供有意义的总括财务信息。例如,有些资产必须在较短时间内使用和重置,通常仅限于一个经营周期或一年;另一些资产则可以较长期地在生产过程中使用,不必逐年重置。于是,它们被分别概括为流动资产和长期资产。有关它们的信息在使用者的投资决策、信贷决策或其他经济决策中有着不同的作用,资产的次级分类就是为了更好地提供满足使用者决策需要的财务信息。在西方财务会计与报告中,资产要素的主要次级分类如图 5-1 所示。

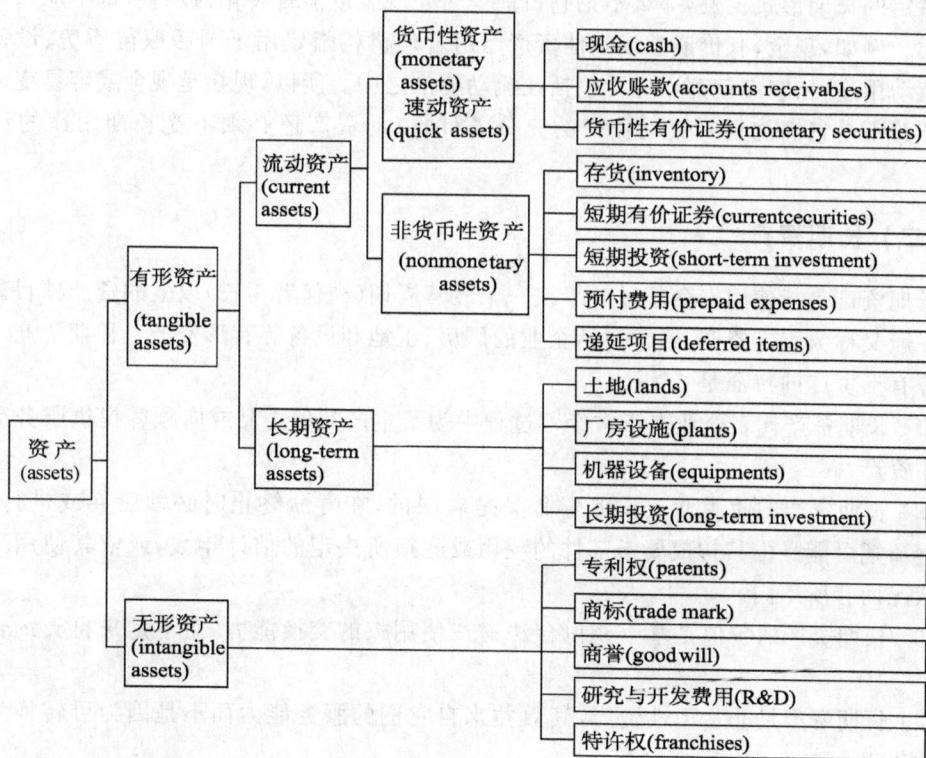

图 5-1　资产的次级分类

（一）流动资产

根据美国会计学家桑德斯、哈特菲尔德和摩尔在 1938 年提出的早期代表性定义，流动资产是"那些将在经常性经营过程中转化为现金的资产和那些可用于转化为现金而取得的资产"。而根据 AICPA 发布的第 43 号会计研究公报（ARB No. 43），流动资产被定义为"现金和那些在企业的正常经营过程中一般预期可合理转化为现金（以现金实现）或者出售或消费的其他资产或资源"。

从早期代表性定义和现行公认定义的对比中，可以看到 3 个主要变化：

（1）作为流动资产，人们更加注重其预期转化为现金，而不是注重实际转化为现金，对于有价证券来说尤为如此；

（2）流动资产的范围已经放宽到可包含预付费用（预期将消费的项目）在内；

（3）强调在企业的正常经营周期而不限于一年内转化为现金。

对于流动资产的特性，强调应预期转化为现金，这是因为：资产如果已被管理机构指定用于特定的长期形式投资，那么不论它目前是否是现金或能否转化为现金，都不应归入流动资产类。例如，现金、有价证券或其他资产已由管理机构指定用于嗣后取得厂房、设备或其他非流动用途时，它们就都不应再包括在流动资产之中。所以，现在是现金或容易变成现金的资产并不是它们能列入流动资产的充分条件，流动资产还必须不受长期用途的约束或限制。

（二）长期资产

长期资产是指使用寿命超过一年或一个经营周期（视何者为长）以上的资产项目。长期资产一般又称为固定资产，通常包括企业的厂房、土地和设备等有形资产。长期资产不同于存货等有形资产的特征是：

（1）长期资产代表企业在正常经营过程中为了生产其他物品或向顾客提供服务而拥有的实物资产。

（2）长期资产的使用期较长但寿命又是有限的，在寿命终止时必须废弃或进行重置。这一寿命期可能是由其构成要素部件的耗用或磨损所决定的估计年数，或依其使用程度与维修状况而有所不同。

（3）长期资产的价值是基于获得合法财产使用权的交换能力，而不是来自契约合同的规定。

（4）长期资产是非货币性资产，其效益来自它们的服务能力而不是因为可转换为既定数额的货币。

（5）长期资产所提供服务的潜力通常超过一年或一个经营周期。

在现行会计实务中,长期资产又并不限于有形的固定资产。长期资产的一个基本特征是,可供企业在一个相当长的期间内使用而产生未来经济利益。因此,是否具有实物或物理形态并不是确认长期资产的主要依据。另外,所有权是长期资产确认的必要条件,但它不是一个充分条件。所有权不等于使用权。虽然绝大部分的长期资产必须为既定企业所有,在某些情况下,尽管企业不拥有资产的法定所有权,但是却可享有对该资产的长期使用或控制权利。例如,企业根据租赁合同,有权在既定的租赁期间内使用租赁资产进行生产或销售活动。如果这一长期租赁属于融资性质,即使企业未拥有资产的所有权,由于可以控制及获取这项租赁资产所产生的未来经济利益,就应当确认为一项长期资产(同时还要确认一项负债)。

(三)资产次级分类的主要作用

1. 向债权人提供有关清算变现能力的信息

财务会计上,早期对流动资产和长期资产的划分,主要是为了向债权人提供与其贷款安全性有关的信息。贷款安全性的主要标志,是特定企业资产的变现能力以及它们可用于偿付债务的能力,尤其是偿付那些在次年(或下一个营业周期)内到期的短期债务的能力。所以,资产不仅按其流动性分为流动资产和长期资产,而且还要再按其变现能力的顺序划分出现金、应收账款、货币性有价证券等速动资产以及存货、短期投资、土地、厂房和机器设备等次级类目,以便进行计量和报告,满足债权人的信贷决策需要。虽然近年来,财务报告的目标已经扩大,反映企业变现偿债能力的财务状况信息的重要性已经下降,但传统的资产分类方法仍然在实务中普遍沿用。

2. 完整描述企业的经营活动

描述企业经营活动和成果,提供企业经营成果的信息,是财务报表的重要职能。发挥这一职能也应当对资产项目进行适当的分类。例如,把资产分为流动资产和长期资产等项目,就是根据企业经营周期的长短来划分并与收益的确定相联系的。流动资产和速动资产的期末余额主要取决于企业当期的经营活动,长期资产的期末余额则与企业未来若干长期间的经营活动相关;而使用当期资源的费用通常要与使用长期资产的折旧或竭耗费用加以区分。很显然,如果没有流动资产和长期资产等分类,将不可能确切地反映出企业由不同期间经营活动及其成果所决定的财务状况。

3. 有助于不同计量属性的应用

现行财务报表中并用几种计量属性,但并不是所有资产都同时并用不同的计量属性,而是某些不同类别的资产要求使用特殊的计量属性,如现金和预期现金流入(适当的话应加以贴现)、有价证券的现时成本或预期售价(产出价值)、应收账款的可实现净值、土地和设备的获取成本或重置成本、存货的成本与市价孰低等。为了有效地应用不同的计量属性或计价方法技术,对资产的适当分类就是一个重要前提。

4. 预测未来现金流量

财务报告的目标之一就是要提供有助于预测企业未来现金流量的信息。虽然对资产的分类自身不能预测未来现金流量,但是在和过去的或预算的现金流量信息相比较时,按资产的不同特性进行分类是有用的。因为这种分类将说明各种资源转换为现金的可能时间分布。例如,流动资产大致代表可以在一个生产周期内完成循环而转换为现金的资产,长期资产则代表需在一个相当长时间内才能完成周转而转换为现金的资产。又如,应收账款和短期有价证券可以及时变换为现金用于支付债务,而存货的变现能力一般要取决于生产和销售周期。通过资产的不同分类及其计量和报告,将有助于报表使用者适当地预测企业的未来现金流入。

四、资产计价的目的

由于财务会计着重于用货币单位来表示经济活动和经济关系的数量,因此,以货币形式对资产进行定量实际上就是一个计价过程,货币计量也就表现为资产的计价。资产计价的主要目的如下。

(一) 为计算收益和资产增值提供基础

收益决定是财务会计的一个重点。传统的收益计算程序通过期间收入和费用的配比来完成,这里的收入由商品或服务的售价决定,而费用则来自企业为产生收入而投入的资源。就特定期间而言:一是投入资源可能在期间内全部消耗,它转作费用的量就是对投入资源(各项已耗资产)的初始计价结果;二是投入资源可能部分已消耗,而部分尚未消耗,这时初始投入资源应一分为二,已耗部分转作费用,未耗部分转作资产供下期使用。很明显,无论在哪一种情况下,费用都表现为资产价值的分配和分摊,或者说,都是从资产价值转化而来,从而都要以资产计价为依据才能确定。

资本增值的计量也需要通过资产计价。资本增值就是净资产的增加,而净资产的增加则表现为期初和期末资产计价结果的净增加额。如果将报告期内由于资本交易而引起的净资产增减变化(如股东投资、分配股东股利)除外,那么,净资产的增加额一般应等于本期的净收益,或者说本期净收益就是报告期内来自资源从投入到产出所增加的价值。但净资产的增加还可以包括现金收入价值比资源的可变现价值的贴现值的增值。例如,原先按成本入账的存货,在产品完工或销售后获得经营收入时,其可变现价值的贴现值就有所增加,那么,当应收账款可以收回或转化为现金时,所增加的可变现价值的贴现值也反映为现金收入价值的增加。其他类型的资产则通过应计利息、应收租金和其他收取现金的权利而增加其价值。

（二）为投资者揭示财务状况和企业的经营责任

定期向股东和其他投资人提供关于企业的资产、负债和权益的总括信息,即通过资产负债表反映企业在特定时日的财务状况,是财务会计的传统目标。所谓财务状况,可以看作资产计价的直接表现及其结果。例如,在 20 世纪 20 年代末,美国会计学家约翰·坎宁就说过:"毫无疑问,会计人员将把'财务状况'解释为企业经营上提供的直接正值计量所表明的资金状况。"而且,财务状况还可以向投资人展示企业的经营责任及其履行情况。这种经营责任主要表现为投资人(股东或业主)投入企业的资源是否得到如数或完整的保持,其必须通过期初期末的资产计价结果及其比较才能确定。经营责任还包括企业对委托资产在使用过程中获得的经济效果,即受托资产有否实现价值增值。如前所述,资产增值也可以表述为净资产的增加,所以也需要运用资产计价的方法和概念才能得到表现。

（三）为债权人提供企业偿债能力的信息

在 19 世纪末和 20 世纪初,资产负债表主要是为债权人提供财务信息。为了保证贷款的安全性,债权人十分关心企业的偿债能力。当时,由于缺乏可靠的信息,债权人不得不着重依靠各种形式的贷款担保品,因而又关心担保品的变现价值的计量。这种变现价值与企业的偿债能力密切相关,可来自对企业期末持有资产的计价。这时,不仅要按资产的取得成本计价,而且应考虑资产(特别是流动资产)的现行价值或可实现价值。正确运用资产计价,可以向债权人提供如实反映企业偿债能力的财务信息。

（四）为企业管理机构提供经营决策信息

就管理目的而言,资产计价过程可以提供与经营决策相关的信息,但管理机构所需要的信息不一定和投资人和债权人所需要的信息相同。投资人和债权人特别关心对企业过去经营活动和财务状况的评估,以便对企业的未来活动作出合理的预测。但管理机构必须通过过去经营活动的评估和其他信息,不断地进行决策以决定企业的未来行动。所以,管理机构更需要对经营过程加以不同的计量。例如,管理机构必须经常对比资产的使用效益和它的清理变现价值。而且,机会成本、边际成本和差别成本以及预期现金流量的现值,与许多经营决策都相关,也都要运用资产计价的概念和方法。虽然,这方面的有些计价信息可以不列入主要服务于投资人和债权人的资产负债表,但应通过一些辅助报表和补充报告等形式提供给管理机构。

五、资产计价的基础

在形式上，资产计价是一个把有意义的定量货币数额分配于各项资产的过程，而且它以一定的交换价格或转换价值作为根据。但是，企业的经营面临两种市场，从而有两种类型的交换价值：产出价值和投入价值。产出价值反映企业在现在或未来出售或处置资产将可获得的预期资金，特别以企业产品的交换价格为依据；投入价值则反映企业在经营中为了使用而获得各项资产所付出的代价，即投入资源的计量。

(一) 产出价值基础

产出价值是以资产或劳务通过交换或转换而最终脱离企业时所可获得的现金数额或其等价物为基础。因此，如果资产具有相当确定的产出交换价格，而于特定的未来期限有可能按此价格收到，则可以视同应收款项。在未来的交换价格不很确定时，产出价值可以用现时的产出交换价格来替代。当不存在正常交易市场，或根据形势需要在不同市场上处置时，产出价值也许要以清算变现价值来表示。当前，按照西方会计理论中以产出价值为基础的资产计价主要有以下几种属性：

1. 利用未来现金净流量现值确定的公允价值

资产具有未来服务潜力，即能够带来未来的现金流入。如果预期的现金流入需要等待一段时期才能收到，根据"货币时间价值"的概念，则其现值要比现在就能收取的实际金额少。并且，等待的时间越长，则现值就越小。一般说来，现值要通过折现程序来确定。倘若未来的现金流入将在不同时期收到，则每一笔收取的数额都要按各该特定期间的适当折现率（利率）来折现。折现不仅包含实际利息（资金的机会成本）的估计，而且包括预期所取得收入或现金流入数额的可能性。等待的时间越长，可能收取数额的不确定性将越大，其折现值将相对越小。

未来现金流量的现值不是一种计量属性，因为不同的现值代表不同的现金流量估计数与不同折现率的结合。未来现金流量的现值要在符合公允价值的定义——自愿的交易双方在现行交易中而不是在被迫或清算销售中，购入、获得、销售资产或清偿所达成的金额——的情况下贴近公允价值，才是一项计量属性。公允价值在计量金融资产和金融负债时特别有用。正如 FASC 133 所说："在计量金融工具时，公允价值是最相关的属性。而在计量衍生金融工具时，公允价值是唯一相关的计量属性。"

2. 可实现净值

如果企业的产品是在有组织的市场上销售，其可实现净值应是不久的将来实际售价（扣除必要的销售费用）的合理估计数，这样，现行产出价格就可以作为商品的存货以及接近完工阶段的产品或副产品的预期现金流入贴现值的近似代替价格。但是,如果该产品非预期在短期内出售,其现时的价格(作为预期售价或替代价格)就要予以适当的贴现。当存在预期的追加生产成本或销售费用时,这些成本还应从现时的售价中扣除,才能确定可实现净值。

以这一属性来对资产进行计价要有一定的条件:(1)它主要适用于那些为销售而持有的资产,如商品、应收账款、特定的制造品、投资以及企业经营上不再使用的厂房、设备或土地;(2)由于现时的售价表示潜在买主所需支付的数额,因此它只是未来售价的替代或近似价格,不一定表示未来的买主将要支付的数额;(3)必须考虑或扣除在正常经营过程中所需的合理销售或变现费用;(4)由于企业的所有资产不能都根据现时的售价来计价,就要用不同的计价属性方法作为替代价格,这样加总得出的资产总额的意义又可能是有疑问的。

3. 现行市价

资产项目根据其在正常清理情况下出售时所能得到的现金或其等价物,可以用相似的物品在类似情况下的收盘市价来计量,因为它可表示所有资产的相同时间基础属性,使资产的价格与企业的行为或决策保持在相同的时间性上。但由于过去的价格和未来的行动无关,而未来的价格又仅仅是一种推测,所以,现行市价属性就可避免把过去、现在和未来的价格进行加总,保持资产计价时间基础的一致性。

这一属性的主要缺点是,它所计量的财务状况不能概括全部不具有同时期市价的项目。因为,有些不可销售的专用设备以及大多数无形资产,由于不能获得现行市价,在取得时就被注销了;而且,现行市价(或现时现金等值)属性具有“非相加性”的特征,即各项资产的现时现金等值相加的总数,不等于各项资产作为一个群体的现金等值。不过,美国会计学家亨德里克森却认为,尽管对现行市价存在这些批评,并不能因此否定现行市价可以作为会计计量的一种属性,现行市价的确可以向投资者提供关于企业财务状况相同时间基础的信息以及其他一些有用的替代性信息。

4. 清算价值

资产计价还可以运用清算价值。除了来自不同的市场这一条件外,清算价值与可实现净值、现行市价较为相似。现行市价是正常销售经营并通常有正常利润情况下的价格,可实现净值至少是有规则进行清理的价格,而清算价值则是一种被迫出售的价格,即按明显降低的价格出售,或通常按大大低于成本的价格出售,因此应用清算价值将导致资产价值的减少和确认损失。

由于清算价值在正常情况下没有多大的现实意义,它只适用于下列两种情况:

(1)商品或其他资产已经丧失正常用途或已经变得陈旧,从而已经失去正常的市场;

(2)企业预计将于最近的未来停止经营,以致不能按正常市场条件进行销售。

（二）投入价值基础

资产的投入价值是指为了取得资产而支付的价格，这种支付价格可包括实际的和预期的价格。一般认为，投入价值基础将比产出价值基础更加适当，因为它们更有可能加以验证，或者因为它们往往要在实现后报告收入；因为它们或许可表示企业的最大价值，或者表示在不存在产出市场即产出交换价格情况下所必要的计价基础。投入价值通常可以用实际历史成本、现行重置成本或未来预期成本来表示。

1. 历史成本

历史成本是财务会计资产计价所使用的传统属性。资产在初始取得时一般都是根据其取得经济业务的原始交换价格入账，历史成本代表资产在获取或生产过程中使用之时的投入价值，或者说，历史成本是获得某一特定资产的交换价格，可能包括不同形态、时间的交换价格。如用非货币资产交换物品或服务时，取得资产的历史成本又对应于放弃资产的不同计量属性，也可能是放弃资产的现行重置成本、可实现净值等。资产的历史成本计量属性关系如图 5-2 所示：

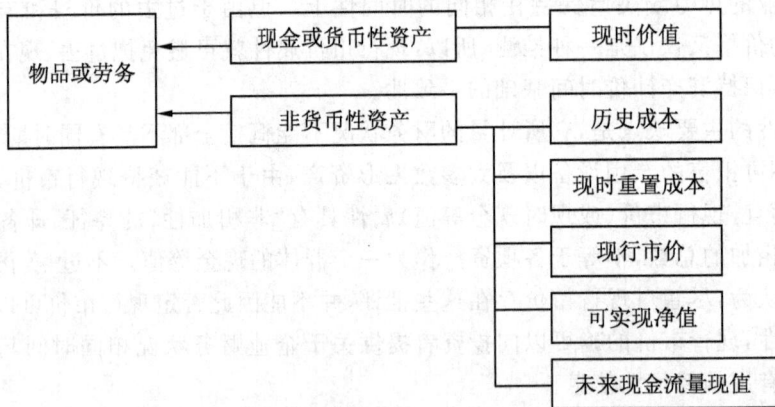

图 5-2　资产的历史成本计量属性

历史成本的主要优点在于它具有可验证性。历史成本是在市场上形成的，它代表买方和卖方所同意的交换价格，具有合法的依据，并且有发票或其他交易凭证作为佐证。历史成本还与收益计算上的实现和配比等原则密切联系。每个期间的净收益一般是实际产出价值超过实际投入价值的差额，后者往往是以所耗资产取得的成本计价。

但是历史成本作为资产计价的属性也有缺陷，历史成本的客观可信性也是相对的。虽然在交易日，资产的历史成本（获取价格或实际生产与建造成本）是有凭证为据和可信的，但是资产因位移、耗用而对其初始交易成本（历史成本）的调整、分配和账面余额的计算未必是完全客观的。例如,在多次购买存货时,对发出存货(生产耗用或对外销售)成本的计价可以选用先进先出法、后进先出法、加权平均法或个别辨认法。每一方法的结果往往不一样,亦难以说明何者更客观可信。又如,固定资产的获取成本可能是客观的或可以凭证验证的。然而固定资产的耗用价值(折旧)、剩余价值(账面余额)的确定,涉及对该资产使用寿命期、残值的估计以及不同折旧方法(如直线法或加速折旧法)的选择,同样带有很大的主观性和不可验证性。另外,资产的价值可能经常变动,经过一段时间之后,其历史成本就同企业的决策和报表使用者对企业资产的评估价值脱节。如果市场价格经常变动,相同的资产在不同的时期取得的成本将会有很大的差异,从而使资产负债表上的汇总加计失去可比的基础,资产的各项合计数就变得难以解释。此外,按历史成本计价还可能使利得和损失项目在其实际发生期间不可能正式加以确认。

2. 现行重置成本

按现行重置成本计价是基于这样的假定:资产的历史成本和重置成本只有在取得那天是相同的。此后,同一资产或其等价物可能就要用更多(或更少)的交换价格才能获得。因此,只有现行成本才能表示在现时取得同一资产或其等价物所需要的交换价格。如果存在可以买进或卖出类似资产的有效市场,这种重置交换价格就能反映出资产的现行成本。但这里的一个前提是:这种市场应当是物品和服务的投入市场而不是其产出(出售)市场。

现行重置成本计价比历史成本计价具有下列几个优点:

(1) 现行重置成本表示企业在现在获得特定资产或服务所必须支付的数额,所以它表示投入价值的最佳计量,即能使现时的投入价值和现时的收入相配比,以便衡量现时的经营成果;

(2) 这种现行成本和现行收入的配比将使得资产持有损益和经营损益的确认区分开来,可以较好地反映经营管理的努力和环境条件对企业的实际影响;

(3) 如果要持续取得这些资产以及企业未给这些资产增添过价值,则现行成本就表示资产在期末对企业的价值;

(4) 以各项资产的现行重置成本相加的总数,较之以不同时期发生的历史成本对于经营管理需要更富有意义。

现行重置成本用于资产计价的一个主要缺点是缺乏足够的可靠性。除非在市场上可获取的资产在各个方面(包括性能、使用程度等)都和持有资产一致,否则,对持有资产的重置成本的确定难免带有一些主观性。此外,如果企业必须按现行重置成本支付,另行取得的其他资产可能在经济上更为有利,则资产所可以提供的效益的现值也许不等于该资产的现行重置成本。这在生产过程已经发生了技术上的变革或在商品的需求已经发生了重大变化时尤为如此。例如,如果市场上对某种产品的需求已经大大下降,则其生产上所需要的专用设备对企业的服务价值就会降低;或者因技术或材料进步、相同设备现具有更高效的作业功能,因此取得类似设备的重置成本就不能代表该设备对企业的价值的良好计量。

3. 未来预期成本

未来预期成本又称为未来成本的现值。大多数非货币性资产可代表预先取得未来物品或服务的流量。这些物品或服务之所以要预先取得,是因为:

(1) 成批大量取得的所费成本较少;

(2) 有些资产(如房屋和设备)实际上是代表一连串的不能分割或单独取得的未来服务;

(3) 为了确保嗣后的需要,必须预先购买未来的服务(如租赁);

(4) 为了保护其他投资(如租赁改良)而要取得财产上的权利。

在这些情况下,资产或服务在未来使用时的预期成本(或约当成本)也许是最恰当的计量属性。所以,可以采用未来预期成本的折现值对资产或服务进行计价。

一般说来,资产的现值要少于其未来提供的服务时所花费的数额总和。例如,预先购买的 10 年期租赁权将可能比同一期间(10 年)内每年支付的 10 次付款总和少,这里的差额一部分是由于利息因素,另一部分可能是由于其他原因所造成的。但不论是何种情况,如果租赁合同的其他条件都相同,租赁权的现行计价都不应超过未来 10 次租金支付的折现值。当然,这种概念同样可以适用于厂房与设备及其他资产的计价。资产的现值被认为等于未来预期服务成本的现值,其折现数额仍属于投入交换价格而不是服务的产出价值。

4. 标准成本

虽然标准成本主要是成本控制的一个管理手段,但它也可以作为资产计价的一种有用属性。因为标准成本可理解为:利用在可期望水平的生产效率和生产能力条件下的假设成本对预期产出资产提供的一种计价。以标准成本为根据的计价属性投入价值基础,是以生产产品所需要的适当数量物品和服务的适当交换价格为依据的。这里的"适当"是针对正常生产效率以及正常市场供求关系或原材料价格而言的。

标准成本的主要优点是剔除了无效成本。在无效情况下生产出来的产品不会值钱,也不会因为保留物品实体或闲置能量而变得有价值。无效物品和闲置能量的成本只能代表企业现在或过去期间所发生的损失,它们不存在未来经济效益,也不会形成未来的现金流入,不应结转到未来期间与未来收入相配比,或者说,资产和服务的价值不应包括无效成本。

不过,资产计价在实际应用时,标准成本未必优于实际成本,因为在高效率条件下生产的产品不一定比在低效率条件下生产的产品具有更大的价值。产品对企业的价值取决于其未来的服务潜力或预期的售价,往往与实际的耗费(历史成本)或应该的耗费(标准成本)没有直接的关系。此外,标准成本用作资产计价的恰当性在很大程度上要视所选择的标准成本类型和所适用的方法而定。因为,标准成本更主要是服务于成本的管理和控制目的,往往易于把某些正当的无效物品或闲置能量也排除在外,特别是采用变动成本法而不包括固定费用的摊配,从而导致资产计价的低估。

　　总之,资产计价是要为企业产生未来现金流入的资源提供相对的计量。但资产计价可适用于不同的目的,如显示企业的财务状况,确定收益或为有关的投资人、债权人和其他财务报表使用者提供特定决策所需的其他信息等,这就可能要求不同的计价目的和方法。一般说来,资产的投入计价和产出计价基础及其不同属性概念的适用条件可如表 5-1 所示:

表 5-1　资产计价的基础

计价概念(属性)	应用条件
(一)产出价值基础	可以得到产出价值的可靠证据以表明未来现金流入
1. 公允价值 　　(按未来现金流量现值估计) 2. 可实现净值 3. 现行市价(脱手价值) 4. 清算价值	1. 预期现金流量或其等价物为已知或可以较确切地估计且等待时间期限相对较长 2. 在正常经营条件下有秩序的清算 3. 要求表示未来产出价格或现在售出的价格 4. 企业无法通过正常销售渠道来销售产品或不大可能利用正常的预期服务价值
(二)投入价值基础	不能得到产出价值或产出价值不能表明未来现金需要
1. 历史成本 2. 现行重置成本 3. 未来预期成本 4. 标准成本	1. 新近取得资产具有实际投入交易价格 2. 可以获得现行重置成本的可验证证据 3. 预先购入未来服务而不是需要时才购入 4. 表示正常情况下高效率和能量充分利用时的现行投入成本

第二节　流动资产及其计价

　　资产具有多种不同的实物形态与类别,内容繁多,在会计上区分为流动资产和非流动(长期)资产。这一节将着重论述西方会计理论中关于流动资产的基本概念和计价方法。

一、流动资产的分类与计价

　　流动资产的划分及其确认与计量在财务会计上有着重要意义,流动资产又分为货币性流动资产和非货币性流动资产。

(一)货币性流动资产

　　货币性流动资产是指在一个经营周期以内或一年以内(视何者为长),可供当前经营使用或预期使用的固定货币数额的一般购买力权利。它包括各种形式的货币和货币（现金）要求权，而这种货币或货币要求权一般是通过正式或非正式的契约和协议，规定对方于一定日期或一定时期内支付一定数额的货币来表示。货币性流动资产的不同组成项目，在计价上又有一些不同的特点。

1．现金与其他货币

现金和各种其他形式的货币（包括银行存款、可转让存款单、汇票和可支付支票），都根据它们的现行价值表示，而这种现行价值是可以确定的。所以，其他资产和一定数额的现金或其他形式货币进行交换所产生的任何利得或损失，应予以即时确认。对于持有现金或其他形式的货币来说，除了考虑在物价水平明显变动的情况下的购买力利得或损失外，不能确认任何损益。如果现金中包括外国通货，在结账日（资产负债表日）应按现行汇率基础折换成本国货币等值表示，因汇率波动产生的利得和损失，一般可列作折算损益或汇兑损益。

2．应收项目

企业的应收项目可包括应收账款、应收票据和一些货币性证券。虽然应收项目的数额是在交易发生之时确定的，但它们属于未来收入的现金。由于要等待一定时期之后才可收到现金，所以，从理论上说应收项目应按未来可得现金的贴现值来计价。不过，由于应收项目属于流动资产，其转化为现金的期限不会超过一个经营周期或一年，这种贴现值与原始交易日确定价格之间的差异很小，一般可略而不计。应收票据需要计息，利率通常按现行的市场利率确定。有息应收项目的贴现值就等于其面值，其利息收入则需要通过另一个应收利息账户来加以入账。

（1）坏账备抵

应收项目的计价要考虑对未来收取现金的不确定性的处理。以应收账款为例，由于未来的可收回数额在一定程度上取决于顾客的支付能力或偿债能力，因而难免存在一定的不确定性。这样，对预期可收回数额应作一定的调整，即要考虑坏账的可能及其备抵。所以，在资产负债表日，应收账款通常又要按可实现净值来报告，即以应收账款的原始金额扣减相应的坏账备抵数额，而坏账备抵则一般是在过去经验的统计分析基础上确定的。

在实务中，坏账备抵可以通过两种方法加以估算：

① 应收账款基础。这一方法又称为账龄分析法，以期末应收账款的账龄、特性及其收回的可能性概率为依据进行估计。即根据期末不同应收账款明细账户余额的账龄及其回收可能性确定不同的可能坏账比例。账龄越长，坏账的可能性越大，从而必须计提的坏账准备比例越大。这一方法侧重于资产的计价，较准确地反映应收账款的可收回金额，属于资产负债表导向，可以较好地反映期末的财务状况。这时，确定坏账备抵是主要目的，而对各期坏账损失的确认是相对次要的。

② 销售收入基础。这一方法又称销货收入百分比法，即依据各个期间的销货收入的一

定百分比来确认当期的坏账备抵。这一方法着重于各期间内坏账费用的确定,属于收益表导向,可能的坏账损失被视为经营活动中的一项正常支出。销货收入越多,可能的坏账损失(即坏账费用)越大,因而必须在配比基础上依据各期的销货收入来确认相对应的坏账费用。这时,坏账备抵估计的重点在于较准确地反映各个期间的费用,而非应收账款的计价。

从资产计价的角度来看,相对来说,账龄分析法更为可取,这一方法可以更准确地反映各个期间应收账款的可实现价值。当然,销货收入百分比法在操作上更为简便易行,且有助于较好地反映各个期间的经营成果。

(2)应收项目的套现

应收款项,特别是应收账款,表示企业在一个既定的期间(如商业信用期)之后取得现金的权利。然而,企业有时可能在应收账款到期之前急需现金。自20世纪80年代以来,出于融资的需要,西方企业逐渐盛行把应收账款提前变现(套现)的一些方法。例如,企业可以转让或是出售应收账款给银行、财务机构或是其他企业。这时,企业可以按照一定的折扣(或贴现)比例获得所需的现金,而银行、财务机构或其他企业将获得在到期日收取全额应收款项的权利。在实务中,应收账款套现又分为"附带追索权"或"不附带追索权"两种形式。前者表示,如果顾客(债务人)在到期日违约不付,企业必须向有关的银行、财务机构或其他企业承负到期的应收账款金额。这一交易又可称之为应收账款的"代管"。在"不附带追索权"条件下,应收账款转让或出售后若无法收回,其风险完全由购买应收账款的银行、财务机构和其他企业承担,所以这种形式的应收账款套现又称为"让渡"。

"不附带追索权"条件下的会计处理较为简单,由于在让渡的资产——应收账款——所有权上的风险与报酬已完全转移给对方,符合收入确认的基本条件,售出方可以按实际收到金额借记"现金"账户,按账面价值贷记"应收账款",两者之间的差额一般借记为"财务费用"。但是在"附带追索权"条件下则产生一个新的会计问题,即对应收账款的出售并不意味着销售已经真正成立,因为出售方仍保留该账款不能偿付时承担付款的风险,这一交易实质上等同于融资,类似于一种有抵押的贷款,从而需要确认一项新的负债。FASB在财务会计准则公告SFAS 77中规定,只有符合下述3个条件,才可以确认为应收账款的出售而无须另行确认负债:

① 出售方已经让渡对有关应收账款所体现未来经济利益的控制(如果在出售协议中规定出售方可以在嗣后重新回购,则不能被视为已放弃或让渡对该应收账款的控制);

② 出售方在"附带追索权"条款下的承诺义务可以合理地预计;

③ 除非依据"附带追索权"协议,买入方不能要求出售方重新回购这一应收账款。

应收账款的让售如果无法满足上述3个条件,则该交易将视同为一种贷款,企业必须把从应收账款套现收取的金额列为一项负债。不过,SFAS 77的规定仍然是有争议的,在表决通过时,FASB的两个成员即持反对意见。他们认为:上述两种形式的应收账款套现都是替代性的融资交易,都应当视同为以一项资产(应收账款)为抵押的借款交易。特别是,FASB 在关于销售收入确认的 SFAS 48 中不同意在存在退货权利情况下的商品劳务销售上确认销售收入,而应收账款套现中的"追索权"就相当于销货的"退货权"。所以,FASB 的 SFAS 77 和 SFAS 48 的规定是有矛盾的。这一观点亦得到不少西方会计学者的认同。

3. 货币性投资

作为流动资产的货币性投资,一般指短期有价证券,它们的计价通常类似于应收账款的处理,但必须对其贴现因素和收款的不确定性作适当调整。由于贴现率或利息率通常在有关的协议中已有规定,收入现金的不确定性较小,一般可不予以考虑。在传统的会计程序中,货币性投资通常以体现谨慎性原则的成本和市价孰低法来计量,即对于市价大于成本时的差额一般不予确认,而对于市价小于成本的差额则确认未损失。

FASB 分别在 SFAS 12 和 SFAC 5《企业财务报表的确认和计量》中明确肯定并推荐有价证券应采用现行市价属性进行计量。

(二) 非货币性流动资产

非货币性流动资产是指那些不能在特定的未来日期转化为现时已知货币数额的权利或债权,通常包括对其他企业的债券或股票投资、存货和预付费用。这类流动资产有一种不同于货币性流动资产的共同特征,即它们的现行价值不能通过把未来的到期价值予以贴现和对收入(现金流量)的不确定性加以调整来进行估计。但非货币性流动资产不同项目之间又有不同的特征。可出售的普通股投资和货币性投资在当期经营活动需要资金时,可以直接转化为现金,但存货转化为现金需要通过企业的销售(或生产)活动,并要收回应收账款。预付费用不是转化为现金,而是通过经营过程使企业得到一定的未来效益。因此,非货币性流动资产项目之间的计价也有一定的不同特点。

1. 非货币性投资

对其他公司普通股的临时性投资,在会计处理上视同货币性流动资产,按照传统,在资产负债表上是用成本计价的。由于现时不知道其他公司普通股的最后售价,即它们的最终损益要取决于持有股票的市价波动而不能作为应收款项处理,因而临时性投资应当使用其他计量属性。显然,非货币性投资的计价应着眼于未来出售的价格。从理论上说,采用可实现净值属性更为恰当。而即使采用现行市价,也比采用历史成本能更好地反映有关证券在最近未来出售时可能发生的利得或损失。

列为流动资产的非货币性投资,一般是临时性投资,一旦企业需要现金,就要将其出售变现。所以,这类投资的股利和利益收益以及由于持有和出售它们所发生的利得和损失属于企业的次要经营活动,但它们的确认时间又有所不同。例如,经营收益是随时间的推移自然增长的,可在相应的期间结束时立即确认入账。因为在此之前,投资股票持有人还没有获得法律上的要求权,而持有投资因市价变动产生的利得或损失,一般只有在出售时确认。不过,也有不少会计学家认为,就非货币性投资损益而言,如果股利支付的预期数额是可靠的,在理论上就没有理由认为股利收益不能估计入账。而且,在市价变动时,及时报告非货币性投资的持有利得和损失,可以为投资人、债权人和企业管理机构提供更为有用的信息:投资人可能得到关于企业现行价值和投资管理的更有用的评价;债权人可以得到关于企业偿债能力的更有用的估计;经理人员也能够得到关于持有及出售投资证券效果的更有用的评价。事实上,能否对股利收益估计同样入账应当取决于对有关股利收益的预期(估计)的有效性,而并非在于获取股息的合法权利。

非货币性投资包括在不同时日按不同价格购入的有价证券,但其成本基础并不相同。如果在既定期间内仅有部分有价证券被出售,其收益表现为已实现投资损益等于有关证券的原始获取成本减去现时的出售价格。这时将产生类似销货成本的确认问题,即已出售有价证券的成本可能按个别辨认法、先进先出法、后进先出法和加权平均法等不同方法计量。但是,究竟何种方法为佳,则不容易得出理想的答案。显然,如果全部有价证券均基于现行市价(结账日的市场价格)计价,则可避免选择不同方法来计量各期已出售有价证券成本的问题。

2. 预付费用

预付费用是指企业将于未来期间获得某项服务的一种效益,通常包括日常办公和工厂用品(逐日或逐月获取,但定期整笔性支付)、预付租金、预付保险费、预付利息及预付税金等项目。尽管在作为预付费用这一点上,上述项目都有一些共同特点,但它们又有一定的区别。例如,有些代表特定的有形资产,如某些办公用品;有些代表可使用别人所拥有资产的权利,如租金;还有一些则与其他资产或负债密切相关,如预付税金和预付保险费等实际上是相关资产的计价账户,已经预付税金和保险费的资产(房屋或设备)会具有更大的价值。

预付费用的计价较为简单,一般按实际的成本列示于资产负债表上。但是,预付费用的主要问题在于对未来各受益期的分摊,这要取决于不同预付费用的类型:

(1) 有些预付项目,如办公和工厂用品,与企业的经营活动(即收入赚取过程)直接相关,通常是在它们被消耗或耗用时转作费用;

(2) 那些和特定期间有关的预付项目,如预付租金、预付保险费和预付税金等,往往采用类似折旧的方法,根据时间的消逝而转作费用。

这两种情况都是为了把预付费用的成本分配于耗用这项资源或服务的期间,或者分摊于企业获得效益的期间,以正确反映期间的净收益。而根据配比原则,当预付费用和生产过程有关时,其分配额应转作产品的生产成本。如果预付费用不能和特定产品联系起来,只能应用间接或定期摊配的形式,即采用直线摊销法把它们转作受益期的期间费用。

二、存货的性质

在多数企业中,存货是一项非常重要的资源,在总资产中占有相当大的比重。存货及其计价对于正确反映企业的财务状况和经营收益具有直接的影响,从而构成会计理论与方法研究的一个重点。

存货是企业流动资产的主要组成部分,是指在正常生产经营过程中可供销售的商品或是可用于生产过程以制造产品或提供服务的资产,但不包括非生产耗用的资产、临时持有的待售证券、在用的厂房设备和使用期满待处置的资产。

存货一般在一个经营周期内转换为现金或其他资产,因此,陈旧或滞销的商品存货,如果数额较大的话,除非能在正常销售期内按可获得的市价处置,否则应从存货中剔除。

(一) 存货的具体内容

从具体构成形态来看,存货项目包括:

(1) 可供销售的资产,包括商业企业以销售为目的而取得的商品存货——在销售之前无需改变其物理形态,以及工业企业的制成品——为在生产结束后销售而持有的产品存货;

(2) 正处于生产过程中以销售为目的的资产,即在制品(处于生产过程尚需继续加工的中间产品)和半成品(已完成一定工序,在继续下道工序加工之前可以对外出售或储存的中间产品);

(3) 生产销售用产品或服务的资产,如原材料(可供生产耗费并构成产品实体的外购原料、配件)和生产用物料(即可供维持产品生产过程耗用的资产);

(4) 在管理和销售活动中所耗费的资产,如办公用品、包装用料等消耗型资产。

存货的分类在很大程度上取决于特定企业的性质及其经营目标。存货不限于有形资产。在承包营建企业中使用顾客提供原料的在建工程,其中包括的人工费用和间接费用虽然不构成有形的实体,但也属于存货。另外,存货也并不绝对排除不动产。尽管在大多数工商企业,土地不作为商品,但是经营房地产的企业所持有的土地和房屋、建筑企业正在建造或已完工尚未交付使用的建筑物、林业采伐企业持有的森林等,虽然在法律意义上属于不动产,但它们显然是可供销售的资产或为生产销售用资产所需耗费的资产,都应当列作存货。

存货在经营过程中预期发生3种效用形式的变动,即形体效用、地点效用和时间效用。当原材料转化为不同的生产要素形态时产生形体效用;当产品或服务处于便利顾客的地点场所时产生地点效用;当产品或服务在顾客需要时即可获得时则产生时间效用。商业企业侧重于增进存货的地点和时间效用,而制造企业则关心所有3种效用形式的变化。

（二）存货的意义

存货之所以对经营企业有重要的意义,其原因如下:

(1) 存货代表了大多数企业的最重要资产。在某些行业,存货价值甚至超过厂房设备的总投资。因此,存货是决定企业期末财务状况的一个重要因素。

(2) 存货销售是大多数企业的主要收入来源。在工业企业,产品销售构成经营收入的基本来源,而在商业企业,收入主要来自商品存货的销售收入。

(3) 存货及其构成项目对期间收益决定有着直接的影响。这不仅是因为企业的主要收入来自存货的销售,而且还因为企业经营费用的主要项目即销货成本也来自已销售存货的计价与分配。例如,传统的收入与费用配比模式如下:

销货	$ 18 750	
减：销售退回与折让	(305)	$ 18 445
销货成本		(9 222)
销货毛利		$ 9 223

从上列模式可以看到,在销售收入已经确定的情况下,收益(销售毛利)的高低取决于销货成本的计算,这决定于存货及其计价:

$$销货成本＝可供销售存货成本－期末存货$$
$$可供销售存货成本＝期初存货＋本期净收入存货$$

(4) 存货影响企业的未来现金流量。在正常情况下,存货资产的数额不仅可以决定在下期获取可供销售存货所需的现金基础,同时将决定销售存货可能带来的现金流入。所以,存货可成为投资人、债权人和管理机构预测企业未来现金流量的一个重要依据。

三、存货的计价

存货计价就是计算并分配特定存货项目的货币额以便确定存货的"流量"和"存量"的价值。根据资产计价原理,存货计价同样可以根据投入和产出两个基础,采用不同的计量属性。

（一）投入价值基础

对存货而言,投入价值是指对为获取存货并使之处于现行状况和地点所耗用的资源的计量。如果存货是用现金或其等值换取,其投入价值的数额是较明确的。如果存货是企业生产或制造的,其投入价值就是在生产过程中所耗用的资产和应分摊于产品的费用的总和。目前可归入投入价值基础的存货计价方法主要有下述5种:

1. 历史成本计价法

这是传统的存货计价方法。所谓历史成本是指存货在购入或生产时的原始投入价值，它应根据为取得存货而在过去已经支付或者在未来必须支付的净货币额计量。通常，因购买而取得的存货，其成本应包括购买价格和正常的运输、储存等支出，非正常的运输和装卸支出则不应包括在内。而因生产取得的存货，其成本包括正常的原料成本、人工成本和按照合理关系分配的间接费用。正常的损耗和停工时间也是合理的生产成本的组成，但不能包括过度的损耗和非正常的停工时间成本。

历史成本计价法目前在西方各国财务会计中仍然占支配地位。例如，AICPA 的第 43 号会计研究公报（ARB No.43）就明确规定："历史成本即取得一项资产支付的价格或给付的报酬是存货计价会计的主要基础。"

历史成本计价法具有下列几个优点：

(1) 对原料和近期获得的商品存货，无需由企业的活动增加很多价值，其成本就代表对可获得资源数量的计量；

(2) 由于存货的售价极不确定或者无法相当准确地预计额外成本，从而难以计算存货的净产出价值，在这种情况下，历史成本可作为合理地替代存货的可实现净值；

(3) 历史成本是基于过去的交换交易形成的，可以验证，因而比较不易受管理机构或会计人员的主观倾向所左右；

(4) 由于成本是以取得存货时放弃的资源价值来计量，即代表购买者认可的价值，因此，购买者愿意或准备支付的特定金额也是供应方管理机构确定存货价值的依据；

(5) 以历史成本计价有助于确定在取得或生产存货时耗用的现金、其他资产和存货的经管责任。

但历史成本计价法也有一定的缺陷：

(1) 历史成本仅能反映存货在购进或生产时对企业的价值，由于投入价值在不断地变动，而且企业追加耗费后存货对企业的价值也在变动，因而历史成本很快就成为过时的计量；

(2) 不同时期购入的两种或两种以上的存货，其成本将缺乏可比性，它们的汇总相加可能得不出有意义的总括数字；

(3) 许多成本计算需要分配共同费用，即使是最好的分配方法，亦难免有主观性，也不可能反映真实的因果关系；

(4) 由于成本数字是历史的，把基于历史数字的销货成本和销售收入配比，并不能确切地计量出本期的经营成果。

2. 现行重置成本计价法

为了避免历史成本的缺陷，许多西方会计团体和会计学者建议采用现行重置成本进行存货计价。其理由是：

(1) 这可以使现时的投入价值与现行收入相配比,以计量现时的经营成果;

(2) 有助于确定持有收益,从而可以反映存货管理决策的结果以及经济环境对企业经营活动的影响;

(3) 如果企业在期末继续购进存货资产但无法计算其变现价值,可以用现行重置成本反映期末存货的现值;

(4) 有助于利用本期经营利润来预测未来的现金流量,由于存货的投入和产出都是基于现行价值,因而就可以较好地预测下一期间的现金流入和流出;

(5) 可以消除假设的商品和成本流动的必要,从而无需采用加权平均法、先进先出法、后进先出法等计价方法,相对增进存货计价的统一性。

但是这一计价方法也存在一定的缺陷,其主要缺点是:

(1) 由于难以获得季节性、特殊型号存货项目的现行重置成本,因此对其投入价值的估计可能偏于主观;

(2) 存货现行成本的变动并不一定总是反映其现行售价的变动,存货价值也不会因为现时获取成本的变动而必然地变动;

(3) 重置成本的增加将导致提前确认存货持有利得,而这种利得要到随后销售时才能实现;

(4) 来自特定存货项目投入价格变动的利得或损失,只有在销货成本和期末存货都是按照出售之时的现行成本计价时,才能纳入经营净收益;

(5) 如果企业实际上不是按照现时价格取得存货,重置成本计价可能是不相关的。倘若存货由于供应商的企业进行清算或其他原因而能以更低的价格得到,那么正常市场上重置成本将是不相关的。这时,存货的可实现净值就取决于预期的销售价格而不是重置成本。

3. 成本与市价孰低计价法

成本与市价孰低计价法是对历史成本计价法的一种修正。在财务会计实务中,由于受稳健性原则的影响,在不放弃历史成本计价的前提下,可以适当考虑对存货市价变动的调整。因为,如果持有存货的市价已经低于其成本,企业将面临可能的跌价损失。为了稳健处理,企业可预先确认这种损失,即以较低的市价来计量存货,并把市价与成本的差异作为当期的费用或损失入账。但是,如果存货的市价高于成本,则仍按成本计价,不确认存货可能的持有利得。

成本与市价孰低计价法最早流行于 19 世纪末和 20 世纪初。由于当时的企业规模较小,多数采取独资或合伙的组织形式,企业的主要外部利益集团是各种债权人(主要是银行和金融机构),资产负债表是最主要的对外报表。债权人最关心企业的偿债能力,尤其是存货和其他资产的变现能力,从而需要企业按稳健性原则进行会计处理,即资产应按尽可能低的变现价值列报。存货的市价跌至成本之下,意味着存货的变现能力减少。倘若存货的市价上涨,虽然存货的变现能力增加,但尚无实现的把握。为了保护贷款的安全,这种可能的损失就应加以确认,而可能的利得则不予以考虑。所以,在实务中形成了成本与市价孰低的计价方法。虽然,在20世纪30年代之后,企业对外财务报表的重点转向收益表,但受稳健性惯例的影响,在收益报告中仍要求包括全部的可能损失,所以成本与市价孰低计价法仍然流行。

在早期,所谓的市价主要指存货的重置成本。美国会计学家桑德斯、哈特菲尔德和摩尔在1938年合著的《会计原则报告》中提出,除非可实现的价格更低,市价就是存货的重制或重置成本。AICPA的第43号会计研究公报(ARB No.43)进一步指出,"在存货的会计中,如果物品(存货)的效用由于损毁、变质(恶化)、退废、价格水平变动或其他原因而受损害时,其损失必须于当期确认"。而且,它把市价规定为重置成本或可实现净值。这样,存货计价上的上限是可实现净值,存货对企业的效用不能超过预期售价扣除存货处于完工或可供销售状态所需的追加成本;存货计价的下限应当是可实现净值扣减正常的销售毛利。因此,存货的计价必须根据历史成本、重置成本、可实现净值和可实现净值减正常销售毛利进行分析选择。

第一种情况,历史成本低于重置成本和可实现净值,所以,不必加以调整。第二种情况,重置成本低于历史成本,而且介于市价的上下限之间,因而应予以选择。这时,虽然可实现净值高于历史成本,但由于具有较大的不确定性,则要采用重置成本作为市价。第三种情况,虽然重置成本低于历史成本,倘若用于计价存货,将导致下期的预期利润超过正常水平,因此,存货对企业的净效用被认为不能低于可实现净值减正常销售毛利。第四种情况,重置成本低于历史成本但高于可实现净值,由于存货对企业的效用不能超过可实现净值,所以应以可实现净值作为市价加以选择。

成本与市价孰低计价法的应用可以分别基于存货的个别项目、主要类别或是总额来计算。

显然,采用以个别项目为基础的成本与市价孰低计价时,逐项比较各个存货项目的成本与市价,选择金额为低者,这一方法较之其他两种比较方法可以得出最为稳健(最低)的存货总额,在实务中的应用也最为普遍。相对而言,按存货的主要类别对比其成本与市价孰低计价法而选择低者的方法所得出的存货总额亦较之按总额比较的结果更为稳健。在美国的现行财务会计实务中,企业可以任选一种方法来应用成本与市价孰低计价法。但是有关的会计准则规定,必须坚持一致性原则。一旦选定一种方法,就不可以在不同期间内随意变动。

成本与市价孰低计价法既非以产出价值,又非以投入价值作为计价基础,而是两者的混合体。它是一种稳健性的惯例。虽然它在存货计价实务中较为流行,但也日益受到批评,主要的反对意见包括:

(1)这一计价方法违反了内在一致性原则,因为它允许在不同的时期改变存货的计价属性;

(2)尽管对当期的计价是稳健的,但其计价结果却会导致期间收益计算的波动和以后收益计算的不稳健;

(3)这一计价方法可能导致对企业总资产的低估,虽然这有利于保护债权人的利益,但是却可能误导企业的股东或潜在的投资者的投资决策;

(4)对不同计量属性的选择可能导致对期间收益计算的歪曲;

(5)存货的市价变动很可能来自当期的存货购买和管理的低效率,但其产成品损失却要递延到以后期间;

(6)由于市价具有较大的主观决定成分,这一计价结果缺乏足够的可信性。

4. 标准成本计价法

某些存货(主要是生产产品)的计价有时可采用标准成本计价,因为标准成本反映了在现行价格、技术和合理效率条件下产品的期望成本。标准成本类似于重置成本,但要剔除由于低效或闲置生产能力所造成的支出。而且,标准成本是独立于过去的生产技术工艺而在科学合理的基础上测定的,重置成本则是以现行价格来表示过去的生产技术要素。

标准成本计价法的主要优点是,可以反映在有效的正常条件下的生产成本。但是这一计价方法也有一些较大的缺陷,即有关的标准或定额必须经常加以修订,否则将不能反映现时的生产状况。由于标准成本只是理想而非实际的成本,主观决定性更大。如果实际成本低于标准成本,就会产生在销售之前确认一部分收益的问题。

由于以上缺陷,所以,在实务中标准成本计价法难以被接受为理想的存货计价方法,它更主要是为了便于内部控制和管理。因此,标准成本只有在合理的间隔期内加以修订,能反映现行生产条件,使资产负债表日的标准成本大致接近于按其他方法确认的成本,它才是可接受的存货计价基础。

5. 正常存量计价法

存货有时可以用正常存量法计价,正常存量计价法又包括基本存量法和后进先出法。这些方法的主要共同特点是,存货价值是一个较为武断的数额,或是根据以前计算当期成本后的金额确定,因而它们既不代表存货对企业的效用,也不反映应与未来收入相配比的成本。正常存量计价法的主要目的是,把现行成本与现行收入相配比,消除由于存货价格变动导致的"账面"利得和损失。这一计价方法的基本依据是,假定企业的长期投资需要保持正常数量水平的存货。对这部分正常需要量的存货来说,除非最终出售(如企业处于清算),其市价变动不会产生任何损益。因此,现行经营利润被认为来自超出正常存量部分的存货购买和销售。

在这一计价法下,正常(基本)存量的存货在最初获得时可按历史成本计价。超过正常存量部分则可分别按加权平均法、先进先出法、后进先出法或重置成本计量。或者说,正常存量部分是不准备出售的,其市价变动的损益不是"已实现的",应按历史成本计价。但对超出正常(基本)存量部分的存货,收益应是来自销售收入超过售出存货的重置成本的差额,所以要按重置成本或接近于重置成本的成本来计价。

正常存量计价法仍有一定的局限性:

(1) 由于正常存货按较低的历史成本计价,存货计价的结果不能大致反映存货对企业的价值;

(2) 在不同时期获得的存货或不同企业的存货不是按可比的方式来表述;

(3) 由于正常存量的存货不考虑持有损益,在计算净收益时不能包括所有的利得和损失。

虽然这一计价方法没有在实务中得到普遍应用,但它在理论上却较早获得推崇。早在20 世纪 30 年代,AAA 就赞成这一方法,而桑德斯、哈特菲尔德和摩尔等会计学家也坚持认为,在某些特殊行业中,正常存量计价法是获得成本数字的适当基础。目前,正常存量计价法也是在存货流动中应用后进先出法的依据之一。

(二) 产出价值基础

存货计价法的另一类型基于产出价值。因为,有些存货(如原料或在制品)处于生产过程完成之前,需要追加相当的投入才能使之可传送给顾客,但也有些存货不再需要追加什么经济活动就可直接传送给顾客。所以,在这一种情况下,存货则要按其现时或预期的产出价值来计价,以符合收益报告目标和提供对预期的未来现金流量相关的描述。

1. 未来现金流量现值计价法

未来现金流量的现值虽然不是一种计量属性,但若为了在同一货币时间价值的基础上计算资产的未来现金流量,而这种现金流量又为合同所预期,也可采用这一计量技术。实际上,采用这一计量技术是为了探讨并运用以产出价值为基础的公允价值。

在采用现值计量技术即公允价值计量技术时,必须注意以下两个方面:(1) 通过未来的存货销售或交换收入所得的金额应是未来的、可知的,或者要有合理程度的确定性;(2) 预期的现金流入的时间分布必须是固定的,或是相当确定的。实际上,除非根据特定的合同进行生产和销售,对像存货这样的非金融资产来说,上述两个条件往往是难以达到的。因此采用这一计量方法,持有商品是为了按照有关合同规定的价格和支付条件而有待日后交送,这些存货可视同应收款项,并按未来现金流入现值予以计价。

未来现金流量现值计价对存货整体或企业全部资产的整体计价都是有用的,而且能较好地反映全部存货或资产对企业的价值。但是,这一计价技术用于个别存货项目时也有一些缺陷:企业的未来现金流量是全部资产共同作用的结果,要单独地确定某一项存货对企业的未来现金流入所作的贡献是有困难的。预期现金流入的时间分布和数额带有主观判断性，难以验证。折现率的选择非常关键，而这一选择很可能受到管理机构或会计人员主观意愿的影响。

2. 现行销售价格计价法

现行销售价格计价法也就是现行市价计价法。这里的市价不同于重置成本，而是一种预期的出售价格。一般认为，如果存在着有效的管制市场和稳定的价格，可以按市场售价对有关的商品存货进行计价。如果存货并非预期在短期内出售，则现行市价还应适当地予以折算。

采用现行销售价格计价方法要符合 3 个条件：

(1) 存在着有管制的市场，特定商品的全部上市数量都不会影响其稳定价格；

(2) 有关的销售费用不大；

(3) 在销售与收款之间不存在较长的间隔期，所以利息或贴现折扣可以略而不计。

以现行市场售价来对存货进行计价可表示企业适应环境的性能状态，并且使存货的计价在时间基础上得到统一，避免把基于过去、现在和未来的不同价格硬性加总。如果存在生产交货合同，在收现方面不会有多少拖延且产品完工后的追加费用极小时，市场售价不仅是收入的最好计量，而且也是产品存货交换价格的最好计量。但是，这一计价方法的主要缺点是，它将造成期末财务状况报告的不完整性，因为，有些专用性存货项目由于无法获得现行市价而被排除在计价之外。

3. 可实现净值计价法

在利用产出价值计价时，有时要考虑使存货完全处于可销售状态以及完成销售和收现过程所需的追加成本或费用，即把这些估计的未来成本和费用直接从产出价值（最终售价）中扣除，从而得出存货的"可实现净值"。所以，可实现净值被定义为：现时产出价值减去与商品的完工、销售、交运、收款有关的全部预计追加费用和成本的现时价值。

在理论上，这一计价方法较早就得到推崇。如美国会计学家穆尼茨和斯普罗斯在 1963 年的第 3 号会计研究报告（ARS No. 3）中就提出："如果存货具有按照已知价格的可销售性，且有关的处置成本较小，或有确定的或可预计的处置成本，就应当按其可实现净值计价。"他们还认为，这不仅只是一种例外处理，而应被视为符合会计的主要目标。

可实现净值计价的主要缺陷是，人们往往难以估计商品存货在完成、销售、交运和收款过程中的追加费用或成本。作为一种代替，只是从可能的售价中扣除一个正常的销售毛利，这种做法更接近于存货的投入价值而不是产出价值。

总之，存货的计价可以采取不同的方法，它们的适用范围和适用条件具体如下表 5-2 所示。

表 5-2 存货的计价

计价方法	收入与费用报告的范围	适用条件
Ⅰ 投入价值基础		
1. 历史成本	只有在销售之时才确认经营收入或特定价格变动的利得和损失	(1) 历史成本接近于现行成本 (2) 售价相当不确定
2. 现行重置成本	收益包括特定价格变动的利得和损失,但经营收入不包括价格变动损益	现行成本可以较合理地确定
3. 成本与市价孰低	年度报告确认价格低于成本的损失,而收入只能在销售时点确认	尽管已成为一种惯例,但在理论上是不充分的
4. 标准成本	收益包括由于低效率或闲置生产能力的异常利得和损失,经营收入只能在销售时点报告	为了反映在有效和正常条件下的现时生产成本
5. 正常存量	对收益的影响类似于重置成本,但不确认正常存量存货的价格变动损益	尽管后进先出法也为现行的收益决定所接受,但会导致对存货计价的歪曲
Ⅱ 产出价值基础		
1. 公允价值(未来现金流量的现值)	报告除利息之外的全部收入	(1) 售价是已知的 (2) 现金流入的时间分布已知
2. 现行市价	所有的收入和利得与损失均要报告	(1) 售价是已知的 (2) 收现时间极短
3. 可实现净值	报告全部的净收入	(1) 售价是已知的 (2) 收现时间极短 (3) 需要的追加费用或成本是已知或可预计的

四、存货流动的计量

存货计价的目的之一是要决定销货成本,以便把销货成本与经营收入配比计算期间净收益,其另一个目的是要决定在资产负债表上存货存量的金额。实际上,上面所述的计价方法是解决存货期末"存量"的计价,但是对存货在期间内"流量"的计价还要采用一定的方法,以便确定存货流动的价值,或分配存货的取得成本给有关的产品或服务。目前较常用的计量方法有如下几种。

(一) 个别辨认法

个别辨别法,即以各个流出存货项目的取得成本或价值与其出售收入相配比。当每项存货取得时,直接标注其进货成本,在销售后,成本与售价的差额即为这一交易的毛利。这一方法就成本与收入的配比来看十分理想,它尤其适用于贵重、价值较高的存货项目,可较容易地确定和辨认各个特定存货项目的成本。

个别辨认法所依据的假定是:可以将企业的业务活动尽可能地划分为最小单位(即各个存货项目),分别进行配比和计算损益。但是,由于企业存货的品种、数目众多,流动频繁,所以要个别辨认各个存货的实物流动和成本流动显然是困难的。而且,企业的很多成本属于共同成本,要分别归属于个别存货项目难免有一定的主观性。因此,除那些具有明显的可识别特征、周转不频繁而价值很高的贵重存货之外,一般存货不宜采用这种方法。

(二)平均成本法

平均成本法,即利用各批或各个存货的获取或生产成本的平均单位成本来确定期末存货和销货成本的价值。这一方法的假定是:在购买活动中经常出现总计成本,而每批存货的购买价格往往不同,它们会同时影响期末存货和销货成本。因此,必须按照单位存货价格对这些总成本进行分配才较为合理。这样,形成的单位存货价格应是在特定期间内全部存货的平均单位成本。很明显,这种成本流动假设和存货的实物流动是不一致的。

这一方法的有效性取决于如何确定平均单位成本。在财务会计实务中较多采用的计算方式有:未加权平均法、加权平均法和移动加权平均成本法。移动加权平均成本实际上是多次加权平均成本的运用,即在特定会计期间内,每批存货取得后立即为库存存货算出新的加权平均成本,直至期末确定库存存货和销货成本的平均单位成本。

在上述 3 种平均成本计算中,未加权平均成本可能造成各期计算结果的不一致,它取决于每批存货的获取时间和价格变动的速度。加权平均计算的存货价值受各批获取数量的影响,而且与现行成本会有一定的差距。当物价上涨时,加权平均成本则会超过现行成本。在永续盘存制情况下,移动加权平均成本更接近于存货的实物流动。

(三)先进先出法

先进先出计价方法假定:先取得的存货先售出或先获取的原料先耗用,而库存存货则是最近取得的。根据这种假定的存货流转程序,库存存货的价值就能代表最近取得存货的成本或接近其重置成本,从而可以限制企业管理机构随意挑选不同的存货成本来操纵利润的可能性,并能保证存货计价和销货成本计算的系统性和一致性,增进同行业不同企业之间或企业在不同期间的会计数字的可比性。

但是先进先出法不利于现行成本和现行收入的相配比,而且无法单独反映由于特定存货价格变动引起的持有利得或持有损失。此外,当一个期间内发生多批购货并且分别有不同的购进价格或者有前期销货退回时,要运用先进先出法就很不便。

（四）后进先出法

后进先出计价方法的假设正好与先进先出法相反,它假定后期取得的商品先售出,或最近取得的物品先耗用。根据这样假设的成本流动顺序进行计量的结果是:期末存货的价值将反映最先购进或生产的存货的成本,而销货成本则较接近最后购进或生产存货的成本,从而有利于将现行成本和现行收入相配比,并使企业的正常经营利润排除持有存货价格变动引起的利得或损失。

在某些特殊行业或企业,后进先出法是接近存货的实物流转的。例如在采矿业,各种矿石是堆贮存放的,新开采出的矿石置于料堆的顶部,而矿石发出时也是从料堆的顶部开始。但是对大多数其他企业来说,后进先出法并不反映存货的实物流动。后进先出法的依据在于正常存量计价基础,其主要优点是:

（1）可做到现行成本与现行收入相配比;

（2）在物价上涨情况下可保持存货计价的相对稳健,避免高估期间利润;

（3）在物价升降频繁情况下,企业利润的波动相对较小;

（4）收益表上将不反映持有存货的价格变动损益。

对西方企业来说,采用后进先出法还可以获得税收上的好处,即能相应推迟部分所得税的缴纳期间。在美国,1938—1939年的国内税收法正式认可了后进先出法,这就促使这一计价方法在存货计价中逐渐流行。但是后进先出法也有不少缺点,主要是:

（1）不能反映现时的存货成本,资产负债表上的存货数字仅代表过去的事实,不能代表企业的现行财务状况;

（2）后进先出法的存货成本流动与大部分企业的实物流动顺序正好相反,因而不能使特定成本与收入很好地进行配比;

（3）不提供反映存货持有损益可能影响企业实际损益水平的报告;

（4）不利于不同行业或企业不同期间财务报表的比较。

应当指出,国际会计准则理事会（IASB）在2004年重新公布的《存货》中放弃对后进先出法的应用,旨在缩小会计实务的可代替选择,增进财务报表的可比性。2006年,我国的《企业会计准则第1号——存货》同样也放弃了对后进先出法的应用。

（五）零售价盘存法

零售价盘存法一般适用于商业企业,因为商业企业的存货通常采用定期盘存制,往往通过在一定期间或会计年度终止后进行实地盘点来决定期末存货价值和销货成本,特别是零售商店或百货公司较普遍采用这一计价方法。在这些商店,对各种商品都标注有零售价格,只要同时按成本和零售价格登记购货,从按零售价格计算的可供销售商品总额中扣除已销售商品额,即可算出按零售价格计价的期末存货价值。同时,只要根据可供销售商品的零售价,根据成本算出当期的成本与零售价比率,就可推算出期末存货和本期销售成本。

(六) 毛利法

毛利法是根据销售毛利率估算销货成本和期末存货的一种方法。它的特点是:

(1) 毛利率(成本销货比率)以过去若干年的数字为基础;

(2) 在计算上是先按毛利率估计销货成本,而后再从可供销售商品成本总额中扣减以算出期末存货的成本。

毛利法主要适用于不可能或不便于进行存货盘点的情况下估算存货成本,或者用来检验其他方法所计量的期末存货余额是否正确。然而,由于它所得出的结果是一种估计数,其作用是有限的,通常不适合于正式编制企业的财务报表。而且,毛利法所使用的毛利率是根据以前年度数字计算的,由于经营情况的不断变化,根据这种毛利率估算本期的售价与成本的关系可能是不够相关和可信的。

(七) 各种存货流动计量方法的比较

在价格发生变动时,上述各种存货流动成本的计量方法所得出的结果将会不同,从而对期间经营净收益和期末资产负债表均产生一定的影响。这些方法的特点及其影响可概括如表 5-3 所示。

表 5-3 不同存货流动的计价方法的比较

方法	目的	对收益表和资产负债的影响	适用条件
个别辨认法	个别配比	取决于存货的实物流动	适用于变价、珍贵或容易识别的存货项目
加权平均法	使用单一价格	中性	适用于定期盘存制
移动平均法	使用单一价格但偏重最近的进货	类似于先进先出法	适用于永续盘存制
先进先出法	以历史成本与现行收入相配比	资产负债表上存货按最近成本表述,在价格上升时将反映最高的收益	假定存货按先进先出顺序流动
后进先出法	以现行成本与现行收入配比	期末存货以最早的成本计价,而销货成本按最近的成本计量,当价格上升时将反映最低的收益	适用于不动用基本存量的情况,且不考虑存货的持有利得和损失

续表

方法	目的	对收益表和资产负债的影响	适用条件
零售价盘存法	近似于个别辨认法或成本与市价孰低法	类似于某些情况下的先进先出法	大量的存货项目应有相似的成本销货比率,可适用于永续盘存制和定期盘存制
毛利法	无法进行盘点时估算存货成本或用于检验其他计价结果	类似于某些情况下的先进先出法	仅适用于永续盘存制、并假定不同期间的毛利率是稳定的

第三节 长期资产的计价

长期资产是企业的重要经济资源,为企业的生产经营活动提供长期性的物质保障。长期资产的计价是财务会计的一个重要方面,对确定企业的资源总值和期间收益都有着直接的影响。长期资产主要是由具有实物形态的资源所构成,它还包括一些无形的长期性资源,如长期性投资以及各种无形资产。在传统的会计实务中,长期资产基于投入价值,特别是厂房、设备和土地等有形固定资产等,通常按其历史成本或取得成本进行计价,而不采用其产出价值即按其收入的折现值计价。因为,企业收益是使用众多物品和服务的结果,难以确定某一种长期资产的实际作用或带来的实际现金流动。同时,由于各项资产对收入流动的贡献程度具有不确定性,长期资产计价一般也不宜采用产出价值基础。此外,在购进和持有长期资产的过程中,其价值一般不能有所增加。一个企业获得长期资产通常是在其经营过程的早期,此时,企业的生产和销售活动还很少,因而不发生价值增值。

美国会计学家佩顿和利特尔顿等人在 20 世纪 30—40 年代就强调,长期资产的最初取得成本是其在取得日的未来服务能力的最好计量,而长期资产的净值也是按最初取得成本减累计折旧来计价的。

一、长期资产计价的属性

从理论上讲,有不同的属性可用于长期资产的计价。

(一)历史投入成本

长期资产的历史投入成本又称原始购置成本,即企业为取得资产的所有权或使用权的支付总额。从理论上说,如果取得资产可根据合同契约在嗣后支付,资产的成本应当是合同价格的贴现值。但是，短期的延付通常由于贴现值较小而被忽略。如果是以非现金的其他资产交换取得，取得资产的成本就是被让渡资产的现行价值。

以历史成本计价的主要优点是：

（1）它可以代表资产在取得日的价值，这种价值是由市场力量或至少是由双边交易所决定的；

（2）它是企业在购置长期资产时实际支付的价格，具有可验证性；

（3）它可以保持企业内部和不同企业之间长期资产计价的逻辑一致性。

当然，历史成本之所以适用，还依赖于持续经营假设，即假定企业具有足够长的寿命以便收回资产所提供的全部服务效益。根据这种假设，显然不能以清算价值进行计价。

历史成本计量长期资产的主要缺点是：如果日后的经济状况和价格水平发生变化，历史成本则不能继续反映资产的未来服务价值或其现行市价。即使价格保持不变，对长期资产的未来服务效益的预期仍会变动，因为这种预期将随着资产尚余使用年限的不确定性或未来技术经济条件的变化而改变。此外，在历史成本计价条件下，资产使用年限越长，价格变动的累积影响也会越大。

（二）现行投入成本

在价格结构或价格水平发生持续变动时，现行投入成本将是长期资产的更适当计价基础。现行投入成本，是指持有资产在相同使用年限（程度）和同样状况时的现行投入价值，包括重置成本、重估价值等几种形式。

1. 重置成本

重置成本，指在现有市场上购置一项相同规格的资产所需支付的现金或其等值。如果无法从现有市场上获取相同规格的资产，可以由具备相同服务能力的资产的现行市价来替代，或以使用该资产的重置生产成本来代替现行重置成本。但在后两种情况下，均要考虑对原持有资产和替代资产在性能、质量、使用程度等方面的差异调整。

在会计理论界，主张以重置成本代替历史成本对长期资产进行计价的理由是：（1）重置成本是根据物价变动对长期资产价值进行调整的一种较好方法，它能使所提取的累计折旧保证资产的实物更新；（2）重置成本是衡量长期资产未来效益现行价值的近似值。以重置成本为基础计算的折旧可以反映已耗用的资产效益的现行价值。

2. 重估价值

重估价值，指由企业外部人员按照一定的程序重新估计的长期资产的现行成本或现行价值。这种重新估计，究竟是采用投入价值还是采用产出价值，取决于资产重估价的目的。如果是对持续经营企业的资产进行重估价，则其重估价值应是资产的现行重置成本（或重置生产成本）减累计折旧后的净值。即重估价值等于企业的现行投入价值。重估价值的主要优点是：由于是由企业外部人员进行重估，所以所估出的价值要比企业自行计算的重置成本更加可靠。但是，资产的重估工作一般只能每隔一定时期进行一次，因而重估价值也往往类同于历史成本而显得过时。

3. 现行市价(公允价值)

现行市价，是指在目前市场状况下出售一项所持有的资产可获得的现金或现金等值，是基于产出价值的计量属性。这一属性反映为假设现时销售资产的市场价格，即可能为买卖双方接受的公平交易价值，所以又被称为公允价值(Fail Value)。公允价值可以通过现行市价、未来现金流量的现值及其他方法来确定，但人们可以直接观察到的、由市场价格机制自由决定并得到普遍接受的市场价格应是公允价值的最好代表。在传统会计实务中，长期资产计价一般不采用现行市价。但是，也不排除在某些情况下，这一属性较之投入价值可以更适当地反映一些长期资产的真实价值。例如，资产的价值取决于其可望产生未来经济效益的能力。尽管长期资产在获取之时可望产生未来经济效益的能力(尤其是其物理性能)是确定的，但是它对特定企业的这一效益却可能由于某些特殊情况而损耗，如由于市场状况变动或是技术条件进步，一些专用生产设施因企业改产或工艺调整而无法继续使用，或是对其他企业的权益性长期投资由于被投资企业面临经营困境或重组而导致价值损失。此时，继续以投入价值(无论是历史成本或现行成本)来报告长期资产就显得不够合理，从而有必要采用现行价值或公允价值这一属性来计量。所以，在西方会计实务中，自20世纪90年代以来，有关的会计准则已要求对长期性证券投资按其现时公允价值或现行市价来报告，并且允许对可证明价值已永久性耗损的长期投资或其他长期资产予以注销其价值损失。

4. 未来现金流量的现值(公允价值)

公允价值一般通过现行市价确定。如果缺乏现行市价，但有预期的(如合同约定的)现金流入可以合理估计，也可通过未来现金流量的现值来寻求公允价值。在传统的会计计量中，这一属性主要适用于长期性债权或债务的计价(如适用于长期性应收款或公司债券)，但从理论上说，它同样适用于企业拥有或享有的一种有助于产生未来经济效益的权利。例如，对长期性租赁资产或是某些无形资产而言，未来现金流量的现值较之投入或产出价值(成本)，可以提供更为相关的信息。又如在确认长期资产价值耗损时，如果无法获取该资产的现行市价资料，则也要采用未来现金流量的现值这一属性来估计该资产的现时公允价值，借以决定需要注销的长期资产损失。

二、长期资产取得成本的含义

在一般情况下，长期资产(尤其是厂房、设备和土地等固定资产)采用历史成本或现行成本计价。在会计上，长期资产的取得成本应包括企业在获取该资产时放弃的资源价值和该资产置于适当场所及达到可提供服务状态为止的支出的总和。但从理论上讲,这里又涉及一些问题,如放弃资源的价值如何计量?随后的安装调试支出应如何处理?企业自建长期资产的成本如何计算?尤其要考虑下述 3 个方面的问题。

(一) 初始成本的构成

初始成本是指购置资产并达到使它能够投入使用为止所支付的现金或其等值。一般来说,初始成本应包括资产的买价加上运费和安装调试成本,但要扣除购货时的商业折扣和现金折扣。这里的几个具体问题是:

(1) 长期资产的运费和安装调试费属于间接费用,只能通过判断来分配。这种分配可依据各项长期资产的账面价值或重估价值的比例而定,尽管长期资产以历史成本计价,但其中的间接费用基于重估价值比例进行分配更为可取。

(2) 如果安装长期资产时必须拆毁旧资产,旧资产的拆除费用和清理价值是否应纳入新资产的成本?根据西方大多数会计学者的意见,这些费用必须纳入(但应剔除税收的影响)才能反映新资产的真实成本,因为这些费用在不购置新资产的情况下是可以避免的。

(3) 如果未能利用资产购置的商业折扣和现金折扣,资产成本应以发票价格为准,或者仅按净价格确认,而把未利用的折扣作为损失。实务中,这两种方法都存在,但在理论上对后一种处理更好解释,因为未利用的折扣损失是一项可以避免的支出,不宜将其资本化为长期资产的取得成本。

(4) 如果在"一揽子购买"情况下,企业以一笔总金额支出取得多项长期资产(如厂房、设备、土地及专营权等),这时,应当如何确认不同长期资产项目的取得成本?在实务中有两种处理方法,一是把总成本按照各项长期资产在取得日的估计价值(公允价值)比例分摊;二是采用售方(建造商)的原有账面记录入账。但是,这两种方法都带有一定的主观性。相对而言,按各项长期资产的重估公允价值分摊更为可取,因为直接沿用售方的原有账面记录将会把售方在分摊各种间接费用的差错延续下来,不利于反映各项长期资产的现时价值。

(5) 如果是以非现金资产交换长期资产,那么新资产的购置成本实际上是放弃的旧资产的公允价值。除非无法确定旧资产的公允价值,企业才可采用新资产的市价,或者以换出资产的账面价值为基础确定换入资产的成本。

(二) 借款利息的处理

如果是企业自建长期资产,其成本除了建造过程中所发生的一切支出外,还要考虑如何处理为该自建工程筹资而支付的利息,也就是说,这些利息费用要不要资本化为取得资产的成本?目前有 4 种观点:

(1) 不能把借款利息资本化,因为这一部分利息并不属于建造成本而属于企业的财务费用。财务费用通常作为期间费用直接与收入相配比,如果将借款利息资本化,将导致资产建造期间的收益高估或掩饰该期间存在的损失。

(2)为特定建造项目筹资而实际支付的利息应予以资本化,由业主提供的资金则不能把利息资本化,否则将导致确认未实现的收益以及资产的价值超过其成本,因为业主提供的资金一般不需要支付利息(或者利率不同于外部借款)。但是这一方法又有不妥之处,特别是难以说明为什么一项由债权人提供借款的建造资产的价值(包括借款利息的资本化)会大于由业主提供资金建造的资产。

(3)把全部借入资金的利息资本化,但不能超过企业支付的利息总额。这一方法可以避免区分借款来源(债权人或业主)而导致资产成本不可比的问题,并且把利息支出视为一项机会成本,其计价结果亦符合历史成本会计计量的要求。

(4)对全部投入资金的利息均予以资本化,而不区分资金是来自借款或业主权益。也就是说,即使是来自业主权益的资金(如发行股票筹资),也要根据估计的资本成本确定应计利息,以反映其机会成本。从理论上说,这一方法是最为可取的,但是对如何确定业主权益的应计利息仍然存在不少操作性问题,即对资本的估计仍带有较大的主观性。

(三)制造费用的分配

如果长期资产(如厂房、设备)由企业自行建造,其建造成本还会由于成本计算方法的不同而有所差异。这主要是由间接性制造费用的分配方法所引起的,因为在财务会计理论中至少有4种处理观点:

(1)对自制长期资产不分配制造费用,即假定间接性制造费用主要属于固定费用,只应由当期的正常经营活动负担。如果对自制资产分配固定费用,则会高估本期净收益。

(2)对自制资产仅分配变动制造费用,其依据类似于存货的直接成本法,即如果正常的经营和销售活动不受建造资产的影响,管理机构不会愿意发生额外的成本,因此额外的变动制造费用应由建造资产负担。

(3)将因制造资产而减少产量所应负担的制造费用分配给自制资产。制造费用代表在正常状态下可利用生产潜能的服务价值,除非自制项目影响企业的正常经营活动,否则不应分摊制造费用。这种观点似乎最严格坚持费用的配比关系。

(4)按正常的费用分配程序,分配一定比例的制造费用给自制资产。这一方法类似于完全成本法,若干自制资产所分摊的制造费用代表实际耗用服务的投入价值,其资本化可以合理地反映未来服务潜力的投入价值,并且能使未来期间的收入和费用提供更加合理的分配,从而更好地计算资产建造期的净收益。

三、长期资产的折旧

长期资产的寿命期虽然可跨越若干期间,但总是有限的。根据收入与费用配比原则,长期资产的取得成本必须通过折旧(或折耗)与寿命期内的收入相配比并进行收益计算。

(一) 折旧的含义

在财务会计理论中,折旧通常被视为把长期资产的原始(或现行)投入价值在其预期提供服务的期间进行分配的过程。折旧的核心问题是,如何正确确定应计入各期费用或产品成本以便和当期收入相配比的长期资产投入价值。所以,根据一般的"静态定义",折旧就是把资产的成本分配给各受益期间的一种系统和合理的方法。这里合理与否主要取决于分配额是否与预期的受益一致。但是近年来,FASB 试图从动态角度来解释折旧,在 SFAC No.3 中提出,长期资产使用过程中的磨损或耗损是折旧的主要原因。但由于通常无法精确地记录资产的磨损或耗损价值及其与特定受益期间的收入之间的关系,折旧才被定义为:在资产使用期间系统和合理地分配其成本的过程。

具体地看,对折旧的理解主要有下述几种基本观点:

1. 资产服务潜能的递减

美国会计学会(AAA)的概念与 FASB 认为,折旧是对长期资产服务潜能的递减的计量。这种递减可能来自资产的物理耗损和使用消耗,或者是由于过分陈旧或需求变动而导致的经济损失。根据这种观点,资产的原始成本就代表资产服务潜能存贮量的价值,这些潜能将在整个寿命期内逐渐地释放出来。所以,如果这种潜能已通过使用或其他原因而部分消失即递减,长期资产的成本就要转给有关的费用、其他资产或损失账户。折旧计算就等于确定资产的原始价值在各受益期内服务潜能的递减额。

2. 配比成本和预期收益的过程

在大多数情况下,折旧程序都是明确或含蓄地基于一个假设,即长期资产的成本转给各受益期的份额应代表与预期的收入或各该期间净收入贡献相对应的份额。从理论上说,这种投入价值与预期收益的配比又可以采取时间调整折旧、基于成本对净收入贡献比率分配折旧、作为资产提供服务的计量等 3 种不同的形式。

(1) 时间调整折旧

这种折旧概念是利用长期资产整个寿命期内平均内含报酬率和资产的现值公式分别计算各期的折旧额。

(2) 基于成本对净收入贡献比率分配折旧

在这一概念中,折旧被理解为每年按固定比率把资产的成本(或其他投入价值)与有关的净收入贡献以相配比形式加以分配。这一比率就是资产的原始成本(应扣除残值)除以整个寿命期内的预期净收入贡献总额。用公式表式为

$$m = \frac{C}{\sum\limits_{t=1}^{n} R_t}$$

式中,m 表示成本对净收入贡献的比率,C 表示资产的成本或其他投入价值(应扣除残值),R_t 表示资产寿命期内各期的预期净收入贡献。因此,各期(t)的折旧分配额就等于该期的预期净收入贡献乘以上述比率,即

$$D_t = mR_t$$

(3) 作为资产提供服务的计量

折旧也可表示为对使用资产可获得的预期服务的一种实物计量,即用预期可获得效益的非货币计量来代替对净收入贡献的货币计量。例如,以产出产品数量、可使用工作时数、可供耗用的天数或月份等生产投入与产出的中间性实物量度来确定资产的折旧。这一折旧分配模式可以根据预期产出量进行分配,或者按预定的单位分配率对在各期间使用资产服务的实际单位数量进行分配。

这一折旧概念的一个主要问题是,资产的总成本(或其他投入价值)必须根据资产的全部可能服务单位或仅仅根据企业预期在经营过程中实际耗用的部分进行分配。由于某项长期资产可能是为了特定目的而获取,因而它的可能服务潜能和预期的耗用程度有时会有较大的差异。这时资产的成本按预期耗用单位分配折旧更为合理。例如,某施工项目需建造一座材料仓库。如果该工程预定 3 年完工,那么,即使该仓库的可能服务潜能可以达到 10 年甚至更长,但其成本的折旧分配应限于 3 年,否则将不符合成本与收益配比的原则。

(二) 不同折旧计算方法及其评价

19 世纪末以来,折旧会计已经有了充分的发展,并逐渐形成了多种系统和合理的资产成本分配方法。概括地看,可归纳为下列 4 种基本方法。

1. 变动费用法

变动费用法,又称作业(产出)量折旧法,是指以企业的经营活动或资产的使用状况为依据的折旧方法。它假定折旧费是一项变动的而不是固定的费用,即资产价值的递减是由于使用程序而不是时间推移所造成。例如,一台机床预期可工作 10 000 小时或可产出既定数量的产品。这样,折旧费就依随该机床的实际工作小时或产出数量而变动。

这一折旧法特别适用于有形损耗比机器陈旧更重要的长期资产。在这种情况下,可以假定资产的成本是代表对一定数量服务效能单位的购买,因此按这些服务单位分配折旧费是合理的。其主要目的是把资产的投入价值分配给每个服务单位,而对服务效能降低的计

量则是次要的。因而,如果某项资产在期间内没有使用,就不应计提折旧。

变动费用法对服务效能随使用程度递减的资产的折旧是十分理想的,但它在运用中仍有一定的局限:对资产所能提供服务的数量的预期有时难以准确,尤其未考虑资产的修理和维护费用在使用期内将递增而其工作效率及带来的收入将递减的因素。

2. 直线法

直线法假定折旧主要应考虑时间关系,即资产服务效能减少的决定因素是时间推移所造成的陈旧与损坏,而不论是否实际耗用或耗损。因此,假定资产服务潜能的减少在各个期间是等量发生的,不论资产在各个期间的使用程度如何,分配的投入价值都是相同的。

直线法折旧具有易于理解和较为简单的优点,但它要取决于下述条件:

(1) 可以忽略投资的利息因素或假定长期资产投资成本为零;

(2) 在资产的整个寿命期内的维修和养护费用应是固定不变的;

(3) 资产的服务效能在寿命期内始终是相同的;

(4) 使用资产带来的收入(净现金流量)在各个期间是固定的;

(5) 各种必要的估计(包括预期使用年限)都可以相当合理地确定。

由于这些条件难免有不确定性,直线法也有一定的缺点,而它的主要缺点是忽略了贴现因素。因此,按直线法计提折旧而算出的净收益,会导致投入资本总额的报酬率逐渐提高的假象。例如,假定某台机器的购置成本为 $5 000,预计可使用 5 年,无残值。再假定这笔投资每年可产生的净收入贡献(总收入减不包括折旧的全部营业费用)为 $1 252。此外,假定每年的报告收益都被提出,而将相当于累计折旧的金额投资于平均报酬率为 8% 的有价证券。其结果将如表 5-4 所示。

表 5-4　按直线法计算的 5 年期资产收益率

	年度				
	(1)	(2)	(3)	(4)	(5)
年初投入资本总额	$5 000	$5 000	$5 000	$5 000	$5 000
机器的年初账面价值	5 000	4 000	3 000	2 000	1 000
年初证券投资额		1 000	2 000	3 000	4 000
营业收入减不包括折旧的营业费用	1 252	1 252	1 252	1 252	1 252
折旧	1 000	1 000	1 000	1 000	1 000
经营净收益	252	252	252	252	252
证券利息收入	0	80	160	240	320
收益总额	$252	$332	$412	$492	$572
投资总额收益率	5%	6.6%	8.2%	9.8%	11.4%

从上表可以看出,忽略贴现因素是错误的。如果在第六年按同样成本重置资产,投资收益率又将降至 5%。因此,尽管在资产寿命期内每年收益率是上升的,但这是不真实的,根据这种趋势进行决策就有可能出现差错。

3. 递增费用法

递增费用法主要适用于长期租赁融资情况,出租人将出租资产列为租赁净投资,收益报告将以内含报酬率乘以每年初的出租资产账面值。在每个期间获取的现金租金收入减去报告的收益数字,就被视为是投入资本的回收。因此,如果每年收取相同的租金,则出租资产的投资回收率就递增。尽管这里的投资回收通常不称为折旧,但其结果是一致的,同样也需要进行分配。

递增费用法的影响可如表 5-5 所示。

表 5-5　长期融资租赁的投资回收计算

年份	(1) 年初账面价值	(2) 出租资产收益(按 8% 报酬率计算)	(3) 年度租金收入	(4) 资产账面价值净减少额
1	$ 5 000	$ 400	$ 1 252	$ 852
2	4 148	332	1 252	920
3	3 228	258	1 252	994
4	2 334	178	1 252	1 074
5	1 160	92	1 252	1 160

在表中,资产账面价值的减少呈递增状态,利用现金流量(即租金收入和出租资产收益)来摊销投资是合理的,因为资产的使用和维护费用是由承租人支付的,与出租资产账面价值减少没有多少关系。根据这一道理,像年金折旧法和偿债基金法也都会导致递增的摊销额。例如在某些公用事业单位,仅仅按年金的份额计提折旧,并按递增的累计折旧计提递增的利息费用。在公用事业收费率是通过未扣除折旧成本作为收费基础时,这种折旧方法尤为有用。另外,当资产寿命期内保险费和财产税递减而服务效能和维修养护费用相当固定时,也可采用递增折旧法,因为资产的相对收入是递增的,折旧费通常也要递减,才能保持固定的投资报酬率。

4. 递减费用法

递减费用法又称为加速折旧法,即在资产的整个寿命期内所提折旧是递减趋势,其中最常用的方法是年数总和法和定率递减账面价值法。

例如,假设某机器的购置成本为 $ 20 000,预计使用年限为 5 年,预计残值为 $ 2 000(已扣除清理费用),则递减折旧费的计算如表 5-6 和表 5-7 所示。

表5-6　年数总和法折旧计算表

年次	购置成本	应计提折旧总额	分配系数	折旧额	累计折旧	年末净值
1	2	3	4	5=3×4	6	7=2-6
1	$ 20 000	$ 18 000	5/15	$ 6 000	$ 6 000	$ 14 000
2	20 000	18 000	4/15	4 800	10 800	9 200
3	20 000	18 000	3/15	3 600	14 400	5 600
4	20 000	18 000	2/15	2 400	16 800	3 200
5	20 000	18 000	1/15	1 200	18 000	2 000
合计				$ 18 000		

表5-7　定率递减账面价值法折旧计算表

年次	直线折旧率	购置成本	年初累计折旧额	年初净值	双倍直线折旧率	折旧额
1	2	3	4	5=3-4	6	7=5×6
1	20%	$ 20 000	$ 0	$ 20 000	40%	$ 8 000
2	20%	20 000	8 000	12 000	40%	4 800
3	20%	20 000	12 800	7 200	40%	2 880
4	20%	20 000	15 680	4 320	40%	1 728
5	20%	20 000	17 408	2 592	40%	1 037
合计						$ 18 445

　　递减费用法的假定是：随着寿命期的推移，资产的服务效能将下降，而各种维修养护费用将增加或因无形损耗提前退废使风险增大。此外，资产能带来的净收入贡献随之降低。所以，根据收入与费用的配比关系，在资产使用前期应当多计提折旧，而在后期应相应减少折旧。

　　递减费用折旧法还有另外一个理论依据，即资产成本代表资产的预期未来净收入贡献的现值，期限越长，其折现值越小。即使在资产寿命期内各年的预期净收入贡献相等，但基于原始成本的折旧额在前期应该大于后期。此外，由于不确定性的存在，从稳健性角度来看，前期多提折旧而随后递减的方法也是可取的。

　　当然，递减费用法的流行主要还在于，西方国家为了鼓励投资，从纳税角度给予认可。因为，递减费用法可以递延所得税的缴纳期间，使纳税人获得一定的财务利益。

　　上述4种基本折旧方法的特点和适用条件可概括如表5-8所示。

表 5-8　基本折旧方法比较

方法	特点与适用条件
1. 变动费用法	(1) 资产价值减少的原因在于使用而不是时间推移； (2) 陈旧不是决定资产使用年限的重要因素； (3) 维修、养护费用和带来的收入与使用程度成正比。
2. 直线法	(1) 资产未来服务效能的递减是由于时间推移而不是使用程度； (2) 利息因素(货币时间价值)可以忽略或假定其可能被其他因素抵消； (3) 资产的维修、养护费用、生产效率和带来的收入在整个寿命期内相对稳定。
3. 递增费用法	(1) 每年的现金流入或净收入贡献是固定的,而每年的资产价值代表剩余贡献能力的折现值； (2) 资产的维修养护费在使用年限内是固定不变的； (3) 资产的生产效率或其带来的收入在使用期内是固定或是递增的。
4. 递减费用法	(1) 资产的维修与养护费用是递增的； (2) 资产的生产效率和带来的收入是递减的； (3) 寿命后期的收入的不确定性增大。

四、长期资产价值减损的确认

在传统的会计实务中,折旧是长期资产成本摊销的基本形式。因此,长期资产的账面价值是取得日的初始成本扣减累计折旧的剩余价值,即尚未摊销的长期资产的获取成本。不同于存货和短期投资等流动资产,长期资产账面价值一般都不考虑市价变动的影响。人们根据"持续经营"的基本会计假设,认为长期资产是供生产与销售过程中长期使用,并不需要在短期内出售变现,所以过去总是坚持以历史成本(原始获取成本)为计价基础。

但是,在市场经济中,长期资产同样面临其价值损耗的风险。例如,长期资产的物理状态或使用性能可能发生重大改变,企业经营环境条件(如技术条件或市场要求等)变动影响有关资产的使用潜能,资产的市价持续地显著性下跌,以及企业现金流量的急剧减少等,都可能削弱长期资产产生未来经济利益的能力。这时,基于历史成本的账面价值将无法反映长期资产的现行价值以致歪曲企业的财务实力与经营收益。而且不考虑长期资产的减损,也不符合资产定义及其基本确认与计量标准。因为,从理论上说,如果资产的未来经济效益的潜能已经变动,其价值也需要作出相应的调整。

20 世纪 80 年代末,美国出现了一场"储蓄与信用机构"危机。由于 80 年代的经济扩张及后期的经济衰退,大量的信贷机构和投资资金因投资项目市价骤减而无法回收,美国众多的储蓄与信用机构(可同时接受居民存款及对用户放款)面临破产倒闭的危险,并且由此影响了美国全国金融体系的运作。美国联邦政府不得不耗用近 5 000 亿美元来挽救储蓄与信用机构。嗣后,不少实务界和学术界人士对当时的会计实务提出批评。他们认为,如果要求这些金融机构采用现行价值来报告长期投资,则这场储蓄与信用危机早几年就可暴露出来,并且将极大地减少因联邦政府出资挽救而引致的全国纳税人的损失。这一观点获得证券交易委员会(SEC)的支持。SEC 的前主席理查德·布雷登在 1990 年 9 月 10 日于美国国会就储蓄与信用事件举办的调查听证会中指出,以历史成本为基础的计价结果与现时需要不相关,并建议全国的金融机构都采用公允价值来报告其持有的投资资产。在 SEC 的推动下,FASB 于 1993 年公布了 SFAS 115《某些债权和权益证券投资项目的会计处理》,其中规定对长短期有价证券(包括股票和债券)投资资产必须反映现行价值,即采用现行市价或公允价值来报告。因为,当时的 FASB 主席阿瑟·怀雅特认为,这一准则的应用将促使会计方法发生根本性变化。

同时,西方会计实务界开始注意到对长期资产的价值减损问题。FASB 在 1993 年和 1995 年又公布了两份财务会计准则公告:SFAS 114《债权人对贷款价值减损的处理》和 SFAS 121《长期资产价值减损及处置的会计处理》,其中规定,在可证明长期资产(包括厂房、设备、土地和部分无形资产)的价值已经永久性减损的情况下,必须确认这一价值减损损失,并且冲销长期资产的账面价值。

FASB 在 SFAS 121 中要求企业通过两个步骤来确认长期资产的价值减损损失:

第一步,确定是否存在长期资产的价值减损。首先估计既定长期资产的运用及其最终处置可望产生的未来现金流量,如果这一非折现的估计未来现金流量小于资产的账面价值,则可以确认长期资产的价值减损。

第二步,计量长期资产的价值减损损失额,这要基于长期资产的账面价值和其最低公允价值的比较来确定,账面价值大于公允价值的差额即为应予以确认的长期资产价值减损损失。

在第一步"价值减损检验"时涉及一个问题,即如何确定资产的非折现现金流量。FASB 建议可采用企业在资本支出预算分析中的相同方法。另外,非折现的未来现金流量与账面价值的比较并不是基于个别资产项目,而是基于对长期资产的详尽分类(即假设同类资产具有类似且独立于其他类别的"可确认未来现金流量")。如果资产的未来现金流量大于其账面价值,就不能确认资产的价值减损。至于资产公允价值则可通过不同方式来确定,如现时的市场价格、行业公会的产品报价或是同类资产的实时联网报价以及未来现金流量的折现值等。由于一些价值减损资产并不存在现行市场价格,则可应用该资产的预期未来现金净流量的现值即公允价值来计算,折现率可选择企业对同类投资项目(具有相同风险水平)所要求的报酬率。已确认的长期资产价值减损损失列入当期的收益表,相应地冲销长期资产的账面价值并按调整后的账面价值(新的未摊销"成本")列示于资产负债表。

不少西方会计学者认为,长期资产价值减损的会计处理有下述几个方面的优点:

(1) 由于确认长期资产的公允价值及价值减损损失,资产的计价结果可以反映长期资产的现行价值,从而可以克服历史成本的局限性并改进财务报表的有用性。

(2) 可以为报表使用者提供更为相关的信息,有助于投资者和债权人评估长期资产的现时效用潜能。企业提供有关现金流入的金额、时间分布与不确定性,以及投资风险及报酬率等信息,报表使用者能更有效地进行各种投资决策。

(3) 有利于资产计价的内在统一性。既然企业的流动资产反映现时价值(如现金、应收账款表示其现值或可实现净值,存货通过成本与市价孰低计价法亦部分反映其现行价值,短期投资按市价报告),长期资产的计价亦不应背离现行价值。因此,按现行市价或公允价值反映长期投资和其他长期资产,可增进不同报表项目计价基础的一致性和计价结果的可比性。

但是,也有一些会计学者认为,FASB的有关会计准则仍然存在很大的局限性。这主要表现为:

(1) 资产减损的决定方法缺乏可信性,如公允价值估计、资产分类比较、未来现金流量估计、折现率选择等依赖于管理机构的"最好选择",带有主观成分,有可能被用于操纵利润。

(2) 以公允价值作为确定长期资产价值减损的依据是不适当的。尤其许多长期资产相对特定企业有着专门用途,它所产生的未来现金流量不同于其现行市价。因此,可收回成本较之公允价值更有助于确认长期资产的价值减损。

(3) FASB建议的"价值减损检验"受企业采用的不同折旧方法的影响。倘若采用加速折旧法,资产的账面价值相对较小;如果采用直线法则账面价值相对较大。在后一种折旧法下,也就更容易确认资产的价值减损损失,其结果将影响不同企业之间的可比性。

(4) FASB的这些准则仍未允许对长期资产应用公允价值计价。这些准则实际上只是存货的成本与市价孰低计价法在长期资产的延伸应用。不仅没有允许对公允价值高于成本的持有收益的确认,而且仅限于长期性证券投资及存在价值耗损的其他长期资产,未适用于全部长期资产,无法达成长期资产计价基础的统一性。

尽管有上述局限性,但仍应当肯定FASB要求企业反映长期资产的价值减损是一项重要的会计改革,它在西方财务会计的资产计价实务中逐步地扩大对现行价值或公允价值这一计量属性的应用,并且将引起财务会计准则和实务的继续变革。

五、租赁资产的确认与计量

长期资产可以通过租赁方式获得和使用,即通过在约定的租赁内定期支付租金及相应费用的方式而取得对租赁资产的使用权。在西方国家,租赁交易相当盛行,形式繁多,但同时也带来了不少会计问题,增加了长期资产确认与计量的复杂性。

(一) 资产租赁交易的特性

一项租赁交易涉及出租人和承租人两个方面。出租人可能是资产(财产、设备、厂房或办公设施等)的制造商、所有者或代理人。通常,出租人把资产在一定期限内的使用权有条件地让渡给承租人,但是保留资产的所有权。承租人必须定期支付租金及承诺支付租赁资产的期满剩余价值。出租人一般要负责支付与财产所有权相关的一些"履约成本",如财产税、保险费以及日常维护费用等。租约期满之后,租赁资产可能归还给出租人,或者是依据合同中事先规定的"折让购买权"由承租人按折价购买。

租赁交易之所以流行,是因为它对承租人和出租人均能带来一些好处。特别是从承租人角度来看,长期资产租赁的可取之处可概括为如下几点:

(1) 有可能利用百分之百信贷融资,甚至可避免初始支付资产购置所需的一定比例的押金,而且租赁合同的条款一般较之其他借款协约更为宽松和灵活,这对于资金临时紧缺或信贷指标不足的企业尤为有利。

(2) 承租人可以避免或减少资产过时、陈旧或提前被淘汰的风险损失,因为在租赁情况下通常是由出租人承担这部分风险。

(3) 租金支付属于经营费用,可以用于递减所得税。来自租赁的税收好处还包括加快资产成本的摊销(因为租赁期一般短于租赁资产的使用寿命期)。

(4) 如果租赁协约安排得当(即采用经营租赁形式),承租人无须列示租赁负债于资产负债表,可取得表外融资的效果,不影响一些基本财务比率或指标(如负债比率、资产报酬率等),从而保持举债能力。

租赁交易对出租人也是有利的,其好处有:

(1) 可以增加产品的销售收入。因为租赁不需要承租人即时支付大笔资金,相应可以吸引更多用户,扩大出租人(制造商)的销售。

(2) 可为出租人提供额外的获利机会。除了产品销售实现利润之外,通过承租人提供融资可赚取利息收入。

(3) 出租人未转移资产的产权证书,仍可获得与产权相关费用支出的税收利益。如支付财产税、保险费、日常维修费等,均可用于扣抵所得税。

从广义上说,长期资产的租赁交易在实质上类同于分期支付的销售交易。如果租赁只是为了购买资产所作的一种融资安排,承租人应当同时确认一项租赁资产和租赁负债。但是在实务中,出租人倾向于不在报表上列报租赁资产或负债,而采用逐期确认租金为经营费用的处理方法。显然,租赁交易为会计带来了不少新问题,如究竟应当如何判定租赁交易为融资性交易或经营性交易,是否要确认租赁资产与租赁负债,如何计量租赁资产或租赁负债的价值,租赁资产的折旧与摊销等。这些问题将在下面加以阐述。

(二) 长期资产租赁的分类

从理论上讲,不同形式的租赁交易可以概括为两大类型:融资租赁和经营租赁。前者表示出租人为承租人提供融资购买租赁资产,因此承租人必须同时确认一项租赁资产和一项租赁负债。后者则表示出租人和承租人之间的经营性租约安排,此时的租金付款直接作为经营费用,承租人不需要确认租赁资产和租赁负债。

可见,不同类型的租赁交易需要不同的会计处理。但是在实务中划分融资租赁或经营租赁并非易事,因为许多企业在租赁协约的安排上尽可能避免融资租赁,以便达到"资产负债表外融资"的效果。所以租赁类型的划分和确定是西方租赁会计中有关准则的主要考虑。

早在 1949 年,AICPA 下属的会计程序委员会(CAP)在 ARB No.38 中就提出,如果租赁交易属于融资性质,承租人应当确认租赁资产和负债。但由于缺乏具体的确认标准,这一建议在实务中并没有被采纳。到了 1964 年,会计原则委员会(APB)公布了第 5 号意见书《承租人财务报表对租赁的报告》,其中规定,承租人必须对"事实上是购买"的租赁交易作资本化处理。其后,APB 还公布了 3 份关于租赁会计的意见书:APB 7《出租人财务报表上的租赁交易的会计处理》(1966)、APB 27《制造商或批发商租赁交易的会计处理》(1972)、APB 3《承租人对租赁交易的披露》(1973)。但是 APB 的这几份意见书中仍然缺乏具体的执行标准,而且对融资租赁的定义不统一,以致同一项租赁交易可能被出租人和承租人确定为不同类型的租赁,在实务中产生了混乱并引起了 SEC 的反对。

因此,FASB 于 1976 年公布了 SFAS 13《租赁会计》替代了 APB 的上述 4 份意见书。这份准则公告的一个主要目的是要清除出租人和承租人对租赁交易处理的不一致性,它对租赁的性质与分类作了更为具体的解释,并且提出:"如果一项交易事实上已转移与财产所有权相关联的利益和风险,承租人必须将其作为资产获取以及负债发生来处理,而出租人须将其视为销售或融资交易。"这一准则规定了同时适用于承租人和出租人的 4 条确认标准:(1) 租约规定在期满时租赁资产的产权证书将转移给承租人;(2) 租约中具有承租人可享有的"折让购买权"的条款;(3) 租约期至少应大于租赁资产经济寿命期的 5%;(4) 承租人的最低租约支付额的折现值等于或超过租赁资产在租约起始日对出租人的公允价值的 90%。

上列 4 条标准实际上可以证明一项租赁交易是否属于资产购买交易。如果出租人将向承租人转移财产的产权证书或规定承租人在期满时购买资产,或者承租人事实上可以支配适用租赁资产的绝大部分寿命期或租金支付相当于租赁资产的全部公允价值,这一交易事实上等同于直接销售或购买资产,交易双方也必须按照购买交易来处理。

（三）租赁交易的会计处理

倘若是经营租赁，其会计处理相对简单，因为承租人仅需要把租金支付记录为各期的经营费用。但是就融资租赁交易而言，其实质是一项长期资产的购买，承租人必须确认租赁资产及相应的租赁负债。这时，应如何确定租赁资产的价值？从理论上讲应当根据该资产的公允价值来确定，但是承租人可能并非租用资产的整个寿命期。相对承租人而言，租赁资产的公允价值未必等于该资产在租约起始日的现行市价或公允价值。所以，就只能根据租赁资产在租约期内对承租人的经济效益来计价。由于租金是承租人对适用租赁资产产生效益的支付，FASB 建议承租人采用"最低租约支付额"的折现值来计量租赁资产。

所谓的"最低租约支付额"是指承租人在租约期内支付的租金总额调整若干与资产产权相关联的费用支出，其中最主要是租赁的"履约成本"，即各财产保险费、日常维护费和财产税等支出。这部分费用通常是由出租人支付（因为出租人仍持有资产的产权证书），但实际上是加入租金之内从承租人处收回。因此租金支付额可分为两部分：一是对资产使用权的支付，二是对出租人提供履约服务的支付。履约成本属于期间费用，不应当资本化为租赁资产的价值，承租人的租金支付总额中应扣除履约成本而得出"最低租约支付额"。此外，在融资租约中往往会列明承租人在租约期满日可按折让价购买该资产，或者列明承租人需承诺租赁资产在期满日的保证剩余价值。虽然"折让购买价格"和"保证剩余价值"的含义与作用不同，但它们都代表租赁资产在期满之日的剩余价值，应当属于该资产的现金流入。因此

$$最低租约支付额 = \sum (各期租金总额 - 履约成本) + \frac{租约期满日折让购买}{价格或保证剩余价值}$$

最低租约支付额必须加以折现方可得出租赁资产的资本化价值，因为租金支付发生于不同期间，表示为不同的货币时间价值。折现率的选择可以有不同的方法，如市场上的基准利率或是行业的投资报酬率等。但是从理论上说，应选择等同于承租人在租约起始日为获取相同资产（具有相同的支付方式和风险）的边际借款利率。应用这一折现率事实上是着重于租赁负债的正确计量，即承租人在租约起始日承诺对所获取的资产的支付义务的现行价值（即租赁负债的历史成本）。

六、无形资产及其计价

（一）无形资产的定义与特征

无形资产至今仍未被确切地定义过，它通常被认为是没有实体存在的资本性资产，其价值取决于赋予所有者的独占权。例如，FASB 认为："无形资产指没有物质实体的经济资源，

其价值是由其占有权及其他未来利益所决定的,但货币性资源(如现金、应收账款和投资等)不认为是无形资产。"

美国会计原则委员会(APB)将无形资产归类为一项特定资产,并将无形资产划分为可明确辨认无形资产和不可明确辨认的无形资产两类。

我国财政部2006年发布的《企业会计准则第6号——无形资产》第二章第三条规定:无形资产,是指企业拥有或者控制的没有实物形态的可辨认非货币性资产。资产满足下列条件之一的,符合无形资产定义中的可辨认性标准:(1)能够从企业中分离或者划分出来,并能单独或者与相关合同、资产或负债一起,用于出售、转移、授予许可、租赁或者交换。(2)源自合同性权利或其他法定权利,无论这些权利是否可以从企业或其他权利和义务中转移或者分离。

无形资产之所以构成企业的资产,是因为它使企业拥有某些权利,或使企业具有较强的竞争力,并能够为企业带来长期收益。

无形资产具有以下3个主要特征:

(1)无实体存在是无形资产的一个重要特点。无形资产通常表现为某种权利、某项技术或是某种获取超额利润的综合能力,它们不具有实物形态,看不见,摸不着,如土地使用权、非专利技术等。企业的有形资产如固定资产,虽然也能为企业带来经济利益,但其为企业带来经济利益的方式与无形资产不同,固定资产是通过实物价值的磨损和转移为企业带来未来经济利益,而无形资产很大程度上是通过自身所具有的技术等优势为企业带来未来经济利益。不具有实物形态是无形资产区别于其他资产的特征之一。

(2)无形资产最重要的特点是其在未来期间能给企业带来的经济效益具有高度的不确定性。在大多数情况下,无形资产所能给企业带来的价值可能分布在零至很大的金额之间。有些无形资产可能与某一产品的开发制造有关,而有些无形资产则可能与该产品需求的拓展和维持有关。反映前者的主要有专利权和版权等,反映后者的主要有商标和商号等,两者兼而有之的是商誉。然而,所有这些代表未来利益的无形资产的价值具有高度的不确定性,且难以与特定的收入或特定的期间相联系。

(3)无形资产的另一个重要特点是它通常不能直接用于增加物质财富,它不能与企业或企业的实物资产相分离,它的价值必须与有形资产相结合才能实现。

(二)无形资产的确认与计量

在传统的会计实务中,如果一项无形资产形式的支出可以独立地识辨并可以单独地转移和出售,则应予以资本化处理,否则将确认为费用而不确认为无形资产。就获取方式而言,只有来自外部购买的无形资产才予以确认,内部自行开发的项目,即使符合无形资产的基本特征,一般也都不予以确认。另外,无形资产的受益期必须是长期而非短期或临时性的,但又是有限的受益期,所以无形资产的成本必须在有限的寿命期或预期受益期内摊销。

但是,自 20 世纪 80 年代末以来,西方会计理论界对无形资产的确认与计量问题产生了一些新的争议。其中一个关键问题在于,是否需要确认内部自行开发的无形资产。例如,由外部交易产生的商誉或商标应确认为无形资产,因为它们代表未来的盈利能力。但问题是,这种超过正常水平的未来盈利能力是如何形成的,以及又是在何时产生的? 它们是企业在相当长一段时间通过内部经营努力(包括在产品研究与开发、人员培训、广告宣传、质量保证、社区形象等方面的有效支出)而产生的结果,并不是在外部交易时日突然形成的一种超额盈利能力。也就是说,商誉或商标等无形资产所代表的未来经济利益在外部交易之前已经存在。根据资产的定义,内部自行开发的无形资产是有必要予以确认的。否则,将低估企业在相当长一段时间的未来盈利能力(即低估企业的资产和收益)。传统会计理论中排斥对内部自行开发无形资产的依据,主要是它们所表示的未来盈利能力难以客观地确定,且具有很大的不确定性,所以要待到实际外部交易后才予以确认。然而,有意地低估企业的资产或不确认内部自行开发无形资产的结果同样会导致会计信息的失真或不可信,误导使用者的决策。因此,自 20 世纪 90 年代初以来,不少西方会计学者和会计职业组织已提出,不能继续忽略对内部开发形成的无形资产的确认,尽管仍有必要继续研究和解决如何对其计量的问题。

无形资产的计价取决于财务报告的目的,如果其目的是要计量和报告期间内企业各项资产的价值,则无形资产可通过计量企业整体价值再减去其他特定资产的价值而求得。倘若是为了计量和报告各项资产对报表使用者提供企业可用资源的信息,则对无形资产进行单独计价就是合理的。但它的计价与有形资产有一定的区别。就无形资产而言,由于难以按产出价值或获利能力来计量,相对可取的计价基础是实际投入价值即历史成本,或是根据一般购买力变动调整的成本。

(三) 无形资产的摊销

显然,由于无形资产的未来效益的不确定性和独占性,它的计价一般不允许超过其取得成本。当无形资产通过购买而获取,其成本确定类似于同样情况下的厂房和设备成本的计算,即为获取并且使无形资产达到可使用状态的一切支出或费用。但是,如果无形资产是通过企业自身形成的,其成本计算就更为困难。因为多数专利、商标或商品的成本属于联合(共生)成本,即它们可能来自共同性的研究与发展费用或与其他产品的共同广告支出,要加以个别分离是有一定难度的。特别是,关于自行开发无形资产(如商誉)的计价困难最大,因为商誉无法与企业的其他资产独立地分离。但是,正如有些西方会计学者所认为的,可以利用一种替代方法,如对可能产生超额获利能力的一些费用支出进行资本化或是根据在各个资产负债表日企业的资本化市场价值和账面价值(或可识辨资产的公允价值)之间的差别来确定自行开发形成商誉的价值。根据配比原则,资产的成本必须与受益期的收入相配比进行收益,因此,无形资产的资本成本通常都要在预计受益期内摊销(类同于固定资产的折旧)。如果无形资产的资本成本的应摊销金额确定后,则主要需要解决以下问题:

1. 无形资产的寿命期

无形资产的寿命期包括:(1)有效寿命期,又称法定寿命期,即无形资产可存在或发挥效能的期限。大多数无形资产都具有相当长的有效寿命期,像商标、商誉和开办费等甚至可以无限期地存在。(2)经济寿命期,虽然无形资产的有效寿命期相当长,但由于未来的不确定性,在会计处理上一般则是按一定的经济寿命进行摊销。经济寿命期一般短于有效或法定寿命期。例如在美国,有关会计准则规定,商标、专利、版权等可无限期存在的无形资产均应在一定的经济寿命期内全部摊销,其中最长不得超过 40 年。

2. 无形资产的摊销方式

无形资产摊销一般基于其对未来净收入贡献的关系,因为无形资产大多以成本计价,通常采用的摊销方式就是直线法,即把无形资产的取得成本在其预计的经济寿命期内平均分配。当然,由于不确定性的影响,对无形资产经济寿命期的预期可能发生变化,从而将影响其成本的摊销。根据现行处理惯例,如果在摊销过程中发生预期经济寿命期变化,则无形资产的剩余成本应按新的预期寿命期平均分摊。

例如,某企业获取一项专利权,支出为 $100 000,预期寿命期为 10 年,即每年分摊 $10 000。如果在第 6 年发现该专利权仍可继续使用 10 年,则从第 7 年开始,每年的摊销额应改为 $4 000 [($100 000 - $60 000)÷10]。

相反,无形资产的效能明显下降或其寿命期明显缩短,则剩余成本也要在新的预期寿命期内摊销。如果这将造成摊销额显著增大,也可以部分作为"非常损失"项目列示于收益表。仍承上例,如果在第 6 年底发现该项专利只能继续使用 1 年,剩余的 $40 000 均要在第 7 年摊销,但其中超过往年水平的 $30 000 可作为"非常损失"单独列示。

根据我国《企业会计准则第 20 号——企业合并》和《企业会计准则第 6 号——无形资产》的规定,因企业合并所形成的商誉和使用寿命不确定的无形资产在后续计量中不再进行摊销,但是考虑到这两类资产的价值和产生的未来经济利益有较大的不确定性,为了避免资产价值高估,及时确认商誉和使用寿命不确定的无形资产的减值损失,如实反映企业财务状况和经营成果,对于这两类资产,企业至少应当于每年年度终了进行减值测试。

(四) 无形资产的主要内容

在财务会计实务中,主要的无形资产项目包括:

1. 开办费

一个新企业或组织创办之时,往往要支出一些费用(如各种筹建费用、律师手续费、注册登记费等,但不包括发行股票债券费),它们是为企业组织的开创与存在而支出的,在理论上不应由某个期间负担,而应作为一项无形资产在企业或组织的整个寿命期内摊销。实务中,开办费往往根据有关国家的法令或会计准则规定的经济寿命期摊销。如美国的国内税收法规定,开办费应分 5 年以上摊销。我国《企业会计准则——应用指南》要求企业筹建期间的开办费记入管理费用,直接记入当期损益。

2. 专利权

专利权是由政府授予发明者的拥有对自己的发明的独占性使用和出售的权利,它最早出现于 17 世纪。通常,专利的成本包括对该项发明的全部研究与开发费用以及对其未来效益的折现值。一般说来,专利权应按取得成本(包括必要的法定申请、注册费用)入账,并在一定期限内摊销。如美国规定最长不得超过 17 年摊销。

3. 著作权

著作权又称版权,是指政府依法赋予某项产品(文学、艺术、自然科学、工程技术作品等)的发表权、署名权、修改权、保护作品完整权、使用权和获得报酬权等。版权的法定期限往往较长,其取得成本必须予以资本化并在一定期限内摊销,其摊销期应是版权可以为企业带来未来经济利益的期限(可能长于也可能短于法定期限),但不得超过公认会计原则允许的最长期限。

4. 商标或商号

商标或商号是指对企业的制造产品或提供服务的一种专门识别标志,由政府有关机构注册并受其保护。由于商标或商号的成本一般不大,往往在不短于 5 年,但不超过 20 年的期间内摊销。

5. 特许权

特许权一般指由专利权或版权的发明者或持有者转让给生产者或代理人的权利,允许其在特定地域生产或出售该发明的成果。另外,特许权也包括政府机构授予某些公用事业企业在一定期间内使用公共财产的权利。企业为获取特许权要付出一定的费用,通常应先予以资本化,然后按一定的使用期限摊销。

6. 研究与开发费用

研究与开发费用通常是指开发新产品、改进旧产品或减少未来生产成本的支出。在西方财务会计中,目前对研究与开发费用的处理仍不统一。有的国家规定应研究与开发费用全部构成当期费用;有的规定其中的固定资本支出应予以资本化,其余作为当期费用;也有的国家规定只有研究或开发成功部分的支出应予以资本化。从理论上说,研究与开发费用支出是预期使未来期间受益,而不是当期受益。根据配比原则,它们应当先予以资本化,并在未来受益期内摊销。所以,研究与开发费用应作为无形资产而不能作为当期费用,否则不能较如实地反映企业的现时或未来的经营状况和获利能力。通常,研究与开发费用应在其可带来受益的期间内摊销。

1972 年 APB 的第 17 号意见书允许企业对部分研究与开发费用予以资本化,但建议对无法确认未来效益的支出则予以费用化处理。后来,FASB 在 1974 年公布的 SFAS 2《研究与开发费用会计》中改为要求对全部研究与开发费用都立即确认为当期的费用。其理由是,这方面的支出可望产生的未来经济效益难以计量,而且带有较大的不确定性。此外,资本化后的摊销处理带有较大的主观随意性,容易导致对收益的操纵。因此,当期的费用化处理可望避免这一不足。但是不少西方国家的会计学者并不赞同美国的处理方法。IASC 在国际会计准则(IAS 9)中提出,研究与开发费用中一部分属于对生产工艺的基础性科学技术研究,它们对企业的未来经济效益带有较大的不确定性;但是另一部分支出则侧重于企业新产品开发或旧产品的改进,旨在增进企业的未来销售与盈利能力,不宜立即作费用化处理。这一观点在英国、加拿大及一些欧洲国家较为流行。因此,研究与开发费用在发生当期确认为经营性费用,但是关于产品开发方面的支出则应予以资本化,然后再在其受益期内摊销。

7. 商誉

在财务会计中,商誉有 3 种主要的含义:

(1) 对企业良好信誉的计价,即表示对企业有利的经营关系、雇员关系、顾客关系或企业的有利地理、销售网络、良好管理声望等因素的计价。例如在企业购买、合并过程中,如果对企业的支付价格超出其各项资产(不包括商誉)的价值,则差额就是企业的商誉。

(2) 超额获利能力的现值,即代表企业超过正常投资报酬率的预期未来净收益的折现值。

(3) 作为一个主要的计价账户而不是资产项目,即企业的预期未来现金流量现值超过对企业投资的差额(可能有正负值)。

在实务中,商誉多取前两种概念,但在处理方法上并不一致。如在美国,会计准则和会计实务中确认的商誉被理解为一个企业在购并另一个企业时的购买价差,相当于在产权交易中发生的购置成本减去被收购企业的可辨认的净资产的公允价值的差额。按现行实务,商誉需要在不超过 40 年内采用直线法摊销(APB 16,APB 17)。最近,FASB 在一份《企业合并与无形资产》的准则征求意见稿(ED)中提出,拟将商誉的摊销期限缩短为不超过 20年。此外,该征求意见稿还提出一种见解,认为当前实务中计算的商誉,可划分为 6 个组成部分:

(1) 在取得日,被收购企业净资产的公允价值超过其账面价值的部分。

(2) 被收购企业未曾确认的其他净资产的公允价值。它们没有被确认可能是因为它们不符合确认的标准(或者因为计量的困难),或是因为不对它们进行确认符合某种需要,或是因为确认它们的成本不能够单独地证明可抵补效益。

(3) 被收购企业在继续营业中的持续经营要素的公允价值。它们表示取得这些净资产之后,同分散经营相比集合起来获得的较高的回报率的能力。这种价值来自经营净资产的协作以及有关市场不完善的因素。这些因素包括赚取垄断利润的能力以及由于潜在竞争者(或是法律或是交易成本)造成的进入市场的阻力。

(4)来自收购企业兼并和被收购企业的净资产,及其经营产生的预期的协作的公允价值。这种协作对每一种合并都是具体的,而不同的合并应当产生不同的协作,因此能带来不同的价值。

(5)收购企业之所以付出应付的报酬完全是由于应支付报酬的计价错误。收购价格在完全的现金交易中可能不会产生这种估价错误,但如果是收购企业的股票,股票的现行价格很可能低于合并时股票发行的价格。

(6)被收购企业高估或低估收购价。高估往往由拍卖中收购企业出价哄抬而引起,低估则通常出现在抵押品的拍卖或火灾毁损财产拍卖的事例中。

对于上述6个组成部分,FASB进行了评述:(1)中不存在一项资产,但可以作为被收购企业的利得,却不能够由收购企业在自己的净资产中予以确认,所以它不是商誉的组成部分。(2)在概念上同样不是商誉的组成部分,它开始可能作为无形资产来反映,甚至可以被分离地加以辨认并可以确认为具体的资产项目,但是未被收购企业确认。同样地,(5)与(6)都不应该属于商誉的组成部分。(3)是被收购企业净资产的"超额集合的价值",它代表预先存在的商誉(它或是被收购企业内部创造的或是以前企业并购中形成的)。(4)是收购企业和被收购企业并购后联合形成的"超额集合的价值"(它产生于企业合并,反映企业合并后的协作能力),也应该确认为商誉。FASB在这份ED中把(3)与(4)两个部分称之为"核心商誉",并认为这两个部分符合资产的定义,从而可以作为商誉确认为资产。在一些欧洲国家及日本,商誉表示对企业的购买价格和其净资产账面价值之间的差额。另外有的企业在较短的时期内把商誉摊销,有的企业则对商誉不作摊销,而作为具有无限寿命的无形资产。在欧洲,一些国家早期企业对商誉可以不作摊销或是在5年之内摊销。但是在目前,这些国家的会计准则已要求对商誉进行摊销,而摊销期不短于5年,但不能超过20年。

FASB在2001年公布了SFAS 142《商誉及其他无形资产》,其中规定商誉不再进行摊销,而是至少每年进行一次商誉减值检验。只有当有明显证据表明已发生减值损失时才需要注销商誉的减值额,否则商誉价值将保留在账面上不做调整。

我国《企业会计准则第20号——企业合并》规定了非同一控制下的企业合并中,购买方企业合并成本大于合并中取得的被购买方可辨认净资产公允价值的部分作为商誉确认,并且在持有期间不再摊销,于每一个会计年度末应进行减值测试。每一会计年度年末,企业应当按照《企业会计准则第8号——资产减值》的规定对其进行减值测试,按照账面价值与可收回金额孰低的原则计量;对于可收回金额低于账面价值的部分,计提减值准备,有关减值准备在提取以后,不能够转回。

❖◇❖◇❖◇❖◇❖◇❖◇❖◇❖◇❖◇❖◇❖◇❖◇❖◇❖◇❖◇❖◇❖◇❖◇❖◇

【名词与术语】

资产　　　资产计价　　　历史成本　　　公允价值　　　可变现净值
流动资产　　长期资产　　无形资产

【思考题】

1. 对于资产的概念存在哪些观点？你认为哪种观点最符合资产的本质？
2. 什么是长期资产价值减损？它的优缺点有哪些？
3. 长期资产折旧的基本方法有哪几种？试进行比较。
4. 什么是无形资产？无形资产具有哪些特征？

第六章

负债及其确认与计量

【本章导读】

　　负债和业主权益构成了对特定企业资产的要求权。本章首先介绍负债的定义、特征与分类,以及负债的确认与计量问题;其次讲解流动负债的概念、分类、确认和计价,并介绍长期负债中公司债券、可转换债券和或有负债的确认和计价问题;最后简要说明若干特殊负债事项的确认和计价问题。

　　通过本章的学习,要求掌握负债的概念,了解负债的分类;理解流动负债的概念和种类,掌握流动负债的确认和计价;掌握公司债券、可转换债券的确认和计价,理解有关表外融资的含义、具体内容和披露方法;了解有关债券赎回和实质上退除的会计处理,掌握债务重组的概念、分类及确认和计量。

　　负债是财务会计上的一个重要要素,它和业主权益共同构成对特定企业资产的要求权。所以,负债计量是财务会计的基本要求之一,对企业的财务状况有着重要的影响。然而,在早期的西方会计理论中,负债及其计量并未受到足够重视。这是因为,负债一般涉及法定支付义务,金额确定,因而较少出现争议现象。另外,负债又可称为"负资产",其计量问题在很大程度上取决于资产计价。不过近十几年来,由于西方金融市场及企业财务结构发生了重大变化,负债的内容、形式和金额比重都随之发生重大变化,而且日趋复杂化。因此,在实务中产生了不少关于负债确认与计量的新问题,从而促进了西方财务会计对负债要素的深入研究以及负债确认与计量实务的发展。

第一节　负债的含义与特征

一、负债的概念

（一）负债的定义

一般说来，负债是指由于过去交易业务导致的将在未来按既定金额交付资产或提供服务的义务。但在财务会计文献中又有一些不同的表述。例如，美国经济学家坎宁在 20 世纪 30 年代提出："负债是其价值可用货币计量的一种服务，及其承负者依据法定（或公平）义务应向第二者（或其他集团）进行支付的责任。"1962 年，美国的斯普罗斯和穆尼茨在会计研究文集《试论企业广义会计原则》（ARS No.3）中对负债下的定义是，"由过去或本期经济业务所产生必须在未来清偿的义务"。美国会计原则委员会（APB）1970 年的第 4 号报告则认为，负债是"企业的经济义务，是遵循公认会计原则而予以确认和计量的"。随后，在美国财务会计准则委员会（FASB）于 1980 年发表的财务会计概念公告《企业财务报表的要素》（SFAC No.3）中也下了一个较为严格的定义："负债是某一特定主体由于过去的交易或事项而在现在承担的将在未来向其他主体交付资产或提供服务的责任。这种责任将引起可预期的经济利益的未来牺牲。"

（二）负债的特征

早期的负债定义强调法定债务，而现在的负债定义中，负债被扩展为经济义务。从本质上看，各个国家或会计组织对负债的定义是比较一致的。从这些负债定义可以看出，尤其是根据 FASB 的定义，负债通常具有下述几个方面的特征：

（1）这种责任或义务必须存在于现在，即它是由过去的交易或事项所引起。负债可能产生于获取物品和服务的交易，也可能产生于应当承担的损失或负有责任的预期将会发生的损失。但对未来交易或事项的或有义务，只有存在合理的可能性时才能列为负债。

（2）负债体现了企业现在对一个或更多的其他主体承担的责任，这种责任预定在未来的具体或可确定的日期，或在具体事项发生时，即期地或通过交付或使用某些其他资产来履行。

（3）这种责任对特定的企业具有强制性，使之不存在避免未来牺牲的可能性。只要未来支付是确定的，即使这种责任的数额在现时尚不明确，但只要其可以合理地估计，也要作为负债。

（4）负债所代表的债务责任必须能够以货币进行可靠的计量或者合理的估计。通常，负债要有可确定的到期值，或者要有在未来特定时日将要支付的可合理估计金额，尽管确切的支付日现在尚不明确，或者它们的未来支付日可能由于承诺新负债而展期或是因转化为业主权益而提前终止。

（5）负债不仅包括法定的未来支付责任或义务，而且包括为了维护企业信誉或进行正常业务而承受的某些道义和特定的责任或义务。

（6）在正常情况下，负债应有确定的收款人，或其债权人是已知的或是可知的。但这并不意味着债权人在当时已经知道或提出权利要求。

二、负债的种类

负债的分类方法可以采用流动性或者金额是否固定作为划分标准。以流动性作为标准的划分方法也就是根据负债偿还期限的长短进行的划分。负债也可以根据金额是否固定区分为货币性负债和非货币性负债，这种划分方法在物价变动会计中尤其有用。

负债作为企业在未来向其他主体或个人提供现金、商品和服务的义务，受未来支付时期或金额确定程度的影响。根据这一特点，负债通常可分为三大类型：

（一）流动负债

流动负债是指企业将在一个年度或一个经营周期（视何者为长）之内到期偿付的责任。这种划分是为了便于资产负债表的安排。由于负债的清偿需要支付现金或其他资产，在一个会计年度内清偿的负债必然要求采用流动资产或其他流动负债，从而影响企业的短期变现能力。将其单独列为一类，就可以更好地与流动资产相对应，以此计算企业的流动比率便于财务分析。

（二）长期负债

如果负债的未来支付义务超过一年或一个营业周期，通常归为长期负债。最常见的长期负债就是企业发行的公司债券，即企业通过债券的出售，承付在未来的既定到期日按既定的金额对债券持有人进行支付的义务。由于长期负债的到期期限较长，一般还要考虑货币的时间价值或推迟支付的代价，即要求债务人必须支付一定的利息。长期负债在资产负债表上应当单独列示。但从理论上讲，对长期负债中将于下一年内到期的部分表示近期的支付义务，必须转列为流动负债，以便如实地反映企业的财务状况。

（三）或有负债

在某些情况下，企业的未来支付责任或义务将取决于某一或更多的未来活动、事项或环境条件的发生与否。这就构成一种或有负债,如果有关的未来事项发生的可能性很大,这种支付责任就必须列入负债。如果有关的未来事项发生的可能性较小,这种支付责任或许就不会成立,从而仅需要在报表附注中加以说明而不必列入负债。

随着某些未来事项的发生或者不发生,或有负债可能转化为企业的预计负债或负债,或者消失。或有负债涉及两类义务:一类是潜在义务;另一类是现时义务。

(1)潜在义务。潜在义务是指结果取决于不确定未来事项的可能义务。也就是说,潜在义务最终是否转变为现时义务,由某些未来不确定事项的发生或不发生才能决定。或有负债作为一项潜在义务,其结果如何只能由未来不确定事项的发生或不发生来证实。

(2)现时义务。现时义务是指企业在现行条件下已承担的义务。或有负债作为现时义务,其特征在于:该现时义务的履行不是很可能导致经济利益流出企业,或者该现时义务的金额不能可靠地计量。其中,"不是很可能导致经济利益流出企业",是指该现时义务导致经济利益流出企业的可能性不超过50%(含50%)。"金额不能可靠计量"是指,该现时义务导致经济利益流出企业的金额难以合理预计,现时义务履行的结果具有较大的不确定性。

三、负债的确认与计量

与其他的会计要素一样,确认负债必须符合确认的4个基本标准:可定义性、可计量性、相关性和可靠性。在大多数情况下,债务责任来源于合同、法定义务或者正常的商业信用,这些债务的金额和支付时间一般比较确定。而有些债务,如推定的义务、创新的金融工具等,企业在定义和计量上存在一定的困难,只要能够进行合理的判断,就应该确认为负债。

我国2006年新的《企业会计准则——基本准则》规定,将一项现时义务确认为负债,除需要符合负债的定义外,还应当同时满足以下两个条件:

(1)与该义务有关的经济利益很可能流出企业。从负债的定义可以看到,预期会导致经济利益流出企业是负债的一个本质特征。在实务中,履行义务所需流出的经济利益带有不确定性,尤其是与推定义务相关的经济利益通常需要依赖于大量的估计。因此,负债的确认应当与经济利益流出的不确定性程度的判断结合起来。如果有确凿证据表明,与现时义务有关的经济利益很可能流出企业,就应当将其作为负债予以确认;反之,如果企业承担了现时义务,但是导致经济利益流出企业的可能性若已不复存在,就不符合负债的确认条件,不应将其作为负债予以确认。

(2)未来流出的经济利益的金额能够可靠地计量。负债的确认在考虑经济利益流出企业的同时,对于未来流出的经济利益的金额应当能够可靠计量。对于与法定义务有关的经济利益流出金额,通常可以根据合同或者法律规定的金额予以确定。考虑到经济利益流出的金额通常在未来期间,有时未来期间较长,有关金额的计量需要考虑货币时间价值等因素的影响。对于与推定义务有关的经济利益流出金额,企业应当根据履行相关义务所需支出的最佳估计数进行估计,并综合考虑有关货币时间价值、风险等因素的影响。

一般说来,会计上记录负债的目的类似于资产计价,即服务于企业费用与损失的记录,借以确定当期的收益。然而,负债的计价还有另一个目的,即向投资人和债权人提供有助于其进行未来现金流量的预测及不同期间和不同企业之间收益比较的信息,以便作为比较不同权益持有人的权利要求的依据。

从理论上说,负债的计价应以未来应付金额的现值为基础,而未来应付金额通常是由负债发生日的有关交易或契约合同决定的。在大多数情况下,由于签订合同而产生的义务,其金额和支付时间均已由合同或契约所规定。但在少数情况下,负债的金额可能要取决于未来的经营活动,如使用税贷资产所获得的营业总额。在这时,即使其金额只能采用估计数表示,但负债确已存在,并且有估计的未来支付价值。当然,负债由于有不同的种类,其确认与记录也有一定的区别。

第二节　流动负债及其计价

一、流动负债的概念

与流动资产类似,流动负债是指在一年或一个经营周期内(视何者为长)的支付义务,如应付账款、应付工资、短期应付票据、应交税金等。根据我国《企业会计准则第 30 号——财务报表列报》的规定,负债满足下列条件之一的,应当归类为流动负债:(1)预计在一个正常营业周期中清偿;(2)主要为交易目的而持有;(3)自资产负债表日起一年内到期应予以清偿;(4)企业无权自主地将清偿推迟至资产负债表日后一年以上。值得注意的是,有些流动负债,如应付账款、应付职工薪酬等,属于企业正常营业周期中使用的营运资金的一部分。尽管这些经营性项目有时在资产负债表日后超过一年才到期清偿,但是它们仍应划分为流动负债。

按照金额是否固定,流动负债可以区分为金额确定的流动负债以及金额不能确定的流动负债。前者包括短期借款、应付票据、应付账款、预收账款、应付职工薪酬和应付股利等。后者还可以进一步划分为 3 种:一种是金额视经营情况而定的流动负债,这类负债往往要在会计期末年度经营情况已经确定时才能合理确定,如税金类负债;另一种是金额不确定、需要估计的流动负债,这类负债即使在会计期末仍然难以确定,企业往往难以完全控制其发生的金额,如产品质量担保负债,但是这类项目的金额能根据企业的历史经验进行合理的估计;第三种负债是最具不确定性的,即未决诉讼等引起的或有负债。

二、流动负债的确认与计价

同其他会计要素或报表项目的确认一样，流动负债的确认同样需要符合确认的 4 个基本条件。特别需要指出的是，流动负债的确认主要采用的是历史成本原则，而且由于它的偿还期限比较短，如果影响不重要，一般不考虑时间价值。

大部分流动负债是货币性的，它们必须于最近未来的某一时日用固定金额的货币来偿还。虽然负债的现时价值就是其未来应付金额的折现值，但就流动负债而言，由于一般都要在短期内偿付，其折现值通常并不重要，因而可能按其成立之日的面值（未来应付金额）计列于资产负债表。但是，如果该项负债可以采用两种或两种以上的备选方式加以清偿，则应按其最低的现值（未来应付金额）来表示。例如，如果信用条件允许在 20 天内支付给予 2% 的现金折扣，若 60 天后付款，则要支付罚金。因此，该项流动负债的正确价值应当是发票价格减去 2% 现金折扣。这样，将有助于反映良好的管理绩效。如果企业最终按较高价款支付，其超出原入账部分就作为未获取的购货折扣，列为由于经营效率不高造成的损失。

一些应计负债实际上和应付费用相联系。根据财务会计的配比原则，费用应在资源或服务被消耗以获取收入的过程中予以确认。但在一定的情况下，企业依照正式或非正式的合同规定的条件事先取得并使用这些资源和服务（如租赁资产或人工服务），而对它们负有支付义务。通常，应计负债是在会计期末相应于应付费用而入账，它们可以根据有关的合同价格或市价计列。如果不确认应计负债，将导致当期费用低估，以致高估当期收益，同时也会低估负债，歪曲财务状况。

流动负债还包括一些非货币性项目，即将在未来提供特定数量和质量的实物资产或服务（并非固定货币金额）的义务。它们通常产生于顾客为获得服务而预付给该企业的款项，如预收定金、预收租金等。这类负债一般应根据特定数量和质量的资产或服务，按预定的或双方认可的价格来计量，而不考虑嗣后提供的资产和服务的货币价值是否发生变动。

从理论上说，顾客预付的货款中可包含两个部分：一是预购货物或服务的成本；二是企业出售这些货物或服务可望实现的利润。所以也有些学者认为，顾客的预付货款应分离出负债和递延收益两个部分。这部分递延收益表示未赚取却是可赚取的利润，可以列入业主收益报告。然而，西方国家的现行会计准则一般都规定，收到的顾客预付货款应列为流动负债，其依据包括：

（1）顾客的预付货款属于现时的融资交易，而不是收入生成交易，即对企业将提供物品或服务的经营活动的一种临时性融资安排；

（2）企业必须提供物品或服务的义务属于当期经营活动，只有在极个别的情况下表示超过一年或一个经营周期的义务；

（3）根据"收入实现"原则，尽管在生产、销售或收现等环节都可以产生新增价值，但是收入是在特定时点予以确认，即收入确认的关键事项是提供物品或服务，而不是收现。因此，收到顾客的预付货款不代表产生任何收入或利润，也不能确认为"递延收益"。

但是在个别情况下，收到的顾客预付货款可能是递延收入而不是非货币性的流动负债。这时，企业的收入生成活动已经完成，如物品或服务已经提供，但是由于应收账款的不确定而有可能要确认递延收入。如在房地产或大额商品的交易中，如果顾客支付的定金未达到规定的最低限额，其能否继续支付存在不确定性时，有必要将这部分货款作为递延收入，而不是一项负债。因为在这时，企业已经提供物品，不再对顾客负有支付义务。"递延收入"是一个资产计价账户，可用在资产负债表上作为应收账款的备抵项目。

第三节　长期负债及其计价

长期负债代表企业在超过一年或一个经营周期之后的支付义务。其主要形式有应付公司债券、应付长期票据、应付抵押（按揭）贷款、养老金或其他退休福利义务及租赁负债等。就长期负债而言，由于货币时间价值影响较大，其价值应是根据合同或契约在未来必须支付的本金和所有利息按适当的折现率计算的折现值之和。长期负债对企业的资本结构有着重大影响，它们将影响企业的负债比率、净资产报酬率等重要财务指标的计算和分析，所以长期负债的确认和计价的适当与否是财务报表使用者极为关注的一个焦点。

一、公司债券

公司债券是广泛应用的一种融资工具，即由企业对外发行的设有既定面值、到期日、利率及利息支付方式的有价证券。债券持有人可以定期收取利息及在到期日收回本金。

（一）企业发行公司债券的动因

一般而言，企业选择发行公司债券来筹集长期性大额资金的动因包括：

（1）公司债券是现时唯一可行的融资工具。虽然企业也可以选择发行股票筹集经营活动所需的资金，但对于众多中小型或新兴企业而言，市场投资者可能因为这些企业的固有风险而不愿意进行永久性的股票投资。这时，发行公司债券就是可取的替代性融资方式。

（2）发行公司债券的融资成本相对较小。由于公司债券的投资风险小于股票投资，它们的利息成本相对股票的股息支付为小。投资者一般对股票预期更高的收益报酬。

（3）发行公司债券可获得所得税好处。企业对债券利息的支付属于经营费用，可用于抵扣应税所得,减少对所得税支付的现金流出。相对而言,股利支付是作为税后利润的分配,属于股东收益,必须报征相应的所得税。

(4) 发行公司债券不影响现有股东的控制权。公司债券一般不具有对公司经营活动的表决权,或者是对企业利润或留存收益的享有权,但股票的持有者(股东)一般都拥有对企业经营活动的表决权。为避免对现有股东产生控制权的不利影响,许多企业宁愿发行债券而不是发行股票。

(二) 公司债券的发行价格

公司债券的价格取决于购买及持有至到期日可望产生的未来现金流量(包括各期利息收入和到期日归还本金)的折现值。这时,除了债券设定利率之外,折现率的选择至关重要。在理论上,可以有两种选择:(1) 现时证券市场上具有类似风险条件投资的收益率;(2) 债券发行日的市场收益率。

这两者的区别是:使用现行收益率计算出的是长期负债的现值,而使用发行日期的收益率计算出的结果则相当于长期负债的历史成本。也就是说,发行日的收益率可视为企业所承担的实际收益率。在实务中,折现率的选择倾向于选择发行日收益率,其主要优点是:(1) 按发行日收益率可计算出负债的初始现值;(2) 这种现值的确定以合同或契约为依据,从而是客观的。

通过持续运用这一初始收益率,就可以不记录或不反映长期负债的持有利得和损失,而且各期的利息费用均可以用期初负债额乘以固定的发行日收益率较简便地计算。

即使负债持有至到期日,现行收益率的变动也可以忽略,因为它们的变动是不甚重大的,而且按发行日的收益率计算的利息费用总额必然会等于持续运用现行收益率计算的利息费用和负债持有利得和损失之和。

公司债券的发行需要经过一定的程序,如内部董事会或股东大会授权、上市申请、联系承包商、公开发售等,需要若干时间。因此,当企业在发行债券之时,其债券的原先设定利率往往可能会高于或低于当时市场上同类债券的利率。公司债券只能按照有效利率发行出售,因而,企业必须折价或溢价出售其债券。当折价发行时,企业实得的货币或其他资产的价值低于债券的面值;而在溢价发行时,实收现金或其他资产的价值高于债券的面值。

(三) 债券折价或溢价的摊销

企业折价或溢价出售其债券时,就需要进行债券折价或溢价的摊销,因为任何一个会计期间债券债务的现值都等于其到期价值加减未摊销的折价或溢价。由此可见,未摊销的折价或溢价应作为债券计价的一部分,而在计算发行日后各会计期间的利息费用时,必须以债券票面上所规定的利息加减本期折价或溢价的摊销额。

假设 ABC 公司在 2008 年 1 月 1 日发行 10 年期、利率为 10％的债券 ＄100 000，利息将于每年 12 月 31 日支付。倘若这一公司债券发行日的市场实际利率为 9％，则其发行价为

债券到期值的折现值	＄100 000×0.422 417[1]	＄42 241.70
全部利息支付的折现值	＄10 000×6.417 658[2]	64 176.58
合计		＄106 418.28

[1] ＄1 在利率＝9％，年期＝10 的折现系数

[2] ＄1 年金按利率＝9％，年期＝10 的折现系数

由于该债券的设定利率（10％）高于发行日的实际利率（9％），其售价将高于面值。这部分发行溢价可降低债券的有效利率。虽然在各年底的利息仍按设定利率支付，但债券持有人在购买时需支付溢价。其结果是，在该债券寿命期内的利息总费用低于按面值计算的利息费用：

总利息费用（＄10 000×10）	＄100 000.00	＄100 000.00
到期日偿还债券本金	100 000.00	
发行者支付总额	＄200 000.00	
发行价格	106 418.28	
实际利息费用合计	＄93 581.72	93 581.72
债券溢价		＄6 418.28

在溢价发行情况下，实收现金或其他资产的价值超过债券的面值，其差额应作为债券溢价入账：

借：现金（或其他资产）	＄106 418.28	
贷：长期债券		＄100 000.00
债券溢价		＄6418.28

这里的 ＄6 418.28 债券溢价必须在债券的寿命期内逐期摊销，冲减各期的债券利息费用。在此例中，每年应作如下分录：

借：债券溢价	＄641.83	
贷：债券利息费		＄641.83

到了第 10 年末，该债券发行溢价将全部冲转有关利息费用，"债券溢价"账户余额为零。这时债券到期日的账面价值就等于其面值。倘若该债券在发行日时投资者需要的利率是 12％，则需要折价发行，以便债券持有人可获得高于债券设定利率（10％）的报酬率。仍以上述 ABC 公司的资料为例，其债券发行价格和债券折价可计算如下：

债券的面值	＄100 000.00	
债券到期值的折现值	＄100 000×0.321973	＄32 197.30
全部利息支付的折现值	＄10 000×5.650223	56 502.23

债券发行价格	$ 88 699.53	88 699.53
债券折价	$ 11 300.47	

由于折价发行,所以有效利率高于债券的设定利率。虽然企业对债券持有人支付利息的现金流出仍按面值利率计算,但从债券发行收到的现金流入却小于面值。发行日的分录如下:

借:现金(或其他资产) $ 88 699.53
　债券折价 $ 11 300.47
　贷:长期债券 $ 100 000.00

在上列情况下,企业的有效利息费用将大于按面值计算的利息支出,其差额就等于债券折价 $ 11 300.47。这一债券折价应在债券寿命期内摊销。若采用直线法摊销,则每年应记录:

借:债券利息费用 $ 1 130.05
　贷:债券折价 $ 1 130.05

在债券到期日,发行折价全部转为补充的利息费用,"债券折价"账户余额为零。该债券的账面价值就等于其到期值或面值。

倘若债券是在两个支息日之间发行,由于支息日是事先设定的,债券持有人仍将收到上一支息日到本支息日的全部利息。因此,债券持有人必须事先支付发行企业从上一支息日到实际购买日这段时间的应计利息。这项应计利息将于下一支息日退还给债券持有人,所以属于发行企业的一项流动负债,应分开记录和反映。

债券寿命期较长,其利息费用也要在整个寿命期内摊配。如上所述,债券寿命期内的总利息费用受发行溢价、折价的影响,或者各期实际利息费用计算涉及对发行溢价折价的摊销。可以采用两种方法进行发行溢价折价的摊销,即直线法和实际利率法。上述 ABC 公司的分录处理基于直线法摊销。其特点是,各期的摊销额是相同的,并且各期的利息费用也是相等的。显然,直线法摊销计算简单,操作易行。

但是,直线法摊销在理论上是不充分的。因为债券的利息费用应当是在发行日的现行市场条件下的借款成本。债券寿命期内各个年度的市场收益率或利率以及借款本金余额是不同的,利息费用也不可能相同。实际利率法则考虑到债券利息费用的这一特点,它将根据债券发行日的市场收益率和长期债券在各个期末的账面余额来决定各期的利息费用。这时,债券发行溢、折价的各期摊销额就等于按实际利率法计算的利息费用和按债券面值与设定利率计算的利息费用之间的差额。相对而言,实际利率法更为可取,因为它所提供的长期负债余额在各期资产负债表上将反映相当于按长期债券发行日市场利率计算的未来现金流量的折现值。

另外,债券发行需要耗费一定的成本或支出,如律师费、登记和申请公开发行手续费、证券和招募书编制费用以及承销商费用等,其金额可能很大。在早期的实务中,债券发行成本可以作为"递延成本"列示于资产负债表的资产方,然后在寿命期内平均摊销。其理由是,这些费用是与发行债券获得利益相关联的,即由发行债券取得的现金有助于提高企业的获利能力,因此债券发行成本具有未来经济效益的潜能,可以确认为资产。但是,FASB 在 SFAC No.6 中提出,债券发行成本不符合资产的定义而属于一种费用。这些成本将抵扣债券发行所产生的现金流入,导致更高的实际利率或利息支出,不具有未来经济利益。所以,债券发行成本应从债券账面价值中直接扣除或者直接在发行当期予以费用化处理。

有时,企业可能发行不附息率(即不支付利息)的长期债券,又称为零息率债券。这种债券通常是按大比例折价发行,或者是把债券利息包含在发行折价之内。例如,某种 10 年期的零息率债券面值为 \$100 000,当发行日的市场利率为 12% 时,其发行价格为 \$31 197,发行折价为 \$68 803。零息率债券之所以流行的原因在于:它们通常不包括其他债券附带的发行人可回购权,因此对债券持有人的设定报酬率在债券寿命期内是有保证的;另外它们可以为持有人提供收益再投资,即利息收益在整个寿命期内是按设定利率重新投资再获利的。在会计处理上,零息率债券的发行价格必须根据实际利率法计算并分摊于整个寿命期。

二、可转换债券

可转换债券是一种特殊形式的长期债券,它具有普通债券的全部特征,但另外赋予债券持有人在既定日期之前按照设定的价格(或比例)把该债券转换为发行企业股票(普通股或优先股)的权利。与普通债券相比,可转换债券通常具有以下特征:(1)可转换债券的利率一般低于普通债券利率。(2)债券合同中通常包括赎回条款。债券持有人有权选择将债券持有至到期日(按期收取利息及到期收回本金)或是在此之前转换为股票。

(一)企业发行可转换债券的原因

一般而言,企业发行可转换债券的原因主要包括:

(1)避免因发行新股筹资而可能对企业股票市场价格产生下调压力;

(2)在获得资金的同时避免对每股盈利产生稀释作用或增加股息支出;

(3)避免在企业股票市场价格偏低或股市低迷时按不利价格发行股票融资;

(4)有可能突破现时的资本市场对企业发行股票融资的限制;

(5)相对减少证券的发行成本(因为股票公开发行程序更为复杂,要求更高,费用也更大);

(6)增加拟发行债券对市场投资者的吸引力。

（二）换股权的会计处理

在西方财务会计理论和实务中，对如何处理可转换债券是颇有争议的。这主要是因为，可转换债券属于一种"复杂融资工具"，它同时为两种或两种以上融资工具的混合，本身虽然是债券，但又附带可换股权利。这一复杂特性导致对其分类、确认及计量方面产生一系列问题。其核心问题是如何处理换股权，因为在负债确认与计量方面，这种债券与其他债券并无太大的区别。

第一种观点认为，应把这种债券视为一般债券而忽略其可换股权。其依据是，债券和换股权是不可分离的。换股权自身，无论归类为负债或业主权益，都并没有市场价值，没有必要进行单独确认与计量。APB 的第 14 号意见书就属于这一观点。但是也有一些学者认为，忽略换股权这一特性，可能会低估利息费用并高估负债额。

第二种观点认为，换股权属于权益性证券，它的价值应当从债券价值中分离出来，列入业主权益下的"缴入资本溢余"。可转换债券之所以有吸引力，就在于它提供关于持有债券或换持股票的灵活性，是对投资者的一种潜在效用，所以，可转换债券的利率往往会低于一般的同类风险债券。换股权价值就是指发行普通债券时，其发行价格和发行可转换债券价格之间的差别。在美国，早期的会计准则曾经采纳这一观点，但是由于受到企业管理机构的抵制（即不愿意把换股权分离出来单独列示于业主权益）而未能普及。

第三种观点认为，应当根据可转换债券的主导性特征来决定其分类与确认。例如，FASB 于 1990 年发表的一份讨论备忘录《负债与权益性融资工具的区别及对同时具备两者特征融资工具的会计处理》中提出，应当根据在发行日的下述 4 个主导特征来确定可转换债券为负债或是业主权益项目：

（1）如果发行日的合同条款规定倘若不换股，发行企业需支付利息和偿还本金，则这一可转换债券应当确认为负债；

（2）如果合同规定发行企业要向债券持有人实行换股权时转移融资工具的义务，应当作为负债来确认；

（3）根据具有最大值基本融资工具的特征来归类，即如果债券性融资部分的价值大于权益性融资部分价值，则确认为负债；

（4）依据最有可能的结果来分类，倘若换股结果的可能性相当高，则这一可转换债券应确认为业主权益项目。

第四种观点认为，债券和换股权是两个必须分开披露的负债项目。因为换股权使企业承诺向债券持有者转移股票的义务，其自身也可以视为一项负债，企业可能回购自己的股票以满足这一支付义务。当换股权被实施时，企业可能已按市价售出这些债券。换股过程可视为卖出债券取得现金再购取股票的交易。通常，只有当企业股票市价较高（大于设定的换股价)时,债券持有人才会实行换股权,因此允许债券转换为股票就意味着企业可能承受一定的损失(按较低的设定价格转让具有较高市价的股票)。由于业主权益交易不能产生损益,可能导致企业承受损失的换股权不符合业主权益项目的定义而应视为负债。另外,倘若换股权未予以实行,则关于换股权特征的初始价值也不具备业主权益的特性,因为该债券持有人并没有享受股东的任何权利。

三、或有负债

或有负债表示将取决于未来某一或更多活动、事项或环境条件发生与否的未来支付责任或义务。常见的或有负债项目包括未决诉讼或求偿要求、产品售后质量保证、待决所得税争议、应收票据转让或背书承兑和担保他人债务等。多数或有负债涉及的未来支付责任超过一年或一个经营周期,所以习惯上可视为长期负债。

或有负债不同于其他负债之处主要在于其发生与否及具体金额在现时仍存在不确定性,不能完全符合负债的确认标准。但是根据传统的稳健性原则惯例要求,又有必要预计可能的损失或负债。基于这两方面的要求,财务会计上对或有负债的处理侧重于披露。负债"充分披露"原则提供有关或有负债及其未来决定事项的资料,增加财务报表的信息含量,为使用者的正确决策提供依据。另外,传统的会计理论认为,对或有负债的处理应基于未来支付责任的预期值或预期发生程度。倘若一项潜在的支付义务的发生可能性很大,就应当确认为负债列示于资产负债表。如果它的发生可能性较低,则仅需在报表附注中加以说明而不必列为负债。

也有一种观点认为,或有负债的确认或报告可能对企业产生一些负面作用,或者是对不利因素的"自我预言实现"。例如,在未决诉讼事件中,企业可能面临败诉及承负赔偿的支付责任。如果这种支付责任的可能性很大,企业必须按预计的赔偿金额确认一项负债。但是,将这一或有负债列示于资产负债表,将为诉讼案对方提供企业已承担过失的证据,导致可能的败诉损失成为现实。所以,有的学者认为,企业在确认和报告或有负债时可能面临两难选择,即必须权衡向报表使用者提供全部相关信息的责任和尽可能防止或减少企业损失之间的矛盾。

FASB 在 SFAC 5《或有事项会计处理》中提出,企业必须对或有损失或负债根据发生可能性的下列标准进行分析:

(1) 极为可能——未来事项发生的可能性相当大;

(2) 适当地可能——发生的概率低于极有可能,但是高于低可能;

(3) 不大可能——未来事项发生的概率较低。

如果或有损失的发生概率是极有可能,必须予以确认,记入当期损益;倘若是适当的可能,仅需在报表附注中说明;而不大可能的或有损失则可予以忽略。相应地,在确认或有损失情况下,如果可以符合下列两个条件,还要确认一项或有负债:

(1) 在年度报告公布前的有关资料表明这一或有事项可能导致在结账时已存在资产价值减损或支付义务;

(2) 可以合理地估计或有损失的金额。

简言之,在西方财务会计现行实务中,如果或有负债发生的可能性较确定,而且其金额可以合理地予以估计,就有必要正式确认并报告于资产负债表。倘若无法满足这两个条件,按照充分披露的要求,也应将或有负债通过报表的附注予以反映。

或有负债的会计处理如图 6-1 所示:

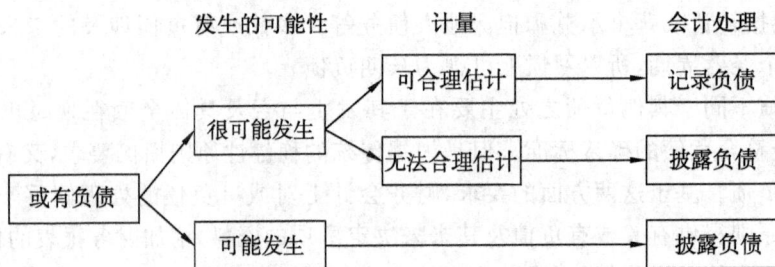

图 6-1　或有负债的会计处理

第四节　若干特殊的负债事项

西方资本市场的发展和融资工具应用的增加,给企业负债的产生、持有和终止都带来很大的变化,实务中出现不少创新性融资方式,从而产生了一些特殊的负债事项,诸如表外融资、长期负债提前退除和债务重组等。

一、表外融资

所谓表外融资,是指债务人有可能避免在资产负债表上报告相应负债的一种融资安排。融资租赁就是表外融资的一个典型例子。例如,承租人租入一项长期资产,实质上类同于购买资产并且承诺一项长期支付义务。但是承租人和出租人可能将租赁契约安排成一种非资本化租赁形式,则承租人无须在资产负债表中报告这项租赁资产和租赁负债。又如,一家企业可能设立一家全资子公司,这家子公司着重于财务或融资活动,它购入资产然后回租给母公司,或者是进行公开集资后贷款给母公司。事实上,母公司将承诺及担保子公司的支付义务。倘若母公司与子公司的主营业务分别属于不同行业,母公司可以不把这家子公司报表进行合并,从而避免报告对子公司的承诺或担保支付责任。

表外融资的动因来自企业管理机构对负债水平的关注。企业的负债总额对计算负债比率、净资产报酬率以及偿债能力等多项财务指标影响重大,而外部投资者或债权人将利用这些财务指标评估企业的风险和进行投资或信贷决策。一般而言,在总资产既定条件下,企业的负债越大,风险就越高,相应地,企业的举债能力就越低,或者说借款的成本就越高。而且,在长期负债的情况下,企业的风险暴露水平相应增大。长期负债的利息费用是固定性支出,当利润下降时,企业可以减少或不付股利,但不能不付利息。因此,企业在发行债券时一般被要求签订债务契约,其中将限定企业的负债比率或总负债水平。如果违约,企业可能面临强制性清偿全部债务乃至面临破产清算的风险。所以,不少企业设法应用表外融资的形式避免在资产负债表上表现负债的增长。

表外融资在实务中发展很快,涉及越来越多的融资活动,尤其是在期货、期权、循环贷款等多种衍生金融工具的应用中包含表外融资的设计。从会计确认角度来看,大多数的表外融资活动由于不符合负债或资产的定义或确认标准,可不予以在财务报表中确认。但关键的问题是,表外融资不仅事实上增加企业的负债水平,而且还伴随着极大的风险,诸如金融市场变动(汇率、利率骤变)和交易对方违约等都可能使企业蒙受重大损失,所以在会计上不宜也不能忽略表外融资交易的报告。以美国为例,FASB先后修订关于租赁会计和合并报表的会计准则,要求企业将长期租赁作资本化处理并同时确认租赁负债,以及更改原先允许对涉及不同行业经营活动的子公司不编制合并报表的规定,来防范企业忽略对子公司承诺或担保支付责任的报告。

由于表外融资活动及其涉及的金融工具都相当复杂,西方国家在目前仍缺乏规范性会计处理。会计准则制定机构仍限于制定这些交易的信息披露要求,借以使企业对报表使用者提供相关的信息。如FASB在1990年和1991年公布了财务会计准则公告SFAS 105《金融工具表外风险和集中信用风险的信息披露》和SFAS 107《金融工具公允价值的报告》,其中规定,对具有表外风险的金融工具应披露下列信息:

(1) 有关金融工具的面值或契约合同规定的价值;

(2) 所涉及的金融工具的性质和有关契约条款,包括说明它们的信用风险(即交易对方违约将导致损失)和市场风险(即市场条件变动可能导致的金融工具的价值损失);

(3) 这些表外融资交易涉及的现金流量;

(4) 相关的交易披露政策;

(5) 如果这些融资工具附带抵押品要求,则应说明对抵押品的可获取性以及有关抵押品的性质和状态;

(6) 金融工具风险暴露的集中程度,如来自某一交易对手或整组的对方企业,以及受不同行业、地区及经济环境特征的影响程度。

此外，FASB 还要求，如果可以合理地估计，必须披露表外融资活动中涉及的金融工具的公允价值、有关的估计方法及其假设条件。公允价值应为在现行情况下交易双方公平交换有关金融工具可望产生的现金流量，或者也可以利用它们的现行市价。

显然，表外融资的应用增加了会计上对负债确认与计量的难度，但是不能对它们忽略不计，至少有必要从披露角度提供表外融资及有关融资工具的性质、现金流量影响和风险暴露的相关信息，作为使用者评估、判断和决策的参考依据。从发展的观点看，金融市场和金融工具的发展对财务会计的理论和方法将产生越来越大的影响。

二、债券的退除

公司债券发行之后，在整个寿命期内作为长期负债列示于企业的资产负债表。通常，要等到期满日，由发行企业支付债券本金（也可能发行新债券抵付）后才能终止及剔除这笔负债，这又称债券的退除。不论当初债券采取何种发行方式，到期偿还时，债券的最终账面价值总等于债券面值，不会产生损益。

但是在某些特殊情况下，长期债券可能被提前中止，其所代表的负债亦将被提前剔除。这些特殊情况包括发行企业赎回债券、债务重组或法庭判决终止债务人义务，以及所谓的"实质上退除"。当债券被提前退除时，将会产生债务人和债权人应当如何确认、计量和报告有关负债的注销或调整及其利得或损失处理等会计问题。

（一）债券赎回

债券一般会跨越较长时期（西方公司债券甚至可能会超过 20 年），其设定利率是基于初始发行日的市场利率而定，在整个寿命期内保持不变。但是市场利率在债券寿命期内可能显著波动，从而影响债券的价值（有利或不利变化）。债券持有人可以通过公开市场买卖转让债券，避免不利市场利率变动的风险。相对而言，发行企业无法利用二级市场自由买卖债券来避免风险。另外，某些企业是在市场环境较为不利或自身经营困难时期发行债券，其债券契约中的一些约束条件可能非常苛刻（如限制企业发行股票或其他证券），不利于现时经营发展的需要。为维护发行企业的基本权益，债务契约中一般会列明一个"赎回"条款，允许发行企业可在到期日之前按事先设定的价格（面值的一定比例）向债券持有人赎回发行在外的流通债券。通常，企业在债券的现行市价大于设定的赎回价时会采用这一赎回权。如果赎回时按现金支付，方称之为"退除"，若是发行新债券取代旧债券则称之为"退还"。

在赎回债券时，赎回价格和原债券账面价值（包括未摊销的发行成本）之间有一个差额，理论上可以有不同的处理方法：一是全部确认为当期的非常利得和损失，其依据在于债券赎回决策属于本期经营决策,其产生的利得和损失也要由本期来承担;二是把这一差额作为递延损益并且分期摊销。具体地说,又可分为:

(1)按被退除债券的原剩余寿命期摊销。这是因为,债券赎回利得和损失来自原有债券的赎回条款。倘若未实行赎回权,企业在这段剩余寿命期内可能还要支付较高的利息。

(2)根据新发行债券的寿命期摊销。其依据是获取更合理的配比效果。由于用较低(有利)利率的新债券赎回较高利率的原债券,因此企业可以获得的利息节约或其他好处,也应当在新债券受益期内摊销。

(3)直接确认为当期的正常损益项目。因为债券的价值随时间的流逝而改变。赎回债券是一项有利的经营决策,毋需作为非常损益处理。相对而言,当期确认方法较为可取,因为债券赎回价格和账面价值之间的差额不会太大(否则企业不会实行赎回权),而递延或摊销无法消除主观随意性。进一步看,在当期确认的情况下,APB 第 26 号意见书要求确认为"当期损益项目";后来,FASB 的 SFAS 4 规定要作为"非常损益项目"按利得和损失来报告。

(二)实质上退除

所谓实质上退除是指在长期债券到期之前,企业另外拨付一笔资金设立一个不可撤回的信托基金,然后由该信托基金产生利息收入用于支付长期债券的各期利息以及最终清偿债券本金。这是将未到期长期债券的支付责任转给该信托基金,企业不再对长期债券进行未来支付,因此可视为实质上已经退除这笔长期债券,并且将其从资产负债表的负债方剔除。

这种实质上退除一般在市场利率显著升高时应用。如某企业在 5 年前发行一种 10 年期利率为 8%、面值 $100 000 的债券,目前的市场利率是 13%。这时,企业拨出 $80 000 设立 5 年期信托基金,就可以产生支付该债券未来 5 年的各期利息及到期偿还本金的足够的现金流入,从而可以提前注销这笔长期负债。这时在会计上将产生两个问题:

(1)如何处理注销长期负债而形成的账面利得或损失。如上例,企业现时支付 $80 000 即可注销 $100 000 的长期债券(账面价值还要调整未摊销发行溢、折价),这笔数额可观的利得能否在当期确认?一种观点认为可以确认,因为企业已经实质上注销了长期债券,不过这一利得应列作"非常项目",表示这一债券退除交易是非正常的且偶发的。第二种观点认为这一利得应当递延,并且在原债券剩余寿命期内分期确认。其理由是,这一利得产生于原债券的注销,所以要在该债券的原定剩余寿命期内受益。第三种观点认为不能确认这一利得。因为这一债券并没有正式退除,或者企业仍然没有在法定意义上接触对该债券的未来支付责任。因此,相应的差额应确认为业主权益的一个调整项目,递延至原债券期满之后再予以确认为非常利得。在实务中,第二种观点较为流行,但 APB 在第 26 号意见书中允许企业把债券退除利得在当期确认;后来 FASB 的 SFAS 4 也要求把债券退除利得作为"非常利得"来报告。

(2) 能不能确认长期负债的注销。早期的流行观点认为,如果企业设立的信托基金是专门用于偿付债券利息和到期本金,而且是不可撤销的,则企业对债券的未来支付责任可以视同已经解除。因此,FASB 于 1983 年公布的 SFAS 76《债务的清偿》中规定企业可以注销实质上退除债券所代表的负债。但是,会计理论界对此准则的规定有着很大的争议。不少会计学者提出,实质上退除是不能成立的。尽管企业设立专门信托基金来支付债券利息和到期本金,但并没有解除企业(债务人)的法定支付责任。特别在理论上,一方面如果信托基金产生的现金流入不足以支付利息或到期还本,债务人必须予以补充支付;另一方面债务人并没有放弃对信托基金所产生利益的控制(如可享受基金结束时的剩余价值),相反,债权人并非信托基金的签约人,不能控制或直接提取基金的现金流入。换言之,债权人仍然只享有对债券的索偿权,而没有对信托基金的索偿权。实质上,退除并没有改变企业和债券持有人之间的债务人和债权人关系,企业也没有理由注销相应的长期负债。这一观点从 20 世纪90 年代以来逐渐占据上风,从而促使 FASB 在 1996 年公布了 SFAS 125《金融资产转让与服务效用及负债撤除的会计处理》,取代了原先的 SFAS 76。SFAS 125 规定,除非债务人已经对债权人作出支付(如现金、劳务或发行新债券)或是由法庭判决解脱债务人的支付责任,在其他情况下(包括实质上退除债券)都不能注销负债。

三、债务重组

债务重组是指债权人豁免债务人的部分或全部债务责任的一种安排,通常适用于债务人面临财务困难而不能正常履行其支付责任的情况。此时,债权人往往要承受一定的损失,但相对于让债务人破产而无法收回债权利益仍然是可取的。在实务中,债务重组可以有多种形式:

(1) 债务人偿付部分现金或其他资产冲抵全部负债;

(2) 债务人提交权益证券冲销其负债(以股代债);

(3) 修订现有债权的一些条款(如降低利率、削减应偿还额或者是延长负债的偿付期等);

(4) 以上两种或两种以上方式的组合(混合重组)。在债务重组中,上述 3 种方式可能并用,如先归还部分现金、其他资产或股票,再对其他余额进行债务条款的修订。

当债务人转让其现金资产或发行股票来偿债时,必须按这些资产或股票的公允价值冲销其负债账户,并且可以将这些转让资产或股票的公允价值与负债账面价值之间的差额确认为"非常利得"入账。此外,还应当根据用于抵债的资产的公允价值及其账面价值之间的差额确认资产处置损益,直接计入当期的损益。另外,债权人同样按收到的非现金资产的公允价值冲抵持有的债权账户,但是对这些公允价值小于债权账户账面价值的差额应确认为坏账损失而不是"非常损失",即对债权人而言,坏账损失是正常经营活动的一个风险因素。此外,采用以股代债形式进行债务重组时,有可能增加债务人的报告收益,即确认债务重组产生的非常利得或者是因债务冲销而减少利息费用的支出。

若是修订现有债务条款进行债务重组,其会计处理将相对较为复杂,因为修订后债务的现金流动不同于旧债务的现行账面价值。如果修订后债务的未来现金支付额小于旧债务的现行账面价值(由于债权人让步或豁免部分债务),在理论上应当把负债余额减至修订后债务的未来现金支付额,而且债务人可以把这一调整差额确认为非常利得。此后的各期支付则记为已修订债务余额的冲减,不再记录利息费用。这是因为原债务的利息费用及部分支付责任已经被豁免了,不再存在任何利息支付问题。

但是,倘若已经修订债务条款后的未来现金支付额仍然大于原债务的账面余额,从理论上说,这一现金支付额中仍包含一部分利息,仍然要分别按利息费用和本金偿还进行账务处理。这时需要确定一个新的"有效利率"来计算利息费用,可以通过将未来现金支付额折现至原债务的账面余额而推算出已修订债务的有效利率。但是,也有一种观点认为,这一区分及有效利率和利息费用计算没有太大的实用价值,尤其是已修订债务的有效利率可能相当低,极大地偏离市场利率,对报表使用者没有什么意义。不过,另外的观点认为,债务条款修订不应被视为减少负债的面值,但可以减少债务的利息。只要修订后债务的未来现金流入仍然大于原债务的账面余额,减少负债账面值就是不适当的。

【名词与术语】

负债　　流动负债　　长期负债　　可转换债券　　或有负债
表外融资　　债券退除　　债务重组

【思考题】

1. 什么是负债?负债具有哪些特征?
2. 长期负债和流动负债的划分标准是什么?长期负债在什么情况下应划分为流动负债?
3. 企业发行公司债券的原因有哪些?
4. 什么是可转换债券,如何对换股权进行会计处理?
5. 如何对或有负债进行核算?
6. 债务重组的含义是什么?债务重组分为哪几种?

第七章

业主权益及其确认与计量

【本章导读】

根据资产负债表的恒等式,业主权益在金额上等于资产减去负债,它代表所有者在企业资产上的剩余权益;股东权益的变动主要包括投入资本增加、投入资本减少、经营损益以及企业合并。本章对业主权益的 6 种理论进行分析比较,介绍业主权益的分类,并对股东权益变动的确认和计量进行了说明。

通过本章的学习,要求了解 6 种业主权益理论、企业的组织形式、业主权益的各种具体表现形式的含义、组成以及会计确认;掌握业主权理论和主体理论,以及股东权益增减变动的确认和计量。

业主权益是一个重要的财务报表要素,它代表业主(股东)或出资人对既定经营主体的资源以及经营收益的要求权。对业主权益的定义及其确认与计量直接影响经营主体财务状况的确定与报告以及经营收益计算和分配。所以,在财务会计理论中,业主权益的研究也占据一席重要的地位。

第一节 业主权益的性质

业主权益代表所有者(股东或出资人)对企业的一种静态要求权,通常又称为股东权益。虽然业主在企业中所拥有的权利是多种多样的,但从会计角度来看,主要侧重于业主对现金和其他资源的处置权利,以及在企业清算时对剩余资产的分配权利和出售或转让企业产权的权利。根据美国财务会计准则委员会(FASB)的定义:业主权益是"某个主体的资产减去负债后的剩余权益"。简单地说,就是业主对企业资源(包括收益)的要求权。

通常,业主权益和负债一起构成对企业全部资源的要求权。虽然某些种类的公司股票

权利与某些长期债券的权利极为相似,但一般说来,业主权益和债权人权益之间是有区别的,其区别体现在以下方面:

(1) 债权人要求支付利息和偿还本金的权利在股东之前,即业主权益对企业资源的要求权次于负债;

(2) 负债到期日应支付的金额一般是固定的,其所支付的利息通常都是按债券面值一定百分率计算,而对股东所支付的股利往往要依期间收益、留存收益和可供分配现金数额而变化,并且必须经过董事会正式宣告才能发放;

(3) 债权人求偿权的到期日通常是固定或事先确定的,而股东权益并不代表企业的法定义务,股利仅在正式宣告之后才能视为企业的负债。除少数例外情况,股东不能期望在一定日期或事先确定一个日期收回其投资。

在计量方面,业主权益不必像资产和负债那样单独计量,因为它既不能按现行市价,也不能按主观价值来计价,而只是根据会计程序计量资产和负债所形成的结果,即企业资产总额减去负债总额之后的余剩权益或净资产。

通常,财务报表上列示的业主权益数字并不反映其现值,也不能从特定资产或负债项目的计价中得出。不同于资产着眼于未来经济利益的权利和负债着眼于未来牺牲的义务,业主权益的决定要依据所采用的权益概念,着眼于企业在一定时日的资源净值。

在财务会计理论中,业主权益的定义与内容从属于资产和负债的定义,尤其是在资产已经确定之后,业主权益就取决于负债的确认和计量,因为它表示一种资产减负债后的余剩权益。但是也有些学者认为,这样理解未必恰当,因为这样将导致在财务会计上把不能列为负债的要求权都归入业主权益,其中包括一些不完全具备企业的业主权利的项目,如优先股权和少数股东权益等。这些项目实际上是业主权益和负债的混合体,或者是介于两者之间的另一类要求权。从理论上说,有必要对业主权益作出更为严格的定义,而不是简单地视为扣减负债之后的余剩权益。比如说,可以再设立一类"准权益",用于归属不能充分满足业主权益的余剩权益。

目前财务会计中存在着多种理论来说明对业主权益的确认和计量,其中较有代表性的权益理论主要有下述几种。

一、业主权理论

业主权理论产生于最初对复式簿记所作的解释。在会计恒等式中,"资产－负债＝业主权益",即业主居于权利的中心,资产是业主所有的,负债则是业主的义务,业主权益就代表企业所有者所拥有的企业净值。在企业初创时,其净值等于业主的投资。在企业的经营过程中,其净值就等于业主的初始投资和新增投资加累积净收益减业主提款和分派业主款。

所以,业主权理论是一种净财富概念,即代表所有者(业主)拥有的净财富(净价值)。

按照业主权理论,收入即为业主权益的增加,费用为业主权益的减少,收入大于费用而形成的净收益,直接归属于业主权益的增长。由于收益代表财富的增加,它应立即记为业主资本或权益的增加。发放现金股利应视为业主资本的撤出,留存收益则是业主权益的一部分。股票股利仅仅表示业主权益之间的内部转移,并不代表股东的收益。然而,债务利息代表业主的一项费用,应在决定业主的净收益之前予以扣除。公司所得税在业主权理论下也应视为一项费用,或者说它只是股东应纳的所得税而由企业代为支付而已。

总括收益观是基于业主权理论的,因为这时的净收益应包括在期间内影响业主权益的全部项目,而仅仅排除股利发放和资本交易。但是,业主权理论并未指明净收益是怎样计算的,它只是强调业主权益变动的性质及其在资产负债表上的分类。

业主权理论特别适用于独资企业组织,因为在这种组织形式中,企业的业主和管理者通常是一种个人关系。当然,这一理论对合伙形式的企业也是适用的。在独资或合伙企业中,由于各期净收益是直接加入业主的资本账户,业主权理论显然占有支配地位。

对公司组织形式来说,业主权理论的适用性有一定的限制,但是并非不能适用。相反不少会计学者认为,公司的资本股本、缴入溢余和留存收益都是股东的净财富,从而含蓄地体现着业主权理论。例如,亨德里克森在 1992 年版的《会计理论》一书中就提出:公司净收益通常被视为股东净收益,在财务报表上必须列示每股盈利,有时还列示每股净资产,对附属公司非合并投资的会计处理也和业主权理论有关。母公司在附属公司每年收益中的比例份额都被加入投资账户,而依据就在于附属公司的收益是属于股东的,其中母公司就是大股东。

二、主体理论

与业主和其他权益持有人的个人事务和其他权利分类的企业主体存在,是可以依据所有权或全部权益概念来确定的。但是主体理论认为,企业主体本身是独立存在的,甚至具有自身的人格化。企业的创立者和业主并非与企业的存在相同。虽然这一关系也适用于其他组织,如大学、慈善机构和政府组织等,但主体理论主要适用于公司组织。

主体理论依据的会计恒等式"资产=负债+业主权益",即"资产=权益(负债+业主权益)"。虽然这一等式的右方项目有时也统称为负债,但它们实际上是对企业不同权利的权益。负债和业主权益之间的主要区别在于:如果企业进行清算,债权人权利的确定可以不受其他项目价值的影响,而股东权益则是以初始投入资产的价值加上再投资收益价值及随后的重估价来计量,但是,股东收受股利和分配清算投资的权利,应视为权益持有人的权利,而不是对特定资产所有者的权利。

　　因此,根据主体理论,负债是企业自身的特定义务,资产代表企业自身收受特定物品和服务或其他利益的权利。所以,资产的计价必须反映企业已获得利益的计量。

　　企业的净收益通常以股东权益的变动来表示,但不包括由于股利分派和资本交易所引起的变动。但这并不等于说,净收益是像业主权理论的含义那样作为股东的收益,它是代表扣除其他要求权(包括长期债券利息和所得税)之后权益状况的余剩变动。公司净收益既可以用于发放股利,也可以用于扩大投资,只有投资价值的增加或股利分配部分才属于股东的个人收益。

　　如果从严格的主体理论概念来看,企业赚取的收益只是企业自身的财产,只有股利分派部分才代表股东的收益。因此,留存收益应视为"公司自有的权益"。由于公司收益不增加股东权益,所以股票股利也应作为股东的收益。此外,主体理论还认为,债务的利息应视为收益的分配而非费用,即对各种权益持有人进行的分配,均属于公司收益的分配。例如,美国会计学会(AAA)的会计概念和 FASB 在 1957 年就指出:利息费用、所得税和纯分红计划的分配,都不能作为决定企业净收益的因素。

　　既然净收益不被视为直接属于股东的收益,收入和费用也并不代表股东权益的增减,这样,收入只是企业的成果,费用就是企业为获得收入而消耗的物品和服务。所以,费用只是收入的减项,其差额则代表必须以股利形式分给股东和以再投资形式留给企业的公司收益。

　　除了公司组织形式外,主体理论对独立于个别业主生命而持续存在的非公司形式也是相关的。它还适用于合并报表的编制,但在这时,相关的概念是经济主体,而不是法律主体。而企业的权益所有者集团除了母公司股东、母子公司的债权人之外,还应扩大纳入子公司的少数股权持有者。

　　有些学者认为,业主权理论和主体理论可能导致不同的资产计价基础。根据业主权理论,资产应按现行价值计价,因为业主权益被视为业主的净财富。而根据主体理论,企业并不关注现行价值,因为它所强调的是对业主和其他权益持有人的成本受托关系。但亨德里克森认为,现行价值对决定企业收益也是重要的,因为它可计量对企业的未来服务以及管理机构未来决策的基础。所以,这两种权益理论对资产计价基础的影响是次要的。

三、剩余权益理论

　　剩余权益理论最早是由美国会计学家佩顿在 20 世纪 30 年代初期提出的。佩顿认为,剩余权益是主体理论的不同种类权益的一种。根据主体理论,股东像其他的权益持有人一样(而不是作为业主)持有权益。但在会计上,股东权益代表一种剩余权益的特定关系。因此,在资产的计价、收益和留存收益以及其他权益持有人的利益等方面的变动都会反映在普通股股东的剩余权益中。所以,剩余权益理论是介于业主权理论和主体理论之间的一种概念。它所依据的会计恒等式"资产－特定权益＝剩余权益"。这里的特定权益包括债权人的要求权和优先股股东的权益,剩余权益则仅指普通股股东的产权。但是,在企业面临重大损失或处于破产清算时,普通股股东权益可能消失,从而优先股股东或是债权人将成为剩余权益的持有者。

剩余权益理论的主要目的是为了更好地向普通股股东提供有助于他们进行投资决策所需要的信息。在长期持续经营的企业中,普通股股票的现行市价主要取决于未来股利的预期,而未来股利又取决于对总收入减特定的契约义务、对特定权益持有人的支付和再投资需要等方面的预期。这样,通过考察基于现行价值计量的剩余权益的变动趋势,就可以计量投资价值的变动趋势。

通常,普通股股东被认为对企业的收益及最终清算中的净资产拥有剩余权益。既然财务报表并非根据可能清算的基础编制,提供有关剩余权益的信息,将有助于预测普通股股东可望获得的未来股利(包括清算股利)。因此,收益表或收益与留存收益表将反映在扣除优先要求权(包括优先股股利)之后剩余权益持有人的可获得收益。而在资产负债表上,普通股股东的权益将与优先股股东和其他权益持有人的权益分开列示。资金表(现金流量表)同样要列示可供企业用于支付普通股股利和其他目的的资金。

四、企业理论

企业理论的概念比主体理论更为宽泛,但它的范围和应用尚未明确。主体理论认为企业是一个单独的经济主体,主要是为其权益持有人的利益而经营。但企业理论则把企业看成一个社会组织,是为众多利益集团的利益而经营。在最广意义上,这一利益集团除了股东和债权人之外,还包括职工、顾客、政府的征税与立法机构,直至一般公众。因此,广义的企业理论又可理解为会计的社会说。

这一概念最适用于现代大公司,因为它们有义务考虑其活动对不同利益集团和整个社会的影响。从会计的角度看,这意味着适当的报告责任不仅限于股东和债权人,而且还应面向许多其他集团和社会公众。大型公司不能仅仅为股东的利益而经营,它们还要兼顾其他集团的利益。例如,公司员工及工会组织需要利用会计数字提出他们对增加工资和其他福利的要求;顾客和立法机构则关心公司产品价格变动的公正性;政府则要关心价格变动对国家总体经济状况的影响。

因此,根据这一企业的广泛社会责任概念,最相关的收益概念是增值概念。企业的总增值额是其生产物品和服务的市场价格减去从其他企业获取物品和服务而转移的价值。这样,增值表将包括对股东支付股利、债权人的利息、员工的工薪、政府机构的税收和企业留存收益等全部支出,折旧应属于总产值概念而不是净收益概念。

根据企业理论,比增值概念更狭义一些的是企业净收益概念。这一概念除了包括传统股东的净收益外,还包括利息费用和所得税。它之所以包括所得税,是因为所得税是企业代表股东向政府缴纳的。如果要采用更广的收益概念,企业净收益甚至还应包括公司其他福利项目的支付。此外,留存收益的地位类似于主体理论概念,它代表收益权益持有者的部分权益,或是代表未分配权益——企业自身的权益。主体理论侧重于前者,而在企业理论中,再投资于企业的收益并非仅仅有利于剩余权益的持有人。投入资本用于保持市场地位、提高生产效率或促进一般的扩展,这不仅对股东有好处,还有利于提高职工的工资福利和增加政府税收。实际上,如果不能增加未来的股利,股东可能不能有收益。

五、基金理论

这一权益理论摒弃了业主权理论中的个人关系和主体理论中把企业作为一个经济或法律主体的人格化,而以经营活动趋向单位作为会计处理的基础。这一方面的权利称为基金,基金包括了一组资产和代表特定经济职能或活动的有关义务和限制。

基金理论所根据的会计恒等式"资产＝资产的限制"。这里,资产代表基金或经营单位的未来服务。负债代表对特定或一般基金资产的限制,投入资本代表使用资产的法定或财务限制。也就是说,除非得到部分或完全清算的特定授权(有少数例外),投入资本必须保持完整。但是,即使是投入资本的部分清算也需要有充分的披露。对留存收益的分派代表了管理机构、债权人或法律所施加的限制。未分配留存收益也代表一种限制,即资产应用于指定目的的一种余剩综合限制。因此,全部的权益就代表了来自法律、合同、管理、财务或公正因素等方面的限制。

基金理论在政府机构或非营利组织中最为适用。例如,在一所大学中,一般运用的基金包括捐赠基金、学生贷款基金、工厂基金、附属企业基金和本期教育活动基金。每一项基金都有既定目的的特定资产限制。然而基金理论也适用于公司组织的某些特定权益方面,诸如财务报告中的偿债基金、分支机构会计、不动产和信托会计等方面都直接运用了基金理论,而且合并报表的编制也属于这一理论的应用。另外,基金理论还能适用于财务会计的其他领域。在区分流动资产和固定资产或是区分不同的权益时,基金理论显然是有用的。

根据基金理论,尽管收益概念可以保留,但它不是财务报告的核心。相反,基金表将更清楚地反映各项基金的运用情况,主要的财务报表则是关于基金来源和运用的统计总汇。如果要编制收益表的话,则只是作为基金表的附表,即说明经营活动中所提供的资金。由于基金理论并没有限定为某一特定权益持有人服务,所以所有的利益集团都可以从财务报表中得到其所需要的信息。

六、指挥者理论

美国会计学者路易斯·戈德博格在 1963 年提出，几种主要的权益理论偏重于业主（如业主权理论）或是经营主体（如主体理论），但是为什么不考虑企业管理者的观点？他认为管理者是企业经营活动的指挥者，应当是企业内部活动的焦点。管理者和企业的业主之间存在着不同的自我利益，他们有着不同的信息需求，或者对会计数据具有不同的解释。管理会计的产生和迅速发展正说明了会计活动不能忽视管理者的职能及其行为。

指挥者理论从协助管理人员控制资产及其增值的角度来说明会计活动，它强调管理者的目的与需要应当与业主或企业自身的目的和需要同样重要。在不同的权益理论中，业主权理论、主体理论和基金理论分别着重于所有权、拟人化主体和基金类别，指挥者理论则强调控制职能，任何具有支配资源的人士都属于管理者。这一理论认为，控制的含义是广泛的，足以纳入与企业资源相关的利益人士或团体。会计职能是履行经管责任的一项基本要素。管理者如何根据相关利益人士或团体的目的最有效地分配和使用企业的资源是至关重要的问题，至于资源增值的归属问题则是第二位的。根据指挥者理论，会计上应根据组织内部不同层次管理者（指挥者）的控制责任权限来确认收入和费用，或者说应当根据责任会计模式来设置会计报表，借以反映不同控制层次管理者对企业整体利润的贡献。

也有会计学者认为，指挥者理论较之其他权益理论具有更广泛的适用性，可以应用于解释不同类型组织的会计活动。因为指挥者的含义是很广的，可以包括不同的人士。例如，在独资企业或合伙企业中，业主或合伙人同时具备所有者和指挥者的身份。在公司的组织形式中，管理者和股东都可归属于指挥者，因为他们对公司的资源都进行一定的控制，如管理者控制资源的利用，股东则控制其投资收益的分配。从这个意义上说，指挥者理论并不完全排斥业主权理论或主体理论，而是，它要强调对权益的理论解释，即不能忽略管理者的利益及其控制职能的信息需要。

上述各种权益理论从不同的角度说明企业的经济状况，强调了不同的权益持有人或利益关系集团的权益。显然，以它们为依据的收益概念或者对权益的披露其方法是不同的。这些理论除了影响企业的资产计价和收益的内涵之外，还将侧重于另外两个问题：一是谁是企业净收益的受益者；二是在财务报表中应如何反映权益关系。这些问题对财务会计目标有重大影响。

在上述 6 种权益理论中，业主权理论和主体理论分别起源于复式簿记的实际业主和虚拟业主两种拟人化记账理论；剩余权益理论是为适应公司的产权特征而对业主权理论和主体理论的折中处理；企业理论则着眼于企业的价值增值，在范围和应用上缺乏准确界定；基金理论则主要面向政府机构和非营利组织，侧重于资金运动的预算管理；指挥者理论致力于企业内部的政策,不能全面地说明企业的经营活动,更适用于管理会计而不是财务会计。因此,真正影响现行财务会计理论和实务的、最为人们广泛接受的,仍然是业主权理论和主体理论两大传统权益会计理论。

第二节 业主权益的分类

权益代表不同所有者集团对企业的要求权。为了如实反映各个权益持有人的利益,在财务会计上要求对权益进行必要的分类和报告,而且分类形式将取决于企业的组织形式和权益持有者的特点。

在独资企业,整个所有者权益通常表现为一个数额,即代表业主个人对企业的所有权。由于独资企业对业主的投入和提款没有什么限制,而且除了债权人之外没有其他优先要求权,所以业主权益一般不需要再分类。但是,资本和收益还是要有区分的。收益只能在各个会计期末计算得出后转入资本账户。资本账户还要包括业主的增加投资或提取资金,其余额代表在各个会计期末的业主权益。

在合伙企业,所有者权益的性质类似于独资企业,但合伙企业的权益需按每个合伙人的权益进行分类,分别记录其投资的增减。另外,通常还要对每一合伙人设立单独的提款账户,以便控制其提款是否符合合同契约的规定。但提款账户属于过渡性账户,应在期末结转至相应的资本账户,借以反映每个业主的权益及其变动。

在公司企业,股东和债权人之间的权益关系比独资和合伙企业复杂得多,也需要更为详细的分类,其目的是为了更好地向股东、债权人和其他利益集团(如员工、顾客和政府机构)提供关于他们过去或预期的经济效益以及企业经营管理效率的信息。为此目的,公司财务报表中权益(即股东权益)的分类应有助于提供下述 4 个方面的信息:一是公司的资金来源;二是向股东分派资本的法律限制;三是向现有或潜在的股东分配股利的各种限制;四是各类股东在企业处于部分或完全清偿时的求偿顺序。

1. 反映资金的来源

对股东权益的传统分类通常依其不同的来源而分为 4 项:

(1)股东缴入资本(包括股本和缴入资本溢余);

(2)净收益超出股利支付后的数额即留存收益;

(3)资产因货币购买力和物价变动的重估价盈余;

(4)非股东对企业的捐赠。

这种分类在影响权益的初始交易中可以大致揭示出公司股东权益的主要来源,但是当由于发行股票、分派股利或其他事项把留存收益转为资本和资本溢余时,按初始来源分类的关系就会变得模糊或消失。

2. 揭示法定资本

在公司组织形式下,股东通常只有有限责任,即他们的责任仅限于缴入或认购的股本,而不对企业的债务承担个人责任。债权人只能指望从公司的资产得到偿付。为了保护债权人的利益,各国立法机构对股份公司都制定一些法律限制,即要求公司必须保持一定的最低限额法定资本,它不能用于分派股利,以便为债权人提供一定的公司偿债能力。因此,在理论上,应从股东权益中分出法定资本,单独列示和报告。但在实务中,除小型或初创公司之外,一般不在财务报表上揭示法定资本。因为,大型或已经获利的企业,其法定资本权占股东权益总额的比重很小,从而对股利发放和债务清偿不会有太大的影响。

3. 揭示收益分配的限制

应当明确,对公司收益的分配与处置意图的揭示不同于收益分配限制的揭示。尽管这两者具有一定的联系,但又并不存在必然的因果关系。所以,对股东权益的分类必须对这两者加以区分。

首先,如果现金股利将使净资产减少至低于企业的缴入资本总额,就不得支付现金股利,即使部分或全部缴入资本溢余可以合法地进行分配也是如此,这是由于会计上必须区分股本和收益的不同性质限制。如果股利应从缴入溢余中支付,根据这项会计原则,这种支付就应作为清算股利,即作为资本的回收而不是作为资本的报酬。

其次,企业的留存收益不可能全部作为现金股利而分配给股东。事实上,留存收益名称就意味着,它是准备用于企业永久投资的,而不是可供分配股利的。其理由是:

(1) 大多数企业的股利分配都与本期或前期收益与股利相互联系着,但似乎大都趋向于应用本期而不是前期收益来发放股利;

(2) 对大多数已发展成熟的企业来说,其留存收益的金额一般都大于股东直接投入资本,或者至少占股东权益的很大比重,它实际上已起到了资本的作用。因此,公司的财务政策一般都不允许股利支付额等于留存收益,否则无异于分配公司的资本。

由于把一部分股东权益归类为留存收益并未指明企业在未来可支付股利的数额,也没有反映企业在这方面的意图,就尤其有必要从法律、合同、财务或管理等方面对股利的支付给予限制,报告对留存收益的分拨。这里应注意的是,即使是"未分拨留存收益"也并非都能用于发放股利。

向普通股股东支付股利还要受到优先股股东或其他股东所拥有的优先要求权的限制。虽然传统财务报表上的权益分类并未揭示这方面的限制,但是,用括号或附注揭示这种限制对达成财务报告目标是很有帮助的。

4. 揭示对清算分配的限制

根据公司章程的规定,在企业清算时,债权人的要求权通常优先于股东,而某些股东的要求权又优先于另一些股东。如优先股股东的要求权就在普通股股东的要求权之前。因此,如果这些优先清偿额在企业净资产中已占相当大比重,或者企业很可能面临部分或完全清算,则应在财务报表上反映清算分配的限制即优先清偿权,尤其是企业正进行或计划进行清算时,股东权益按初始来源分类就失去作用,而按清偿顺序进行的分类将更为恰当。当然,对清算分配限制的揭示也可以采用表上括号或报表附注的形式。

综上所述,股东权益有不同的分类方法,任何一种股东权益的分类,均不可能同时反映企业资本来源、法定资本、限制收益分配和清算分配等多种目的,而只能反映其中一个方面,例如仅反映企业资本来源。至于法定资本、股利分配和清算分配上的限制,则可以在会计报表附注中加以说明,这样有助于分析和评价各种产权所有人在企业中的产权变化情况。

第三节 股东权益变动的确认

在公司企业的经营过程中,股东权益将发生一些变动。影响股东权益变化的事项主要集中在 4 个方面,即投入资本增加、投入资本减少、经营损益以及企业合并。

一、投入资本增加

投入资本是指对公司的投入价值,即通过股东认购和购买股票(及增发股份)或接受债务,或是由公司购入和出售库存股份以及将留存收益转入投入资本等形式转化为股东权益及其增加。

(一)股东的认购

当企业通过出售以前未发行的股票而获得现金或其他等价物时,就能增加投入资本或股东权益。通常在会计处理上还要分为票面价值或设定价值(股本)和超过面值的盈余(缴入资本溢余)两个部分来反映。根据惯例,股东对股本的认购和购买还是有区别的。也就是说,当企业收到认股书时,能否确认为投入资本的增加则要取决于公司获得的权利或股东承担的义务。

一种观点认为,已经认购而未发行的股本只能代表增加资本的承诺,而不是投入资本的增加。尤其如果公司对认购书并不收取股款,或者收款期是无期限的,则股本认购书不能代表投入资本,不能予以确认并且列示为业主权益项目。

另一种观点认为,已经认购的股本无论是否发行都应作为法定资本的一部分。如果股份认购者的法定权利已经确定,公司可望在一定的合理期限内通过适当的程序收取股款,这时,已认购股本就可以视为永久性投资而纳入投入资本。

(二)债券的转换

在一些情况下,债权人可将所持有的可转换债券换取公司的股票,这时将增加投入资本。这项转换交易的确认方法有两种:

(1)将长期债务的账面权益(债券的票面价值加减未摊销溢价或折价)在发行新股时分别重新归类为股本和缴入资本溢余,从而不确认转换损益;

(2)按债券或股票的现行市价记入股东权益账户,其现行市价超过债券面值的部分作为转换损失,如果现行市价低于债券的账面价值,则反映为转换利得。

(三)优先股的转换

优先股虽然属于权益性证券,但又不同于普通股。它不承担企业经营的风险,因而没有剩余索取权,也不参与企业经营活动的决策。在一般情况下,优先股具有类似债券利息的设定股利率,并且较之普通股有着优先参与企业税后利润的股利分配。为了增进优先股对投资者的吸引力以及降低设定优先股利率,有些企业发行的优先股附加可转换为普通股的契约,通常是事先设定优先股和普通股的转换比率(转换比率是基于优先股发行日市价和当时普通股市价之间的比例关系而定的),当优先股持有人根据既定契约转换普通股时,会计上要求把优先股的票面价值加上既定比例的优先股缴入资本溢余转为普通股资本账户。如果这一价值不同于所转换的普通股的面值或设定价值,有必要区分普通股股本(面值)和普通股缴入资本溢余分别加以入账,由于优先股和普通股都已属于股东权益,两者之间转换不能确认任何损益。

(四)股票股利与股票分割

股票股利虽属于一种财务安排,但它是否影响投入资本或股东权益的变动,则要视如何确认股票股利业务的性质和加以资本化的金额而定。

在现行实务中,主要的观点认为股票股利并不是收受人的收益。

(1)根据主体理论,公司企业是一个独立的实体,除非将企业的资产分出一部分给股东,否则股东就没有得到收益。这样,现金股利就代表资产的转移,是收受人的收益,但股票股利没有把企业资产分配给股东,就不能作为股东的收益。

(2)留存收益是股东权益的一部分,当企业收益再投资时,股票股利并不增加企业的股东权益。

但另外一种观点认为,留存收益代表企业自身的权益,而股东权益仅包括股东投入的资本,即股本和缴入资本溢余。因此,股票股利和现金股利一样,都使股东获得新的东西,应当视为股东的收益。也就是说,股票股利是把一部分未分配的公司权益转移给股东,因而会增加投入资本或股东权益。

在计量方面,股票股利是否增加股东权益取决于其入账的价值。根据上述的第一种观点,股票股利仅反映在外的股份数额的变动,并不改变资本的来源。如果是为了反映法定资本总额变动,须从留存收益或缴入资本溢余中将股票股利金额转入股本账户,通常应按票面价值(有面值股票)或设定价值(无面值股票)计算。这也代表股利资本化的最低数额。

但是,如果把股票股利视为股东的收益,其金额应当是按照股份的现行市价计算的。因为股东可以把这些增发的股份按现行市价出售,从而他们的投入资本和有关权益(即代表股东个人的股本和缴入资本溢余的份额)就会由于股票股利而增加。

股票分割是类似于股票股利的财务安排,但又有着不同的目的。所谓股票分割是将现有的在外流通普通股数量按一定的比例增加(如2∶1),其目的是为了降低每股普通股的股价,增加市场的流动性。如原在外流通股股份为200万股,经过2∶1的股票分割后,新的在外流通股股数为400万股,而且每股面值亦相应降低一半。但是股票分割不会导致股东权益的变动,因为它并没有产生任何资产或业主权益的再分配。

(五) 认股权

认股权是指企业给予其员工或其他人员在既定期限内按设定价格认购既定数量的普通股的一种权利,在实务中被广泛应用于企业对主管人员或其他员工的服务报酬的构成内容,作为促使主管人员或其他员工提高企业经营成果及企业股票市价的一个激励手段。当企业股票的价格上升到高于设定的认购价格时,认股权往往会被行使。这时,企业需要增加发行普通股,并且引起股东权益的变动。

在实务中,认股权又分为非报酬性和报酬性两种类型,前者的目的仅限于募集额外的资本或是用于对全体员工的参股计划,并非是为了对少数员工提供额外的报酬。一般而言,非报酬性的认股权应具备下列特征:

(1) 企业的全部员工都参与,并且是按公平比例获取认股权。

(2) 认股价格折让不会超过在正常增发股票情况下给予现有股东或其他人士的发行折扣。一般而言,认股价格相对现时股票市价的折让比率不应超过5%。

(3) 认股权并没有赋予员工不同于外部股东的其他特别优惠条件。

由于非报酬性认股权没有涉及对员工的额外报酬,在其被执行之前,企业仅需作备忘录,列示可能需要增发的普通股股份。当员工认购股票时,应采用正常发行股票的会计程序记录股东权益和现金的增加。倘若认购没有被执行,则在到期日作备忘录注销。

报酬性认股权一般只是给予企业的主管和少数重要职员,往往代表企业对他们的非薪金报酬支付。通常认购价格将显著地低于认股权实行时的股票市价,而认股权持有人必须满足一定的契约条件(如最低服务年限或既定的盈利水平或股票市价水平)才能执行认股权。由于涉及对员工的报酬支付,这一类型认股权的会计处理亦较为复杂。如美国会计原则委员会(APB)第25号意见书建议,认股权所涉及的报酬性费用必须予以确认和记录,并且在享有认股权的员工的契约规定服务年限内平均摊销,进行损益计算。

APB建议企业采用"内在价值法"记录认股权所涉及的总报酬性费用,即认股权的授予日的股票市价与认购价之间的差额乘以认股权涉及的股份数额。其理论依据是,在认股权授予日的股票市价和认购价格之间的差额表示与认股权相关的机会成本。企业与员工之间的劳务合同体现企业对员工可能提供的边际收入的支付,而员工接受规定的薪金和认购价作为其服务的报酬,所以认股权涉及的股票价差必须作为员工报酬费用的构成部分。在会计上对合同规定年限内平均摊销的认股权报酬费用应作分录如下:

借:员工报酬费用 ×××
　　贷:普通股认股权 ×××

"员工报酬费用"作为经营费用进入收益表,而"普通股认股权"必须列示于资产负债表上业主权益的"投入资本"项目内。

这种认股权的最终价值取决于在未来认购日的股票市价和认购价格之间的差额。从理论上说是介于零(即不认购)到非常大(即市价显著地高于认购价)之间。一种观点认为,企业对认股权承诺的报酬费用应当按照从零到极大值之间的预期价值来确认。但问题是,这种预期可能带有极大的主观性,或者将成为操纵利润的一个工具。

不过,仅仅根据在认股权授予日的股票市价和认购价之间的差额确认认股权涉及的报酬费用,存在着很大的缺陷。在实务中,员工通过报酬性认股权获得的收益是相当大的,甚至数倍地高于薪金水平。因此,从理论上说,内在价值法虽然可得出较为可信的记录,但却与收益计算和业主权益决定不相关。许多会计学者都认为,内在价值法将导致企业高估净收益(因为低估了员工报酬费用)和投资回报率以及掩饰了执行认股权可能产生的盈利稀释影响(由于股本份额将增加)。由报酬性认股权的确认与计量同时影响收益表和资产负债表的确认,其关键问题在于如何确定认股权的价值及相应的报酬性费用。一种观点认为,应当根据企业从中收到的效益(即员工提供服务的价值)来确定。例如,可以估计员工因接受认股权而放弃现金薪金收入的折现值来计量认股权在授予日的价值。另一种观点认为,可以根据企业的成本牺牲(即放弃的股票价差)来计量认股权的价值。但这一放弃的股票价差并不是由认股权授予日所决定的,而是在未来期间员工执行认股权时的股票价差,因而必须估计这种未来的股票价差,它将较之内在价值法提供更为相关和有用的信息。后一种观点从20世纪90年代初以来日趋流行,并且促使FASB重新检讨早先APB第25号意见书的适用性。经过几年的讨论和修改,FASB于1995年公布了SFAS 123《股票基础报酬的会计处理》，建议以公允价值法取代内在价值法来确认和计量报酬性认股权的价值和员工报酬费用。

由于认股权将在未来期间执行，其授予日的公允价值只能是一种估计，如利用资本市场的期权计价模型进行估算。在理论上，这一公允价值应等于股票现行价值减去未来执行日认购价格的折现值，用公式表示如下：

$$O = S - \frac{E}{(1+i)^n}$$

式中 O 为认股权有授予日的公允价值，S 为股票认购价格，i 为无风险金融资产的利率，n 为从授予日至认股权执行日的年数。

相对于内在价值法，公允价值法更为可取，因为它反映企业将支付的实际报酬性费用，提供了更为准确的净收益和投资回报率数字，它还有助于外部投资者评估员工认股权被执行的可能性及其对股东权益变动的影响。所以，FASB 推荐这一方法，但并未禁止按 APB 的第 25 号意见书应用内在价值法。

采用公允价值法只是改变对认股权价值及总报酬性费用的计量，至于会计分录则仍与内在价值法要求的一样，即各期登录平均摊销的"员工报酬费用"和"普通股认股权"账户，员工到期执行认股权，其缴入的认股价格加上"普通股认股权"账户余额应转为"普通股股本"（面值）以及"缴入资本溢余"。倘若认股权在到期日前被放弃或到期未执行，原先确认的员工报酬费用不受影响，但已确认的"普通股认股权"账户余额要转入"缴入资本溢余"账户。

（六）认股证

认股证是指允许持有人在规定期限内按既定价格购买普通股股票的证书，通常在两种情况下发行：

（1）作为现有普通股股东享有按持股比例认股拟新发行股票的证据；

（2）作为已发行债券或优先股的额外优惠条件。

认股证具有类似认股权的一些特征，但两者又有区别。认股权多用于对员工的报酬性支付，认股证主要是对现有股东或债券持有人发行。认股证的有效期相对较短，但是可以在市场上公开交易或自身具有一定的市场价值。

在现行实务中，对现有股东发行的优先认购新股权的认股证的会计处理相对简单，仅需把这些认股证作备忘录而不必正式确认入账。倘若现有股东执行认股证规定权利认购新发行股票，企业必须根据实际收回的现金流入来入账。如果这一现金收入大于发行股票的面值，其差额应记为"缴入资本溢余"账户。对于依附于已发行债券或优先股的认股证，则要单独确认，因为它们可以分离开来在市场上公开买卖。这类认股证自身是有价值的，取决于其在市场上的价格。所以,企业发行附带认股证的债券或优先股而收到的现金应当包含债券或优先股的价值和相关认股证的价值,两者必须分离入账。通常,可以把收入的现金总额依据所发行债券(或优先股)和认股证在发行日的公允价值比例分摊,归属于认股证的现金收入应记为"缴入资本"。倘若认股证持有人按设定条件认购股票,应根据认股证的价值加上股票认购缴入现金确定新发行普通股股份的账面价值。如果认股证到期未被执行,原分配于认股证的价值仍然保留于"缴入资本"账户。

二、投入资本减少

一个企业的投入资本(股本和缴入资本溢余)通常被视为企业的永久性资本。在一般情况下,投入资本不能支付给股东,从而不会任意发生减少。而且,当某种特定股票(如优先股)被赎回时,类似于部分清算。有时企业可能从市场上回购自己的普通股,即库存股票,借以为了特定目的支付给部分股东或主管人员(如履行员工认股权义务),或是为了减少在外流通股票数额而稳定股票市价,也有可能减少股东权益。此外,当企业的累积亏损已经引起资本的实际减少而进行资本调整时,通常也要确认投入资本的减少。

在理论上,当企业赎回已发行股份而使股东权益相应减少时,对于投入资本和留存收益所带来的影响存在着不同的意见,其争议的基本问题是:(1)支付给股东的数额中多少应作为股东投资退回,多少应作为留存收益分配;(2)对法定资本的影响应如何确认。

通常,企业赎回原发行股份准备再发行注销时,可以有两种理解,即单一交易概念和双重交易概念,由此将分别形成两种处理方法:成本法和面值法。

(一)单一交易概念

如果企业购回原发行的一部分股份,并以相同成本的价格重新售给另外的股东,企业的股东权益及其分类并不会发生变化,这相当于一位股东的交易。如果公司重售股票的价格超过了成本,其超过部分则反映为投入资本的溢价。因此,股东权益按来源的分类及法定资本都不会有变动。然而,当库存股票按低于成本的价格出售时,成本超过售价的部分将表示投入资本的偿还或是留存收益的分配,但在实务中又有3种不同的意见:

(1)成本超过售价的差额应作为投入资本偿还,记入其他库存股票交易引起的资本溢余或同类股票缴入资本溢余账户。只有在这些账户金额不足抵补时,才能冲转留存收益。

(2)按相应比例减少缴入资本超过这些库存股票初始面值的部分,其余的作为留存收益的分配。这样可以不影响资本股本账户,以便于反映法定资本额。

(3)把库存股票的成本超过重售价格的差额全部作为留存收益的分配,这主要是出于简单和方便处理的缘故,或是为了不影响资本账户。

单一交易概念所存在的一个主要问题是,如果库存股票没有立即注销或重售,其成本代表尚未分配的股东权益的减少额,在库存股票的重新出售或注销之前必须一直挂在账上,从而使投入资本和留存收益出现高估并会导致误解,尤其是当库存股随后注销或以明显低于成本的价格重新出售时更是如此。

(二) 双重交易概念

根据双重交易概念,企业购进自己的股份被视为其资本结构的收缩,库存股票在随后重新出售时,则视同发行新股处理。

当赎回股份的支出超过其初始缴入资本额时,其差额应作为留存收益的分配。但是也有一种观点认为,赎回价格超过面值或设定价值的部分应全部作为留存收益的资本化而借记留存收益账户,而面值或设定价值超过赎回价格则要贷记缴入资本溢余账户。

如果库存股票是以成本超过既定比例投入资本的方式购进,其结果是要把一部分留存收益转作企业获取和重售库存股票的缴入资本溢余,即使购进与售出的价格一样,当购进库存股票时将减少留存收益,而在重售时将增加缴入资本溢余。另外,如果库存股票是按低于其面值或设定价值购进与售出,在购买时应增记缴入资本溢余,而在售出时应作为股票折价处理。

不论单一交易概念或双重交易概念,都有其合理的方面。如果企业购回库存股票的目的是为了向员工和管理人员出售,则采用单一交易概念。如果购回股票的目的是为了赎回有争议股东的股份,或是为了注销某种类型的股票,则采用双重交易概念更为合适。

三、经营收益或损失

股东权益变动的一个直接原因在于经营活动的结果。各个期间的经营收益将增加股东权益,经营损失则要减少股东权益。在实务中,经营收益或损失通常影响留存收益的增减变动,并将通过嗣后的股利宣告并减少支付留存收益和股东权益。由于经营收益或损失的确认与计量是财务会计的一个主要方面,因而要通过收入和费用的配比而决定。

四、企业的合并

企业间的合并或兼并也可能促使股东权益发生变化。但是当一个企业通过支付现金或交换其他资产的购买交易获取另一个企业的资产时,对购入资产通常按购置成本(即在交换中放弃资产的价值)入账,以便反映其现行价值。因此,被购企业的历史成本是不相关的,而购入企业的股东权益并不因为这一交易而有所增加。在以现金或其他资产购买另一企业的全部股本的情况下,其结果也是类似的。事实上,被购入企业可被视为已经解体,这一交易类似于购买该企业的资产(买方可能还要承接被购入企业的负债)。购买另一企业的交易或母子公司报表合并没有导致业主权益的变动,然而在合并过程中存在少数股权的情况下,合并企业的权益总额将会增加,因为被购企业少数股东的权益并不能由于企业的购买合并而抵消。但是,在合并资产负债表上,少数股权通常并不作为权益总额的一部分来列示报告。

另外,在企业合并时,如果购入企业通过增发股票交换获得被购入企业的资产,则购入企业的股东权益要相应增加。但是,它对购入企业股东权益分类的影响将取决于对合并交易的不同会计处理方法。

FASB 在 1976 年的一份讨论备忘录中提出,对企业的合并可能有 3 种会计方法加以选择。

(一) 权益集合法

这一方法的基本假定是,合并过程中涉及的有关企业只是合并其经营职能,各企业在法律意义上和经济意义上仍然继续存在,它们仅仅是将各自权益合并为单一经济实体,并无发生涉及资产或负债交易的重大事项。权益集合法下的会计处理特点包括:

(1) 被并入企业的资产和负债除了个别进行必要调整外,都按其原账面价值入账,不改变原有会计基础;

(2) 被并入企业的留存收益应加总并入合并企业的留存收益,因此合并后企业的业主权益大致上应等同于合并中涉及各企业业主权益的汇总额。

(二) 购买法

这一方法假定在合并过程中涉及一个企业(母公司)购买另一个企业(子公司)的交易,尽管母公司可能是发行股票交换子公司的资产、负债和权益。合并后被并入的企业视同解体,母公司作为合并后企业继续生存。因此,对被并入企业的资产和负债需改变其原有计价基础,按合并日的公允价值入账,其会计处理主要特点包括:

(1) 对购入企业的净资产根据购买方企业在交换时发行股票的市价进行计价,并将其分配给可确定的购入资产和负债项目,余额部分则确认为商誉或其他无形资产;

(2) 将交换时发行股票的总值记为"投入资本",并且区分资本股本和缴入资本溢余入账。

(三) 重新开始法

这一方法假定合并过程实际产生一个新的会计主体,全部有关的企业应视同解体,只有新企业继续存在。对这一新企业而言,在起始日获取的各项资产或负债都要按其现行市价入账。因此,合并过程不仅仅是一个企业购买另一个企业或一个企业将另一个企业纳入自己的经营活动,而是各有关企业都将自己的净资产按合并日公允价值转入合并后的新企业。在会计处理上,重新开始法不同于购买法的主要地方在于:被购入企业和购买方企业的资产和负债都要按合并日的公允价值重估入账。

在财务会计实务中,企业合并的会计处理主要是采用购买法和权益集合法,重新开始法尚未有应用。早期,多数企业乐于采用权益集合法,这不仅仅是因为它不改变计价基础、操作简单,而且由于未重估资产和确认商誉,在合并后各期的折旧和折耗相对较低,企业可以报告更高的净收益和投资回报率。此外,在权益集合法下,被并入企业的留存收益与合并企业的留存收益汇总,不会减少可用作股利分配的收益。

但是从理论上说,权益集合法是有缺陷的,因为它忽视了合并过程实际上涉及资产和负债交易的事实。即使一个企业发行股票交换另一个企业的资产和股权,实质上仍然是一种交易事项,双方对交换资产或权益要经过讨价还价,也就是一种购买交易。所以,对企业合并采用购买法是更为可取的。这一方法允许从会计角度把被并入企业视作解体和重新经营,其资产和负债应重估入账,正确反映其公允价值。另外,购买法将被购入企业留存收益转入"投入资本",而不是与合并企业留存收益相合并,也有可取之处。权益集合法下的留存收益合并,事实上是假设企业的合并过程发生于被并入企业开业之初而不是在合并日,这显然是与现实状况有矛盾的。

值得注意的是,FASB 在 1999 年 9 月 7 日的一份征求意见稿(ED)《企业合并与无形资产》中已打算完全放弃权益集合法,而只允许采用购买法。该 ED 第 13 段写道:"所有企业合并会计必须采用 APB 的意见书 No.16 第 66 段至 94 段所描述的,并由本委员会在本准则和其他会计文献中所修正的购买法。企业合并将不再使用权益集合法进行会计处理。"随后,FASB 于 2000 年初表决通过这份意见稿,要求自 2001 年 1 月 1 日起在企业合并中取消权益集合法的应用。然而部分人士担心这一要求可能削弱企业进行兼并的能力,并引发部分美国国会议员的反对。直到 2001 年 6 月,FASB 才正式公布了财务会计准则公告第 141 号《企业合并》和第 142 号《商誉和其他无形资产》,明确放弃在企业合并中对权益集合法的采用,而统一为购买法。这一变化反映了 FASB 今后在企业合并会计处理上已经走向与西方大多数国家和国际会计准则委员(IASB)相同的道路。

目前,国际上通行的做法是采用购买法。2001 年改组后的 IASC 也要求取消权益结合法,对所有的企业并购均采用购买法核算。我国 2006 年新发布的企业合并准则中规定,企业合并分为同一控制下的企业合并和非同一控制下的企业合并。

所谓同一控制下的企业合并,指的是参与合并的企业在合并前后均受同一方或相同的多方最终控制且该控制并非暂时性的合并。在合并日取得对其他参与合并企业控制权的一方为合并方,参与合并的其他企业为被合并方。通常情况下,同一企业内部各子公司之间、母子公司之间的合并属于同一控制下的企业合并。同一控制下企业合并采用权益结合法,合并方在企业合并中取得的资产和负债应当按照合并日被合并方的账面价值计量,合并方取得的净资产账面价值与支付的合并对价账面价值(如发行的股份面值总额)的差额,应当调整资本公积,资本公积不足冲减的,调整留存收益。被合并方在合并前实现的净利润应当在合并利润表中单列项目反映。

非同一控制下的企业合并,指参与合并的各方在合并前后不受同一方或相同的多方最终控制的合并。在购买日取得对其他参与合并企业控制权的一方为购买方,参与合并的其他企业为被购买方。购买方在购买日对作为企业合并对价付出的资产、发生或承担的负债应当按照公允价值计量,公允价值与其账面价值的差额计入当期损益。购买方对合并成本大于合并中取得的被购买方可辨认净资产公允价值份额的差额应当确认为商誉;购买方对合并成本小于合并中取得的被购买方可辨认净资产公允价值份额的差额的,应当对取得的被购买方各项可辨认资产、负债及或有负债的公允价值以及合并成本的计量进行复核,经复核后仍然小于的,差额应当计入当期损益。

◆◆◆◆◆◆◆◆◆◆◆◆◆◆◆◆◆◆◆◆◆◆◆◆◆◆◆◆◆◆

【名词与术语】

业主权益　　　投入资本　　　资本公积　　　股票股利　　　股票分割

认股权　　　认股证　　　企业合并

【思考题】

1. 什么是业主权益?业主权益与负债有哪些区别?

2. 业主权理论和主体理论的主要思想分别是什么?其主要差别何在?

3. 股票股利和股票分割有何异同?应如何进行会计处理?

第八章

收益确认与计量

【本章导读】

　　收益主要由收入和费用两个要素决定和构成,财务会计上的收益有经济学收益和会计学收益两种观点,而对期间收益的内容又主要有当期经营业绩观和总括收益观两种观点。在收益概念及其计量的研究中,必然涉及资本保持概念。会计学收益的确定有两种基本形式:收入费用观和资产负债观。会计上计量收益的具体方法可分为交易法和作业法。本章最后介绍收入、费用的性质与计量,利得、损失的含义与计量。

　　通过本章的学习,要求理解经济学收益和会计学收益的概念以及两者的关系;了解期间收益的具体内容和资本保持的含义;掌握收益的基本计算方法,收入、费用的性质与计量以及利得、损失的含义与计量。

第一节　收益的概念

▶▶▶

　　收益主要由收入和费用两个要素决定和构成,它是一个重要的会计概念。20世纪30年代以后,收益的理论及其计量一直是现代财务会计理论与方法中的核心。美国会计学者利特尔顿甚至认为,企业收益是企业会计的重心。其主要依据是财务会计从偏重资产负债表明显地转向偏重收益表,收益决定的重要性日趋上升,并导致了一系列会计理论和方法的发展。

　　从会计发展史看,收益概念主要产生于美国。美国会计学家 K·S·莫斯特在《会计理论》一书中提到,最早是由美国的鲁帕公司在 1903 年使用了"净收益"术语,而这一术语在20世纪20年代逐渐得以流行。但是在目前,财务会计上对收益仍有不同的解释,或存在不同的观点,从而形成了不同的收益概念。概括地看,收益的概念可分为两大类型。

一、经济学收益概念

在一般意义上,收益概念起源于经济学,因为经济学中长期都较为重视收益的含义。如亚当·斯密在 1776 年的《国富论》中最早把收益定义为"财富的增加"。而后其他一些古典经济学家,特别是艾尔弗雷德·马歇尔在 1890 年把亚当·斯密的收益概念具体化并引入了企业。这些古典经济学家区分了固定资本和流动资本,并把实体资本和增值(收益)加以区分,还提出收入必须是已实现的。

到了 20 世纪初,欧文·费雪对收益概念作了进一步阐述,提出了一种新的收益概念。他认为,经济学的收益具有 3 方面含义:(1) 精神收益,指人的心理需要的满足程度;(2) 真实收益,指一定期间经济财富的增加;(3) 货币收益,指经济资源货币价格的增加。

另一位经济学家林德赫尔把收益视为利息,即作为资本物在不同期间的"增值"。因此,在特定时期的利息和预期消费之间的差额就称为积蓄。这一观点把收益确定为既定时期内的消费加积蓄,积蓄就等于期间内资本的变动。即

$$Y_e = C + C(K_t - K_{t-1})$$

式中,Y_e 表示经济收益,C 表示消费,K_t 为在期间(t)的资本,K_{t-1} 为在期间($t-1$)的资本。

后来,J·R·希克斯在其 1946 年出版的《价值与资本》一书中又提到一种经济学收益概念。他认为,收益是"一个人在某一时期可能消费的数额,并且他在期末的状况保持与期初一样好"。这一收益概念获得相当广泛的认可,现在仍在西方经济学理论中占据支配地位,并对会计的收益理论产生了很大的影响。实际上,它还涉及资本保持的含义。

另外,经济学中对收益还有其他一些解释。莫斯特教授对这些经济学收益的含义作了简单列示:(1) 可供消费的资金;(2) 一系列的定期收入;(3) 特定生产活动的成果(产品);(4) 特定资产或一组资产的价值的增加;(5) 一定种类的收入;(6) 任何收入。

总的来说,经济学收益所研究的对象是每一个人、一群人和整个社会。

二、会计学收益概念

在会计上,对收益也有不同的解释,但一般都认为,收益代表投入价值与产出价值之比,或者是产出大于投入的差额,即如果投入一笔资本,则超过资本额的报酬就是收益。

(一) 传统会计学收益的特征

根据传统观点,会计学收益又称为利润或盈利,通常是指来自期间交易的已实现收入和相应费用之间的差额,它具有下述 5 个特征:

（1）会计学收益基于企业的实际发生交易，主要是通过销售产品或提供服务的收入扣减实现这些销售所需的成本。

（2）会计学收益应考虑"收入实现原则"，它要求对收入进行明确的定义、确认和计量。一般说来，除了在个别情况下，"实现"是确认收入的标志，从而也是确认收益的标志。

（3）会计学收益必须依据"会计分期"基本假设，即代表企业经营过程中一个既定期间的经营成果或财务业绩。

（4）会计学收益要求按照企业的历史成本来计量费用，资产以其取得成本入账，直至销售之时才反映其市价变动。所以，费用通常代表已消耗资产或已消耗的取得成本。

（5）会计学收益要取决于期间收入和费用的正确配比，即要坚持配比原则，讲求合理的因果关系。这样，某些成本或期间费用应分配给期间的收入，而其他一些与本期收入没有因果关系的成本应作为资产予以递延和报告。

总的来说，会计学收益所研究的对象是企业。

（二）传统会计学收益概念的评价

传统会计学收益概念的优点是：

（1）这种概念已经经过时间考验，长期为管理机构或报表使用者普遍接受；

（2）它基于实际或真实的交易，收益的计算具有较高的可信性；

（3）由于依据收入实现原则，会计学收益能符合稳健性的要求；

（4）它有助于反映管理机构对受托资源的使用情况，便于其控制和报告既定的受托经管责任。

但是，对传统的会计学收益概念也有不少批评意见，主要包括：

（1）由于历史成本和实现原则的限制，会计学收益无法确认在既定期间内持有资产的价值增减，从而不利于反映本期的实际收益；

（2）由于资产成本的计算方法不同，因而基于历史成本的传统会计收益不便于比较；

（3）传统的稳健处理可能导致收益数据的失真或误解，或者造成人为操纵期间损益的弊端；

（4）基于历史成本原则可能使使用者误认为资产负债表代表企业的价值，而不是仅仅反映资产在特定时日的未分配成本余额；

（5）强调收益决定，将对资产负债表项目的计量造成困难，如难以解释递延税项及其他一些递延项目的分配等。

（三）经济学收益与会计学收益之比较

经济学家们着眼于物质财富的绝对增加，而会计学家们则强调产出价值对投入价值的相对增加。经济学收益就是指"物质财富的增加",而会计学收益就是指"投入与产出的配比",两种收益概念之间的差别是不言而喻的。

1. 两者界定的收益范围不同

会计学收益的确认以实际发生的交易活动为基础,以收入的实现为原则,因此只包括已实现的营业收益,而不包括未实现的持产损益。相反,经济学收益则将企业已实现的营业收益和未实现的持产损益同等对待,将它们都界定为企业的收益。虽然会计学收益相对于经济学收益来说更具有客观性和可验证性,也更符合稳健性原则,但它却给人以这样的感觉,即好像一个人不是在他的资产价值增加时,而是在他的资产出售时变得更为富裕。这与我们所认可的逻辑不相符。

2. 两者所依据的成本属性不同

确认会计学收益时所依据的是历史成本,这有利于客观反映企业管理机构对受托经济责任的履行情况。但是,这样做又存在两方面的不足。一方面,在通货膨胀日益普遍的今天,历史成本原则的贯彻使得生产耗费不能得到足额补偿,从而造成虚盈实亏的现象,并进而影响企业再生产的顺利进行;另一方面,历史成本原则的实行又与收入按现行价格计量的做法存在着逻辑上的矛盾。确认经济学收益时的情况正好相反,它依据的是现时成本,虽然这样做能避免出现生产耗费不能得到足额补偿、收入成本的计量属性不一致等问题,但现时成本的采用又使得企业管理机构对受托经济责任的履行情况得不到客观的反映。

3. 两者所体现的资本保全观念不同

从经济学收益和会计学收益的概念来看,两者都是在资本得到保全和回收之后才确定收益,但经济学收益体现的是实物资本保全观念,而会计学收益则体现了财务资本保全观念。所谓实物资本保全,又称经营能力保全,在这种观念下,资本被视为业主投入资源的实际生产能力。这种资本保全观念要求企业在生产经营过程中保持业主投入资源的实际生产能力不变,并以此为前提来确认收益。而所谓财务资本保全观则视资本为一种财务现象,是业主投入资源的货币价值。这种资本保全观要求将业主投入资源的货币价值保持完整,在此基础上,企业收入的余额部分被确认为收益。在实物资本保全观念下,在企业已消耗的实物资产未得到重置前,不能确认收益;而在财务资本保全观念下,收入超过原始成本的转移额后即可确认收益。

通过上述的对比分析,可以看出经济学家们定义的经济学收益概念更接近于真实收益,更能反映客观实际,但并不实用;而会计学家们提出的会计学收益概念的确很注重实际应用,可是并不很科学。关于经济学家和会计学家之间的分歧,萨缪尔森和诺德豪斯曾明确指出:"会计人员一般喜欢用物品的实际过去成本来衡量其价值;而经济学家则喜爱用物品的市场价值或者替代成本来衡量其价值。……会计人员之所以喜爱他们的成规是因为引入市场价值或重置成本的困难性和任意性。"

因此,近年来,不少西方会计学者逐渐注重吸收经济学收益的某些含义,试图形成一种新的会计学收益概念。他们认为,收益应视为企业在一个会计期间内的资产净增加,所以可以用资产的增减来定义收益。这样,收入可代表一个会计期间内的资产增加或负债减少,费用被定义为资产的减少或负债的增加,企业的收益中应列入资产的持有利得和损失。如美国的爱德华兹和贝尔两位教授建议把资产的价值变动分成已实现和未实现两部分,重新建立收益及其决定模式。根据这种观点,会计学收益和经济学收益就可以通过下列公式加以比较:

$$经济学收益 = 会计学收益 + \frac{未实现的有形}{资产(增减)变动} - \frac{前期已实现的有形}{资产(增减)变动} + \frac{无形资产的}{价值变动}$$

促使会计学收益体现或趋向经济学收益的观点逐渐在财务会计理论界和实务界里获得了认可。事实上,这两种收益概念的主要差别在于经济学收益比传统的会计学收益有着更广的内涵。除了根据传统会计计量模式得出的已实现经营收益之外,经济学收益还包括在既定期间内未实现的有形资产和无形资产的价值变动。所以,美国财务会计准则委员会(FASB)在 1980 年发表的财务会计概念公告(SFAC)No. 3《企业财务报表的要素》中提出了两个不同的收益概念:盈利和全面收益。根据 FASB 的解释,盈利就是现行会计实务中的净收益,而全面收益则应包括"在一个期间内来自非业主交易的权益(净资产)的全部变动",也就是要包括已实现和未实现的业主权益(净资产)变动。

例如,在现行会计实务中,企业的投资资产在市价变动情况下将产生一定的持有利得或损失,或者在外币报表折算过程中由于汇率变动会形成未实现的汇兑损益。它们客观上会影响业主权益的增减变动,属于经济学意义上的收益,但是却没有被计入企业在各个期间的净收益。这些非业主往来事项在近年来已经在资产计价时得到适当反映(如投资资产按公允价值计价),其影响结果(未实现持有收益)已经纳入资产负债表上的业主权益,但是却没有计入收益表,这在理论上是说不通的。为了解决这一收益计量问题,FASB 提出的全面收益概念是可取的,根据其定义:

$$全面收益 = 净收益 \pm 其他全面收益(包括已实现和未实现的)$$

这时,全面收益除了现行会计上的净收益外,还应包括在各个期间内的其他非业主交易引起的权益变动,如持有资产市价变动、投资价值变动、未实现汇兑损益、衍生金融工具持有损益等。或者说,全面收益将非常接近于经济学收益概念。

FASB 于 1997 年 6 月公布了财务会计准则公告(SFAS)130《报告全面收益》,正式要求企业从当年 12 月 15 日结束的会计年度开始必须在财务报表中报告全面收益。这一准则公告并未要求企业提供统一的全面收益表,而是提出了提供报告全面收益的 3 种方式:(1) 在传统的收益表外增设一新的报表——全面收益表;(2) 与传统收益表合二为一,称为收益与全面收益表,该表上半部分列示净收益及其组成,下半部分列示其他全面收益及其组成;(3)

在权益变动表中报告其他全面收益及其组成。不同项目的全面收益必须分开列示(扣除税收影响),其基本格式如下:

净收益
± 资产或投资的未实现持有利得或损失(扣除税收影响)
± 未实现汇兑损益或外币报表折算调整(扣除税收影响)
± 衍生金融工具持有利得或损失(扣除税收影响)
± 养老金负债调整项目(扣除税收影响)
+ ……
= 全面收益

倘若采用扩展现行收益表的方式来报告全面收益,则可示例如表 8-1。

表 8-1　A 公司全面收益表(局部)

2007 年 1 月 1 日至 12 月 31 日　　　　　　　　　　单位:万元

项　　　目	2007 年	2006 年
来自持续经营的收益(或损失)	52 399	1 816
加:已停业经营收益(损失)——扣除税收影响	(4 296)	(485)
已停业分布处置利得或损失(税后)	59 717	(0)
非常项目前收益(损失)	107 820	1 331
加:非常损益(税后)	(6 730)	(0)
净收益	101 090	1 331
其他全面收益项目(税后)		
外币报表折算调整	(5 140)	(1 514)
证券投资未实现持有利得(损失)	20 633	74
其他全面收益项目合计	15 493	(1 440)
全面收益	116 583	(109)

　　相应地,在资产负债表的业主权益下的"留存收益"只包括净收益,其他全面收益项目的合计数(扣除税收影响)将在"缴入资本溢余"和"留存收益"之间单独列示。

三、收益的内容

　　明确了收益概念的含义后就要确定它的内容。由于收益通常相对于特定期间而言,所以还要明确各个期间的收益中应包括多少交易事项的影响,才能使收益信息为投资人、债权人和其他报表使用者的决策提供合理的依据。

（一）收益内容的两种观点

目前，西方财务会计理论中对期间收益的内容主要有两种不同的观点。

1. 当期经营业绩观

当期经营业绩观着眼于企业经营效率的衡量，即表示企业资源在经营活动和盈利过程中的有效运用。因此，在衡量期间收益时，重点应置于"当期"和"经营活动"的影响上。只有那些由本期经营决策产生的活动或交易和可由管理机构控制的价值变动才应包括在内。由于会计分期带有人为性，经营活动很难依据会计期间截然分离，尤其是本期使用的各种生产要素一半都要在前期取得或订购。所以，从期间收益计算的角度看，不应包括在本期收益之内的只是实际上发生于以前期间而在过去尚未予以确认或入账的资源变动。例如，本期发现的陈旧设备，很可能在以前期间就已经陈旧过时，即使在现时确定其退废，也不应属于本期的经营事项。同理，前期收益计算的错误，不能作为本期经营效率或业绩的内容，即不能列入当期的经营收益，而只能作为留存收益的调整项目。

当期经营业绩观还有一层含义，即相关的净资产变动（收益）只能来自正常经营活动的结果。所谓正常经营活动，通常理解为具有一定的可再生性。这样的收益数字才能用于不同年份或不同企业之间的比较，而且也可以更好地反映本期的经营效率和业绩。所以企业的经营活动和非经营活动的成果应加以区分。或者说，来自经营活动的影响应单独归类列示。当然，如果非经常发生的事项是由正常经营活动产生，其结果仍应纳入本期的经营收益，以提供关于企业获利能力和预测评价收益趋势的良好计量。

2. 总括收益观

所谓总括收益，就是指根据企业在某一特定期间的经济交易或重估价（但不包括股利分配和资本交易）所确认的关于业主权益的全部变动。股东权益中留存收益部分的变动应当只是由于净收益、股利分配、净收益的分拨或转回而引起的。即使经营事项和非经营事项或不经常发生事项的结果有必要加以区分，也应当列在收益表上的本期净收益之前而不是在其后。坚持这一收益观点的主要理由是：

（1）企业寿命期内各年所报告的净收益之和应等于该企业的净收益总额。由于非经营活动、非经营事项和前期更正事项会引起较大的收益借项，因而如果不在当期确认，将会导致许多年份净收益的高估。

（2）在期间净收益计算中省略某些收益借项或贷项（即来自非经营活动或非经常项目），可能会使人产生期间收益数字不实或人为操纵之感。

（3）包括期间内的全部收益借贷项目的收益会更易于编制，也更易于为报表使用者所理解，因为它可以避免管理机构或会计人员的主观取舍，因而会计收益更具有客观性。

（4）经营业务和非经营业务之间的区别并不明显，在某些企业归类为"经营业务"的项目,在另一些企业或许归类为"非经营业务"。如证券投资在金融行业属于经营业务,但在其他行业一半属于非经营业务。而且,在同一企业,本期归类为非经营业务的项目,在今后也许会归类为经营业务。这种区分可能导致不同企业或同一企业不同期间的不可比。

由此可见,当期经营业绩观和总括收益观在关于期间净收益的内容上是有区别的,从而对净收益的预测目的也不相同。前者强调的是当期经营业绩(即效率)的报告,以便有利于对未来经营业绩和获利能力的预测。而后者则强调收益应反映期间内所发生的全部借贷项目的总影响及其可比性。所谓的经营业务并非全部是可再生的,各个会计期间的净收益也只是暂时的,从而对未来经营业绩或效率的预测并不是全面和有效的。因此,诸如非经营业务、非常事项或前期更正等,纳入当期净收益更为可取。

3. 非常项目和前期更正调整

关于收益内容的上述两种观点的主要分歧在于对非常项目和前期更正调整的处理。目前在财务会计实务中一般流行总括收益观,但有时也出现个别的例外规定和处理方法。如美国会计原则委员会(APB)曾在第9号意见书《经营成果》中规定,非常项目应在收益表上予以单独列示,并附带披露其性质与数额。这是因为,非常项目可能对当年收益产生重大影响,但它们在可预期的未来未必再发生。如果将非常项目纳入当期收益,可能误导使用者对企业未来收益的预测。非常项目在收益表上应当作为一个预警或提示讯号,不宜与正常经营收益混淆。

对非常项目的划分与确定需要考虑企业的特定环境因素以及应用一定的判断,难免带有一定的主观因素。由于在实务中存在不同的理解,APB在1973年公布了第30号意见书,提出一项非常项目必须符合下列两个条件:

(1) 非正常的——不属于正常经营活动可望产生的,或者是与正常经营活动无关的交易或事项;

(2) 不经常的——不可能经常发生,或是罕有的事项或交易。

只有同时满足上述两个条件才能确认为非常项目。在理论上,非常项目不能等同于未预期事项。例如员工罢工或是失去一个重要客户等,尽管是无法预期的,但它们属于经营活动中可能遇到的正常风险,而且在未来期间仍有可能发生,因此其导致的损失不能作为非常损失。另外,非常项目因企业而异。例如,飓风损失对沿海地区而言不是非常项目,但是对地处内陆山区企业则可能是一个非常损失。

一些项目可能仅仅满足上述两条件之一,尽管金额重大,但仍不属于非常项目,而要列入持续经营活动的收益。不过由于它们可能对收益预测有着重要的影响,则可以在经营活动收益下单独列示。例如,企业回收具有质量缺陷的产品或是企业重组,都有可能导致显著性的资产注销损失。它们可能是罕有的或是非正常的事项,但往往不能同时具备两者,也不能确认为非常项目。

限定非常项目的划分与报告条件的目的,是为了防止管理机构在本期净收益中任意扣除可能影响预测的所谓非常项目。但这种解释在理论上仍有争议,因为正常与不正常、经营与非经营的划分总难以排除主观随意性。国际会计准则委员会(IASC)在 2004 年修订的 IAS 1《财务报表列报》中要求在收益表中取消"非常项目",此举的目的在于避免对正常或非常项目的划分。只要收益或费用项目是重要的,无论是经常性的或偶发性的,都应当单独列报。

在净收益计算中,如何处理前期更正事项也是一个有争议的问题。当期经营业绩观坚持不能将前期更正事项列入本期的收益,而只能作为期初留存收益的调整。总括收益观则认为应将其纳入本期的收益计算,因为前期更正实际上对本期净收益数字已有所影响。但是,前期更正又的确属于非正常经营业务或非常事项,纳入本期净收益难免理论依据不足。所以,在实务中也就出现折中的处理。例如,APB 第 9 号意见书规定,除了以前年度的收益更正项目之外,所有本期内确认的收益借项均应反映在收益表中。而近年来,FASB 更明显地倾向于总括收益概念。它在 SFAS 16 中指出,除了前期财务报表上的计算差错和会计原则应用不当的原因之外,当期发生的全部损益项目均应纳入本期收益(盈利)的计算。但是在英国等其他西方国家,对这两种观点似乎没有进行硬性规定。英国更重视收益计算和报告的一贯性,企业既可以采用总括收益观,也可采用当期经营业绩观,两者择其一而一贯地应用;如果有所变动,则要说明该变动的性质与影响。但是,在 2004 年修订的 IAS 1《财务报表列报》中已明确采纳总括收益观。

第二节 资本保持与收益计量

一、资本保持的含义

在收益概念及其计量的研究中,必然涉及资本保持概念。实际上,无论是经济学收益或会计学收益,都不应以侵蚀原投入资本为前提。也就是说,只有在原资本已得到维持或成本已经弥补之后,才能确认收益。所以,在理论上还要区分"资本报酬"和"资本回收"。前者表示收益,但它应在资本回收或成本弥补之后。因此,收益的衡量必须运用资本保持的概念。

目前,对资本保持主要有两类不同的观点:财务资本保持和实体资本保持。

(一)财务资本保持

财务资本保持观点认为,资本应被视为一种财务现象,即包括由所有者(业主)投入企业的资源(货币性和非货币性资产)的货币等值。所以,财务资本保持就是要求所有者投入或再投入资本的价值保持完整,而收益就等于以货币额表示的净资产增加(扣除业主往来交易），或者是企业收入超过原投入资本的部分。

（二）实体资本保持

在实体资本保持观点下，资本被视为一种实物现象。也就是说，它是指所有者投入或再投入资源所代表的实际"生产能力"。但什么是实际生产能力及其应如何衡量才算是保持呢？根据英格兰和威尔士特许会计师协会（ICAE）的通货膨胀会计委员会的报告，实际生产能力可以有 3 种含义：（1）企业拥有的实物资产，即企业要能够重置其已消耗或用尽的原资产（未考虑技术进步的影响）；（2）在下一年度可以生产出与本年同等实物数量的物品和服务的能力；（3）在下一年度可以生产出与本年同等价值量的物品和服务的能力。在后两种含义中，都可以包括技术革新和产品改进因素的影响。

这里，上述两种资本保持概念之间的一个最主要区别，涉及在某个期间内价格变动对持有资产和负债的影响。根据财务资本保持概念，如果对这些价格变动的影响加以确认，它们在性质上是属于持有利得或损失，并可包括于资本报酬之中。但根据实物资本保持概念，持有资产或负债的价格变动应加以确认，但在性质上属于资本保持的调整，应直接纳入业主权益，而不能作为资本报酬，也不能列入收益。此外，这两种资本保持概念都要借用货币尺度来表示。所以，根据货币尺度的不同计量单位概念，它们又可以分别以名义货币单位和一般购买力单位来表示，也就可以得出 4 种资本保持计量概念：

（1）名义货币单位财务资本保持。即以名义货币单位为计量单位，以历史成本为计量属性的财务资本保全观念下的收益计量模式。

（2）一般购买力单位财务资本保持。即以一般购买力货币单位为计量单位，以历史成本为计量属性的财务资本保全观念下的收益计量模式。

（3）名义货币实体资本保持。即以名义货币单位为计量单位，以现行成本为计量属性的实物资本保全观念下的收益计量模式。

（4）一般购买力单位实体资本保持。即以一般购买力货币单位为计量单位，以现行成本为计量属性的实物资本保全观念下的收益计量模式。

试举一例来说明这 4 种单位资本保持计量概念的应用及其对收益计算的影响。假设，某企业在期初拥有 \$2 000 的净资产，期末的净资产为 \$3 000；并假定，为保持实际生产能力需要 \$2 500 净资产，而该期间的一般物价指数上升 10%。那么基于上述 4 种资本保持计量概念确定的期间净收益，计算如下所示。

名义货币单位财务资本保持：\$3 000 − \$2 000 = \$1 000

一般购买力单位财务资本保持：\$3 000 − (\$2 000 + \$2 000 × 10%) = \$800

名义货币实体资本保持：\$3 000 − \$2 500 = \$500

一般购买力单位实体资本保持：\$3 000 − (\$2 500 + \$2 500 × 10%) = \$250

由此可见,采用不同的资本保持概念所计算的收益数字是不同的。目前,西方国家财务会计的现行实务中,一般还是坚持财务资本保持概念。如 FASB 在 1984 年发表的第 5 号 SFAC 中提出:"财务资本概念是传统的观点,也是现行财务报表中的资本保持概念。"当然,在理论上,财务资本保持概念除了可采用不同计量单位之外,也不排除采用不同计量属性来计量投入资本(资源)的可能性。然而,即使坚持财务资本保持,仍有可能在报表上得出不同的收益数字。

二、收益的基本计算方法

(一) 收益确定的基本形式

根据上述对会计学收益的不同理解,对收益的确定可以有两种基本的形式。

1. 根据收入费用观决定收益

根据收入费用观决定收益是传统的收益决定形式。收益被看做企业投入(所费)和产出(所得)的衡量,即把特定时期内相关联的收入和费用相配比,如果收入大于费用为收益,反之则为亏损,即

$$收益(亏损)＝收入－费用$$

所以,收益计算的关键就转化为收入和费用的确认、计量和配比。

2. 根据资产负债观决定收益

从资产负债观来看,收益被视为企业在某一期间内资源(资产或资本)增加的净额。其计算方法就是要对资源的计量,即企业在投入资本得到保持的前提下,实现一定期间内的资源净增加,即

$$收益(亏损)＝期末资源－期初资源$$

这样,收益决定就转化为对期初和期末资产和负债的计价。财务报表的其他要素,诸如业主权益、收入、费用、利得和损失等,也都要通过资产和负债的增减变动来计量。

显然,无论在哪一种收益决定形式中,对上述基本会计要素的计量属性都没有具体规定。也就是说,在收入费用配比模式中,传统的方法是以现行收入与基于历史成本的费用相配比来确定期间净收益。现在已有不少学者提出,应以现行收入和基于现行成本的费用相配比来确定期间净收益。从理论上说,这一主张更合乎逻辑,但实务中仍倾向于传统的模式。同样,在通过资源的变动来计算收益的情况下,也不能排除资产、负债项目按不同的属性计价,从而也可能导致不同的期间收益。

(二) 会计收益计量的具体方法

会计上计量收益的具体方法又可分为交易法和作业法。

1. 交易法

交易法是财务会计上传统使用的收益计量方法,只记录由于经济业务所产生的资产和负债价值的变动。这里的"交易"同时包括外部交易和内部交易,前者是指企业与外界进行购销活动所产生的交易,后者则是指资产在企业范围内的耗用或转化所产生的交易。这种方法的实质是,无论资产、负债或收入、费用的记录,均以实际发生的交易为基础。所以,即使资产的外部市价发生变动或预期要变动,但由于企业并未进行该资产的交换交易,这种变动就不能予以确认和计量。同样,对内部交易来说,通常只对那些由于资产耗用或转换所引起的价值变动予以入账。资产发生变换时,其转移价值应当是旧资产的原始交易价格或取得成本。所以根据交易法,收益主要取决于销售或交换的实现以及历史成本原则的应用。

2. 作业法

作业法又称生产法,它侧重于企业的活动而不是实际发生的交易。也就是说,它假定收益是因某些经营活动(如采购、生产、销售、收款等活动)所产生,而不仅仅是作为特定交易的结果。只要这些能产生收益的活动已经发生,就可以记录收益。显然,作业法的主要优点是,它允许对各种适用不同目的的收益概念的计量,而不仅限于已实现的收益。例如,生产和销售商品的收益、买卖证券的收益与损失,或者预期资产价值变动而持有资产所产生的利得和损失等。这就可以包括不同类型的收益计量和预测,而且可以更好地控制和预测某些经营活动及其对收益的贡献。但从应用方面看,作业法更适用于资产负债观的收益决定。

第三节 收入与费用的性质及其计量

一、收入的性质及其确认与计量

(一) 收入的含义与内容

在收益决定中,有必要明确收入的含义及其确认与计量问题。虽然收入是一个基本的财务报表要素,但对它的含义仍有不同的理解。概括地看,主要有两种不同的观点。

1. 流转过程论

流转过程论是早期的收入观点,它把收入视为一种流转过程,即企业在某一特定期间进行的物品和服务的创造过程。企业经营过程的产品,应通过资产的流出才能转化为收入。如佩顿和利特尔顿在 1940 年发表的《公司会计准则绪论》一书中提出:"收入是以整个经营程序及全部的企业力量获得之,但需俟产品转变为现金或其他有效资产,始为实现。"美国会计学会(AAA)的会计概念与 FASB 1957 年的报告,则把收入定义为"企业在某一期间转让给消费者的产品或劳务总量的货币表现"。

2.（现金）流入量论

（现金）流入量论的观点认为，收入是企业在经营过程中所产生的现金（或其他资产）流入量，它应通过销售物品和提供服务而实现，而且是通过流入的资产来计量。例如，APB 在 1970 年的第 4 号报告书中提到："收入是从一个企业改变其业主权益的经营活动中所产生的资产增加或负债减少的总额。"近年来，这一观点又得到发展，或更为强调现金流入。因此，FASB 在 1985 年的 SFAC No.6 中对收入的定义是："收入是指一个主体因销售或生产商品，提供劳务或从事构成其持续的主要或中心经营活动的其他业务而形成的现金流入或其他资产增加，或负债清偿（或兼而有之）。"

这两种收入观的主要区别在于对收入的内容、范围的不同理解。根据流转过程论，收入着眼于经营活动中的资产转化或流出。这样，收入就侧重于销售产品和提供服务的货币收入即营业收入。但在流入量论下，收入概念较为扩展：不仅包括销售产品和服务的现金流入，而且包括其他的资产流入，如租赁收入、利息、捐赠等事项都可构成企业的收入。根据这种观点，一些学者还提出，除了业主往来交易之外，企业在某一期间报告的关于净资产的全部变动都应视为收入，甚至可以包括持有资产价格变动的影响。但在流转过程论看来，应当把企业产生收入的活动和其他利得和损失区别开来。如美国的亨德里克森认为，通过把生产活动和捐赠或非常事项而产生的资产增加区分开来，可以有助于更好地解释收入。因此，在现行财务会计的理论和实务中，对收入和利得越来越倾向较严格地区分。

（二）收入的确认

在以交易为基础的财务会计中，收入是基于"已实现"和"可实现"的特点确认入账。这里的主要考虑因素在于收入的实现，即"实现原则"的具体应用。通常，实现是指把非现金资产转化为现金或现金要求权，但在实务中存在不同的解释。根据 AAA 的概念和 FASB 1964 年的建议，应依据 3 个标准来应用实现概念：(1) 收入必须是可计量的；(2) 这一计量需由外部交易验证；(3) 与收入相关的关键事项已经发生。其中的第三条标准又是最重要的，它表示收入应当是在盈利生成过程的主要活动已经完成之时确认入账。当然，导致收入确认的关键事项可能因企业不同而有所不同。

对大多数企业而言，收入是在销售时点确认入账。这时销售是一个关键事项，表示企业已经提供物品或服务，并已取得现金或现金要求权，可以视收入为已经或事实上赚取。但是对其他一些企业而言，销售可能并非盈利生成的关键事项，它们的收入确认可能早于或迟于销售时点。这时的决定因素主要是生产特点以及把非货币资产或服务转化为现金的确定性。一般而言，如果实现具有较高的确定性，可以在销售时点之前确认收入，倘若存在较大的不确定性，则要推迟或递延收入的确认时点。在现行实务中，非销售时点的收入确认主要有下述几种情况。

1. 生产过程中确认

如果产品生产需跨越不同会计期间（如大型设备制造和长期建造合同），即使在一个会计期末尚未最终完工或销售，倘若符合生产合同的有关规定，企业可以根据产品的完工比例确认各期的收入。这时需要有明确规定的产品总销售价格和预期总生产成本，借以根据各期实际发生的成本估算和确认收入。

2. 产品完工时确认

某些产品具有稳定的市场，其市场价格是预先决定的，如贵金属以及某些由政府保障价格的农产品或矿产品。这些产品具有如下的特点：（1）售价基本固定，销售费用较小，有些是只能由国家收购的产品；（2）无法（或比较难以）确定其单位成本，产品的变现一般不受生产企业报价的影响。这时，产品的生产完工就是企业盈利生成过程的关键，销售程序则是相对次要的。因此，在生产过程结束时即可确认收入而毋须等到销售。至于产品的入账价值，可以按收入，也可按产品的净变现收入确认。

3. 收取现金时确认

在某些情况下，销售货款的收取存在较大的不确定性，如在分期付款销售时，虽然企业已经向顾客提供物品或服务，由于货款回收需要跨越多个会计期间，可收回性相对是不确定的。如果货款的最终可收回性面临较大的不确定性或坏账风险，从稳健的角度来说，收入确认需要迟于销售时点，即递延至收到现金之时（分期确认收入）。

4. 时间流逝时确认

某些收入事项与时间相关联，并非涉及物品或服务的提供，如利息收入、租金收入等。这时，盈利生成的关键事项是时间的流逝。应当根据既定时期（如年、月等）的终止日确认各个期间的有关收入。

5. 与产品所有权相关的风险和报酬已经转移时确认

当前，许多产品销售也在不断的创新。产品的销售经常附有相关的合同条款，如允许购买方在使用一段期间内有退货权，产品必须保证安装、调试至顾客完全满意时方承认购买等。在这些条件下，产品发售给购货方并不等于与产品所有权相关的风险和报酬已经完全转移。在上述前例中须在购买方保持退货权的期限已满之日，在上述后例中须在产品安装、调试等到购货方签章认可之日，该产品的销售收入才可予以确认。

（三）收入的计量

关于收入计量的问题，FASB 在 SFAC No. 5 中已作了较明确的规定。那么，已确认的收入应当如何计量？一般而言，收入最好以企业提供的产品和服务的交换价格来计量，这一交换价格代表收入交易最终可取得的货币或收取债权的现金等值。但是，从理论上说，收入的计量应当是所提供产品和服务的交换价格的折现值。倘若从销售到收款需要经过一段时间,就有必要考虑折现的因素。因为如果一笔 $100 的销售收入要到一年后才能收到货款的话,其现值将少于 $100。但是在实务中,这一折现折扣通常略而不计,其原因是:(1)这种折现率不大,折现折扣较小,对收入的影响不重要,例如,如果应收账款期限为 60 天,年利率为10%,则折现率不足收入的 2%;(2)收款期限较短,在正常情况下不会超过一年,故可略而不计;(3)等待收款期间引起的利息收入往往并不单独列示,而是并入提供产品和服务的销售收入,如果这部分利息收入为数不大,即使不分类列示,对信息的作用的影响也是很有限的。

但是,收入的计量应限于收入交易或生产过程的结果所将最终获得的货币或其他等值,所以,特定交易的收入应扣除有关的销售退回、折让和商业折扣的金额。例如,某企业于2007 年 1 月 10 日售出一批产品,账单价格为 $100 000,支付条件为 30 天,折让 2%。假定该企业于 1 月 31 日收到因规格不符的退回的产品;其货款 $10 000,则 1 月份的收入应为$88 200,即 $100 000-($10 000+$90 000×2%)。

在盛行商业信用的情况下,由于经济活动的不确定性,不能排除销售收入发生坏账的可能性。所以,对采取赊销形式的销售收入,只能按其可实现净值计量,也就是要考虑坏账损失的因素。从理论上说,坏账损失有两种处理方法:

(1)直接冲销法。当赊销收入确已无法收回时,就按实际的坏账损失注销有关的应收账款,并借记坏账费用,列入收益表。

(2)备抵法。根据过去的收款经验和当前的有关条件,对可能产生的坏账损失预先进行估计,计提一定比例的坏账备抵,以便反映期间内的预期可收回收入金额。如果坏账确已发生,则通过坏账备抵账户予以冲销。

财务会计实务中大多采用备抵法来处理坏账损失。在这种情况下,收入的计量应当扣除可能的坏账损失预计。所以,根据现行惯例,坏账备抵应和销售退回和折让一样,作为收入的扣减数。在收益表上,收入金额的计算和列示应如下:

销售收入		$100 000
减:销货退回与折让	$10 000	
坏账备抵	5 000	
		(15 000)
		$85 000

二、费用的性质及其确认与计量

(一) 费用的含义与内容

费用可理解为流出概念,代表企业为组织生产活动或获取收入而发生的资源流出或资源的牺牲,或者是与期间收入相配比的回收价值。目前,财务会计中对费用的代表性观点有如下几种。

(1) 费用是取得收入的成本牺牲或已耗资产的成本。如佩顿和利特尔顿在《公司会计准则绪论》中认为,收益是企业的努力和业绩之间的差额,所谓努力也就是企业所耗成本。虽然成本代表企业资源的牺牲,但又可分为两个部分:一是已耗成本,二是未耗成本。已耗成本限于与本期的经营业绩(收入)有关,所以应在当期转作费用与收入相配比;未耗成本可以和未来期间的业绩相关,所以应作为资产成本递延。

(2) APB 第 4 号报告提出,费用是从一个企业改变其业主权益的那些盈利活动中产生的资产减少或负债增加总额,而且是遵循公认会计准则确认和计量的。费用和成本有密切的联系,因为费用通常是与当期收入具有关联的成本。这种关联往往包括:直接(但有时是间接)与收入相关的成本;以非收入对应基础之外与该期间发生关联的成本;实际上无法归属其他任何期间的成本。

(3) 亨德里克森等人认为,费用是企业在获取收入过程中所使用或消耗的物品和服务,它们是与企业产品的生产和销售直接或间接相关的各项因素的已消耗数额,或者可称为企业资产的不利变动。

(4) 在 20 世纪 80 年代,FASB 在财务报表要素的研究中,把费用定义为:"一个主体在某一期间由于销售或生产货物,或从事构成该主体不断进行的主要经营活动的其他业务而发生的现金流出或其他资产的耗用或债务的承担(或两者兼而有之)。"

从上述费用的定义可以看出,在传统意义上,费用和成本有着密切的联系,在实务中往往也混用。但严格地说,两者又有一定的区别,特别是从 20 世纪 70 年代中期以来,财务会计理论更强调这种区别。如 FASB 在 SFAC No.5 中对费用要素的定义不仅放弃了成本概念,改用现金流出概念,而且对费用的内容范围也予以扩展。

费用应包括什么内容,在财务会计理论与实务中也有两种理解,即有狭义和广义之分。传统的定义认为,费用内容应限于获取收入过程中发生的资源耗费。因此,凡是同生产和销售物品或向顾客提供服务过程无关的资产耗用或减少都不能作为费用,而应归为损失。尽管费用和损失都是与企业计算净收益相关的,但从理论上说,收益的计算只能包括费用和收入的配比。损失只是一种对收益的纯扣减,而不属于企业所付出的努力。

在实务中,销货折让和坏账损失往往也作为费用处理。但在理论上,它们不应作为费用项目,而只是收入的抵消项目。因为,销货折让不表示提供物品或服务所需的耗费。尽管这种折让的一小部分表示相当于因不确定性等待所需成本的现金折现值或利息,但是,如果顾客获得这种折让,则其净值才代表该项销售物品和服务的真实价格。所以,销货折让应作为收入的扣减项目而不是获取收入的资产耗用。同样,坏账损失也不表示提供产品和服务的耗费,而不过是销货中期望获取现金流入的减少。此外,关于资本交易所发生的义务或债务承担也不应作为费用,而应列为资本或其构成项目的数额的减少。例如,发行股本中的资产耗费不能作为费用,而是对企业所收股本金额的扣减。

另一种较广义的费用概念,同时包括经营成本和非经营成本。例如,AAA 在 1948 年发表的《企业会计原则说明书》中认为,费用包括营业费用和损失项目。这种观点目前已较为少见,因为损失是对企业产生收入的活动无所裨益的成本或耗费,应与费用项目区别对待。但是,20 世纪 80 年代以来,费用的内容又出现一种新的扩大趋势,即改变费用只能限于已耗成本的观念。在会计上,成本只是指出已发生的过去交易的交换价格,但费用有可能包括一些预期的耗费。如 FASB 在 SFAC No. 6 中明确阐述了这种观点:"费用表示作为企业在某一期间不断进行的主要经营活动的结果而业已发生或即将发生的实际或期望的现金流出或其等值。"显而易见,"即将发生"或"期望的"现金流出并不是已耗成本。根据这种观点,像当期收益的税项等非成本项目,也可列为经营费用的内容。

此外,费用属于一种期间性概念,它的内容还要受到不同的收益概念制约。例如,根据总括收益观,本期发生的一切费用和损失均应确认。而根据当期经营业绩观,不仅费用和损失项目要严格区分,即使那些在以前期间已经发生但未予确认的费用项目,也不能纳入本期净收益的计算,而应冲转期初留存收益。

(二)费用的确认

费用的确认首先应符合 FASB 规定的 4 条基本标准:定义、可计量性、相关性和可靠性;其次,应遵循权责发生制原则,并且按照配比原则进行适当的分类。也就是说,费用的确认不应该以是否发生现金支出为标准,而应该以企业在当期是否发生承担某项费用义务为标准,然后再根据配比原则加以确认。

我国 2006 年的《企业会计准则——基本准则》规定,费用的确认除了应当符合定义外,也应当满足严格的条件,即费用只有在经济利益很可能流出从而导致企业资产减少或者负债增加、经济利益的流出额能够可靠计量时才能予以确认。因此,在我国,费用的确认至少应当符合以下条件:(1)与费用相关的经济利益应当很可能流出企业;(2)经济利益流出企业的结果会导致资产的减少或者负债的增加;(3)经济利益的流出额能够可靠计量。

《企业会计准则——基本准则》进一步指出,企业为生产产品、提供劳务等发生的可归属于产品成本、劳务成本等的费用,应当在确认产品销售收入、劳务收入等时,将已销售产品、已提供劳务的成本等计入当期损益。企业发生的支出不产生经济利益的,或者即使能够产生经济利益但不符合或者不再符合资产确认条件的,应当在发生时确认为费用,计入当期损益。企业发生的交易或者事项导致其承担了一项负债而又不确认为一项资产的,应当在发生时确认为费用,计入当期损益。

（三）费用的计量

费用作为获取收入所发生的资源牺牲，其计量主要表现为所减少的资产的价值。由于已耗用资产可从不同的角度来衡量，所以，费用通常可采用 3 种计量属性，即历史成本、现行成本（重置成本）、变现价值或现时现金等值。

1. 历史成本

费用在传统意义上是按照企业资源的历史成本属性来计量的，其主要理由是：历史成本代表企业的实际交易价格，不仅较为客观，并且是可验证的；而且，历史成本代表企业的实际投入价值或现金流出。为了计算收益，应以实际产出价值和实际投入价值进行配比。以历史成本计量费用，是符合会计学收益计算要求的。

但费用的历史成本应包括什么？通常，它是按获取生产所需物品所放弃或必须放弃的资源在取得日的现行价值计量的，也就是资产的交换价格。当这种交换表现为现金支付或付现承诺时，成本的计量是确定的，即买方所放弃的对资源要求权的货币表现。然而，当交换中被放弃的资源不是现金或现金要求时，可能的办法是按照取得物品或服务的市价或交换中所放弃的物品或服务的市价来计量。

2. 现行成本

由于收入通常根据现行价格计量，从配比的逻辑关系来看，费用也应当根据所耗用的物品和服务的现行成本来计量。这不仅可以保持收入和费用按相同的属性进行配比，使收益计算更为可信，也有助于已耗资产的实物属性补偿。此外，只有在采用现行成本计量费用的情况下，才能区分经营业务产生的收益和持有资产在耗用前产生的利得或损失。一般说来，现行成本可用重置成本来表示，即在资产负债表日重置已耗资产所需的现金流出或其等值。如果从经营活动的连续性来看，重置资产的取得价格将更有助于对未来经营活动及其成果的预测。

3. 变现价值

也有些学者认为，在费用计量中应采用变现价值或现时现金等值。这是因为，变现价值可表示企业耗用特定资源的机会成本。而且，这种费用计量不需要就重置的未来可能性进行预测，只要资产具有可在较少损失情况下进行交易的市场，其变现价值属性就更为适当。这样，期间净收益还可以依据已消耗资产的机会成本及相关的机会收益来评价，从而能为经营决策提供相当重要的信息。

三、配比概念

如前所述，收益决定的关键是收入和费用的配比。但是，应当怎样把收入和费用正确地加以配比? 特别是,由于收入和费用的发生及其确认是分开入账的,资产的取得和支付通常又与企业产品的销售和收现程序不一致,所以配比并不等于收入和费用的简单相抵。由于收益是以某一期间所确认收入超过与之相关费用的差额来表示,因而就有必要先确定费用和收入之间的合理关系,才能确定恰当的配比程序。

例如,正如 AAA 的概念与 FASB 在 1964 年提出的,成本(可理解为费用)要素应根据它与收入之间的一些可辨别的确切关系和一定期间内所实现的收入相联系起来。实际上,费用和收入的内在联系可表现为两方面:性质上的因果性和时间上的一致性。

从因果性角度来看,应予配比的费用和已确认的收入在经济内容上要有因果关系,费用应当是为了获取收入而发生的。不过这种因果关系可能有直接或间接的程度之分,某些费用可能并没有导致相应的收入。例如,推销员为促销产品而多次访问顾客。如果该销货没有成交,这些访问所消耗的资源虽然与已销售产品的收入没有直接关联,但却有着间接的关联,它同样是收入交易所需要的,也应作为费用来确认。当然,如果已耗资产与收入没有任何的因果关系,就不能作为费用来配比。

从时间一致性角度来看,费用必须与同一期间的收入相配比,即本期确认收入应和本期费用配比。如果收入要待到未来期间实现,相应的费用或已耗成本就要递延到未来的实际受益期间。然而,由于某些未来收入项目带有较大的不确定性,费用和收入有时也不可能保持绝对一致的时间对应关系。例如,有些已耗成本(如销售广告费、固定资产维修与养护支出等)虽然可能与跨期收入有联系,但由于未受益结果难以预计,往往也可以作为期间费用与期间的收入相配比。

在实务中,收入与费用的配比主要可采用 3 种方法:

(1) 因果对应方法——根据有关收入和费用项目之间的因果关系进行配比。例如,销货成本或销售佣金通常被认为和已确认的销售收入有着直接因果关系而进行配比。

(2) 系统分配方法——根据一定的方式或公式系统地分摊某些费用给其各个受益期。例如折旧费和保险费等,不能直接与既定期间的收入相对应,只能通过系统的摊销方法与一系列的受益期相配比。

(3) 时间消逝方法——根据特定时间(期间)的消逝确认为费用。例如,租金、利息等费用,通常随着特定时间期限的消逝而转为相关期间的费用。

第四节 利得与损失的含义与计量

在企业的活动中,有时可能产生一些与主要经营过程无关的资产增加牵动,它们虽然不是经营收益的组成,但却会影响本期净收益数字,应在收益中加以考虑。在财务会计中,它们通常被概括为利得或损失,以区别于收入和费用。

根据 FASB 的 SFAC No.6 中的定义,利得是"一个企业由于主要经营活动以外的或偶然发生的交易,以及在某一期间除了收入和业主投资引起的影响该主体的所有其他交易和事项导致的业主权益(净资产)的增加";而损失是"一个企业由于主要经营活动以外的或偶然发生的交易以及在某一期间除了费用和分派业主款引起的影响该企业的所有其他交易、事项导致的业主权益(净资产)的减少"。

具体地看,利得和损失的主要来源与内容有 4 类:

(1) 偶发或非经营活动的收益或牺牲——如出售有价证券损益、清理已使用设备变价收入或根据债权人弃让低于账面金额清偿债务等;

(2) 企业与其他主体间的非交换性资源转移——如赠与或接受捐赠资产、法律诉讼损失、失窃损失、罚款或赔偿费收入等;

(3) 持有资产或负债的价值变动——如存货价格涨跌的损益、有价证券和股票市价变动及汇兑损益等;

(4) 自然灾害或其他环境因素导致的利得或损失——如水灾、火灾损失,或者是由于战争或交战国接管等环境因素变动造成的企业净资产损失。

在一定意义上,利得与收入相类似,损失与费用相类似。但是,收入和费用是由于企业不断进行的主要经营活动或业务所形成的,即主要来自生产和销售产品、提供服务和投资等经常性活动;而利得和损失则是由于非主要经营活动或偶发事项所形成的净资产增减。而且,收入和费用反映总流入和流出,利得或损失则反映一定的净流入和流出,它们一般是不属于再生性的,对未来收益的预测没有多大价值。所以,为了更好地考核经营收益或有效预测未来收益,利得与收入和损失与费用的区分是很有必要的。

同时应看到,这种区分在很大程度上应取决于特定企业的性质、经营活动目标及其业务形式。因为,对某些企业来说是收入的项目,很可能在另一类企业应作为利得项目;而对某些企业来说是费用的项目,在其他企业可能是损失项目。例如,对大多数工商企业来说,证券投资买卖是利得或损失的来源,但是对专业性金融、保险和投资企业来说,证券投资则是其收入和费用的来源。所以,要在这几个要素概念之间作出精确区分或许是困难的,在实务中有可能不完全严格按照它们的定义来归类和确认。

一般认为,利得和损失应按实际增加或减少的资产或负债来计量。但是,不同的利得或损失项目可能采取不同的计价基础。通常,利得的计量类似于收入的计量,即按收到或增加的资产或负债的现行价值计量。尤其像捐赠资产,尽管赠予者有历史成本记录,但受赠人一般应按该资产的现行市价或重置成本确认入账。如果利得是由于价格变动所致,那就更不适宜采用历史成本属性。不过,确认利得的时间还应考虑实现原则。对非投资资产而言,在交换或销售之前,除非市价的增加具有较确定的充分证据,一般不确认持有利得。

另外,对损失的计量类似于费用的计量,在历史成本原则下,应按所耗用或流出的物品和服务的原始取得成本的剩余价值出账,因为损失又被视为与任何期间收入无关的成本消逝或转销。但就损失的现实意义来说,它应反映资源在销售或废弃时的市价下跌或由于意外灾害而发生的价值减少。所以在某些情况下,按现行市价来计量损失或许更为适当。例如,一座未满使用年限而为火灾所毁的房屋,即使其账面已提足折旧(账面成本为零),但它对企业仍然构成一项损失,即应按该房屋的现行市价或重置成本转记损失。

由于损失不能和收入配比,与未来收入也没有任何联系,所以,损失通常是在实际发生期间确认,而不能递延结转嗣后期间。也就是说,应在资产所提供的效益已明显地低于其入账价值所表明可提供效益的时期确认损失。

综上所述,期间净收益的计算和收入、费用、利得或损失的确认与计量均有联系。其内在关系如下所示:

$$经营收益=收入-费用$$

$$期间净收益=收入-费用+(利得-损失)$$

【名词与术语】

会计学收益　　经济学收益　　资本保全　　财务资本保全
当期经营业绩观　　全面收益观　　收入　　费用　　利得　　损失

【思考题】

1. 会计学收益与经济学收益的差别主要表现在哪些方面?

2. 什么是资本保全? 会计学上的资本保全主要有哪些种类?

3. 什么是当期经营业绩观,什么是全面收益观? 两者之间的区别表现在哪些地方?

4. 收益确定有哪两种观点?

5. 利得与收入、损失与费用之间有什么区别?

第九章

财务会计报告理论

【本章导读】

　　财务报告由财务报表及其附注和其他财务报告组成。资产负债表反映的是企业在某一时点的财务状况,利润表反映的是企业在某一时期内的经营成果,现金流量表反映的是企业一定期间的现金流入和流出情况。财务报表附注是对财务报表的补充说明,是财务报表的重要组成部分。其他财务报告作为财务报表的辅助部分,主要对外提供一些相关但不符合全部会计确认标准的信息。

　　通过本章的学习,要求了解财务报告的含义及作用、财务报告体系的构成内容、财务报表和其他报告的区别、表外披露的内容与形式;熟练掌握三大基本报表的性质、提供的信息、作用及设计,以及报表附注及其优缺点。

第一节　财务会计报告概述

一、财务会计报告的概念

　　财务会计报告,又称财务报告,主要是指财务信息的揭示或表述,它由财务报表及其附注和其他财务报告两部分组成。在实务中,财务报表和财务报告经常混同使用。但是,财务报表与财务报告两个概念既有联系又有区别。财务报表概念的出现早于财务报告,两者是在不同时期,由于财务信息的使用者对信息需求的不同而产生的对财务信息揭示或表述的两种不同概念表述。财务报告的内涵大于财务报表。会计界认为,财务信息主要是由财务报表提供的。财务报表及其附注是财务会计报告的核心内容,如果没有财务报表,也就谈不上财务报告,财务报表是财务报告的最初形式。从这个意义上讲,往往可以把财务报表等同于财务报告,它们具有基本相同的目的和作用。但是,尽管财务报表是财务报告的基本手段,却不是唯一的手段,其他财务报告也是补充提供财务信息和非财务信息的重要手段。随着信息的使用者对信息的需求不断扩大,财务会计所要提供信息的种类和内容都明显增加,其报告形式也有许多新的发展,单一的财务报表形式不再能满足信息使用者的要求,使用者希望从多渠道、多侧面、多角度了解企业的财务信息,从而有助于其进行广泛的经济决策。

例如,美国财务会计准则委员会(FASB)在1978年发表的财务会计概念公告(SFAC No.1)《企业财务会计报告的目标》中曾明确提出:"财务报告不仅包括财务报表,而且包括传递直接或间接地与会计系统所提供的信息(即有关企业的资源、债务、盈利等方面的信息)有关的各种信息的其他手段。"我国财政部1993年颁布实施的《企业会计准则》中也提出:"财务报告是反映企业财务状况和经营成果的书面文件,包括资产负债表、损益表、财务状况变动表(或现金流量表)、附表及会计报表附注和财务状况说明书。"在实务中,财务会计报告除了财务报表之外,往往还包括一些附表或辅助报表。

财务报表与反映财务信息的其他手段相比,根本的差别在于前者必须通过会计确认,而后者则不需要。会计确认首先在于保证财务报表的特征要素,特别是收入的可靠性,因而确认应遵循实现原则。当前按照会计惯例,财务报表的收益必须是可实现的、客观可信的,它反映了会计学家的传统观点(即以"持续经营""客观性""收入实现"和"货币单位价值稳定"等4项基本假定为基础的收益观念),而其他财务报表(如美国1979年财务会计准则公告SFAS 33要求在报表外补充提供的物价变动信息,其中包括按一般购买力调整后的持续经营、收益和扣除通货膨胀因素后按现行成本为基础计算的经营收益是最典型的例子)则开始离开传统会计的收益概念,反映了经济学家主张的现行收益(包括逾期未实现的利得)的概念。在这个意义上,美国FASB概念公告第1号和第5号提出的把财务报表扩大为财务报告,已经使会计学家的传统概念(主要表现在"受益"和"资本保持"概念上)同经济学家关于企业净收益或净财富的概念有所接近。

二、财务会计报告的基本构成

我国财政部2006年发布的新《企业会计基本准则》中规定,财务报告是指企业对外提供的反映企业某一特定日期的财务状况和某一会计期间的经营成果、现金流量等会计信息的文件。财务报告包括财务报表及其附注和其他应当在财务会计报告中披露的相关信息和资料。

美国FASB在1984年12月第5号概念公告中建议,财务报表应包括:财务状况表、盈利表或全面收益表、现金流量表、业主投资及派给业主报表、报表附注(包括表内用括号的说明)。英国会计准则委员会(ASB)在1995年11月关于财务报告的原则公告(征求意见稿)

提出的财务报表包括：损益表、全部已确认利得与损失表、资产负债表、现金流量表、报表的附注。

财务会计报告由财务报表及其附注和其他财务报告两部分构成。财务报表通常包括资产负债表、收益表(利润表、损益表或利润及利润分配表)和现金流量表,这是国际流行的会计惯例。其他财务报告主要揭示不能列入财务报表的非正式信息。其内容直接或间接地与会计系统所提供的信息有关。常见的其他财务报告有公司的年度报告中除财务报表以外的部分、呈送证券管理机关的中期报告和年度报告、管理机构的讨论与分析、给股东的信件、经济分析和统计报告、对新闻界的新闻发布稿等。

其他财务报告与财务报表的主要区别有：

(1) 财务报表的项目及其金额来自日常账簿资料,并需通过在报表中再确认,确认要遵守基本标准和具体标准,符合公认会计准则。相反,其他财务报告的资料也来自会计系统,但无须经过确认,也不必符合公认会计准则。

(2) 财务报表内项目都属于财务信息,报表项目连同金额是文字说明同数字(倾向金额)描述相结合的整体,缺一不可。其他财务报告没有这种要求,可以既有文字说明和数字描述,也可以只是文字说明。实际上,很多其他财务报告的信息,是分析与说明性的,文字较多。

(3) 与其他财务报告不同,财务报表作为一个信息的整体,彼此之间还有勾稽关系,如资产负债表中所有者权益部分的未分配利润期末额可以通过利润及利润分配表中的本期净利润,加上期初留存收益,减去本期利润分配求得。此外,现金流量表同时与资产负债表、利润表也存在着一定的勾稽关系。比如,现金流量表中本期现金的增减数与资产负债表中期末、期初现金对比的差额要相同;同时,现金流量表可通过资产负债表中各流动资产、流动负债项目推算验证;利润表中的本期利润构成了现金流量表中本期来自经营活动的现金流量的主体部分(间接法)等。

(4) 财务报表及其附表因来自过去的交易和事项,从而有可靠的凭证作为原始证据并遵守公认会计准则的有关标准进行确认、计量和报告,因此,它的真实性与公允性应由注册会计师进行审计;而其他财务报告因不具备上述条件,所以一般只是请注册会计师进行审阅。

FASB 概念公告 No. 5 的第 8 段与第 9 段之间插进的一个图示,对于区分财务报表和其他财务报告以及其他有关信息各自的特点颇有帮助,现列示如图 9-1 所示。

三、财务会计报告的作用

财务会计报告本身并非财务会计的目的,而是借以提供在使用者的经济决策中有用的信息。为此,有必要首先明确财务报告的目标。前已述及,目前对财务报告目标的研究已使目标成为财务会计的一个最重要概念。特别是 FASB 在 SFAC No.1 和 SFAC No.4 中已经对财务报告目标作了较为系统和充分的论述。显然,财务报告目标要通过其作用才能体现出来。概括而言,财务报告的作用包括 5 个方面。

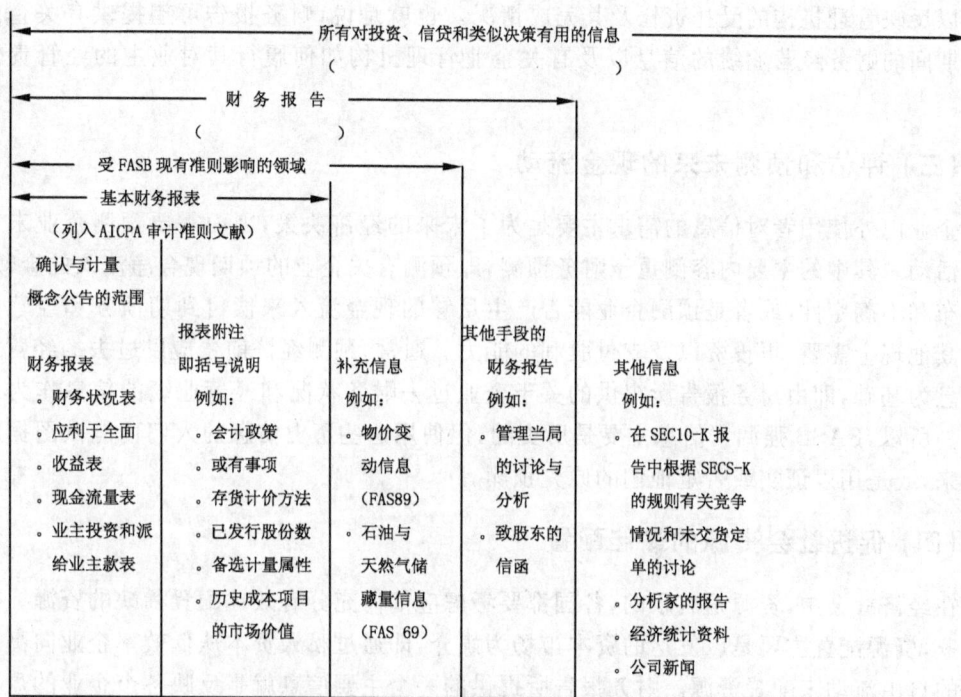

所有对投资、信贷和类似决策有用的信息 ( )				
财务报告 ( )				
受 FASB 现有准则影响的领域				
基本财务报表 (列入 AICPA 审计准则文献)				
确认与计量概念公告的范围				
财务报表	报表附注 即括号说明	补充信息	其他手段的 财务报告	其他信息
。财务状况表 。应利于全面 收益表 。现金流量表 。业主投资和派 给业主款表	例如: 。会计政策 。或有事项 。存货计价方法 。已发行股份数 。备选计量属性 。历史成本项目 的市场价值	例如: 。物价变 动信息 (FAS89) 。石油与 天然气储 藏量信息 (FAS 69)	例如: 。管理当局 的讨论与 分析 。致股东的 信函	例如: 。在 SEC10-K 报 告中根据 SECS-K 的规则有关竟争 情况和未交货定 单的讨论 。分析家的报告 。经济统计资料 。公司新闻

图 9-1　财务报表和其他财务报告以及其他有关信息比较

(一)帮助投资人和债权人进行合理决策

在西方,企业主要是私有的,企业的资金主要来自业主(股东)的投资和债权人的贷款。无论是现在或潜在的投资人或债权人,为了作出合理的投资和信贷决策,必须拥有一定的信息以了解已投资或计划投资的财务状况和经营成果。例如,投资人主要关心企业的经营业绩或获利能力,需要了解投资的风险及其报酬高低,或者是关于企业盈利和股利分配的信息。而债权人则要考虑企业的财务状况或偿债能力,以保证贷款的安全性。显然,这些方面的信息都属于财务信息,应通过财务报告来提供。

(二)反映管理机构的受托经营责任

在西方企业,股东投入企业的资源是由专职的管理机构加以控制和使用的,股东和管理机构就形成一种经济受托关系。为了保护自己的切身利益,股东需要了解和评估管理机构的业绩及其对受托资源的经管责任。这里,既要了解企业资源在期初和期末的形态、数量和状况是否完好,又要包括对管理机构创造有利净现金流入(即盈利)及其组成部分的能力的评估。财务报告可以充分揭示关于企业在期末的财务状况和期间经营业绩的有关信息,从而可以反映管理机构的受托责任及其完成情况。也就是说,财务报告可望提供有关企业在某一期间的财务经营业绩的信息以及有关企业管理机构如何履行其对业主的经管责任的信息。

(三)评估和预测未来的现金流动

企业内外使用者对信息的需求主要是为了未来的经济决策,因而需要预测企业未来的经营活动。其中的主要内容侧重于财务预测,即预测有关企业的预期现金净流入的金额、时间分布和不确定性,或者是预测企业能否产生足够的现金流入来偿付到期债务和经营活动中的其他现金需要、再投资以及支付股利的能力。通常,预测经济前景应以过去的经营活动的信息为基础,即由财务报告所提供的关于企业过去财务状况和经营业绩的信息作为预测依据。所以,FASB强调:"信息主要是历史的,但使用这些历史信息的人们可能试图据以预测未来,或是用以证实或否定他们的原先预测。"

(四)促进社会资源的最佳配置

在经济社会中,资源是有限的,各国都要考虑应如何充分有效地配置稀缺的资源。在西方国家,资源配置主要是以发达的资本市场为媒介,即通过私人资本从低效率企业向高效率企业的自由流动来配置资源。财务报告所提供的一个主要信息就是反映各个企业的盈利水平及其获利能力,从而有助于投资人、债权人和社会公众对不同企业的经营业绩和财务实力进行比较和预测,以便确定予以投资或贷款的企业或方向,其结果将促使社会资源流向高收益的行业或企业,以达到最佳配置。

(五)有助于政府管制和经济稳定

西方国家虽然实行自由化经济,但为了避免经济混乱和危机造成的损失,政府机构或多或少地对私有企业进行某些干预,如在税收、证券流通、就业、社会保险等方面施加必要的管制。财务报告可以提供这些干预或分配的信息,也可以有助于缓和雇员、工会和管理机构之间的劳资关系。

四、财务会计报告的信息种类与特征

财务报告提供对经济决策有用的财务信息,从理论上看,财务报告所提供的信息可分为两大类:定量化信息和定性化信息。

(一)定量化信息

财务报告主要是以定量形式来描述企业的财务状况和经营成果,即向使用者提供有助于其决策的定量化数据,而且,这些定量化数据必须具有财务特征。无论是关于企业的经济资源、义务、财务状况变动或是关于经营成果与现金流动等方面的信息,都是可以用货币表示数量的信息。所以,FASB 在研究财务报告目标时提到:"财务报告提供的信息在性质上主要是财务的,即一般说来,它是按货币单位定量表述的。正式纳入财务报表的信息必须是可以按货币单位定量的。"

关于定量化信息主要有两个问题。

1. 定量数据是否精确可靠

财务报告定量信息的可靠性取决于计量方法,但它并不是绝对精确的。例如,现金及其有关项目的价值通常被认为可以相当精确地计量,但应收账款可实现价值的计量精确度相对较低,而且无形资产的计价往往只能利用大概数。

2. 定量信息是否包括预测数据

一种观点认为,财务会计仅仅需要提供反映企业的过去或现在的定量数据,由使用者据以对未来作出自己的预测。也就是说,在未来的预测中,需要对大量的数据和有关假设加以预测,才能理解这些主观评估和假定。另一种观点认为,管理机构拥有更多的信息来源,可以作出可靠的预测。将其预测对外提供,将可以增进资本市场的运行效率。例如亨德里克森等人强调:"经常公布企业管理机构所作的预测,很可能是帮助而不是阻碍投资决策的进行。"当然,应该预测什么信息,其可靠性如何,仍然是值得研究的主要问题。一般认为,应由财务会计披露的预测数据可包括企业的销售额、产品价格和需求、预算收支、人工和材料成本变动、企业净收益和每股收益等。

(二)定性化信息

定性化信息又称为非定量化信息,是指那些不能以数量表示的信息。虽然财务会计主要是提供可用货币计量的定量信息,但也不能完全排除某些定性化信息。但定性化信息的相关性和必要性是较难确定的,其取决于信息使用者决策的需要程度。一般说来,只有在决策时必不可少的信息才是相关的,否则定性信息的相关性不大。因此,必须确定哪些定性信息对决策是相关的,才不至于在财务报告中予以忽略。

某些种类定性信息的相关性可以通过与之相关的定量化数据的相关性来决定。例如,企业将某些资产作为既定贷款项目的抵押品。如果这些抵押品资产的数额大,就有必要揭示关于资产抵押这一事实。相反,如果这些资产数额不大,关于抵押事项的揭示就不甚相关,从而不一定要列示于财务会计报告。但在个别情况下也可能有例外。倘若是现金或存货资产发生了损失,即使为数不大,如果是由于经管人员舞弊行为所造成,也应作为一项相关的定性信息予以披露。

另外,定性信息的相关性还取决于能否增进总体信息,并且不至于过于繁琐而难以理解和分析。这里的问题是,增加的定性信息是否可能有助于以财务报告为依据的大多数决策。根据现行的财务会计理论和实务,通过正式财务报表披露的定性信息应侧重于以下 3 个方面。

1. 会计政策

由于不同企业,甚至同一企业所采用的会计程序的多样化,因而要对它们的财务报表进行直接比较是比较困难的。为此,一些会计学者建议,必须减少会计处理备选程序的数量,以便自然地增进财务报表的统一性和可比性。但是,由于各个企业面临的经营环境和经营情况各不相同,要选择一种普遍适用的程序不仅困难,而且也无法达到各企业财务报告的目标。在许多场合,只有采用不同的会计程序,才能更好地反映各个企业的特定情况。

因此,另外一种建议是,不一定强求减少备选会计程序或方法,但是应在财务报表中揭示依据各种情况所作出的假设以及所采用的特定方法,以便使用者可以重组报表信息来获得可比性。实务中证明,这种建议是可行的。例如,当投资贷项作为税金的直接减项而不是作为在一段期间内收益的分配费用时,使用者是可以通过自行调整来进行比较的。所以,披露所报告的财务信息相关的会计政策,有助于更好地说明企业的财务报表,并能更有效地影响决策。也就是说,会计政策应作为必不可少的定性信息予以披露。如美国会计原则委员会(APB)第 32 号意见书《会计政策的披露》明确规定:"关于采用会计政策的信息是财务报表公允表述所必需的。"

2. 会计变更

一般认为,保持会计原则和方法程序的一致性,对于评估企业过去和现在的经营活动以及预测未来经营活动是至关重要的。所以在有关的会计原则或准则中往往都强调一致性。如 APB 第 20 号意见书就持这种观点,并要求企业的会计政策和方法程序如有变动,应当披露其理由和有关的影响。同样,国际会计准则委员会(IASC)发表的国际会计准则第 8 号(IAS 8)也提出:"会计的一个基本假定是会计政策的一致性,关于编制报表方面的会计政策变更,只能是由于法定规定或准则制定机构公布新的准则,或者管理机构认为这种改变有利于财务报表的编制和达到财务报告的目标。但是不论哪一种情况,都需要说明会计变更的理由。"关于会计变更的事实及其理由就属于财务报告应予披露的定性化信息。

3. 或有事项

或有事项是指可能对企业本期或未来期间经营活动产生重大影响的一些不确定性事项。如企业主要顾客的可能破产将影响企业有关债权的可收回性和财务实力,以及未决诉讼案件的可能败诉的损失或者计划中的企业合并等。这些事项虽然在报告日尚未发生,从而不存在可定量的数据,但是如果它们在未来发生,则会严重影响企业的财务状况和经营能力。通常,为了保证财务报告的有效性从而有助于财务报告使用者的决策,如果或有事项已有较明确的可能性,原则上应当在定性信息中加以报告和说明。但有的或有事项,如未决诉讼案中有可能败诉的损失,由于披露后对企业的诉讼能力将产生不利影响,也可以暂不披露。

五、信息披露标准

为了达到财务报告的目标,无论是定量或定性的信息,都要符合一定的披露标准。通常认为,这些披露标准应包括:

(一)恰当性

财务报告所披露的信息应当是与使用者的决策相关并可信的,而且不会导致误解。

(二)公正性

公正性又称为公允性或公平性,其要求财务报告信息必需满足内外部使用者的共同决策需要;应保持公正,不能偏向特定使用者集团的决策需要。

(三)充分性

财务报告必须包括与内外使用者决策相关的全部信息。不论是定量或定性信息,只要它们对使用者决策具有重要影响,都应当通过一定的报告形式予以披露。

(四)重要性

充分披露并不等于对可能影响决策的所有经营活动或事项的信息都要赋予同等程度的比重,因此在披露中要区别对待。对于重要事项及其影响,必须详尽披露;而对某些次要的信息可以适当简化或省略,以避免其掩盖或冲淡重要信息的有效利用。

(五)实质重于形式

财务报告应强调经济交易和事项及其影响的经济实质,而不仅仅考虑其法律形式。例如控股企业,尽管各个母子公司在法律上都是独立的法人,但它们在实质上是一个经济主体,所以应提供合并财务报表。

(六)效益大于成本

财务信息也可视为一种商品,需要耗费一定的加工成本,但披露信息的成本必须低于其所提供的效用。因此,有些信息即使对特定决策是相关的,如果其正式披露的成本超过其效用,就不能通过正式财务报表披露,只能以其他财务报告手段补充披露。

第二节 基本财务报表

一、资产负债表

(一)资产负债表的性质

资产负债表,也称财务状况表,是反映企业在某一特定日期的财务状况的会计报表。资产负债表是根据"资产=负债+所有者权益"这一会计恒等式,按照一定的分类标准和顺序,把企业特定日期的资产、负债、所有者权益三项要素所属的项目及金额予以适当排列编制而成的,是用以反映企业在特定日期财务状况的一种资源存量的报表。所谓财务状况,通常指企业在某一时点资产、负债、所有者权益的构成及相互关系。资产负债表的任务就是报告企业的财务状况,即其资产结构(资产的类别、数额及构成比例关系)和财务结构(负债和所有者权益的主要类别、数额及构成比例关系)状况。

资产负债表是企业重要的财务报表之一。从财务报表产生之初,人们就将重点放在资产负债表上。随着人们对收益的重视和配比原则被广泛应用于财务会计,收益决定一般遵循收入费用观,于是财务报表的中心便由资产负债表转向损益表。但到了20世纪70年代,FASB在着手起草其概念框架时,又开始运用资产负债观来决定收益,似乎再次把财务报表的重心从损益表转向了资产负债表。

(二)资产负债表提供的信息及其作用

财务报表的有用信息绝不限于报表中的表面数据。财务状况的含义应当具有更丰富的内涵,含有比资产负债表上显示的数字更多、更有用的信息。因此,应对资产负债表所内含的信息进行深层次的挖掘,以便更准确地把握好资产负债表的作用。

1. 资产负债表提供的信息

报表提供的是信息,而日常的会计记录乃是数据。报表与账簿的一个重要不同是:报表不仅把账户及数据集中起来,形成项目,而且对项目进行必要的浓缩(合并)或分割(细分),并有目的地加以分类、排列,除揭示每一项目的金额外,还揭示用于汇总不同层次类别的小计、合计和总计。报表上的集合、浓缩、分割、分类、排列以及小计、合计和总计,看似是十分简单的编表技术,实际上这些技术能为信息使用者提供若干有用信息。资产负债表可以提供以下有用信息。

(1) 从总计、合计、小计中,可以了解一个企业作为一个整体在编制资产负债表日的全部资源的存量和各大类、各小类资源存量的构成。一眼扫描过去,即可大致判断出该企业的经济规模和实力、资产质量及资产结构的合理性。

(2) 资产负债表中资产和负债项目通常是按流动性分类的,在每一类中又按流动性的强度排列。通过这种排列,对于资产方,可以评估不同类别资产的变现能力,从而有助于预测未来的现金流入大小、时间先后及不确定性;对于负债方,可以评估不同类别负债的偿还时间先后,从而有助于预测未来的现金流出的金额、时间顺序及不确定性。综合这些信息,还可判断出长、短期偿债能力的强弱。

(3) 某些有关联的项目常被排列在一起,通过不同的计量,便能获得补充信息,可用于评估资产所承受的损失风险。最常见的例子如下:

① 存货(按账面成本)

　减:存货跌价准备

　存货净额(按成本与可变现净值孰低)

② 应收账款(按账面价值)

　减:坏账准备

　应收账款净额(实际可收回账款)

③ 短期投资(成本)

　减:短期投资跌价准备

　短期投资净额(按成本与市价孰低)

④ 固定资产(原价)

　减:累计折旧

　固定资产净值(折余价值)

(4) 资产负债表中的负债和所有者权益项目反映了财务结构,包括负债结构、所有者权益结构及资本结构等信息,可用于评估财务结构的合理性,从而可以判别财务风险大小,并有助于进行破产预警分析。

2. 资产负债表的作用

（1）有助于评价与预测企业的偿债能力

偿债能力是指企业以其资产偿付债务的能力。负债按其流动性（偿付期限的长短及到期日的迫近程度），有流动（短期）负债与长期负债之分，从而偿债能力也有短期偿债能力与长期偿债能力之分。短期偿债能力指企业资产流动性（变现能力）对流动负债的保证程度，它主要借助于流动比率、速动比率等来评价与预测。这些比率的计算，又有赖于资产负债表提供的流动资产、流动负债等信息。长期偿债能力指企业支付长期负债本息的能力，主要取决于盈利能力和资本结构。资本结构特指长期负债与所有者权益的相对比例，盈利能力则可结合收益表信息来衡量。一般而言，资产负债率越大，债权人面临的风险就越大，企业的长期偿债能力就相对较弱。企业是否有足够的资产及时变现以清偿到期债务本息，这对债权人来说非常重要，有时甚至关系到企业的生死存亡，因为不能偿还到期债务本息，就可能面临债务重组乃至破产清算的厄运。此外，合理的资产结构与资本结构，不但表明企业有较强的偿债能力，也能反映企业的财务实力，即筹资能力和营运能力。总之，资产负债表是按资产、负债、所有者权益三大要素分项目揭示的，它可为信息使用者评价与预测企业的资本结构和长期偿债能力提供信息支持。

（2）有助于评价与预测企业的经营绩效

企业经营绩效的好坏，直接关系到各利益相关者的回报，从而影响企业持续经营和发展的能力。企业的经营绩效主要表现为获利（盈利）能力及风险。获利能力，用绝对指标来衡量，主要体现为某一会计期间的利润总额与净利润；但以相对指标来衡量，则表现为投资（资产）报酬率、资本收益率、每股收益等指标。显然，用相对指标来评价企业的经营绩效就离不开资产负债表信息。对企业经营绩效的评价还不能满足于事后的测评，最好是能预计企业在未来经营过程（包括投资、筹资活动）中所面临的风险。所谓风险，是对企业的未来不利的结果的预测性表述。这里，未来不利的结果是指损失，风险意味着这种损失既有可能发生，也有可能不发生。

按风险同资产负债表之间的关系，风险可分为表内风险和表外风险：①资产负债表表内风险即会计损失风险，指企业在最坏的情况下，在财务报表上列示的最大损失金额。例如，某一企业有应收甲公司的账款为 20 万元，由于甲公司破产，所有负债可能按 40% 偿付，则该企业在应收账款上的最大损失为 12 万元。②资产负债表外风险，指企业因持有或发行某些金融工具（尤其是衍生金融工具），有些并未在会计上确认，有些虽已确认但遭受的损失可能超过该企业在资产负债表上所列示的该金融工具的会计损失风险。令人遗憾的是，资产负债表不能直接显示这种表外风险，但其使用者可凭借资产负债表及其他相关信息找出一些蛛丝马迹加以识别。此外，资产负债表有助于评估企业的财务风险。财务风险是企业为了获取财务杠杆利益而进行负债经营时，增加了破产机会和所有者权益资本收益率（或每股收益)变动的机会所导致的风险。这种风险也直接影响企业的经营绩效。一般而言,资产负债率越大,企业的财务风险也越大。

(3) 有助于评价与预测企业未来创造现金流量的能力

在持续经营的前提下,一个企业的财务状况最终取决于其偿债能力,而偿债总是表现为企业的现金流出。因此,偿债能力又取决于企业产生未来现金流入的能力。可见,这一能力是反映企业财务状况的集中表现,而企业产生未来现金流入的能力又取决于盈利能力、变现能力、财务弹性和财务风险。

关于盈利能力、变现能力及财务风险在前面均已述及,这里总结一下它们之间的关系。变现能力是用来描述某项资产(如应收账款、应收票据)产生现金流入的时间间隔,或某项负债按约定到期日应予偿付而产生现金流出的时间间隔。资产变现能力还包括对债权人来说至关重要的偿债能力。变现能力首先与盈利能力有关,但还取决于财务风险和财务弹性;变现能力与盈利能力具有负相关关系(由于操作衍生金融工具而持有的金融资产可能是例外,但伴随巨大报酬率的是巨大的风险)。变现能力信息之所以重要,是因为它直接关系到企业现金资源的消长,并可用来评价企业在不久的将来现金流量的时间分布;短期现金流入量是全部现金流入量的一部分,掌握合理适当的短期现金流入量对于一个企业充分利用新的投资机会和偿付流动负债都是必需的。债权人通过变现能力来评价偿债能力,而所有者(现有的和潜在的)则利用它来评价企业未来支付现金股利的能力或未来扩充经营的可能性。资产负债表信息最直观地体现了企业的变现能力、债务清偿要求及其相互适应关系。

财务弹性亦称财务适应性,指企业迅速采取有效行动来改变其现金流量金额、时间分布,借以应付意外的突发性现金需要(如因外部环境变化而提前偿债)或满足有利的机遇(如因市场变化而捕捉的有利投资甚或投机机会)的能力。财务弹性影响企业的风险和变现能力,良好的财务弹性能帮助企业渡过财务难关或抓住有利的机会。一般说来,财务弹性越强,企业失败的几率就越小。为此,企业必须保持合理的资产结构与财务结构,如流动资产比重稍高,而流动负债比重稍低。财务弹性主要来自:① 及时调整生产经营活动以增加净现金流量的能力;② 短期内筹集新资金(如发行债券或股票)的能力;③ 在不影响正常经营的前提下,变卖资产获取现金的能力;④ 凭借其与债权人的良好合作关系而推迟偿债的能力。保持较高的财务弹性往往要付出一定的代价,如持有较多可随时出售的资产会降低盈利能力,增加新的债务则会降低偿债能力。当然,资产负债表本身并不能直接提供有关企业财务弹性的信息,但是它所列示的资产分布、负债流动性、资本结构等信息,再借助于收益表及其他报告信息,可有助于评价和预测企业的财务弹性,进而估计企业适应市场环境变化的财务能力。

此外,通过对不同时期资产负债表相同项目的纵向比较,还可以客观地了解企业财务状况的发展趋势。

（三）资产负债表的设计

1. 资产负债表项目的分类

资产负债表项目的分类,是指在编制资产负债表时,按照一定的标准,对所有资产、负债、所有者权益项目加以归类,从而形成资产负债表各项目在内容上的有机联系。其目的在于通过分类,既可把相同类别的资产、负债和所有者权益项目加总,又可将相关数据资料进行有序的排列,以便揭示有关要素之间的关系。

财务报表项目的分类有助于财务分析人员了解一组项目具有的共同特性和不同项目的不同特征。一般说来,资产负债表项目的分类是由该报表的最终用途与会计信息的特征决定的。如果一项资产的存在形式或预期功能不同,则应分开报告。例如,将存货与固定资产分开报告,对财务弹性有不同影响的资产和负债应分开列示;将经营性资产与投资性资产分开报告,具有不同流动性的资产和负债应分开列示;将现金和存货分开报告。

目前,资产负债表项目的分类标准主要有两种:一种是按货币与非货币性分类。货币性项目是指持有的货币以及将以固定金额或可确定金额收回(支付)的资产(负债),除此以外,则属于非货币性项目。另一种是按流动性分类,在会计实务上,绝大多数企业采用这一分类方法。

资产负债表项目按流动性分类,是指对企业资产、负债要素按其流动性大小进行划分,并列示在资产负债表上。按此分类方法,资产分为流动资产与非流动(长期)资产;负债分为流动负债与非流动(长期)负债;所有者权益分为投资(投入)资本和留存收益。在资产负债表上,资产按其变现能力进行排列,变现速度快的在前,慢的则在后。这一排列方式的重要意义在于:① 变现能力是投资安全性的重要标志;② 变现能力不同的资产在企业经营中有截然不同的作用,通过流动性分类,便于了解企业资产的构成及分布状态,分析企业经营、投资及盈利能力;③ 流动性分类不仅为不同资产项目选择合适的计价基础提供了较为明确的前提,还可以反映不同资产项目转换成现金的可能性(不确定性)、金额及时间分布。负债则按到期日的远近排列,近者在前,远者在后,以反映偿债的迫切程度以及破产风险大小。所有者权益按永久性程度排列,永久性大的在前,小的在后,以反映所有者的投入资本及享有的权益份额和共享权益,以及指定用途和未指定用途但可供分配的积累盈余。资产负债表项目按照流动性分类的结果及其排序方式,如表 9-1 所示。

从世界范围来看,在采用流动性分类的前提下,不同国家资产负债表的排列方式是有差异的。例如,在英国及受英国影响的国家(欧盟成员国),其资产负债表上将流动性弱的资产项目排列在前,将流动性强的负债项目排列在后,因为英国的会计模式主要面向债权人(特别是那些大银行或大金融财团的债权人)。

表 9-1　资产负债表项目

资　产	流动资产	货币现金、交易性金融资产、应收票据、应收账款、预付账款、其他应收款、存货、待摊费用等
	长期资产	长期投资、固定资产、无形资产、在建工程、递延所得税资产、其他资产
负　债	流动负债	短期借款、应付票据、应付账款、预收账款、其他应付款、预提费用、应付股利、应付职工薪酬、应交税金等
	长期负债	长期借款、应付债券、长期应付款、预计负债
所有者权益	投入资本	实收资本、资本公积
	留存收益	盈余公积、未分配利润

2. 资产负债表的格式

格式是内容的表现形式。作为表述企业财务信息的基本书面文件,资产负债表为便于信息使用者阅读和分析,需要对所揭示的内容按照一定的格式进行设计。一般说来,资产负债表由表首、表体和附注组成。

表首列示报表及企业名称(编制单位)、编制日期、货币单位和报表编号。这些内容正好体现了会计假设,即会计主体假设、持续经营与会计分期假设以及货币计量假设。

表体(即资产负债表"表内")用于反映企业在一定时点(一般为月末)的资产、负债和所有者权益。

附注主要用于进一步详细说明和解释报表的主要项目和编制基础。但由于表首和附注的格式很简单,因此,一般所说的资产负债表格式就是指表体的格式,即主体部分各项目的分类和排序方式。

如前所述,资产负债表通行的分类标准是按流动性分类。在此分类基础上,根据不同的排序方式,可将其格式分为 3 种:账户式、报告式和财务状况式。

(1) 账户式资产负债表,又称横式或水平式资产负债表,它按"资产=负债+所有者权益"分左方、右方进行项目排列,左方列示资产项目,右方按上、下分别列示负债和所有者权益项目,形成左右对称结构,类似"T"形账户,"账户式资产负债表"也由此而得名。

这一格式能够较好地将内容和形式统一起来,很好地揭示了各项目之间内在的勾稽关系,直观形象地表达了企业所控制的经济资源及其来源,因而也便于对其进行结构分析。因此,世界各国普遍采用这种格式,我国也不例外。

账户式资产负债表的简化格式见表 9-2。

表 9-2　账户式资产负债表(简式)

资　产	负债和所有者权益
流动资产	流动资产
各明细项目	各明细项目
长期资产	长期负债
各明细项目	各明细项目
	所有者权益
	各明细项目
资产总计	负债和所有者权益合计

(2) 报告式资产负债表,又称竖式或垂直式资产负债表,上下结构,上半部列示资产,下半部列示负债和所有者权益,项目垂直排列。

报告式资产负债表的具体形式有两种:

① 依照"资产＝负债＋所有者权益"排列;

② 依照"资产－负债＝所有者权益"排列。

两种形式的对比见表 9-3。

表 9-3　报告式资产负债表(简式)

资　产	资　产
各明细项目	各明细项目
资产总计	资产合计
负债	负债
各明细项目	各明细项目
负债合计	负债合计
所有者权益	资产减负债
各明细项目	所有者权益
所有者权益合计	各明细项目
负债和所有者权益合计	所有者权益合计

注:英国采用"资产－负债＝所有者权益"编制报告式资产负债表。

(3) 财务状况式资产负债表,系将营运资本予以特别列示的一种格式,即先列示流动资产,再列示流动负债,两者的差额为营运资本;然后加上长期资产,再减去长期负债,最后列示所有者权益。这种格式的出现与会计界对营运资本及其比率信息的重视有关。这种格式便于报表使用者判断企业的流动性以及长期偿债能力,但在实务中并不常见。

二、收益表

（一）收益表的性质

收益表是反映企业在一定期间经营成果的财务报表，它通常又称损益表、利润表、盈利表或经营表。目前，国际上比较流行的名称是收益表，而在我国，损益表和利润表这两个名称通常是混用的，不过，在实务界较多使用利润表名称。

企业在一定期间的经营成果，一般指企业在一定期间所取得的利润（收益）。利润是企业经济效益的综合衡量指标，它是收入（包括利得）与费用（包括损失）配比的一个被动结果。因此，利润确定的关键在于收入和费用的确认、计量与配比。收益表就是对企业一定期间所实现收益的具体内容和结果进行报告。然而，由于目前对利润的界定尚存争议，因此收益表的具体内容及揭示方式会随着对利润认识的不同而形成差别。按会计惯例，现行收益表的编制是依据财务会计所确定的基本原则和概念进行的。

（1）主要采用收入费用观，并按"货币资本保全"确定利润，即会计利润是按照权责发生制基础和会计准则要求而计量的净收益。这就意味着在每一笔交易（经济业务）发生时必须在账上加以确认、计量和记录。

（2）综合了当期经营观和损益满计观，既能反映当期所确认的经营收益，又能反映利得和损失。就是说，目前收益表的编制实际上是依据"收入－费用＝经营利润＋利得－损失＝利润总额"这一盈亏计算公式。在我国，利润表的编制要求基本上与国际会计惯例相一致，企业利润总额由营业利润、投资收益和营业外收支等构成，利润总额扣除所得税费用则得到净利润。

按照上述观点所编制的收益表具有以下特征：

（1）利润数据是根据企业已发生的交易事项计算的，因而具有较高的可验证性；

（2）构成利润的收入与费用是按权责发生制基础进行记录的，即利润只有实现后才予以入账，从而使企业的绩效建立在稳健的基础上；

（3）与利润有关的费用主要是根据已耗资产的历史（实际）成本进行计量的，这种计量方法有助于跟踪反映企业实际投入的资源及其耗用情况，从而有助于反映管理机构对受托资源应负的经营管理责任；

（4）利润是本期已实现的收入与相关联的费用进行配比的结果。由于这种配比一般建立在收入与费用之间的因果关系之上，由此确定的利润能够在一定程度上减少管理机构（经营者）对会计利润的人为操纵，因而能较客观地衡量企业的经营业绩。

此外，还要特别注意财务会计中的利润概念（即会计利润）与经济学中的利润概念（即经济利润）的本质区别。大体上，可以用"经济利润＝会计利润－机会成本"来描述它们的区别。这里的机会成本是指资本成本。在价值基础的管理中,一般以经济增加值(Economic Value Added,EVA)来衡量经济利润。

(二) 收益表提供的信息及其作用

收益表反映了企业本期实现收入及所耗费用的数额及结构,同时也反映了企业营业利润、投资收益、营业外收支对利润总额的贡献大小,有助于信息使用者识别企业利润的主要来源,从而正确判断企业的发展前景。所得税费用的信息还表明了企业对社会(国家)所作贡献的大小,也可以说是对企业履行社会责任方面的衡量。净利润的信息反映了企业一个时期内的综合经济效益,是对企业经营者完成受托责任与否的一个总交代,也是对其经营成功与否的一个总评价。

企业净利润的高低及其走势,是企业生存与发展的关键,也是企业所有的利益相关者的关注焦点。因此,收益表的编制与披露对信息使用者是至关重要的。S·S·亚历山大1950年曾列举企业收益有6种用途:(1)收益是所得税的计算基础;(2)在公开报告中,收益可视为一家公司经营成功的量度;(3)收益可作为分配股利的标准;(4)利率制定机构可用收益来测试所制定的利率是否公正与合理;(5)一个赖以维持其生活的财产所有者、财产委托人在保存其本金的同时,收益是其进行收益分配的指南;(6)收益是企业管理机构在其管理活动中的行为指南。

具体而言,收益表的作用主要表现在以下几个方面:

1. 有助于评价与预测企业的经营成果、获利能力与偿债能力

经营成果(业绩)指企业在其所控制的资源上取得的报酬,它可直接表现为收益表上的利润总额;而获利能力则指企业运用所控制的各种经济资源获取这种报酬的能力,它可以投资报酬率、成本利润率、人均利润率以及每股收益等相对指标来反映,这些指标的计算离不开收益表提供的数据。通过当期收益表可反映企业当期的经营成果和获利能力;通过比较分析同一企业不同时期、不同企业同一时期的收益水平,可据以评价企业经营成果的优劣和获利能力的高低,并预测未来的发展趋势。

收益表虽然不直接提供偿债能力信息,但是企业的偿债能力不仅取决于资产的流动性和财务结构,还取决于企业的获利能力,因为获利能力不强,势必造成企业资产的流动性和财务结构恶化,最终危及企业的偿债能力。因此,从长远观点来看,通过比较分析收益表的有关信息,可以间接地评价、预测企业的偿债能力(尤其是长期偿债能力),并揭示其变化趋势,进而供债权人作出有关信贷的决策,供企业管理人员作出有关改进企业管理工作的决策。

2. 有助于评价与预测企业未来的现金流动状况

报表使用者特别关注企业预期的现金流动,而这与企业的获利能力具有密切的联系,收益表恰好揭示了这种信息。尽管过去的业绩并不一定意味着未来的成功,但过去总在一定

程度上预示了未来,由此可根据企业获利能力的信息来可靠地预测未来现金流量及其不确定性程度,评估未来的投资价值。

3. 有助于评价与考核企业管理人员的绩效

企业实现利润的多少,是体现管理人员绩效的一个重要方面,是管理成功与否的重要体现。通过比较前后各期收益表上的各种收入、费用和利润的增减变动情况,并分析发生差异的原因,可据以评价各职能部门和人员的业绩,以及它(他)们对整个企业的贡献大小,以便评判其功过得失,及时作出生产、人事、销售等方面的调整,提出奖惩任免的决定。

4. 是企业经营成果分配的重要依据

现代企业可理解为通过合同(契约)由不同利益集团组成的利益共同体。各相关利益集团之所以贡献出资源(资金、技术、劳动力等)或参与企业的活动,其目的在于分享企业的经营成果。

收益表直接表达了企业的经营成果,在法律、法规和企业利润分配制度的约束下,利润的多寡决定了各利益相关者的分享额,其分配结果也正是由收益表的附属收益(利润)分配表来反映的。也许正是由于这方面的作用,收益表的地位日益重要,大约从 20 世纪 30 年代起,收益表开始超越资产负债表而上升为第一报表。

(三) 收益表的设计

1. 收益表的项目

对报表内容进行适当分类,能使报表提供的信息更有价值,收益表也是如此。通过收益表的分类,可以向信息使用者提供用于揭示企业收益和现金流量的数量、时间和不确定性的信息。从国际会计惯例来看,收益表的基本要素是收入、费用和利润,我国即如此。但是,关于收益表要素的划分,各国并不完全一致。例如,美国划分为收入、费用、利得、损失和全面收益("全面收益"迄今还未成为正式的财务报表要素),而英国则用利得和损失取代了收入和费用,并在保留损益表的同时增加了全部已确认利得和损失表。

通过收益表三大要素的反映,可揭示企业在一定时期内的经营业绩和获利能力,但为了具体分析、考核其损益的构成及其变动的原因,还需进一步细分这三大要素。其中,收入可分为产品销售收入(营业收入)、其他业务收入、投资收益(如利息收入、股利收入)及非常项目的收入(营业外收入);费用可分为产品销售成本(营业成本)和销售税金(营业税金)、销售费用(营业费用)、管理费用、财务费用、其他业务支出及非常项目的支出(营业外支出)等。这里,产品销售收入和其他业务收入都是正常项目的收入,是相对于非常项目而言的。产品销售收入是指企业从事持续的、主要或中心业务所获得的收入,因此也可统称为主营业务收入,如制造企业销售产品、商品流通企业销售商品、服务性企业对外提供劳务而取得的收入;其他业务收入一般指企业副业经营和次要的经营而赚取的收入,如制造企业提供运输服务、出售材料、转让无形资产、经营性出租固定资产等而取得的收入;非常项目则是指企业正常经营活动(即主、副营业)以外的事项或交易所产生的利得与损失,不能期望它会经常或定期发生(在我国,将非常项目的损益归入营业外收支范畴,但要求在股份有限公司利润表的附注中披露非常项目)。

所得税是一项特殊的费用,在收益表上单独反映。对收入和费用的细分,使得利润成为一个具有多层次含义的概念。例如在我国,就有营业毛利润(主营业务利润)、营业(净)利润、利润总额、净利润之分,切勿将这些构成内容不同的利润概念混为一谈。为此,正确理解某一层次的利润概念,关键要看利润是如何计算出来的。

2.收益表的格式

收益表的格式设计也包括表首和表体的设计。表首应列示企业及报表名称、报表所涵盖期间、所采用的货币名称与计量单位以及报表编号,这也是会计假设的要求。表体实际上是利润计算公式的表格化,是收益表内容的表达方式,列示了不同层次利润的构成要素(项目)。为了把收益表的信息恰当地表达出来,以便于理解和使用,需要对收益表的各项目按照一定顺序作适当的排列,以形成相对稳定的结构。目前,根据项目的排列方式不同,常见的收益表格式有单步式和多步式两种。

(1)单步式收益表

单步式收益表是将当期所有的收入列在一起,然后将所有的费用列在一起,两者相减得出当期净损益。具体到格式上,是在表的上方列示全部收入,在表的下方列示全部费用。所得税是单列在净收益前的最后一个项目,表明所得税与收益的关系。对上市公司而言,在收益表的最末还应列示"每股收益"项目。单步式收益表的基本格式见表9-4。

表 9-4　单步式收益表

编制单位:　　　　　　年度　　　　　货币单位

收入	
营业收入	
投资收益	
非常项目收入	
费用	
营业成本(销货成本)	
营业税金	
营业费用	
管理费用	
财务费用	
非常项目支出	
所得税费用	
净利润(净收益)	
普通股每股净收益(EPS)	

单步式收益表的优点是：以最简单明了的形式表述企业的经营成果，易于编制；对收入和费用一视同仁，不分彼此，清楚地表明收入和费用项目的同等重要性，而且在一切费用被扣减之前，没有任何项目可称为利润，因此可避免可能使人误以为收入与费用的配比有先后顺序或引起混乱的分类而导致利润概念模糊不清。其缺点是：没有考虑不同经济性质的收入和相应费用的分类配比，从而得不到诸如营业毛利润、营业净利润、利润总额等中间性信息，不便于分析企业利润的构成情况、合理评价经营业绩、准确评估获利能力。

（2）多步式收益表

多步式收益表就是将收益表的内容进行适当分类，把收益的计算分成若干步骤，并揭示各步骤之间的关系，从而提供有关形成最终净收益的中间性信息。

多步式收益表的优点是：通过对不同性质的收入和费用分类别进行配比，可以得出一些有意义的中间性收益指标，丰富了收益表的信息，有助于使用者了解企业各方面业务对企业整体收益的贡献；借助这些中间性收益指标还可计算有关比率，有利于使用者正确评估企业管理机构的经营业绩，并预测未来获利能力和经营趋势。其缺点则是：编制较为复杂，不易让人理解，且会使人产生收入与费用的配比有先后顺序的误解；另外，收入、费用的分类也难免带有主观性（这也是造成各国收益表项目不同的主要原因之一）。

权衡利弊，各国基本上都在采用多步式收益表，我国会计实务中也要求编报多步式收益表。我国的《企业会计准则第30号——财务报表列报准则》规定，企业应当采用多步式列报利润表，将不同性质的收入和费用类别进行对比，从而可以得出一些中间性的利润数据，便于使用者理解企业经营成果的不同来源。企业可以分如下3个步骤编制利润表：第一步，以营业收入为基础，减去营业成本、营业税金及附加、销售费用、管理费用、财务费用、资产减值损失，加上公允价值变动收益（减去公允价值变动损失）和投资收益（减去投资损失），计算出营业利润；第二步，以营业利润为基础，加上营业外收入，减去营业外支出，计算出利润总额；第三步，以利润总额为基础，减去所得税费用，计算出净利润（或净亏损）。普通股或潜在普通股已公开交易的企业，以及正处于公开发行普通股或潜在普通股过程中的企业，还应当在利润表中列示每股收益信息。

三、现金流量表

（一）现金流量表的性质

现金流量表是反映企业一定会计期间现金和现金等价物流入和流出的报表。现金流量表的前身是财务状况变动表。财务状况变动表是反映企业在一定时期内为其经营、投资、筹资活动所获取的资金来源及其运用情况，以全面说明企业财务状况变动情况的动态报表。

1971 年以前,在美国,企业正式对外提供的财务报表只有资产负债表和收益表。财务状况变动表的前身是资金表或资金来源与运用表,它只是作为企业的内部报表,并未强制要求对外提供。APB 在 1971 年发表的第 19 号意见书《财务状况变动的报告》中将"资金来源与运用表"改称为"财务状况变动表",此后财务状况变动表成为正式必须对外编报的基本财务报表。

财务状况变动表的编制存在营运资本、全部财务资源、现金、流动资产、货币性(速动)流动资产、净货币性(速动)流动资产等不同的基础,加之财务状况变动表缺乏明确的目标,使得它出现多样化的内容与形式,在实务中出现混乱现象,以致不能较好地反映企业真实财务状况变动情况。因此,FASB 于 1987 年 11 月公布了第 95 号财务会计准则公告《现金流量表》,明确要求自 1988 年 7 月 15 日以后以其取代财务状况变动表,作为正式财务报表中的第三报表。自此,国际上其他国家也开始转而采用现金流量表。虽然首先是美国倡导采用现金流量表,但是实际改用现金流量表最早的国家并非美国,依次是澳大利亚(1983 年)、加拿大(1985 年)、新西兰和美国(1987 年)、英国(1991 年),IASC 也于 1992 年采用。我国 1993 年 7 月施行的《企业会计准则》曾要求企业编报以营运资本(金)为基础的财务状况变动表,1998 年 1 月起施行的《企业会计准则——现金流量表》,要求企业在年报中编制现金流量表,不再编制财务状况变动表。

现金流量表之所以取代了财务状况变动表,主要基于下列原因:(1) 财务状况变动表编制基础的多样化,严重影响了该表提供信息的可比性,而现金流量表以现金及现金等价物为基础,具有清晰明确的比较基础;(2) 评价企业现金流量的数额、时间分布和不确定性是财务报告目标的变化之一,强调了使用者对现金流量信息的关注,显然,现金流量表比财务状况变动表更能较好地做到这一点;(3) 20 世纪 70 年代中期以来的持续通货膨胀,加剧了企业现金紧缺的状况,有些企业因此遭受破产清算的威胁,这一事件增强了人们对企业现金流动的关心,为企业广泛采用现金流量表提供了客观基础;(4) 财务状况变动表是按照权责发生制原则来编制的,企业可以通过会计处理方法的选择来粉饰财务状况、操纵财务成果,而现金流量表是按照收付实现制来编制的,可以有效地避免上述现象,从而提供更加真实可靠的信息。

现金流量表通过报告企业在一定会计期间各类活动产生的现金流入、现金流出及净现金流量等信息,使使用者了解和评价企业获取现金和现金等价物的能力,并据以预测企业未来现金流量。它是以现金及现金等价物为基础编制的,如何界定现金、现金等价物就成为十分关键的问题,这将直接影响到现金流量表的构成内容及性质。按我国现金流量表准则的解释:"现金,指企业库存现金以及可以随时用于支付的存款;现金等价物,指企业持有期限短、流动性强、易于转换为已知金额现金、价值变动风险很小的投资。"这一定义最接近国际会计准则和美国会计准则的说法。由于现金等价物的确认标准不具备唯一性,而存在相当大的灵活性,因此为了避免企业各行其是,各国会计准则中都对现金等价物作了较严格的限定,其中以美国的规定较为详尽和具体,便于实务上的操作。我国现金流量表准则的指南和讲解中更是直接将现金等价物限定为企业持有的、原定期限不超过 3 个月的短期债券投资,而且要求企业披露现金等价物的确认标准及其变更方面的信息。

(二)现金流量表提供的信息及其作用

现金流量表是以现金及现金等价物为核心的报表,它所揭示的企业在一定时期内现金流入与流出及其平衡状况的信息,可以对投资者和债权人,也包括经理等使用者分析、评价企业经营、投资、筹资活动并进行决策起到重要作用。

现金流量表是对资产负债表和收益表的必要补充,也是对企业各项活动的综合描述与概括。它揭示了如下信息:经营活动、投资适动、筹资活动三类活动各自"创造"现金流量的能力及其对整个企业现金流量的贡献大小;现金流量的结构;经营活动产生的现金流量与净利润的关系;现金流量的产生原因(源泉)及来龙去脉。这些信息的具体作用有如下几点。

1. 有利于评价与预测企业未来产生现金流量的能力

投资者、债权人从事投资与信贷的主要目的是增加未来的现金流入,而过去的现金流量信息是未来现金流量的指示器。以现金流动制为基础的信息既有利于估量企业生成现金的能力,评价和比较不同企业未来现金流量的现值(现金流量信息提高了不同企业经营业绩的可比性),又可以评价企业财务结构的合理性以及企业为适应外部经济环境变化而对其现金流量在金额、时间和确定性方面进行调整的能力。

2. 有利于评价与预测企业偿债能力与支付股利的能力

评估企业是否具有支付能力(偿还债务本息、支付股利等),最直接有效的方法是分析其现金流量。因为债务的偿还、股利的支付、工资的支付、原材料和机器的购买等,均需要足够的现金来满足,所以没有净现金流入(即使有净收益)的企业是难以生存的。经营活动的净现金流入代表了企业自我创造现金的能力,尽管现金的获取还可以通过对外筹资或变卖非现金资产的途径,但所有现金流出最终还得依靠经营活动的现金流入。因此,经营活动的净现金流入占总现金来源的比重越高,则表明企业经营周转越顺畅,支付能力越强。从现金流量表中各部分现金流量结构的合理程度、现金流入流出的波动性大小,可以判断出一个企业的财务状况是否稳健与良好。同时,企业常见的失败原因、症状也可以在现金流量表中得到反映。比如从投资活动流出的现金、筹资活动流入和流出的现金中,可以分析出企业是否过度扩大经营规模以及是否过度负债经营;对企业管理人员来说,可据此帮助确定股利政策、投资和筹资决策。

3. 有利于评价、预测企业净收益与经营活动产生的净现金流量之间差异的原因

就企业整个经营期间而言,净收益的总和应等于结束清算、变卖资产并偿还各种债务后

的净现金流量,但就某一个会计期间而言,按权责发生制确认损益的时间与现金收付的时间不太可能完全保持一致。通过现金流量表(用间接法将净收益调整经营活动产生的净现金流量)可具体地揭示二者不一致的原因,看出非现金流动资产吸收利润的情况,以便于使用者更准确地评价净收益的可靠性(质量)并合理地预测未来的现金流量。

4. 有利于评价与预测企业经营、投资和筹资活动的有效性

现金流量表中分类披露的经营、投资和筹资活动产生的现金流量信息,可以较全面地评价各项活动的成果;通过对这些活动的分析,可以了解企业的资产、负债为什么会增减,为什么亏损时现金反而增加,新增长期资产的资金从何而来,为什么利润增加时股利没有同步增加等。对此类问题的回答,有利于找出原因与差距,以便更合理地控制现金流动,实现现金的最佳配置和使用。

正因为现金流量表有如此巨大的作用,引起了报表使用者对它的普遍关注,所以现金流量表的兴起就不足为奇了。另外,有两个问题值得探讨:

(1) 报表使用者关注的是预期(未来)的现金流量,特别是有利的现金流量,可是现金流量表只能反映过去(历史)的现金流量。不过,应该看到,将现金流量表与资产负债表、收益表综合在一起进行分析与评估,可以获得估计未来现金流量的信息。

(2) 在会计界产生了现金流量信息与盈利信息孰轻孰重的争论。在企业估价实务中大量采用贴现的现金流量估价模型,表明企业的价值是由未来现金流量决定的,而非由权责发生制基础上的净收益决定,这似乎证明了现金流量信息的重要性。不过,在会计盈余信息还是现金流量信息对未来现金流量的预测能力以及与企业价值的相关性孰强孰弱的问题上,实证会计研究并未达成一致的结论。实际上,盈利信息和现金流量信息的用途既不必互相排斥,也不能互相代替。反映当期经营业绩权益资本的报酬,仍以采用净收益为好,但投资人和债权人同时考虑现金流量也是有道理的,因为净收益毕竟比较抽象,而现金则十分具体,更有吸引力。足够的现金流入是维持企业支付能力的保证,甚至有"现金至上"的说法。但从长远的观点看,对于一个企业的经营发展前景来说,盈利信息应是基本的。无法想象,没有盈利的企业会有正当和可靠来源的现金流入,因此这两种信息应相互补充。至于它们当中谁更为重要,则取决于会计信息使用者的用途。

(三) 现金流量表的设计

1. 现金流量及其分类

现金流量是指现金及现金等价物的流入和流出额,但不包括现金及现金等价物之间的流动,如企业从银行提取现金,又如以多余现金投资于现金等价物。

现金流量表现为现金流入量与现金流出量,二者之差为净现金流量。现金流量的揭示一般应按流入、流出分别揭示,而非仅列示二者之差即净额,因为以净额表示的现金流量无

法全面评估企业的经营、投资和筹资活动。但一些周转快、金额大、期限短的项目,按总额反映意义并不大,按净额反映则更为有用。例如,代客户收取或支付的现金、证券公司代收的客户证券买卖交割费和印花税、银行发放的短期贷款和吸收的活期存款、长期资产的购入与处置(变卖)等。

当企业发生涉外经济活动而产生外币现金流量时,必须将外币现金流量按一定的汇率折算为报告(本位)货币,并对因汇率变动而产生的汇兑差额作适当的处理,并在现金流量表中单独披露所持有或到期的外币现金和现金等价物受汇率变动的影响,以调整按期末汇率折算的期末与期初现金和现金等价物金额。在我国,发生外币业务而产生的现金流量,是以交易发生当日的汇率或平均汇率折算成记账本位币来加以反映的。因汇率变动而产生的汇兑损益并不引起现金流入或流出,但为了反映现金及现金等价物受汇率变动的影响,应将这种汇兑损益作为调整项目,在现金流量表中单独列示。

现金流量表提供的是现金流入、流出的信息,它的有用性还取决于对它所进行的科学分类。其目的是为了联结现金流入量和现金流出量,因为这二者常常相关,如对外投资交易中产生的现金流出和因取得投资回报而产生的现金流入紧密相关。对现金流量进行适当分类,可以使报表使用者能够识别每一类别的现金流量内部及不同类别现金流量之间的重大关系。

对产生资产负债表账户期末期初余额的变化与现金流量之间的差别进行分析,可以找到引起现金流量变化的因素。这一分析可以从"资产=负债+所有者权益"开始,并导出下列关系:

$$资产变化额=负债变化额+所有者权益变化额$$

$$现金变化额+现金之外资产变化额=资产变化额$$

$$现金变化额=负债变化额+所有者权益变化额-现金之外资产变化额$$

$$现金变化额=现金增加额+现金减少额$$

$$现金增加额(现金流入)=负债增加额+所有者权益增加额+现金之外资产的减少额$$

$$现金减少额(现金流出)=负债减少额+所有者权益减少额+现金之外资产的增加额$$

由此可见,现金流入(流出)是由三类因素引起的,即负债增加(减少)、所有者权益增加(减少)、现金之外资产的减少(增加)。它们可进一步按交易的性质划分为经营活动的现金流量、投资活动的现金流量、筹资(融资或理财)活动的现金流量。这种分类有助于使用者了解这些活动对现金流量的影响程度以及估量现金和现金等价物的金额,并评价这些活动之间的相互关系。这些活动之间的关系及其趋势的信息,对投资者、债权人评估企业的流动性、财务弹性、获利能力和风险性极为有用,因此这种分类成为国际上较为通行的一种分类,美国、澳大利亚、IASC及我国都采用这一分类,不过有些具体项目产生的现金流量的归类在实务上还存在一定差异。

(1) 经营活动的现金流量

经营活动是企业投资或融资活动以外的所有交易和事项,它是直接与产品生产、产成品或商品销售及劳务提供有关的经济活动。一般而言,经营活动是企业最主要的营业活动,也是影响企业现金流量变动的最重要因素。由经营活动产生的现金流量通常由决定企业净损益的交易和其他事项形成,即基本上属于收益表项目。有些交易,诸如厂房出售、对外投资等,可能导致利得或损失,这虽包括在企业当期损益中,但与这类交易相关的现金流量则归属于投资活动的现金流量;支付债务利息而形成的财务费用这类现金流量则归类于筹资活动的现金流量。

在经营活动的现金流量的基础上,还可以计算出一个在财务估价与投资决策中十分有用的指标,即自由现金流量。其计算公式为

自由现金流量＝经营活动产生的现金流量一增加的资本支出

具有较高自由现金流量的企业,一般同时具有良好的盈利能力,并能抓住有利的投资机会。国际上一些知名大公司(如壳牌石油公司、AT&T 等公司)的管理者都使用自由现金流量来分析与管理他们的企业。

(2) 投资活动的现金流量

投资活动指长期资产的购建和不包括在现金等价物范围内的投资及其处置活动。投资活动主要包括以下两个方面:一是对内长期投资,即固定资产、无形资产的购建和处置;二是对外投资,即对外所进行的债权和股权投资及其转让或出售。这类活动产生的现金流量代表了企业为获取未来收益和现金流量而导致资源转出的规模与程度,对信息使用者的决策十分重要,因而应在现金流量表中单独披露。

(3) 筹资活动的现金流量

筹资活动是指导致企业资本及债务规模和构成发生变化的活动,是企业开展经营、投资活动的前提。这类活动产生的现金流量是指企业与投资者、债权人有关的筹资性交易而产生的现金流入与流出,同样应在现金流量表中予以单独反映。

2. 现金流量表的格式

现金流量表也是由表首与表体组成。其中,表首内容与收益表类似(当然报表名称不同);表体的基本框架则由现金流量的分类决定,根据"经营活动的现金流量＋投资活动的现金流量＋筹资活动的现金流量＝现金流量(总额)"这一公式,依次将现金流量表主表分成 3 部分,从上到下排列,其结果应满足下面的等式:"期内现金及现金等价物的净增加(减少)额＝期末现金及现金等价物余额一期初现金及现金等价物余额"。

现金流量表的基本格式如表 9-5 所示。

表 9-5 ××公司现金流量表

××年度 金额单位：元

经营活动的现金流量
现金流入（按明细项目反映）
现金流出（按明细项目反映）
经营活动的现金流量净额
投资活动的现金流量
现金流入（按明细项目反映）
现金流出（按明细项目反映）
投资活动的现金流量净额
筹资活动的现金流量
现金流入（按明细项目反映）
现金流出（按明细项目反映）
筹资活动的现金流量净额
汇率变动对现金及现金等价物的影响
本期现金及现金等价物净增加（减少）额
期初现金及现金等价物余额
期末现金及现金等价物余额

（四）现金流量表的编制方法及程序

1．现金流量表的编制方法

编制现金流量表时，列报经营活动现金流量的方法有两种：一是直接法，二是间接法。这两种方法通常也称为编制现金流量表的方法。

所谓直接法，是指按现金收入和现金支出的主要类别直接反映企业经营活动产生的现金流量，如销售商品、提供劳务收到的现金，购买商品、接受劳务支付的现金等就是按现金收入和支出的类别直接反映的。在直接法下，一般是以利润表中的营业收入为起算点，调节与经营活动有关的项目的增减变动，然后计算出经营活动产生的现金流量。

所谓间接法，是指以净利润为起算点，调整不涉及现金的收入、费用、营业外收支等有关项目，剔除投资活动、筹资活动对现金流量的影响，据此计算出经营活动产生的现金流量。由于净利润是按照权责发生制原则确定的，且包括了与投资活动和筹资活动相关的收益和费用，将净利润调节为经营活动现金流量，因此实际上就是将按权责发生制原则确定的净利润调整为现金净流入，并剔除投资活动和筹资活动对现金流量的影响。

采用直接法编报的现金流量表，便于分析企业经营活动产生的现金流量的来源和用途，预测企业现金流量的未来前景；采用间接法编报现金流量表，便于将净利润与经营活动产生的现金流量净额进行比较，了解净利润与经营活动产生的现金流量差异的原因，从现金流量的角度分析净利润的质量。所以，我国现金流量表准则规定企业应当采用直接法编报现金流量表,同时要求在附注中提供以净利润为基础调节到经营活动现金流量的信息。

2. 现金流量表的编制程序

企业在具体编制现金流量表时,可以采用工作底稿法或 T 型账户法,也可以根据有关科目记录分析填列。

采用工作底稿法编制现金流量表,是以工作底稿为手段,以资产负债表和利润表数据为基础,对每一项目进行分析并编制调整分录,从而编制现金流量表。采用工作底稿法编制现金流量表的程序如下:

(1) 将资产负债表的期初数和期末数过入工作底稿的期初数栏和期末数栏。

(2) 对当期业务进行分析并编制调整分录。编制调整分录时,要以利润表项目为基础,从"营业收入"开始,结合资产负债表项目逐一进行分析。在调整分录中,有关现金和现金等价物的事项,并不直接借记或贷记"现金",而是分别计入"经营活动产生的现金流量"、"投资活动产生的现金流量"、"筹资活动产生的现金流量"有关项目。借记表示现金流入,贷记表示现金流出。

(3) 将调整分录过入工作底稿中的相应部分。

(4) 核对调整分录,借方、贷方合计数均已经相等,资产负债表项目期初数加减调整分录中的借贷金额以后,也等于期末数。

(5) 根据工作底稿中的现金流量表项目部分编制正式的现金流量表。

采用 T 型账户法编制现金流量表,是以 T 型账户为手段,以资产负债表和利润表数据为基础,对每一项目进行分析并编制调整分录,从而编制现金流量表。采用 T 型账户法编制现金流量表的程序如下:

(1) 为所有的非现金项目(包括资产负债表项目和利润表项目)分别开设 T 型账户,并将各自的期末期初变动数过入各相关账户。如果项目的期末数大于期初数,则将差额过入和项目余额相同的方向;反之,过入相反的方向。

(2) 开设一个大的"现金及现金等价物"T 型账户,每边分为经营活动、投资活动和筹资活动 3 个部分,左边记现金流入,右边记现金流出。与其他账户一样,过入期末期初变动数。

(3) 以利润表项目为基础,结合资产负债表分析每一个非现金项目的增减变动,并据此编制调整分录。

(4) 将调整分录过入各 T 型账户并进行核对,该账户借贷相抵后的余额与原先过入的期末期初变动数应当一致。

(5) 根据大的"现金及现金等价物"T 型账户编制正式的现金流量表。

第三节　表外披露

一、表外披露的范围

受财务报表格式与内容高度规范化的制约,财务报表信息的广度与深度均显示出"难以满足报表使用者对会计信息的巨大需求"的迹象。为了对这种变化了的会计信息需求作出快速而有效的反应,表外披露这种创新的信息披露方式应运而生,如今已得到了长足的发展。在财务报告体系中,表外信息的内容在不断扩展,表外披露的方法也在不断丰富,表外披露的地位不断得到加强。特别值得一提的是,目前在表外披露的有些会计信息,从长远观点来看,极有可能在将来转化为表内表述。

表外信息这一会计术语的使用已相当普遍,但如何界定表外信息的范围至今仍未有一个权威的结论。顾名思义,表外信息是指在基本财务报表之外披露的信息,即由于受财务会计确认和计量的限制无法在表内表述,但有助于信息使用者进行经济决策的会计信息。可见,表外披露是在基本财务报表之外的一种重要信息披露方式。表外披露基于表内项目,并是对表内项目的有益补充,它和基本财务报表共同构成完整的财务报告体系。

表外信息意指基本财务报表之外的信息时,表外信息似乎就没有边界了。这导致了对表外信息的范围和内容难以进行统一的规范,因此,不同国家、不同企业的表外披露差异往往很大。如何确定表外披露的范围就成为一个重要的会计理论与实务问题。

从目前的实践来看,表外披露似乎已突破会计信息的范畴,而将一些有助于更好补充说明和解释会计信息的其他非会计信息(如市场占有率、董事长致全体股东的公开信、企业简介等)也纳入了表外披露中,这似乎表明会计信息系统与其他信息系统(如统计信息系统、财务管理信息系统、人力资源管理信息系统、研究与开发信息系统等)的边界正在变得模糊,换句话说,它们之间合作(融合)的趋势越来越明显,处于一种"你中有我,我中有你"的状态。此时,若再用财务报告来涵盖企业对外披露的全部信息,就显得不恰当了,而应改称企业报告才妥,例如美国注册会计师协会(AICPA)于 1994 年发表了一份研究报告,题目即为《改进企业报告:着眼于用户》。当然,不可否认的是,财务报告始终应在整个企业报告中唱主角。虽然如此,但要从企业报告中辨明哪些是属于财务报告范畴的表外披露就比较困难了,这可能是导致实务当中不恰当地将企业信息披露责任全部归结为会计责任的原因之一。

财务报告的表外披露具有较大的自由度。随着企业交易和事项的日趋复杂,一些难以确认或企业为了避免确认而只在表外披露的信息日益增多,下列问题就值得注意并引起深思了:(1)信息过量问题。表外披露的本意是为了帮助用户更好地理解财务报表表内的内容,如果表外披露的信息本身难以读懂和理解,就会适得其反。(2)重要信息隐藏问题。由于表外披露的信息过多,甚至有些对用户决策至关重要的信息不是进入表内,而是混杂于表外披露的信息之中,且轻描淡写,因此这些信息几乎难以引起用户的关注,如关联方关系及关联方交易涉及的重大投资、融资活动,风险性和隐蔽性都很高的衍生金融工具以及或有负债等。(3)反客为主的问题。虽然 FASB 一再强调财务报表是财务报告的中心部分,是企业对外传递会计信息的主要手段,但现实是表外披露的信息不断扩展,一眼看上去,财务报表附注似乎相当吓人,因为附注的长度常常大于报表本身好几倍乃至几十倍,含有大量详细信息,并且包括许多财务管理等方面的术语。此时,报表使用者如果不阅读和参考附注,想全面看懂财务报表几乎是不可能的。这样一来,表内与表外信息的主次地位就被颠倒了。

二、表外披露的内容与方法

就目前表外披露的发展状况来看,表外披露的内容可大致归纳如下:(1)报表项目注释;(2)会计政策及其变更揭示;(3)重大事件;(4)预测信息;(5)环境信息;(6)人力资源信息;(7)增值信息;(8)或有事项;(9)期后(资产负债表日后)事项;(10)会计差错更正;(11)会计估计变更;(12)分部信息;(13)管理机构的讨论与分析;(14)关联方关系及交易;(15)衍生金融工具;(16)物价变动信息等。

我国目前对表外披露的规定还较少,且主要针对上市公司。中国证券监督管理委员会(简称中国证监会)于1997年12月17日发布的《公开发行股票公司信息披露的内容与格式准则第2号年度报告的内容与格式》对表外披露作了较详细的规定,表外披露的内容有公司简介、公司所采用的主要会计政策、会计报表主要项目的注释、异常报表项目的解释、关联方及其交易的披露、或有事项和承诺事项、期后事项、分部信息、重大事件和其他重要的信息等。

由此可见,表外披露内容既包括货币性信息,又包括非货币性信息;既包括定量信息,也包括定性信息;既包括历史信息,还包括未来(预测)信息;既包括事实性信息,又包括分析性信息。随着表外信息的不断增加,表外披露形式也向多样化方向发展,既可以采用数据与文字结合形式,也可只采用文字说明形式,还可采用图表形式(如采用坐标图或柱形图说明有关项目的变动趋势,用圆形图说明有关项目的结构分布等)。目前,使用较为普遍的表外披露方法主要有两大类:一是报表附注,二是其他财务报告。

从上面的介绍中可以发现,相对于表内表述,表外披露具有如下特点:(1)披露内容广泛,甚至超越了会计信息系统;(2)披露形式灵活,可以是数据、文字、表格、图形等各种组合;(3)突破现有会计规范体系,披露所受限制较少;(4)披露成本较低,使受成本效益原则限制而无法在表内反映的项目转向表外披露成为可行的选择,大大提高了会计信息的相关性。

三、财务报表附注

　　财务报表附注是为了帮助使用者更好地理解与利用为保持清晰性而高度浓缩的基本财务报表而采用旁注、底注等形式,对基本财务报表的有关内容(项目)所作的进一步补充、说明或解释。附注与表体(表内)共同构成财务报表,两者是一个整体,不可分割。作为财务报表的一个组成部分,附注对于理解表内所确认信息是必不可少的。

　　附注虽然也要遵守公认会计准则(GAAP)、企业会计准则或企业会计制度、公允表述,并应经注册会计师审计,但它不同于表内:(1)它的表达方式不需要像表内一样用固定的格式,它既可以用文字说明和数字描述,也可只用文字说明(如披露所采用的会计政策、期后事项、有些尚难确定金额的或有事项等);(2)它所披露的信息不必像表内项目一样经过严格的会计确认程序;(3)在保持报表表内简练的基础上它可以用来披露一些与报表的数据相关的信息,但不可用来更正表内的错误,也不能用以代替报表表内的正常分类、计价和描述,或与表内数据发生矛盾。因此,在充分利用附注灵活性所带来的便利的同时,应把握好附注所披露信息的分寸。

　　在附注中应披露的信息通常包括两大部分:(1)法规、准则或制度的要求;(2)企业管理机构的自愿。后一点同其他财务报告有类似之处,但其他财务报告同表外附注也有重要的区别,即其他财务报告不受 GAAP 的限制,也不需要注册会计师审计,从而并不构成财务报表的整体。搞清楚两者的分别,能帮助我们清楚地划分这两者披露信息的界限。

　　在会计实务中,财务报表附注可采用旁注、附表和底注等具体披露方法。

(一)旁注

　　旁注也就是对表内项目的括号注释,即在基本财务报表的有关项目旁直接用括号加注说明。它是最简单的报表注释方法,且已与表内披露融为一体。如果报表上有关项目的名称或金额受到限制或需要简要补充说明,可直接采用旁注,但应避免旁注冗长。由于受到空间的制约并为了保持报表项目的简明扼要、清晰明了,旁注只适用于个别只需要简单补充信息的项目。一般而言,旁注可揭示的信息包括:(1)指明所采用的特定会计方法或计价基础,如在"长期投资"项目旁注明"(按购买法)";(2)说明项目的性质,如在"应收票据"项目旁加注"(其中×××元已向银行贴现)",又如在某项资产旁注明"(已作为抵押)";(3)列示某个项目中所包含的构成内容,如在"应收账款"项目旁注上"(已扣除×××元坏账准备)";(4)说明按备选计价方法确定的某项目金额,如在按历史成本计价的"存货"项目旁加注"(现行市价×××元)";(5)需要参见其他报表或本表其他部分的说明。

（二）附表

附表是指为了保证财务报表简明易懂而另行编制的一些详细的、具体反映表内重要项目的构成及其增减变动原因与数额的表格。附表反映的内容,有些已直接包括在脚注之内,有些则附在报表和脚注之后,作为财务报表的一个单独组成部分。在我国,最常见的是利润表的附表——利润分配表,还有现金流量表主表之后的补充资料部分(主要揭示用间接法将净利润调整为经营活动的净现金流量信息以及虽不涉及当期现金流量,但影响企业财务状况或可能在未来影响现金流量的重大投资、筹资活动)。

必须注意的是,附表与补充报表(辅助报表)的含义并不相同。附表所反映的是财务报表中某一项目的明细信息(如应收账款的账龄表、存货明细表、主营业务收支表等),而补充报表则往往反映一些附加信息或按不同基础编制的信息。最常见的补充报表是揭示物价变动对企业财务状况和经营成果影响的表格。

（三）底注

底注也称脚注或尾注,是指在财务报表表体后面用一定的文字和数字所作的补充说明。一般而言,每一种报表都可以有底注,其篇幅大小随各种报表的复杂程度而定。底注的主要作用是揭示那些不便于列入报表表内的有关信息,用底注披露定性信息十分灵活。由于底注、附表都是对报表表内项目的补充说明,加之底注也可采用表格方式,因此可能导致底注与附表的界限不清,但这基本上不会给报表使用者带来什么不便。一般而言,相对于底注,附表所反映的内容更详细、更具体,附表的项目与格式更规范,基本以定量信息为主。其中,附表的规范化是区分底注与附表的主要标志。

在多数情况下,报表附注指的就是报表的底注,在我国也是如此。它可以提供的信息有:(1)有关报表编制基础等方面的定性信息;(2)某些报表项目的性质,如某些资产项目已作抵押或贴现或是租赁而来;(3)比报表表内更为详尽的信息,如无形资产的具体项目构成情况说明,又如对一些期货、期权项目,表内只能反映部分保证金或期权费,需要在表外详细说明这些交易的具体情况,包括交易目的(是套期保值还是投机)、交易过程、可能的风险与报酬等信息;(4)其他一些相对次要的信息。

底注所披露的具体内容一般有:(1)企业经营环境状况说明;(2)会计政策及其变更;(3)财务报表中某些重要项目特征的详细说明,如不使用旁注说明的债权人的优先权益、股利支付的限制、权益人持有的权利等;(4)财务报表中有关重要项目的明细资料(有时也用附表方式);(5)或有事项;(6)分部信息;(7)重大事项;(8)关联方关系及其交易;(9)资产负债表日后事项;(10)金融工具的公允价值及其风险。

我国企业会计准则规定附注应当按照如下顺序披露有关内容。

1. 企业的基本情况

（1）企业注册地、组织形式和总部地址；

（2）企业的业务性质和主要经营活动，如企业所处的行业、所提供的主要产品或服务、客户的性质、销售策略、监管环境的性质等；

（3）母公司以及集团最终母公司的名称；

（4）财务报告的批准报出者和财务报告批准报出日。

2. 财务报表的编制基础

持续经营是会计的基本前提，是会计确认、计量及编制财务报表的基础。企业会计准则规范的是持续经营条件下企业对所发生交易和事项的确认、计量及报表列报；相反，如果企业出现了非持续经营，致使以持续经营为基础编制财务报表不再合理，企业应当采用其他基础编制财务报表。在编制财务报表的过程中，企业管理层应当对企业持续经营的能力进行评价，需要考虑的因素包括市场经营风险、企业目前或长期的盈利能力、偿债能力、财务弹性以及企业管理层改变经营政策的意向等。评价后对企业持续经营的能力产生严重怀疑的，应当在附注中披露导致对持续经营能力产生重大怀疑的重要的不确定因素。

企业处于非持续经营状态时，应当采用其他基础编制财务报表，比如破产企业的资产采用可变现净值计量、负债按照其预计的结算金额计量等。由于企业在持续经营和非持续经营环境下采用的会计计量基础不同，产生的经营成果和财务状况不同，因此在附注中披露非持续经营信息对报表使用者而言非常重要。在非持续经营情况下，企业应当在附注中声明财务报表未以持续经营为基础列报，披露未以持续经营为基础的原因以及财务报表的编制基础。

3. 遵循企业会计准则的声明

企业应当声明编制的财务报表符合企业会计准则的要求，真实、完整地反映了企业的财务状况、经营成果和现金流量等有关信息，以此明确企业编制财务报表所依据的制度基础。如果企业编制的财务报表只是部分地遵循了企业会计准则，附注中不得做出这种表述。

4. 重要会计政策和会计估计

根据财务报表列报准则的规定，企业应当披露采用的重要会计政策和会计估计，不重要的会计政策和会计估计可以不披露。

（1）重要会计政策的说明

由于企业经济业务的复杂性和多样化，某些经济业务可以有多种会计处理方法，即存在不止一种可供选择的会计政策。例如，存货的计价可以有先进先出法、加权平均法、个别计价法等；固定资产的折旧，可以有平均年限法、工作量法、双倍余额递减法、年数总额法等。企业在发生某项经济业务时，必须从允许的会计处理方法中选择适合本企业特点的会计政策，企业选择不同的会计处理方法，可能极大地影响企业的财务状况和经营成果，进而编制出不同的财务报表。

需要特别指出的是,说明会计政策时还需要披露下列两项内容:

① 财务报表项目的计量基础。会计计量属性包括历史成本、重置成本、可变现净值、现值和公允价值,这直接显著影响报表使用者的分析。这项披露要求便于使用者了解企业财务报表中的项目是按何种计量基础予以计量的,如存货是按成本还是可变现净值计量等。

② 会计政策的确定依据。其主要是指企业在运用会计政策过程中所作的对报表中确认的项目金额最具影响的判断。例如,企业如何判断持有的金融资产是持有至到期的投资而不是交易性投资;又比如,对于拥有的持股不足 50% 的关联企业,企业为何判断企业拥有控制权因此将其纳入合并范围;再比如,企业如何判断与租赁资产相关的所有风险和报酬已转移给企业,从而符合融资租赁的标准;以及投资性房地产的判断标准是什么等,这些判断对在报表中确认的项目金额具有重要影响。因此,这项披露要求有助于使用者理解企业选择和运用会计政策的背景,增加财务报表的可理解性。

(2) 重要会计估计的说明

财务报表列报准则强调了对会计估计不确定因素的披露要求,企业应当披露会计估计中所采用的关键假设和不确定因素的确定依据,这些关键假设和不确定因素在下一会计期间内很可能导致对资产、负债账面价值进行重大调整。

在确定报表中确认的资产和负债的账面金额过程中,企业有时需要对不确定的未来事项在资产负债表日对这些资产和负债的影响加以估计。例如,固定资产可收回金额的计算需要根据其公允价值减去处置费用后的净额与预计未来现金流量的现值两者之间的较高者确定,在计算资产预计未来现金流量的现值时需要对未来现金流量进行预测,并选择适当的折现率,应当在附注中披露未来现金流量预测所采用的假设及其依据、所选择的折现率为什么是合理的等。又如,为正在进行中的诉讼提取准备时,最佳估计数的确定依据等。这些假设的变动对这些资产和负债项目金额的确定影响很大,有可能会在下一个会计年度内作出重大调整。因此,强调对会计估计不确定因素的披露要求,将有助于提高财务报表的可理解性。

5. 会计政策和会计估计变更以及差错更正的说明

在我国,企业应当按照《企业会计准则第 28 号——会计政策、会计估计变更和差错更正》及其应用指南的规定,披露会计政策和会计估计变更以及差错更正的有关情况。

6. 报表重要项目的说明

企业应当以文字和数字描述相结合,尽可能以列表形式披露报表重要项目的构成或当期增减变动情况,并且报表重要项目的明细金额合计应当与报表项目金额相衔接。在披露顺序上,一般应当按照资产负债表、利润表、现金流量表、所有者权益变动表的顺序及其项目列示的顺序披露。

7. 其他需要说明的重要事项

这主要包括或有事项、资产负债表日后非调整事项、关联方关系及其交易等。具体的披露要求须遵循相关准则的规定,分别参见相关章节的内容。

（四）对报表附注的简要评论

财务报表附注是表外披露的主要方式,其规范程度就目前而言大大超过了其他财务报告。附注的作用在于补充说明或解释表内确认的项目。附注既可以用文字来定性分析表内的项目,也可以用数字来补充说明表内项目的计量结果。理财安排上的限制以及一系列重要的合同协议也可以在附注中进行说明。附注的技术性能够帮助财务报表使用者理解和使用报表信息。可见,附注是对财务报表的合理延伸和发展。

财务报表附注的主要优点有:(1)可以提供一些作为报表组成部分的必要定性信息;(2)可以揭示报表项目的性质或有关的限制;(3)可以补充列示比报表正文更详细的信息;(4)披露一些次要的定量或定性信息。在旁注、附表、底注三者之中,底注的优点越来越明显。在目前的会计实务中,底注的内容日益增多,分量日益增大,其篇幅甚至大大超过报表正文。据此有人认为,目前的财务报表已进入了"底注(附注)时代"。

财务报表附注在财务报告中发挥着越来越重要的作用,但它并非完美无缺,也存在下列缺点:(1)如果使用者对附注不作认真研究,便难以阅读和理解,从而可能忽视这项资料;(2)附注的文字叙述比报表中所汇总的数据资源更难以用于决策;(3)由于企业经营业务复杂性的增加,因而存在过多使用附注造成信息过量的危险,从而削弱了基本报表的作用,甚至误导了报表使用者(被淹没在"信息的海洋"中而无所适从)。因此,一方面要重视附注的运用,另一方面也不可滥用附注,它毕竟只是财务报表的配角,基本财务报表才是主角。

四、其他财务报告

FASB在其财务会计概念公告中创造了"财务报表"和"包括传递直接或间接地与由会计系统所提供的信息——即关于两个企业的资料、义务、盈利等——有关的其他信息的手段"两个概念,对于后者,简称为"其他财务报告"。若按FASB的分类,其财务报告还可分为辅助(补充)资料(如价格变动影响的揭示、石油天然气储量的资料等)和财务报告的其他手段(如管理机构的讨论和分析、致股东函件等)。其他财务报告作为财务报表的辅助报告,揭示的是财务报表之外的不确定性、解释性、预测性等辅助性信息,主要向企业外界提供一些相关的但不符合全部会计确认标准的信息。

其他财务报告与财务报表一起构成财务报告体系,二者目标一致,相互配合,共同完成财务报告目标。客观地说,其他财务报告产生的动因是为了克服财务报表固有的局限性(见后面论述),同时也的确能提供有用的补充信息、预测信息、非财务信息。但必须注意的是,其他财务报告,特别是其中的预测信息,应力求客观、科学、公允、可信,不能对使用者造成误导,而且还应切实保证信息质量,防止信息过量,维护财务报表在财务报告体系中的核心地位,其他财务报告不应当喧宾夺主。那么,哪些信息可以由其他财务报告来提供呢?首先,这些信息必须符合3个条件:(1)企业根据法规、准则要求或自愿披露;(2)有助于理解财务报表信息,而不会误导使用者决策;(3)需经注册会计师或企业之外的专家审阅。

在满足上述3个条件的基础上(这需要高度的职业判断能力),其他财务报告可提供的信息有以下几类:(1)有助于理解财务报表的重要信息;(2)那些本来可能在报表中反映,但基于成本效益原则而改在其他财务报告中披露的相对次要的信息;(3)采用与财务报表不同基础编制的信息;(4)用于补充报表信息的统计数据;(5)管理机构的分析、评价与对未来的预测。上述(1)、(2)类信息主要是指企业所采用的会计政策,这些政策本应在报表附注中披露,但将一些次要的会计政策在其他财务报告中反映,可避免财务报表信息过量问题,也可以降低使用者的阅读与分析成本,因为使用者一般只在有必要时才去阅读它们;(3)、(4)类信息与报表数据没有直接联系,它们涉及不同的问题,在形式上又灵活多样,在财务报表全面改革之前无法纳入财务报表中反映,因此最适合在比报表附注更具灵活性的其他财务报告中揭示;第(5)类信息则是对上述各类信息的进一步分析和说明,侧重于提供前瞻性信息。

其他财务报告的具体内容取决于特定的目的,其格式也极为灵活。根据现行国际惯例,其主要内容有管理机构的讨论和分析、财务预测报告、比较报表和财务比率分析表、中期报告、分部信息报告、社会责任报告和职工报告、简化年度报告、物价变动影响报告等。另外,由于上市公司的年度报告之前往往附有审计报告以说明财务报表的可靠程度,但它不属于财务报表范畴,因而可视为其他财务报告。在我国,目前还没有使用其他财务报告概念,而是使用财务情况说明书这一概念,它可以说是我国特有的其他财务报告,不过内容还不太丰富。

(一) 管理机构的讨论和分析

编制财务报告并使之真实完整是企业管理机构的责任。由于管理机构(特别是董事长、总经理等高级管理人员)比外部使用者更了解企业有关的交易事项及变更影响,而且财务报表信息的形成也常常依赖于企业管理人员(会计人员)的假设与判断,因此,由管理机构提供一份他们对企业变现能力、资本来源、经营成果等方面的叙述性讨论与分析报告以及对下一年度或未来期间主要经营活动和盈利水平的预测分析,将帮助使用者理解管理机构对企业的看法和未来计划。使用者不仅可以了解财务报表中有关数据形成和变化的原因及可能产生的影响,而且可以预测管理机构将如何引导企业的发展。管理机构的讨论和分析侧重于提供预测性、分析性信息,难免带有较大的主观性和较低的可验证性,但这些信息的效用大于由潜在的不可靠所带来的风险,可以提升财务报告的有用性,因此许多国家要求企业将管理机构的讨论和分析包括在年度报告中对外提供。

在我国上市公司的年度报告中,有关管理机构的讨论与分析方面的内容,通常以"业务报告"的形式予以披露。

(二) 比较报表和财务比率分析表

比较报表是指企业把不同会计年度的财务报表数据或其他相关数据列示在一起,以便使用者了解和分析各个报表项目变化的趋势和规律。企业通常提供最近几年的比较资产负债表和比较收益表。财务比率分析是根据财务报表上不同项目及相关数据的对比,计算出反映企业偿债能力、营运能力和盈利能力的有关财务比率,能够为使用者提供许多新信息,可能比单纯的财务报表信息更有用。企业通常提供最近几年的比较财务比率分析表。

在我国上市公司的年度报告中,要求公司提供连续两年的比较财务报表以及最近 3 年的主要会计数据和财务指标。

(三) 分部信息报告

现行财务报表是把企业作为一个整体来提供综合信息的,而会计信息使用者普遍认为,对于从事多元化、跨地区(甚至跨国)经营的企业,其分部信息与整体信息一样重要,企业应当报告分部信息。

分部信息是确定和分析从事多种业务的企业的机遇和风险的一个可靠而有力的工具。企业分部的划分可以有不同的标准,如行业、地区及法律实体等,但在实务中通常是按行业(或行业下再按地区)来提供分部信息的。FASB 第 14 号准则公告《企业分部财务报告》要求,从事一种行业以上的企业,对于占企业总收入、利润(亏损)或可确认总资产的 10% 以上的重要分部,应就其收入、税前营业利润(亏损)和可确认资产予以单独报告。

分部信息报告的方式比较灵活,常见的方法是以报表附表或以补充报表形式加以披露。英美大部分企业选择在附注中披露,在没有强制要求报告分部信息的国家,企业可以作为其他财务报告自愿提供。

我国的《企业会计准则第 35 号——分部报告》主要规范了企业分部报告的编制方法和应披露的信息,有助于保证会计信息的充分披露,满足会计信息使用者的决策需要。我国要求企业在会计报表附注中披露分部信息时,应当区分主要报告形式和次要报告形式,分别按照确定的报告分部披露相应的分部信息。作为主要报告形式,按规定应当披露较为详细的分部信息;而作为次要报告形式,则可以披露较为简化的分部信息。

（四）中期报告

使用者通常关心企业的最新信息，并依据这些信息定期对企业前景作出预测，年度财务报告往往显得过于滞后。因此，为了提高信息的及时性，世界上大多数国家要求上市公司提供按季或每半年编制的中期报告，甚至还要求选择一些重要的季度信息作为年度报告附注。相对于年度报告，中期报告比较简要，可靠性也较低，因为中期报告包含了更多的财务资料的估计数。因而中期报告一般不要求经注册会计师审计，也正是基于这一点，才将中期报告归入其他财务报告之列。

我国《证券法》及相关信息披露制度均规定，上市公司必须提供包括以会计年度前6个月为会计期间的公司财务会计报告在内的中期报告（半年度财务报告）；从2001年开始，中国证监会则进一步要求上市公司提供季度报告。除特殊情况外，中期报告无需经会计师事务所审计。《企业会计准则第32号——中期财务报告》规定，中期财务报告至少应当包括以下部分：(1) 资产负债表；(2) 利润表；(3) 现金流量表；(4)附注。这是中期财务报告最基本的构成。

（五）财务预测报告

随着使用者对企业披露信息质量的要求不断提高，他们已不满足于以提供历史性信息为己任的传统财务报告，而是越来越需要直接面向决策的预测信息，尤其是财务预测信息。财务预测是指管理机构以企业未来面临的经营环境和可能采取的行动为假设所进行的财务状况、经营成果和现金流量预测，其表达方式可采用整套财务报告或其中的一部分或几个部分来描述这些预测性财务信息。

从英美等国家的情况来看，有关法规除了要求企业在招股说明书（及上市公告书）中披露有关的财务预测信息（如盈利预测）外，对于定期报告则不作强制要求，更多地采用鼓励方式或自愿方式披露，我国也是如此。这一做法显示出人们对预测信息披露规范的一种矛盾心态：预测信息虽然可靠性较差，但是对使用者具有较高相关性；披露这类信息对市场既可能产生误导，也可能会产生积极作用。

站在公司的立场，披露财务预测信息可能产生两个后果：一是增加了信息披露风险，其中最大的风险是诉讼风险，因为使用者可能指控公司财务报告是误导的舞弊行为；二是泄漏了商业秘密而使公司处于竞争劣势。为此，公司应在避免泄密的前提下，尽可能地提高预测的可靠性。与此同时，一方面会计准则和审计准则制定机构应加强有关会计和审计准则的研究与制定工作，提高预测财务报告信息的质量；另一方面，社会也应当给公司创造较宽松的法律环境，鼓励公司披露有助于使用者决策的预测信息。例如，美国证券交易委员会（SEC）为了鼓励企业披露预测信息，正在积极建立"安全港"：只要预测信息有合理依据且是诚实善意的,那么即使预测与实际存在偏差,企业也不必承担法律责任。不过,这一"安全港"规则要得到信息使用者的认可,恐怕还尚需时日。

(六) 社会责任报告

长期以来,企业是基于利润最大化目标站在业主立场来衡量其业绩的,因此只反映企业与其他主体之间的经济交易活动、企业追求利润的过程和结果成为传统财务报告所反映的内容。然而,企业的经济活动不是在真空中发生的,它需要与所处环境之间进行交换活动,因为任何企业的生存与发展都需依赖社会相关利益集团(如职工、顾客、业务关联单位)的参与、支持,需动用社会公共设施(如交通、通信、行政)及社会稀缺资源(如人力资源、自然资源),并对社会产生实际的影响。例如,负面的影响有环境污染、能源浪费、产品消费事故、职工工伤、就业歧视等。因此,企业的社会性质日益得到重视。投资者意识到,企业的成败不但有赖于其财务状况的优劣和盈利能力大小,还在很大程度上取决于企业在公众心目中的形象。这在客观上要求重视企业在社会责任方面所作出的努力和取得的成果,并对外披露。企业社会责任主要涉及下列内容:环境保护、职工的就业与培训等人力资源状况、公益事业、社区建设与贡献、产品或服务的性能与安全(消费者利益)等。从企业社会责任的内容来看,其已超出了现有会计的对象的范围并难以采用传统会计学的方法计量,如企业对环境的治理、人力资源的投资与价值很难用统一的计量单位来加以计量,尤其是难以用货币金额来计量。因此,在实务中,企业主要通过其他财务报告或以单独的社会责任报告形式对外披露。

社会责任报告就是对企业生产经营活动所产生的社会影响和企业履行社会责任的情况进行报告的书面文件,它包括财务和非财务成果与状况的计量与报告。在20世纪70年代和80年代,企业在社会责任报告的披露方法方面积累了许多经验,它们采用的主要方法包括:(1)目录法,有时也称叙述法,它主要利用文字描述企业对社会的正、负面影响;(2)成本支出法,它只在报告上列示那些能够取得成本数据的社会活动开支项目;(3)成本效益法,它主要是使用货币计量方式对企业产生的社会成本与社会效益进行报告,不过,社会效益是以成本支出或节约来表示的,难以反映真正的社会效益;(4)项目管理法,它通过列示成本支出和文字说明等反映企业某社会项目预期目标的实现情况或预期计划执行情况,如车间健康与安全设施报告。

根据陈少华教授的归纳,社会责任报告业已成为一个相对独立的会计体系,发展成为一个新的会计领域——企业社会责任会计,又因为企业社会责任涉及面极广,其中重要的方面已经分离出来构成更专门化的会计领域,如环境(绿色)会计、增值会计、人力资源会计,由此产生了环境报告、增值报告、人力资源报告。其中,环境报告的内容有环境资产、环境费用、环境效益、环境负债、会计政策及其他披露内容;增值报告是反映企业在一定会计期间新创造的价值的形成及在业主、债权人、职工、政府和社会之间的分配情况的一种财务报告,其报告方式通常采用增值表(Value-added Statement),因为增值表只是对收益表的扩充与修订,所以已成为目前世界上发展比较完善的社会责任报告方式;人力资源报告反映企业人力资源成本(投入)与价值(产出)信息的一种财务报告,目前有人设想在现行的资产负债表中反映人力资产和人力资本(劳动者权益),在现行的收益表中反映人力资源利润(将企业净利润区分为人力资源利润与非人力资源利润两大部分)。人力资源报告通过对现行财务报表的扩充来反映人力资源信息,目前主要是作为一种内部报告。在对外报告实务中,有关人力资源的信息(如职工的年龄结构、文化程度、培训情况、工资福利待遇、工作条件等)是通过职工报告来反映的。职工报告是企业给职工的财务报告,它可包括:(1)简化的财务报表;(2)增值表;(3)董事长或董事评论(叙述式);(4)分部职工信息;(5)人事信息,主要包括统计数字、简要描述、福利、安全及培训项目;(6)销售及成本分析;(7)所有者权益简介;(8)企业、目标、结构、分布地点和主要经营项目;(9)产品和服务简述;(10)过去业绩和未来计划表。可见,职工报告可以而且已成为传递多种信息的工具,它是企业与职工之间进行信息交流的一条重要途径。

虽然世界各国对社会责任报告问题日益重视,但是各个国家对社会责任报告的重视程度、揭示的内容和形式各不相同。有些企业甚至不对外公开披露社会责任方面的信息。对外披露的企业在具体操作上也有很大差别:有的在财务报告中披露,有的则单独编报社会责任报告。即使是在财务报告中披露,不同企业采用的方式也不同:有的在报表中披露,有的在报表附注中披露;有的用定量描述,有的用文字表述。总之,就现阶段来看,社会责任报告还处于初级阶段。有关对社会责任的统一认识、确认与计量方法的完善与改进、披露成本的降低等问题仍有待进一步探讨与解决。

我国对企业社会责任问题已越来越重视,但企业披露社会责任的报告还比较少见,目前通常只在我国上市公司的年度报告中,披露公司高级管理人员的年龄、主要经历、持有公司股份情况以及年薪等信息。可见,社会责任报告在我国的发展还任重道远。

(七)物价变动影响报告

现行财务报表是以币值稳定为假定来反映不同时期货币表现的交易和事项。在物价发生显著变动的情况下,现行财务报表既混合了不同购买力水平的货币金额,又忽视了资产价值(价格)的变动,其结果必然导致高估或低估企业收益和期末资产的真实价值,从而影响财务报表的有用性。因此,一些企业往往在财务报告中专门提供了有关物价变动影响的信息,如按一般物价指数或现行成本(重置成本)调整财务报表。这种报告与基本财务报表相比,在报表项目上并没有太大的差别,只是基本财务报表在另外一种计量尺度下的特例。因此,严格地说,物价变动报告不属于表外披露的必要组成部分。只有在物价波动起伏较大或剧烈的情况下,物价变动报告才会成为信息使用者的需求。

（八）简化的年度报告

从前面所述可以看到,不断增加财务报告信息并扩大信息范围已成为财务报告发展的时代主旋律,但物极必反,没有节制的披露已有变为过度、过滥披露的危险。这不但会增加企业信息披露成本,而且还会增加信息使用者的理解难度与阅读、分析成本,不利于信息使用者抓住关键的有用信息。因此,一种反向的探索已开始,即通过编报简化的年度报告(Summary Annual Reports,SAR)来揭示企业的财务信息。这是对"差别报告"需求的一种反应,即不同的使用者对信息具有不同的需要,而这些不同的需要可以用不同的方式加以满足,简化的财务报告可以满足非会计专业人员的要求。

SAR 是摘录传统年度报告的一些主要信息并经过高度浓缩后形成的,一般只包括压缩的财务报表和财务述评(财务述评原来包括在管理机构的讨论与分析中)。SAR 的主要特点有:(1) 只反映企业扼要的经营成本与财务状况;(2) 一般没有附注;(3) 有些公司利用短语和图表代替数字表述,也有的公司取消了图表。这样的 SAR 实际上起到了一个报告摘要和导读的作用。在内容复杂、项目繁多、使用者无法详细阅读和研究财务报告全部内容的情况下,SAR 能够帮助使用者减少搜寻相关信息的时间,并使其更容易理解财务信息。因此,SAR 在改进对外信息披露效果方面已成为财务报告的另一个发展方向,愈来愈多的企业自愿加入这一行列。

目前,在国外的会计实务中,简化年度报告只能算一个补充报告,而不能代替按 GAAP 要求编制的年度报告。按 SEC 的见解,SAR 若能涵盖年度报告的主要内容,同时在开股东会之前发给股东的材料中已经包括了年度报告的主要信息,则增加 SAR 是值得鼓励的。我国对上市公司也提出了类似要求,公司除了编报年度报告外,还要在中国证监会指定的全国性报刊上刊登年度报告摘要。这样做,有助于使用者从 SAR 中选择重点,再从年度报告正本中了解他们所关心的信息。

❖◇❖◇❖◇❖◇❖◇❖◇❖◇❖◇❖◇❖◇❖◇❖◇❖◇❖

【名词与术语】

财务报告　　财务报表　　财务报表附注　　资产负债表　　收益表
现金流量表　　分部报告　　中期报告

【思考题】

1. 财务报告体系包括哪些要素?

2. 财务报告能提供什么信息? 有何作用?

3. 资产负债表能提供哪些有用信息？其作用如何？
4. 简述收益表的性质和作用。
5. 现金流量表的编制基础是什么？提供哪些信息？
6. 表外披露的具体内容包括哪些？
7. 简述现金流量表的结构和内容。

第十章

我国会计理论体系的构建

【本章导读】

我国会计理论体系必然是在借鉴国外相关理论的基础上结合我国特色进行构建。本章对关于会计理论起点的不同观点进行综述,进而阐述构建我国会计理论体系的原则,并对我国财务会计概念框架和会计准则的制定进行深入的探讨。

通过本章的学习,要求了解不同的会计理论起点和构建我国会计理论体系的原则;掌握我国财务会计概念框架构建的原则、方法和会计准则制定的现状、特征。

第一节 会计理论体系概述

会计理论体系是将各种会计理论按照一定的逻辑关系有机结合而形成的一个完整的、多层次的理论系统,即是对会计实践进行理性认识和指导的规范化理论系统。会计理论体系体现一个国家会计理论研究的科学水平,因此,加强对会计理论体系的研究,不仅是会计理论自身发展的需要,也是指导我国会计实践的迫切需要。

我国会计理论体系的构建可以在借鉴、甄别国内外各种有关会计理论体系学术观点的基础上进行。在研究和选择逻辑起点和构成要素时,我国会计理论体系应由内涵会计理论和外延会计理论构成。内涵会计理论指的是会计基础理论,外延会计理论指的是会计应用理论。会计基础理论是关于会计实践最一般、最本质的理论概括,它主要就会计概念、原则、方法、假设等进行研究和规范。会计应用理论则是以基础理论为指导,运用于财务会计实践所形成的一系列方法性的理论,主要是制定和实施各项会计实务规范。会计实务规范贯穿于会计应用理论研究的全过程,是引导和制约会计工作的标准、评价会计工作的依据。

一、会计理论体系的构成要素

各国会计学界在探讨会计理论体系时,无不考虑它是由哪些理论要素组成,且这些理论要素按照什么样的逻辑关系排列。因为,构成会计理论体系的诸要素必须按照一定的逻辑关系排列,才能构成一个逻辑严密的理论体系框架。因此,要探讨会计理论体系,就必须正确地选择其逻辑起点和构成要素。

在研究和选择构成要素时,近年来关于理论体系的内容主要有以下几种观点。

第一种观点认为,会计理论体系包括:(1) 会计的对象、职能和任务;(2) 会计的概念体系;(3) 会计的规律体系,如资金运动的规律、会计的基本假设、会计原则;(4) 会计的方法体系,如会计核算方法体系、会计监督方法体系和会计管理方法体系;(5) 会计的学科体系。

第二种观点认为,会计理论体系包括:(1) 会计定性、定职和目标的研究;(2) 会计理论概念体系的研究,包括起点概念、基本概念、一般概念和具体概念;(3) 会计假设、会计原则的研究;(4) 会计方法体系的研究;(5) 会计理论超前性研究,如人力资源会计等。

第三种观点认为,会计理论体系包括:(1) 一般会计理论;(2) 会计目标;(3) 会计对象;(4) 会计要素;(5) 会计假设;(6) 其他会计特征;(7) 会计要素的确认和计量;(8) 会计报表的分析和利用。

第四种观点认为,会计理论体系可划分为两个基本层次:(1) 会计基本理论,包括会计环境、本质、目标、职能、对象、要素、假设、信息质量特性等;(2) 会计应用理论,包括会计确认与计量、会计程序与方法、会计工作的组织结构、会计制度设计等。

二、会计理论体系的逻辑起点

在研究和选择逻辑起点时,尽管存在会计环境、会计本质、会计假设、会计目标、会计对象等不同观点的分歧,但欲建立一个首尾一贯、逻辑严密的会计理论体系,首先在从会计理论起点和会计理论由哪些要素组成来研究会计理论体系这一点上必须是一致的。

这里所说的会计理论的起点是指构成会计理论的出发点,它是会计理论体系赖以推理论证最原始的抽象范畴,它不但构成会计理论体系的组成部分,而且也是对会计理论体系构成具有决定作用的前提理论。因为,会计理论起点是会计学科体系中最基本、最抽象、最本源的一个理论范畴;该范畴所包含的内在矛盾是整个会计学科理论体系中一切主要矛盾的集中表现,它是整个会计理论体系不可缺少的组成部分,也是从简单抽象到复杂具体演绎推导会计理论的起点。为此,应当以会计理论体系中的起点理论为出发点,研究会计理论体系。

纵观中西方会计理论,虽然可以将其划分为不同类型,但是,如果从起点会计理论来看,主要有 7 种类型。

（一）以会计对象为起点的会计理论体系

会计对象起点论认为,会计理论体系是反映会计理论对象而形成的概念、范畴、判断、推理的体系,会计对象决定着会计目标、会计原则、会计方法等,是会计理论体系中最本源性的抽象范畴,会计对象作为建立会计理论体系的首要依据,理应是会计研究的起点。张龙平认为,会计对象是价值运动,价值又是会计理论体系的逻辑起点,所以,研究会计理论应从会计对象入手。劳秦汉也认为,理论体系是研究对象自身逻辑的科学反映,因而会计对象质的特征和量的规定性决定着所有的会计理论,是构成会计理论体系最本源性的范畴。我国传统的会计理论体系就是这种模式,这种模式的会计理论体系是依据"会计对象——→会计本质和职能——→会计任务——→会计制度——→会计程序和方法等"研究对象的逻辑结构进行划分的。此类会计理论体系认为,会计是一种管理工具,强调会计为政府计划管理服务,会计的任务是为政府完成计划服务,会计制度由政府职能部门制定。例如,1992 年 7 月 1 日以前我国推行按行业、所有制制定的各种会计制度,就是强调会计为政府宏观计划管理服务,会计要依附于国家计划,这使得会计本质与会计实务之间缺少内在的逻辑性。会计对象作为连接会计理论和会计实践的纽带,正是由于其高度抽象性无法在实务上进行具体、清楚的反映,而必须对其具体化,从而形成会计要素。所以,以会计对象作为会计研究的逻辑起点使会计信息不具有有用性,使会计系统失去了其存在的意义。

（二）以会计假设为起点的会计理论体系

会计假设起点论认为会计假设是一个基础命题,是会计理论的最基础部分,是会计理论体系中最高层次的概念;同时,会计假设是会计实务的基本前提,是客观环境对会计的约束。这种会计理论体系将会计假设作为建立会计理论的首要依据,西方传统会计理论模式就属于这种结构。我国已故著名会计学家杨时展先生认为,我们今天的这一套会计工作、会计理论、会计准则,完全是建立在会计假设基础上的,会计假设构成会计理论的最基础部分。这种理论体系不是以会计研究对象作为确认体系模式的基础,而是以市场经济环境作为建立会计理论体系的前提,其逻辑体系为:会计假设——→会计基本原则——→会计具体原则——→会计实务。此种会计理论体系结构强调客观环境对会计的制约作用,但会计假设是一个简单的抽象,它并不能对所有其他的抽象范畴进行推理,如从会计假设并不能推导出会计目标。以会计假设作为逻辑起点的会计理论体系缺乏明确的会计目标,使得会计理论很难发挥指导会计实务的作用,由于没有明确的会计目标,这使得会计理论缺乏逻辑上的一致性。所以,将会计假设作为研究起点,不能构建一个逻辑严密、内容完整的会计理论体系。在 20 世纪 70 年代,美国逐渐放弃了以会计假设作为会计理论逻辑起点的这一事实,也说明了会计假设起点论的缺陷。

(三) 以会计目标为起点的会计理论体系

会计目标起点论认为,作为一个体系,会计理论应首先明确其目标,没有目标的体系是不可想像的。这种会计理论体系将会计目标作为建立会计理论的首要依据,目前西方正在流行的会计理论体系就属这种模式。这种会计理论体系既不是以会计理论研究对象作为确定会计理论体系的基础,也不是以市场经济环境作为会计理论的先决条件,而是以会计信息为依据来制定经济决策目标,并作为建立会计理论体系的前提。其会计理论体系结构为:会计目标——→会计基本准则——→会计具体准则——→会计实务。此种会计理论体系以财务报告目标作为最高理论层次,根据最高理论层次中的会计概念来推导和制定会计准则,再根据会计准则规范会计实务。这种会计理论体系本身比较合理,各要素之间具有较强的逻辑性,但会计目标的制定先于会计实务,所制定的会计目标具有很大的主观性,缺乏客观依据。

(四) 以会计本质为起点的会计理论体系

会计本质起点论认为,本质是决定一物区别于另一物的根本属性,会计本质是确定和解释其他会计概念的依据,会计研究首先应解决会计本质的问题。实际上这一观点在 20 世纪 50 年代就已经流行于我国,并在会计研究实践中得到广泛应用,对会计本质问题也进行了长时间的讨论。杨纪碗和阎达五认为,在会计理论问题中,首先需要解决会计学的科学属性问题,即会计学有没有阶级性?会计学究竟是一门什么性质的科学?从而认为,会计研究首先要解决会计本质的问题。王文彬认为,对会计概念的理解归根结底反映了对会计本质属性的认识。在实践中产生的会计概念,反映的是会计对象本质属性的思维形式,即在对会计所反映、监督、据以决策的对象的许多属性中,撇开非本质属性,抽出本质属性概括而形成的一种认识。但由于会计本质是一个纯粹的理论概念,不能连接会计系统与系统环境、会计理论与会计实践,因而会计本质不能推导出其他与会计环境相关的抽象范畴,如会计目标、会计假设等。所以,以会计本质为起点不能构建严密完整的会计理论体系,只会使会计理论无法反映会计环境的变化,脱离会计技术的实践。当前,我国会计研究已逐步放弃了这一学说,会计本质起点论将逐渐退出历史舞台。

(五) 以会计动因为起点的会计理论体系

会计动因起点论认为,会计动因、对象、职能、属性、方法等都属于会计的基本问题,而其中会计动因是其他会计理论问题的基础。吴水澎认为,会计动因是会计的基本理论问题,它要解决会计存在的客观必然性问题,这也是探讨其他基本理论问题的基础,如会计职能、对象、属性、环境等。但研究会计动因的目的是为了研究会计本质,会计动因起点论类似于会计本质起点论,会计动因既不能联系会计系统与会计环境,也不能联系会计理论与会计环境;因而不是最基本的抽象范畴。所以,会计动因不宜作为会计理论研究的逻辑起点。

（六）以会计职能为起点的会计理论体系

会计职能起点论认为,会计职能内含结构与本质,外联系统与环境,包括核算和控制会计对象与要素、制约会计目标,且贯穿于会计工作全过程。但由于会计职能是会计本质的具体化,会计本质是主观的,会计职能更无法准确把握。会计职能是人们处理会计对象时为达到会计目标而赋予会计系统的,因而人们无法确切地知道会计的真正职能,而事实所表现出来的会计职能是人们根据需要而赋予会计的。由于会计职能的不可确知性和主观性,且无法推理论证会计目标等抽象范畴,所以,以会计职能作为理论研究的逻辑起点,不能构建出完整、严密的会计理论体系。

（七）以会计环境为起点的会计理论体系

科学认识论认为,逻辑起点是构造一门学科理论体系的出发点,是该学科理论体系中最基本、最抽象、最简单的一个理论范畴,它对该学科其他理论要素的建立和发展以及整个理论体系的构建起着决定性作用。

前述几种观点,目前在中西方会计理论界影响较大。但是,根据逻辑起点的基本含义,前述几种观点都忽视了一个较为关键的环节,即环境。理论来自于实践,又用来指导实践并接受实践的检验,从而促进理论向前发展。只有把会计理论放回具体的会计环境之中才能知道它正确与否。当会计环境发生变化时,人们对会计环境的认识即会计理论也会随之变化。无论是会计假设、会计本质、会计对象,还是会计目标,都是在一定的社会、政治、经济、文化、教育等环境下人们对会计现象的一种认识,有什么样的环境,就必然有什么样的会计理论出现。例如,20世纪60年代以前,美国会计学家认为会计是一项艺术;而在80年代,由于"老三论"和"新三论"的应用,人们认为会计是一个经济信息系统。而我国会计学家在20世纪80年代初认为,会计是一个管理系统,到了80年代末则认为会计是一项经济管理活动,现在绝大多数人也都持这种观点。所以说,构建我国会计理论体系,只有从会计环境入手对其进行充分认识,才能在研究现代会计理论中发现其实质及精华所在。从历史上看,促进会计理论和实践发展的动力主要来自两个方面:社会经济环境的变化和会计信息使用者需求的变化。前者属于外环境的变化,后者属于内环境的变化。会计是各时代特定经济环境的产物,不同时代会有不同的会计活动,也就会产生不同的会计理论,会计自身的特点决定了它无法突破会计环境的制约。从实践上看,会计理论研究的重点课题总是随着会计环境不断变化。20世纪70年代,通货膨胀的加剧导致了物价变动会计的产生。目前,随着信息技术的高速发展和金融衍生工具的不断创新,对这些方面的研究已成为会计理论体系的重要组成部分。

第二节　构建我国会计理论体系的原则

构建我国会计理论体系的原则主要有以下 4 项。

一、客观性原则

会计理论的目的在于揭示研究对象的本质属性和规律,以便更有效地发挥会计在社会主义市场经济建设中的职能和作用。要达到这一目的,在构建会计理论体系时,首先要将会计与其所处环境之间的需求关系,以及会计对这种需求所能发挥的潜在功能客观地反映和揭示出来。构建会计理论体系应遵循客观性原则的要求:

(1) 会计理论应包括尽量多的经验内容。会计理论包括经验知识和理论知识两个部分。经验知识不仅是理论知识的基础和前提,而且是构成理论的基本内容。正如爱因斯坦所指出的,理论的"经验内容及其相关关系都必须在理论结论中表达出来",而"整个体系,特别是那些作为它的基础的概念和基本原则,其唯一价值和依据,就在于这种表示的可能性"。从这里可以看出,如果会计理论体系中包含的可以对之进行实证检验的经验命题或观察命题数量越多,而且这些命题又能接受经验的检验,那么这个理论体系就含有越丰富的经验内容,就越有价值。

(2) 会计理论需要质高量多的证据支持,这是直接关系到会计理论价值能否实现的问题。会计理论体系要获得广泛的认可,除了理论认识本身的正确之外,还需要精确、可靠的证据。

二、逻辑性原则

构建会计理论体系的逻辑性原则,规定了理论的结构与内在的一致性。其内在含义是指:

(1) 会计理论体系必须保持逻辑的一致性。这包括两个方面,一是理论内部逻辑结构上应是浑然一体、前后一致、首尾贯通的。这要求理论体系中的概念框架、推理判断等都必须严格按照逻辑的规则展开。理论体系在逻辑结构上的严密可以确保其具有相对的稳定性和刚韧性,能经受外部反常事例的冲击。二是外部相容性,这是确保新理论和已被人们确认并接受的旧理论之间达成协调和逻辑相关的必备条件,任何理论不管其包含多大的创造性思维成分,都需要从已有的理论中汲取营养,接受启发,寻求生长点。相容性不仅是新旧理论的相容,而且,更重要的是要确保整个理论体系的逻辑统一性。

（2）会计理论体系必须达到内在的简单性。也就是说，构建理论体系框架时，要在逻辑上表达出一种简洁、扼要的形式，即它所包含的彼此独立的假设或公理要尽量少。正如爱因斯坦所说："一种理论的前提的简单性越大，它所涉及的事物的种类越多，它的应用范围越广，它给人们的印象也就越深。"有的学者甚至把这个标准称之为"科学理论的美学原则"。

（3）会计理论体系必须具有内部的逻辑组织和推演能力。这显示理论具有强大的逻辑力量。在理论遇到反例的时候，理论可以通过内部的结构来克服所遇到的困难。理论的推演能力是指从理论陈述部分推演出可供经验检验的经验性结论。这是理论接受检验所必需的步骤，然而也是最困难的一步。

三、总体性原则

构建会计理论体系时，要有一个总体观念，确立现代会计理论体系在总体上应包括哪些要素，应划分哪些层次，必须先进行战略性研究与规划，制定一个宏观框架。这个战略性研究与规划必然建立在对现代会计规律性正确认识的基础上。在这个体系中，再对会计诸要素按照一定的逻辑关系进行系统归类。

四、历史性与动态性原则

由于会计处于一个具有多样性和层次性特征的复杂社会经济环境中，这就使会计理论体系不可能是绝对的、不变的，而是历史的、发展的。随着人们对会计实践活动及其所处社会经济环境的认识从微观向宏观发展，从经验向理性和科学抽象发展，会计理论体系的内容发生了显著变化。但是，理论体系的内容调整，不是主观随意的，要受到社会历史条件的限制。

第三节　我国财务会计概念框架的构建

一、构建我国财务会计概念框架的必要性

随着会计准则的发展，各国在会计准则制定过程中呈现出这样一种趋势，即普遍关注会计准则制定的理论基础和内在逻辑以克服如下问题：传统的财务会计理论侧重于描述性；缺乏一套首尾一贯的理论框架；会计准则相关的一些会计规定之间出现不一致，甚至相互抵触，从而导致会计实务的混乱。

　　会计概念是会计准则的重要构成要素,但不是会计准则实体的组成部分。从本质上看,框架本身不是准则,关于这一点,西方会计准则制定机构和国际会计准则委员会(IASC)都有非常明确的界定。例如,IASC 在其《编报财务报表的概念框架》的引言第二段中即开宗明义地指出:"本框架不是一份国际会计准则,因此它不为任何特定的计量和报告问题确定标准,本框架的任何内容均不取代国际会计准则。"FASB 在其《概念框架的说明》中也指出:"概念公告不像准则公告,概念框架不要求成为公认会计准则。财务会计概念公告没有建立描述特定项目或事项的会计程序或披露实务,其是由财务会计准则公告发布的。"所以概念框架不是规范会计实务的准则,而是用于规范会计准则的理论,是会计准则的理论基础,是会计理论的一部分。

　　基本准则虽然在一定意义上发挥了财务会计概念框架的作用,但是绝非等同于概念框架。财务会计概念框架制定的目的在于为评价现有的和制定未来的财务会计准则提供指南,更多地应注重其科学性和理论性,"概念框架的任务主要是用来指导各种应用性准则和会计制度的制定,而不是用来直接规范会计核算工作"。但是我国的基本准则在制定表述上更多的考虑了可操作性、政策性和通俗性,将一些属于会计实务的具体规范也纳入企业会计准则,造成了有些规定与企业会计制度和具体会计准则在内容上的重叠,削弱了基本准则作为准则制定指导的理论性。

　　我国 1992 年出台的《企业会计准则》在行文上完全采取了一般法规的行文方式,注重的是文字的通俗易懂,而忽视了表述的科学性和逻辑性,而且层次也不明确。一个理论框架,应该有一套逻辑严密的层次结构。然而,《企业会计准则》虽由总则、一般原则等形式构成,一般原则中包括目标、信息质量特征、财务报表要素和会计确认计量等方面的内容,但是这些内容是以一种平行的关系表达的,缺乏一种清晰的逻辑层次关系。财政部 2005 年把会计准则建设作为一项重要任务列入其工作日程,加快了准则体系建设的步伐,并对我国会计准则体系建设目标作了较大调整,把会计准则体系建设目标设定为:建立起与我国市场经济相适应并且与国际财务报告准则充分协调,涵盖各类企业各项经济业务,可独立实施的会计准则体系。2006 年发布的新准则体系,取消了会计原则的说法,提出了会计信息质量要求,明确了我国的财务会计报告目标,更多地体现了财务会计概念框架的内容。因此,也有人认为修订后的基本准则就是我国的财务会计概念框架,基本准则发挥着财务会计概念框架的作用。从理论上讲,为了适应准则体系的建设,建立相应的财务会计概念框架是必要的。但应该看到,《企业会计准则》毕竟只是一种法律规范,不能代替作为理论范畴的概念框架,其中的基本概念缺乏层次性,概念与概念之间的相互关系不明朗且概念过于抽象,影响其对准则指导作用的发挥。

　　因此,一方面从理论上而言,建立一份单独的财务会计概念框架可以更好地发挥其对于指导准则制定和评价现有准则的作用,而且从国际上来看,在准则之外建立单独的一份概念框架已经显示出了积极意义,也是符合国际趋势的一个表现;另一方面从实践来看,我国已经颁布的基本准则对于具体准则制定的指导性作用极其有限,无法担当起概念框架的角色。所以,建立我国的财务会计概念框架既有理论意义又有实践需要。

二、构建我国财务会计概念框架的原则

财务会计概念框架是一个包含了目标和基本概念的具有明显的层次关系和严密的逻辑关系的完整体系,因而在构建我国财务会计概念框架时必须遵循一定的原则。

(一)系统性原则

一个完整的概念框架应确定包括哪些概念要素,划分为几个层次,各层次按照怎样的逻辑进行系统地归类,应尽可能保证概念框架基本内容全面完整,前后逻辑一致,保持其内在一致性,使整个概念框架形如一体。

(二)继承性原则

概念框架也是一种理论,对传统的会计理论不能全部抛弃,而是要合理扬弃,对其科学的部分要继承,吸收其合理内核,使会计理论前后相连,保持理论的继承性。

(三)发展性原则

概念框架在对传统理论继承的同时还应坚持发展性原则,有所继承,有所发展。会计的发展是反应性的,与特定的社会经济环境相适应,作为会计理论一部分的财务会计概念框架也不例外。随着社会经济环境发生变化和人们认识的不断深化,财务会计概念及其关系也在不断地变化发展。所以,在制定财务会计概念框架时,要遵循发展性的原则,对不适应社会经济环境、无法再起到应有作用的部分,要及时地加以修订和完善。

(四)前瞻性原则

概念框架作为会计理论的一部分,应该具备一定的前瞻性。其中所阐述的概念应该在外延上具有一定的超前性,避免经常的修改和变动。

此外,在财务会计概念框架的内容、术语、行文格式等方面应尽量贴近国际惯例,以增强会计信息在国别间的可比性,提高会计准则的制定效率。

三、构建我国财务会计概念框架的层次和内容

借鉴西方的研究成果,结合我国国情,我国的财务会计概念框架应由以下 3 个层次构

成,如图 10-1 所示。

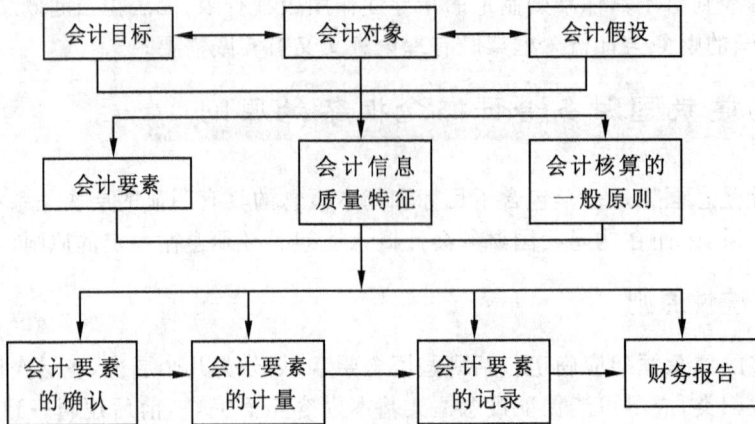

图 10-1　我国财务会计的概念框架

1. 第一层次及其内容

第一层次主要包括会计目标、会计对象和会计假设 3 项内容。会计目标主要应确定：
(1) 谁是会计信息的使用者；(2) 会计信息使用者需要什么信息；(3) 财务会计可提供什么
信息。在充分考虑会计对象和会计假设的情况下，会计目标对具体会计准则的制定起着指
引方向的作用。我国的财务会计目标应定位于三重目标，即会计信息应符合国家宏观经济
管理的需要；应满足有关各方了解企业财务状况和经营成果的需要；应满足企业内部经营管
理的需要。会计对象即会计所要反映和管理的内容。如何界定会计对象，理论界尚有争论，
传统的观点认为是价值运动(包括价值增值运动)；另一种观点认为是社会再生产过程。在
市场经济条件下，会计对象究竟反映和管理什么内容，尚需进一步研究和探讨。会计假设又
称会计假定，是由财务会计所处的经济环境(市场经济)所决定的若干基本前提，即会计主
体、持续经营、会计分期和货币计量，这些基本概念代表了财务会计的基本特征。会计目标、
会计对象、会计假设，都受会计环境的影响。会计假设由客观环境所决定，会计对象来自于
财务会计的客观环境，会计目标则反映使用者的主观意图。三者相互作用，相互影响，处于
同等地位，所以会计目标、会计对象、会计假设构成财务会计概念框架的第一层次。

2. 第二层次及其内容

第二层次主要包括 3 部分内容，即会计要素、会计信息质量特征和会计核算的一般原
则。受基本假设的制约，考虑财务会计的目标，会计对象便具体化为财务会计的要素。为了
实现会计目标，保证会计信息的有用性，会计信息应具备规定的质量特征。为了正确地进行
会计要素的确认、计量，提供有用的会计信息，会计核算必须坚持一般原则。

会计信息质量特征是对财务报告目标的具体化，是选择和评价可供选择的会计准则、程

序和方法的标准,只有通过一定的确认、计量、报告的程序和方法,才能提供具备一定质量的会计信息,才能有助于财务报告目标的实现。因此,会计信息质量特征比财务报告目标更加具体地指导要素的确认、计量和披露,它是连接财务报告目标和其他概念的桥梁,在整个概念框架中占有重要的地位。

在 1992 年发布的基本准则中,会计信息质量特征是以会计原则形式出现的,主要是由我国基本会计准则作为会计法规的强制性决定的。2006 年虽然对原有准则作了修订,明确提出了会计信息质量要求,但是质量特征体系缺乏层次划分和主次划分,对会计信息生成过程中的约束条件——成本效益原则没有涉及,应该在修正性原则中补充成本效益原则。

3. 第三层次及其内容

第三层次包括会计要素的确认、计量、记录与财务报告 4 部分内容。根据确认与计量的概念和标准,把应由财务会计系统处理的数据——产生于过去的各项交易和事项,按照会计要素的定义与特性,分别当作不同的会计要素及其所属的账户来计量、记录,并通过会计报表和其他财务报告等手段,转变为有用的会计信息,传递给会计信息使用者,这就是财务会计的最终要求。因此,这一系列的会计处理过程构成了财务会计概念的第三层次,也是最终层次。

基于以上认识,我国财务会计的概念框架应当包括以下内容:(1)绪论,具体包括制定宗旨、适用背景和范围,财务会计目标,财务会计与报表的性质、作用和局限性等;(2)财务会计基本假设和核算原则;(3)财务会计要素的定义;(4)财务会计信息的质量特征;(5)财务会计要素的确认、计量和记录;(6)财务报告。

四、构建我国财务会计概念框架的内在逻辑关系

我国财务会计的整个概念框架应以会计目标为逻辑起点,以会计假设为依托,在会计假设的基础上,在对会计目标展开演绎的过程中建立各层次。尽管从西方国家目前业已构建的概念框架来看,在形式上会计假设并未被纳入其中,但究其实质,概念框架已经默认了会计假设的影响。会计目标侧重于主观需求的角度,会计假设侧重于对客观可行性作出的前提规定,因此会计目标提供了一种发展动力,而会计假设则提供了一种客观基础。因此,既不能一味地囿于客观限制而使目标钝化,也不能脱离限制而一味地追求过高的目标,只有将二者很好地结合起来,将主观目标和客观假设有机地统一起来,才能使整个概念框架体系更具有逻辑性和合理性。

整个概念框架就是在对会计目标的演绎中展开的,在回答谁是会计信息使用者时,产生了会计服务对象;在回答会计信息使用者需要什么信息时,产生了会计信息质量特征;在回答财务会计可以提供什么信息时,产生了会计对象与会计要素;在回答如何提供信息时,产生了会计要素的确认、计量、记录和报告以及进行会计核算的一般原则,而整个会计流程的

展开和信息的传递都是以会计假设为前提的。由此,这些内容层层推进,共同构成了一个完整、严密的概念框架系统。

五、构建我国财务会计概念框架的方法

严密、完善的概念框架不仅取决于它的建立理念,还取决于是否选择并应用了正确的方法论,正确的方法论必须适合研究对象本身的特点。财务会计概念框架是以概念形式所体现的会计基本理论,那么,概念论就应当成为建立概念框架的正确方法论。辩证唯物主义的概念论是建立中国财务会计概念框架的正确方法论,同时应当努力做到主观与客观、外延与内涵、确定性与发展性三方面的统一。

六、构建我国财务会计概念框架应注意的问题

(一) 对环境的分析和把握

我国会计改革的许多问题都直接或间接地与环境因素相关联,只有真正把握了环境,才能建立起与我国经济发展实际相适应的概念框架。例如,会计对象来自于会计环境,是从会计环境中抽象出来的,因而要准确理解会计对象就必须对会计环境有一个清晰的把握。在建立中国财务会计概念框架的过程中,应考虑环境的影响,自觉地尊重环境、细致地分析环境、准确地把握环境,努力体现环境的影响。

(二) 借鉴国外经验的同时充分考虑我国社会经济环境的特点

会计具有技术性和社会性双重属性。从技术性角度来看,在构建我国的财务会计概念框架时,可以借鉴诸如美国、英国、加拿大、澳大利亚等国家以及 IASC 制定财务会计概念框架的经验教训,从而节省制定成本,提高制定效率。从社会性角度来看,由于社会经济环境的差异和对自身经济利益的追求,各国会计准则从形式到内容都存在着差异性。因此应该立足我国实际,充分考虑我国具体的社会经济环境的特点,构建与我国经济环境相适合的财务会计概念框架。

1. 充分调查,循序渐进

当前我国资本市场发展还不完善,基于环境的特殊性和发展阶段的特殊性存在许多特有的经济现象和经济业务,会计信息使用者的构成以及具体的对会计信息需求的差异也表现出与西方国家的不同之处。所以,在制定我国的财务会计概念框架时,如果只是单纯地为了与国际接轨而直接借鉴,则显然不能发挥概念框架应有的作用。因此,我国在制定财务会计概念框架时,一定要循序渐进,只有在对财务会计需要提供什么质量的信息及怎样提供以

满足不同信息使用者的需求等内容进行充分调查研究的基础上,才能制定出系统科学、逻辑严密并对我国的会计准则、会计实务具有实际指导作用的财务会计概念框架。

2. 处理好与会计准则、会计制度的关系

我国现行会计标准体系的状况是会计准则和会计制度并存。究竟如何才能处理好财务会计概念框架与会计准则、会计制度的关系呢? 我国在 1992 年 11 月由财政部正式颁布了《企业会计准则》,1993 年 7 月 1 日开始实施。就制度体系而言,2001 年颁布了《企业会计制度》,之后又陆续出台了《金融企业会计制度》和《小企业会计制度》。2005 年,财政部就基本准则发出了征求意见稿,向社会各界征求基本准则的修改意见,并加快了准则体系建设的步伐,对我国准则体系建设目标作出了调整。2006 年 2 月发布了新的准则体系,包括 1 项基本准则和 38 项具体准则,更多地体现了与国际会计准则的趋同。从中,可以看出我国在准则建设方面的决心,也表明了会计准则在会计标准体系建设中的地位。所以,制定财务会计概念框架时,不应只是对基本会计准则修修补补,而应是在充分继承吸收会计准则、会计制度中的合理部分后,重新构建概念框架。

3. 我国财务会计概念框架的制定机构

财务会计概念框架的性质是会计理论的一部分,从制定机构来讲,理想上应该由民间组织来制定。在我国财务会计概念框架制定过程中,应尽量吸收各方参与,由财政部组织学术界、实务界以及企业界共同研究制定,以保证框架的理论代表性和科学性,并更多地体现公共利益。同时,鉴于财政部的权威地位,制定出的概念框架以法规的形式颁布,可以保证其具有法律约束力和较强的权威性,切实对会计准则、会计实务起指导作用。

4. 我国财务会计概念框架的法律地位

关于财务会计概念的法律地位,主要有以美国为代表的模式和以澳大利亚为代表的模式。前一种模式下,概念框架仅仅提供理论支持,并不对实务提供指导,法律地位较低,不具有约束力;后一种模式下,概念框架直接指导会计实务,具有法律权威,约束力较强。两种模式究竟孰优孰劣,现在还没有形成一个定论,但国际上的趋势是渐渐向第二种模式靠拢。安然事件之后,《2002 年萨班斯-奥克斯利法案》促使美国的会计准则制定从规则导向转向目标导向。在这样的背景下,2003 年美国证券交易委员会(SEC)建议对公认会计原则(GAAP)的级次进行重新排列,将概念框架文件提到具体会计准则之前,作为公认会计准则的第一级次,从而增强了概念框架的权威性。2004 年 FASB 也同意 SEC 的建议:消除 GAAP 级次的不同层次,使概念框架更加突出。因此,增强概念框架的权威性、提高其法律地位是国际上会计概念框架法律地位的未来发展的方向。我国研究和制定概念框架要注意这种趋势,并要结合我国的国情,恰当地确立概念框架的法律地位。鉴于会计准则和财务概念框架的密切关系,下面就对会计准则进行分析。

第四节　会计准则研究

加强会计准则理论方面的研究,是社会主义市场经济发展实践的必然要求。2006 年 2 月 15 日,财政部发布包括 1 项基本准则和 38 项具体准则在内的一系列新的企业会计准则,意味着我国初步建立了比较完善的有中国特色的会计准则体系。随着新准则的发布,会计准则的影响将会逐步扩大,社会各界对会计准则的研究和评述也将逐渐增多,这些研究和评述将对进一步完善我国的会计准则体系起到积极有益的探索作用。

一、会计准则概述

(一) 会计准则是经济发展的客观需要

可以说,经济发展为一国发展之根本。在人类漫长的历史长河中,会计的演进源远流长。如果以历史的眼光看,会计主要是适应一定时期经济活动的需要而逐步发展和完善起来的,并与经济发展密切相关。一般说来,文明水平越高,会计方法就越精湛。随着社会对会计信息需求的增强,会计信息促进或妨碍经济发展的能力也相应增强,换言之,经济越发展,会计越重要。经济发展对会计的直接影响主要体现在会计规则(准则)的制定上。不难发现,整部会计发展史,其实就是一部说明经济发展对会计准则影响的历史,下面是其中两个典型的例子。

第一个例子是工业革命。工业革命之前,没有形成复杂的、社会化的工业生产体系,经济发展水平较为低下。因此,早期的会计准则很粗糙,缺乏内容稳定、自成体系的理论支持。工场手工业发展到一定程度以后,便为过渡到机器化大生产积累了必要的物质技术基础。为了追求更有效率的商品生产,大众化的需求迅速膨胀,从而引发了对人类历史具有深远影响的工业革命。从此,人类社会经济活动从简单的商品买卖或手工加工,转向复杂的、以机器化大生产为主的工业品的生产、制造活动,工业企业成为经济活动的中心。工业革命对会计的影响是全面而深刻的。工业革命以后,企业规模明显扩大,生产过程日益复杂,批量生产开始出现,从而导致固定资产费用在生产成本中所占比例增加,由此发展了折旧会计。随着管理机构对生产成本和存货计价信息需求的增长,成本会计系统得以诞生。由于资本需求的扩大,所有权和经营权逐渐分离,进一步促进了股份公司的发展。企业会计除了向管理机构提供有关信息以外,还要向不直接参与企业经营管理的所有者报告企业财务状况和经营成果。原来主要为企业管理机构提供的财务会计信息,也日益成为股东、债权人和政府部门的需要。同时,业主投入资本的收回与其投资收益开始有了明确的区分。所有这一切,对会计上的资产计价、收益计量提出了新的要求,使得持续经营、会计分期和权责发生制观念成为大型制造企业实务处理中不可或缺的部分。这是会计学从传统的复式簿记演变为一门科学所迈出的关键一步。

第二个例子是衍生金融工具。衍生金融工具一般是指一种金融合约,其价值取决于现货市场上一种或多种资产或资产指数的价值。运用衍生金融工具,可以进行衍生金融交易,这是一种很复杂的金融交易和投资手段,需要对利率、汇率等因素的变动趋势作出预测,其主要目的不是用于资金借贷,而是用于转移资产价值波动所引起的价格风险,即用于保值或投机。由于衍生金融工具具有以小搏大的特点,高利润和高风险并存,因而受到世界金融市场的普遍关注。近年来,衍生金融工具发展很快,品种越来越多,交易量越来越大。但是,由于未能对衍生金融交易加以有效地监管,致使发生了一系列的巨额亏损案,其中最为典型的是英国老牌银行巴林银行的倒闭。巴林银行的倒闭给全世界敲响了警钟,客观地说,会计因未能及时披露衍生金融交易后潜在的巨大风险而负有一定的责任。然而,按照传统的会计理论,资产和负债这两个要素都是立足于过去发生的交易事项,而且在未来期间又必定有经济利益或资源的流入和流出。在原来的会计准则下,像衍生金融工具这一类合约显然是不符合定义的,无法在会计上进行确认,更谈不上计量。近年来,在发生了一系列的衍生金融交易巨额亏损案以后,各国会计界(包括 IASC)纷纷开始重视并着手研究衍生金融工具会计问题,IASC 继发布《国际会计准则第 32 号——金融工具:披露和列报》后,又发布了有关金融工具确认和计量方面的准则。FASB 也在其第 105 号、107 号、115 号和 119 号等财务会计准则公告中对金融工具问题作了规定。虽然,至今为止衍生金融工具带来的会计问题仍未完全解决,但这些调整也充分体现了市场经济发展对会计准则的影响。

由此可见,随着经济的不断发展,会计规则将日趋复杂。现在,会计规则基本上已经以会计准则的形式稳定下来。会计从单式簿记到复式簿记,进而发展为今天的一门独立学科,是社会经济发展的必然结果和客观需要。当前我国正处于大力发展社会主义市场经济的时期,国内资本市场扩张很快,国际经济交流日益增多。因此,应当清醒地认识到会计准则与社会经济发展之间的血缘关系,时刻把握经济发展的脉搏,敏锐观察新出现的经济现象,及时提出会计对策,不断完善会计准则,充分发挥会计和会计准则在经济管理中的作用。

(二) 我国会计准则体系的基本内容和特征

我国的会计准则体系,是在参考具有国际意义的会计规范模式并根据我国国情、吸收历史经验的基础上建立起来的,因此,我国会计准则体系的建立过程是一个探索性的过程,一个逐步推进的渐进式的过程,也是一个必须通过研究不断解决其中的疑难问题的创新过程。我国会计准则体系无论从内容上还是从特点上都有一些自己的特征。

1. 我国会计准则体系的基本内容

根据财政部会计司在 20 世纪 80 年代末所拟定的《会计改革纲要》,在公司或企业会计制度改革方面,确定了向国际惯例靠拢的目标,并把建立具有中国特色的会计准则作为一个突破口,随后便成立了会计准则研究组,围绕如何建立我国会计准则问题展开了调查研究。同时,中国会计学会也相应成立了会计理论与会计准则研究组,以配合财政部的改革工作进行会计准则的制定研究。1990 年 5 月,财政部会计司提出企业会计准则的制定提纲,当年在经过初步征求意见修订后,便以《企业会计准则(征求意见稿)》的方式提交第三次全国会计工作会议讨论研究。这时,为适应深圳经济特区经济改革开放发展的需要,财政部批准了深圳市试行《深圳市企业会计准则》,并于 1992 年在深圳召开了全国第一次会计准则国际研讨会,进一步征求国内外专家关于制定会计准则的意见,为全国会计准则的制定与发布做好了准备。

随着党的十四大关于建立社会主义市场经济体制改革目标的确立,1992 年 11 月 30 日,经国务院批准,以中华人民共和国财政部令的形式正式发布了《企业会计准则》,与此同时又发布了《企业财务通则》,从而在我国统一会计制度建设史上揭开了崭新的一页。《企业会计准则》共 10 章、66 条,它所确定的内容属于我国会计准则体系中的基本规范部分,故又称为基本会计准则。根据会计准则规制的层次性,财政部自 1993 年以来一直致力于具体会计准则的研究、制定工作,其工作进度甚为迅速。从 1994 年 2 月起财政部先后发布了 6 批共计 32 份具体会计准则征求意见稿,反复征求各个方面的意见,并不断组织进行研讨修改。1997 年 5 月 22 日,财政部正式发布了第一个具体会计准则《关联方关系及其交易的披露》。其后,从 1998 年至 2001 年,财政部又先后发布了《现金流量表》(1998 年 3 月 20 日)、《资产负债表日后事项》(1998 年 5 月 24 日)、《债务重组》(1998 年 6 月 12 日)、《收入》(1998 年 6 月 20 日)、《投资》(1998 年 6 月 24 日)、《建造合同》(1998 年 6 月 25 日)、《会计政策、会计估计变更和会计差错更正》(1998 年 6 月 25 日)、《非货币性交易》(1999 年 6 月 28 日)、《或有事项》(2000 年 4 月 27 日)、《无形资产》(2001 年 1 月 18 日)、《借款费用》(2001 年 1 月 18 日)和《租赁》(2001 年 1 月 18 日)、《中期财务报告》(2001 年 11 月 2 日)、《存货》(2001 年 11 月 9 日)、《固定资产》(2001 年 11 月 9 日)等 15 项具体会计准则,并根据情况的变化对 16 项具体会计准则中的《现金流量表》、《债务重组》、《投资》、《会计政策、会计估计变更和会计差错更正》和《非货币性交易》等 5 项作出了修订。按照国际通行的做法并从便于贯彻执行出发,每项准则分为两个部分,一是具体规范内容确定部分,二是指南部分,明确基本要求并对重要问题进行说明,而且列示举例,使准则既便于理解又便于操作。同时,财政部又根据我国的具体情况,明确了具体准则的实施范围。《现金流量表》、《债务重组》、《会计政策、会计估计变更和会计差错更正》、《非货币性交易》、《或有事项》、《借款费用》和《租赁》7 项准则规定在所有企业施行,而其他 9 项暂时只在上市公司或股份有限公司施行。

2006 年 2 月 15 日,财政部又重新发布了 1 项基本准则,即《企业会计准则——基本准则》和 38 项具体准则:《企业会计准则第 1 号——存货》、《企业会计准则第 2 号——长期股权投资》、《企业会计准则第 3 号——投资性房地产》、《企业会计准则第 4 号——固定资产》、《企业会计准则第 5 号——生物资产》、《企业会计准则第 6 号——无形资产》、《企业会计准则第 7 号——非货币性资产交换》、《企业会计准则第 8 号——资产减值》、《企业会计准则第 9 号——职工薪酬》、《企业会计准则第 10 号——企业年金基金》、《企业会计准则第 11 号——股份支付》、《企业会计准则第 12 号——债务重组》、《企业会计准则第 13 号——或有事项》、《企业会计准则第 14 号——收入》、《企业会计准则第 15 号——建造合同》、《企业会计准则第 16 号——政府补助》、《企业会计准则第 17 号——借款费用》、《企业会计准则第 18 号——所得税》、《企业会计准则第 19 号——外币折算》、《企业会计准则第 20 号——企业合并》、《企业会计准则第 21 号——租赁》、《企业会计准则第 22 号——金融工具确认和计量》、《企业会计准则第 23 号——金融资产转移》、《企业会计准则第 24 号——套期保值》、《企业会计准则第 25 号——原保险合同》、《企业会计准则第 26 号——再保险合同》、《企业会计准则第 27 号——石油天然气开采》、《企业会计准则第 28 号——会计政策、会计估计变更和差错更正》、《企业会计准则第 29 号——资产负债表日后事项》、《企业会计准则第 30 号——财务报表列报》、《企业会计准则第 31 号——现金流量表》、《企业会计准则第 32 号——中期财务报告》、《企业会计准则第 33 号——合并财务报表》、《企业会计准则第 34 号——每股收益》、《企业会计准则第 35 号——分部报告》、《企业会计准则第 36 号——关联方披露》、《企业会计准则第 37 号——金融工具列报》、《企业会计准则第 38 号——首次执行企业会计准则》,自 2007 年 1 月 1 日起在上市公司范围内施行,同时鼓励其他企业执行。

2006 年新发布的企业会计准则从层次上说,既包括了具有指导意义的基本准则,又包括有可操作性的具体准则;从范围上说,既有适用于一般企业的准则,又涵盖了特殊行业的准则,如金融、保险、建造工程等。因此可以说,这次会计准则的发布,无论是从数量上,还是从范围上,都真正建立起了相当完整的会计准则体系,基本上改变了过去的带有救火式特征的准则发布方式,在我国会计发展史上是一次里程碑式的事件。

2. 我国会计准则体系的特征

(1) 我国会计准则是法律体系的有机组成部分

这是因为各项会计准则、会计制度等是在《中华人民共和国会计法》(以下简称《会计法》)的授权下由财政部制定的,属于我国法律体系中的部门规章层次,同时对于有些财务会计报告信息披露的基本要求和会计要素的概念与确认、计量标准的修改,不仅涉及具体会计准则、制度的修改,还涉及相关法律、行政法规的修改,这与一些发达国家由独立的民间组织制定的自成体系的公认会计原则或者会计准则有显著的不同。

(2) 会计准则与会计制度并存

我国经济改革走的是一条渐进式改革道路,我们一方面需要根据国际惯例和市场经济发展的进程制定、完善企业会计准则;另一方面多年来在我国行之有效的会计制度这一中国会计标准形式也需要在较长的一段时期内存在。在较为完整的会计准则体系尚未建立起来之前,会计制度作为会计核算标准的一种形式仍将发挥重要作用。

(3) 原则导向和规则导向并用

在我国会计标准体系中,既有会计准则和会计制度对会计核算的一般原则进行规范,又有大量的会计核算办法、暂行规定、补充规定、问题解答等在遵循会计准则、会计制度基本原则的基础上,对一些特殊行业、特殊业务的会计问题提供应用指南,以便于会计准则、制度的贯彻落实,这种状况是比较符合我国当前会计环境的。

3. 应处理好以下几个与会计准则有关的问题

(1) 会计准则与会计制度的关系

这一问题早在1993年7月发布并实施企业会计准则时即引起过激烈的讨论。统一会计制度在我国有相当坚实的群众基础,如果一次性取消会计制度,全面改用会计准则,一方面会计人员可能会感到困惑而无所适从,另一方面我国的会计准则也尚未发展到这一步。因此,目前采用的模式,即在相当长的一段时期内制度和准则将同时并存,是合理的。企业处理各项经济业务时,若会计准则已作出相应规定,则以准则为准;若会计准则没有作出相应规定,则仍按统一的会计制度进行处理。当然,这样两者并存的局面在会计准则全面替代统一会计制度以前,需要不断地协调会计准则和统一会计制度的内容,以免给会计人员带来混乱。等到会计准则形成一个较为完整的体系后,包括社会经济环境、法律法规、教育、人员素质等在内的方方面面的配套系统准备工作都已完备时,最终要实现从统一会计制度到会计准则的平稳过渡。目前,虽然已发布了新的包括1项基本准则和38项具体准则的企业会计准则体系,但由于上述相关的方方面面的配套系统工作仍不完备、略显滞后,所以现在我国仍处在转轨时期的会计准则与会计制度并存的过渡阶段。

(2) 会计准则与税法的关系

从世界范围看,会计准则与税法的关系主要有两种类型。一种是会计准则和税法两者合一,即企业会计处理基本上按照税法的规定进行,这一类型的典型是法国。我国以前的统一会计制度和税法之间的关系就非常接近这一类型。第二种类型是两者分立,即企业会计处理遵循会计准则,纳税时则按税法规定进行调整,这一类型的典型是美国。按照第一种类型,企业基本上不需要作纳税调整,在纳税处理时十分方便。按照第二种类型,企业往往需要作一些复杂的纳税调整,处理起来比较繁琐。企业会计中复杂的所得税会计处理就是这一类型的产物。在实务中,会计准则与税法的适度分离是较为合适的一种模式。因为会计准则有其独立的会计理论体系,税法也有其独立的税收理论体系,两者的目标并不完全相同。强行将税收意志体现在企业会计处理中,效果并不一定好。在众多的会计信息使用者中，国家只是其中之一，片面强调国家税收需要，很可能会忽视其他方面的需要，以至损害了其他会计信息使用者的利益。我国的税收征管法规规定，如果纳税企业的会计处理与税法规定不一致，应按税法规定计算纳税。但在平时的会计核算过程中，会计仍然是按会计准则和会计制度进行处理的，这实际上就已经体现了适度分离的精神。因此在我国，一方面，税法对会计准则的影响是显而易见的，这种影响不但直接，而且广泛；另一方面，由于税收基本上是以以会计准则为依据处理的会计资料为基础计算得到，因此会计准则对税收以至于税法的影响也是非常明显和重要的。

（3）准则制定机构与其他团体机构的关系

要正确处理准则制定机构与其他团体的关系，必须先从思想上解决我国的会计准则应该由谁来制定这一问题。国内会计界曾就中国的会计准则应由谁来制定展开过讨论，主要有两种不同的观点：一种观点认为，改革开放已历时多年，中国已走上了发展市场经济的道路，会计准则的制定应该借鉴多数西方国家的经验，由民间团体来承担。另一种观点则认为，按照我国的经济体制和现实环境，会计准则仍应由政府制定。按照目前的情况，第二种观点是可行的选择。

首先，从世界各国市场经济会计实践以及我国改革开放以来的会计工作经验来看，国家在会计管理中的地位和作用、国家管理会计工作的范围和深度并不是人为规定的，而是由市场调控要求、所有制结构、资金市场特征等因素决定的。我国实行公有制为主体、多种经济成分共同发展的经济形式，国有经济占主导地位，这就决定了国家是会计工作的主要服务对象和会计信息的主要使用者，会计选择、会计报表的信息内涵、会计信息的披露方式、报送时间等，都应当充分考虑国家的宏观经济决策需要。由政府机构来制定会计准则是满足这种需要最为直接的手段。其次，会计准则是有经济后果的。在我国，目前有能力协调会计准则经济后果的只有政府，至少到目前为止民间团体尚不具备这个能力。这是由政府机构制定我国会计准则的根本原因。此外，我国的统一会计制度一直就是由政府部门制定的，由政府部门来制定会计准则具有广泛的群众基础。当然，由政府部门制定会计准则并不意味着独断专行。相反，准则制定机构应该细心听取并认真吸纳社会各界对会计准则的意见和建议，准则制定过程尽量公开，遇到准则制定中的问题，要以多种形式发动高校、学术团体和会计职业界的力量，共同研究解决。可见，准则制定机构与其他团体之间的关系，是一种良好协作、互相帮助的关系。1997 年 10 月，我国成立了财政部会计准则委员会，其委员分别来自政府财政部门、证券监管机构、会计职业界、高校和科研机构等单位，在会计准则制定中发挥了重要的作用，这是一个良好的开端。同时，2006 年新的企业会计准则的发布更具可实施性，可以说是准则制定机构和其他团体共同努力的结晶。由此，可以相信在未来的会计准则建设过程中，将会有更多的社会团体以更加积极的态度参与进来。

二、会计准则的性质

会计准则的性质研究对于建立会计准则体系,规范我国会计准则制定具有深远的理论指导意义,对市场经济下的会计实践也能发挥重要的指导作用。由于不同的学者在知识偏好、分析方法、文化背景等方面有所差异,因而,对会计准则性质的认识也有一些差异。准确地讲,这些差异也体现了人们对会计准则认识上的不断深化。因此,正确认识会计准则的性质,对制定和实施会计准则是非常有益的。迄今为止,世界各国对会计准则的理论研究和实践,也为我们认识会计准则的性质提供了大量的素材。关于会计准则性质的主要观点,主要有以下4种。

(一) 会计准则是一种技术性规范

这种观点可以说肇始于会计准则的产生时期。早在20世纪30年代,美国各界在批评当时放任的会计实务时,认为实务泛滥的原因在于缺乏有效的约束,因此,需要建立一套规范或标准来约束这种放任自流的会计实务。在这一背景下,技术性强调会计准则是一种用来对会计记录分类和汇总一个企业的交易或事项并解释其结果的技术规范,是纯客观的约束机制,并且应是检验实务的标准和未来实务改良的指针。因此,会计准则本身必须有序、系统、内在一致,应能与可观察的客观现实相吻合,不受个人所左右,其存在的目的在于使会计实务处理达到科学、合理、前后贯通,并通过会计准则的技术规范性指导财务报表的正确编制,提供企业经营管理和决策、政府税收以及证券管理等方面所需要的有用信息,维护投资者和债权人等利益相关者的利益。会计准则是一种技术性规范,其规范对象主要是会计实务。美国两位著名会计学家佩顿和利特尔顿在1940年曾提出,会计准则是检验实务的标准和改良未来实务的指南,它是有序、系统、内在一致的,应能与可观察的客观事物相吻合。这一观点在今天看来仍有其合理性。承认会计准则的技术性,就意味着应努力追求在技术上达到完善的准则,为此应建立一个会计准则的理论框架(也称概念框架、概念结构),用以指导和评价会计准则的制定。以美国为代表的许多西方国家和以IASC为代表的一些国际组织,已相继制定出各自的概念框架。我国2006年新发布的《企业会计准则——基本准则》,实际上已部分地充当了概念框架的角色。

(二) 会计准则具有经济后果性

这种观点认为,会计准则规范下的会计信息并不是抽象的数字,而是代表了一定的经济意义。不同的会计准则将生成不同的会计信息,从而影响不同主体的利益,在不能保证实现帕雷托效率前提下的会计准则制定、颁布会导致这样的结果:一部分人受益,而另一部分人受损。例如,会对公司财务报告的使用者如股东和其他投资者造成影响,股东和投资者会根据不同信息内容的财务报告作出不同的财务决策;会对"搭便车者"如竞争对手、供应商、顾客等造成影响,他们会通过财务报告了解公司的财务情况,从而展开更有力的竞争;会对公司行为造成影响,公司可以根据自己的目的而选择财务报告更"漂亮"的经济行为。因此,会计准则的经济后果性,要求会计准则应兼顾各方经济利益,保证其经济后果的公平、合理,如果不能实现会计准则的帕雷托效率,至少应保证卡尔多-希克斯标准,即会计准则的变革应该使得受益者所得足以补偿受损者的损失。另一方面,从会计准则的目标来看,会计准则旨在促使企业提供相关可靠、清晰可比的会计信息。会计准则是整个会计体系的一个重要组成部分,因此会计准则的主要目标是和会计目标一致的,并应服从于会计目标。近20多年来,世界各国的会计准则制定机构、会计学术界一直致力于会计目标的研究,并取得了令人瞩目的成就。其中的典型当属FASB,其所发布的财务会计概念公告系统、全面地论述了会计的基本理论框架,包括对会计目标的论述。FASB认为,财务会计的目标是向信息使用者提供决策有用的信息。这一观点目前已为许多国家所接受,也对IASC产生了重大影响。我国2006年新发布的《企业会计准则——基本准则》也明确提出:"企业应当编制财务会计报告。财务会计报告的目标是向财务会计报告使用者提供与企业财务状况、经营成果和现金流量等有关的会计信息,反映企业管理层受托责任履行情况,有助于财务会计报告使用者作出经济决策。"由此可见,会计准则的最终目标是为了促进社会经济资源的合理分配。正是基于此,会计学和经济学的目标融为一致。

如上所述,会计准则是对会计确认、会计计量及会计报告等方面所作出的一种规范,目的在于促使经济主体提供相关可靠、真实公允的会计信息。信息使用者根据会计信息,可以作出合理的判断和决策。在现实生活中,会计信息使用者不仅包括各类经济主体,还包括千千万万的个人投资者和潜在的个人投资者。从理论上说,如果每一个人和每一经济主体都作出了对社会而言是最合理的经济决策,一般就意味着全社会作出了最合理的经济决策,就可以使社会资源得到最为合理的配置。具体地说,在其他因素不变的情况下,如果企业提供的会计信息表明企业的经营状况和其他情况良好,就相对容易吸引外界的资金投入企业,实现扩大再生产。反之,若企业经营不善,在筹资时就可能遇到一些困难。换言之,从社会的角度看,会计信息可以在一定程度上引导经济资源流向社会效益好的企业。可见,会计信息的作用是很大的;相应地,会计责任也是很重的,因为要达到这样一个目标,建立一套良好的会计准则是基本前提。这就要求在制定会计准则时,不但要在专业上进行细致的研究,更要站在社会的高度上,时刻想到肩负的责任,积极促进社会经济发展。但是,换个角度来思考,由于会计准则的经济后果性,为了使会计准则尽量兼顾各方经济利益并保证其经济后果的公平、合理,各种不同利益的人员就会参与准则制定,这样一方面使得准则制定机构的代表性增强,但另一方面又不可避免地使得会计准则在某种程度上具有政治程序性。

（三）会计准则具有政治程序性

这种观点认为会计准则还具有政治后果。这是因为会计准则虽然有经济后果，但是制定会计准则的过程本身却是一种政治程序，是政治家们实现既定目标的手段，而且必须通过政府的权力强制其通过和执行。换句话说，会计准则的形成是政治家们谈判与讨价还价的结果，是不同政治利益集团协商、调和、博弈的结果，是由政府来制定通过民主政治决策规则与程序来达成直接或间接涉及每一个人利益的会计准则来实现的。其实，关于会计准则性质的研究从20世纪70年代就已开始受到西方会计学界的关注。研究者们发现，会计准则具有经济后果，其制定过程本身就是一种政治程序，而传统上则只将会计准则视作一种单纯的技术规范。会计准则的制定在某种意义上是一种政治程序表明：由于会计信息会影响到信息使用者的经济决策，因此，制定会计准则时就不能不考虑其宏观效应。政府要监控经济的运行，会计是一个重要手段。综观世界各国的会计准则，无一不是如此。以美国为例，其会计准则虽然由 FASB 制定，但 SEC 仍保留最后的监督权和否决权。在美国国会的压迫下，SEC 曾行使过两次否决权，一次是否决 FASB 第 2 号意见书有关投资税收减免的会计处理准则，迫使其重新发布第 4 号意见书；另一次是否决 FASB 关于石油、天然气行业会计处理准则。政府对会计准则的制定施加政治影响是有理论依据的。极端地说，如果自由放任的市场环境能自动达到社会资源的最佳配置、促进社会财富的最大增长，实行政府管制自然就没有必要。但大量的历史事实表明，自由放任的市场不但不会自动实现资源的有效配置，反而可能造成极大的浪费。1929—1933 年，西方国家的经济大危机就是一个深刻的例证。可见，为了提高市场运行的效率和秩序，由政府出面加强管制和干预是十分必要的。政府通过会计准则，可对会计信息的提供进行管制，以配合其宏观政策的实施。从这个意义上说，会计准则已构成政府法规、制度的一部分。

（四）对会计准则性质的再认识——会计准则具有公共契约性

会计准则具有公共契约性，是一种特殊的公共物品。2001 年谢德仁通过构建一个会计规则制定权契约安排范式的思想试验得出结论：会计准则具有公共契约性，是一种特殊的公共物品。这是因为，在竞争性的资本市场、经营者市场、产品及服务市场和工人市场上，存在着众多企业，每个企业的契约涉及众多的股东、债权人、工人以及一个以上的经营者，会计作为唯一发展得比较成熟的正式信息系统，对缓解企业信息不对称状态有着不可替代的作用。在此意义上，会计也就成了外部人控制内部经营者的重要工具，为此，会计规则的重要性远胜于前。但是，可以想像，众多利益相关者如果通过谈判来达成关于会计规则的一致意见，其交易成本之高将足以令企业契约流产，但各生产要素拥有者又必须谋求合作以充分利用各自的比较优势，取得比不合作时更大的剩余价值。于是，由政府来制定通过民主政治决策规则与程序达成直接或间接涉及每一个人利益的会计准则,这样该契约安排就具有公共契约性。会计准则的公共契约性决定了会计准则是一种特殊的公共物品,因为在内容上,会计准则是对一般通用的会计规则的规定,是技术性的,对它的消费不具有排他性,所以可以被视作一种公共物品。但是,它对于现代企业(尤其是上市公司)而言,却是一项强制消费的公共物品。

不难看出,上述 4 种观点都从一定侧面分析了会计准则的性质,并都具有一定合理性、客观性,但也存在着一定程度的片面性。首先,上述 4 种观点并不相互排斥、对立,而是相互兼容、相辅相成的。会计准则从内容上看必然是一种技术规范,但从涉及各方利益相关人的经济利益上看,又必然会导致会计准则的经济后果性。同时,由于会计准则关系到各方利益人的切身利益,因而各利益相关者就会在会计准则的制定过程中争取各自利益最大化,其过程又必然表现出一种强烈的政治动机。就由政府来制定通过民主政治决策规则与程序来达成直接或间接涉及每一个人利益的会计准则而言,这样的契约安排就又具有了公共契约性。由此可见,这 4 种观点相互融通,不能断然割裂。其次,从发展的观点来看,技术规范性、经济后果性、政治程序性和公共契约性 4 种会计准则性质的观点恰好反映了人们对会计准则发展演变历史的认识在不断深化。当然,随着其他学科和会计学的相互融合,将会有更多对会计准则的新的认识。

三、会计准则的制定

随着越来越多的经济学知识被运用到会计学领域,人们对会计准则制定理论上的认识也在不断深化,与新制度经济学相关的有以下 3 种主要观点。

(一)会计准则的制定是一种降低交易成本的制度安排

刘峰和葛家澍认为,会计准则的制定是一种降低交易成本的制度安排。科斯关于交易成本的理论表明,交易的发生以及维持市场交易发生的制度,都是有费用的。诺斯的制度变迁理论进一步认为,好的制度能够促进经济的发展,也能为制度的提供者带来收益。舒尔茨认为制度包括:(1) 用于降低交易费用的制度(如货币、期货市场);(2) 用于影响生产要素的所有者之间配置风险的制度(如合约、分成制、合作社、公司、保险、公共社会安全计划);(3) 用于提供职能组织与个人收入流之间的联系的制度(如财产、资历和劳动者的其他权利);(4) 用于确立公共产品和服务的生产与分配框架的制度(如高速公路、飞机场、学校和农业实验站)。詹森与麦克林在 1976 年将企业界定为一系列契约的联结,这些契约方都是为了各自的利益而与他人订立契约,他们为了维护自身的利益,必然要采取各种手段,包括事先订立具体的保护性契约条款。实证研究发现,这些契约条款绝大多数都与会计信息有关,这样,在订立保护性契约条款的过程中,关注会计信息生成的相应规则,成为各签约方的任务之一。当企业的签约方数量有限且所有签约方在企业中的利益份额较大时,签约方会为每个相关的问题(包括制度)进行谈判。对他们来说,是否存在一套既定的会计准则,都不会显著地降低其交易成本。而企业发展、上市公司形式的出现与普及,使得企业的契约关系人数以几何级数增加,并且各契约关系人在企业中的利益份额却以几何级数降低,从而导致由成千上万享有利益份额极低的利益关系人在一起讨论并形成一种约束会计信息的规则,既不经济又不可能。正是在这个意义上,葛家澍、刘峰认为,当上市公司出现后,预先给定上市公司会计信息生成规则的会计准则,可以有效地节省上市公司运行的费用,提高资本市场运行的效率。

(二) 从企业所有权中的剩余索取权方面对会计准则制定的解读

谢德仁于 2001 年对会计准则制定解读的基本思路是从剩余索取权的配置开始的。经济学上对企业获得的收入的要求权称为索取权,而企业所有权理论中更加关心的是剩余索取权,即对从企业全部收入中扣除生产中固定的支付后的余额(净剩余)的要求权,通俗地说就是参与企业利润分配的权利。企业的剩余索取权契约安排至少包括两份子契约:其一是关于企业剩余分享安排的子契约;其二是关于企业剩余计量规则制定权安排的子契约。前者具体涉及企业的利润分配比例;后者提供了剩余计量规则——会计信息生成规则,即计算出到底有多少剩余可供分享。不同的会计信息生成规则足以使剩余分享安排偏离其本来的契约安排,从而彻底改变整个剩余索取权契约安排。

谢德仁通过构建一个会计规则制定权契约安排范式的思想试验得出由政府来制定会计准则的结论,这是因为:(1) 在竞争性的资本市场、经营者市场、产品及服务市场和工人市场上,存在着众多企业,每个企业契约涉及众多的股东、债权人、工人以及一个以上的经营者,会计作为唯一发展得比较成熟的正式信息系统,对缓解企业信息不对称状态有着不可替代的作用。在此意义上,会计也就成了外部人控制内部经营者的重要工具,为此,会计规则的重要性远胜于前。但是,如前所述,利益关系方如此之多足令契约难以达成或成本太高,因此,由政府通过民主政治决策规则与程序来达成直接或间接涉及每一个人利益的会计准则这份公共契约,可以节约交易成本。(2) 从交易效率的角度来看,因为企业中的股东、债权人或工人每一类的人数都远远超过经营者,从而可能在会计准则制定时由于"搭便车"行为而导致会计准则供给不足。无疑,就政府与经营者两者比较而言,由政府来制定会计准则效率会更高。(3) 从政府具有暴力比较优势来看,由政府来制定会计准则具有规模效益。

(三) 从企业所有权理论中的控制权方面来解释会计准则的制定

刘浩、孙铮在 2005 年认为,谢德仁从剩余索取权角度出发进行讨论的主要局限在于,分析会计信息生成规则的时候,直接把逻辑起点放在了企业净剩余(净利润)上。那么,对会计信息生成规则制定权的思考,就必然沿着对参与净剩余分配的诸多个体是否最适合享有会计信息生成规则制定权的路径而进行下去,这可能就会过于强调净剩余的分配,而忽视净剩余分配之前的内容。新制度经济学的企业所有权理论的发展过程中,事实上包括两个大的分支——索取权理论和控制权理论,并且人们愈来愈意识到控制权的重要性,并就以控制权的经济理论为基础进行了讨论。首先,对索取权理论和控制权理论着眼点的差异进行了分析并得出结论,虽然两者最终的目标是相同的——保护股东的剩余索取权和债权人(员工)的固定索取权,但是索取权理论和控制权理论的思路和最终的解决方法是完全不同的,而这些不同也为理解会计信息生成规则制定权即会计准则的制定提供了不同的视角。其次,通过在控制权理论下建立会计信息生成规则的思想试验得出了和谢德仁一致的结论,即政府制定会计准则。由此可以得出结论,会计准则制定与企业所有权理论——索取权与控制权的综合,是无法割裂的,二者必然在企业所有权理论下得以融合。

四、会计准则的实施

2006年2月份新企业会计准则体系发布,可以说,我国在会计准则的构建和完善方面已经取得了丰硕的成果。但是,如何保证这些会计准则有效实施,却是一个越来越重要的问题。一个制定得再好、再完美的会计准则,如果难以实施或者得不到有效地实施,那就成了一纸空文,所谓高质量、高透明度的会计信息也就成了一句空话。应该认识到,当前我国企业所出现的会计造假问题并不是会计准则存在问题,也并不是由会计准则改革进程所导致的。目前,由于转轨经济时期的特殊性,我国企业不可避免地会受到企业自身内部或外部等多种因素的影响或干扰,有些企业经不住诱惑因而没有按照国家法律法规和市场经济的规则来运作,有一些企业甚至公然做假,这样,适用于一般商业行为环境下的会计准则自然就难以发挥其应有的作用。近年来的琼民源、银广夏、红光实业等会计信息失真的案例,严重地影响了会计秩序,给整个社会造成了恶劣影响,但这都与没有有效实施会计准则有关。我国负责制定、实施会计准则的相关部门早就认识到了会计准则实施问题。例如,冯淑萍在谈到会计国际化时,不止一次明确提出强化会计标准的实施问题:"在会计国际化进程中,制定的会计标准本身内容的国际化固然重要,但是确保会计标准的有效贯彻与执行同样十分重要,二者缺一不可……不能有效地执行会计标准的后果十分严重,不仅会对投资者造成直接的经济损失,而且还会使整个资本市场产生信任危机。制定会计标准的关键要贯彻、执行。在我国当前,强化会计标准的执行机制显得尤为重要而且迫切。"2004年财政部会计司司长刘玉廷也明确指出:"在完善会计准则体系的同时,必须重视会计准则的实施。会计准则建设的关键在于实施,否则,再好的准则体系也是没有意义的。从某种意义上说,准则的实施比准则的制定更有难度。"换言之,高质量的会计准则并不一定能产生高质量、高透明度的会计信息披露,会计准则的实施远比会计准则本身更为重要。

因此,在继续推进我国会计准则的制定和完善工作的同时,应当注重会计秩序的培育和建构,确保会计准则制定发布后能够得到有效实施。这要求主要从以下两个方面着手:一方面,要严格按照《会计法》及其他有关法规的规定,搞好各项会计监管机制的建设,努力构建一个会计准则强制实施的外部制度框架。例如,强化单位内部监督、社会监督和政府监督的多层次会计监督制度,发挥会计监督三位一体的整体功效;努力界定清楚财政、审计、证券、金融、税务、会计等监管的职能和范围,合理分工、落实责任、形成合力;做到执法必严、违法必究,加大对会计违法行为的处罚力度,以真正起到惩戒作用等。另一方面,也不能忽略企业内部会计准则的自我实施。相关方面的研究已经表明,相对而言,与法律机制相比,信誉机制可能是一种成本更低的机制,特别是在很多情况下,法律是无能为力的,只有信誉才能起作用,如张维迎在 2005 年所提出的。总而言之,随着我国会计改革进程的加快,会计准则如何有效地贯彻实施是值得密切关注的问题。

(一)会计准则强制实施的制度分析:法律制度

根据现代企业理论,随着企业所有权和经营权的进一步分离,现代企业里信息存在高度的不对称,并且企业的内部经营者拥有信息优势。由于企业经营者作为一个理性的经济人,不可避免地会按照自身利益最大化的要求,在会计准则实施的过程中存在机会主义行为,从而可能使得存在信息劣势的企业外部利益相关者,如股东、债权人、政府等的利益不同程度地受到损害,这就使得建立约束性承诺并使得强制实施规则成为必要。柯武则与史漫飞在2000 年认为制度是众所周知的、由人创立的规则,其目的在于抑制人们可能的机会主义行为,它对不服从行为实施某种惩罚,这类惩罚在特点和方式上千差万别(柯武刚、史漫飞,2000)。因此,可以通过构建会计准则强制实施的约束性的外部惩罚制度,使经营者强制性地服从实施会计准则。具体而言,其约束性主要如下:外在制度是被自上而下地强加和执行的,它们由一批代理人设立和确立,这些代理人通过一个政治过程获得权威。一个例子就是司法制度,外在制度配有惩罚措施,这些惩罚措施以各种正式的方式强加于社会(如遵循预定程序的司法法庭),并可以靠法定暴力(如警察)的运用来强制实施。我国目前会计法律责任体系之中,一方面责任安排不甚合理,另一方面法律责任追究不多。目前我国的《会计法》虽然规定单位领导人负责对本单位会计信息质量的安排,但对会计人员和单位领导人之间的会计准则实施过程中违法的责任没有做进一步的区分,这就造成现实中往往由会计人员承担相应的责任,因为即使是由于单位领导人的原因造成的,会计人员也无法对此进行举证。在法律责任的追究方面,从 1992 年的深原野到琼民源、红光实业以及后来的郑百文等一系列会计准则实施的危机事件中就会发现,真正进入法律程序的并不多。当前,因会计准则实施中的会计造假事件发生诉讼已成为证券民事纠纷的一种常见形式,发达国家及地区往往采取股东集体诉讼机制来解决这些民事纠纷,这样就能极大地降低当事人的诉讼成本,提高诉讼效率,从而在上市公司与投资者之间保持利益平衡,在司法救济与防止滥诉之间保持功能平衡。这对我们而言是一个有益的启示,对会计准则的强制实施不能不说是一个有效的途径。

(二)会计准则自我实施的制度分析:信誉机制

在会计准则的实施过程中,外部的强制实施是一个方面,但企业由于对自身信誉的关心往往会有自我实施会计准则的内部动力,同时这也可以强化会计准则的强制实施机制。这是因为:第一,信誉是企业自我实施会计准则的内部动力。因为企业的经营者可能为了长远的利益而自愿地选择放弃会计准则实施过程中的造假行为。第二,信誉可以强化会计准则的强制实施。一方面,会计准则的强制实施离不开信誉机制;另一方面,信誉机制的有效运行可以节约会计准则强制实施的成本。如果企业经营者重视自己的信誉,无须动用会计准则的强制实施手段,他们一般也会自觉按照会计准则的规定来进行会计信息披露。这是因为,不实施或不完全实施会计准则导致的信誉损失比由于未按会计准则实施得到的机会利益大得多。反之,如果企业经营者不重视自己的信誉,即使由于不实施或不完全实施会计准则导致的后果非常严重,他们也会想方设法逃避责任,或者说,同样强制实施的法律处罚对当事人带来的心理成本与该当事人是否重视信誉有关。换言之,一旦(外在)制度被统治者、议会或官僚外在地强加于社会之后,一个基本问题也就产生了,即本应按公民利益行事的代理人往往会超越其权限,为自己的利益而使用规则和执行规则。由于这一原因和其他一些原因,政治过程本身就必须服从一定的规则。外在制度的有效性在很大程度上取决于它们是否与内在演变出来的制度互补。例如,司法系统是否支持一个社会的道德、文化习俗、惯例和礼貌。也就是说,基于社会道德、文化习俗等形成的信誉为法律等强制实施提供了支持。

总之,以上分析是为努力构造一个强制实施与自我实施相结合的、互补性的、耦合程度高的会计准则实施的制度分析框架。会计史的发展也已经表明,包括具有公共契约性质的会计准则在内的契约的实施很少直接由法律强制,大多数都是依赖于签约当事人的信誉机制来实施的。对于会计准则这份公共契约的实施而言,签约当事人主要是企业经营者、股东、债权人、政府等企业利益相关者。然而,如果没有强制实施机制作为威慑存在,那么人们之间有积极性建立信誉和利用信誉机制来履约的形成和演化过程会更加漫长,也可以讲,现在所说的信誉是一种典型的基于法律维持的制度上的信誉。会计准则的实施必须要基于自我实施和强制实施的相互匹配、相互支持,法律等外在制度的有效性在很大程度上取决于它们是否与内在演变出来的信誉制度互补。同时,一个有效的、正式的第三方实施机制的存在有助于产生对契约可实施性和产权安全性的稳定预期,从而有利于信誉的建立,其有效性在于对私人信誉机制的支持和培育而不是取代。市场支持型的信誉机制和公正的法律机制之间应当是高度互补、高度耦合的,在一定条件下信誉与法律可以动态地达到均衡。在会计准则实施制度框架中,法律与信誉实施机制都应同时发生作用,只有相互支持、相互匹配的制度安排才具有旺盛的生命力,才是可以长久维系的,否则,无论怎么精心设计的制度安排都可能依旧是高度不稳定的。因此,会计准则的实施主要是靠信誉的自我实施机制与法律的强制实施机制相互匹配、相互支持来有效进行的。

【名词与术语】

会计对象起点论　　　　会计假设起点论　　　　会计目标起点论　　　　会计动因起点论
会计职能起点论　　　　会计环境起点论

【思考题】

1. 构建我国会计理论体系的原则是什么?
2. 构建我国财务会计概念框架的原则是什么?
3. 简述我国财务会计概念框架的层次和内容。
4. 简述我国会计准则的特征。
5. 为什么说会计准则具有经济后果?

第十一章

实证会计研究与资本市场

【本章导读】

　　实证会计理论是现代会计理论中的重要内容。本章介绍实证会计理论的产生、发展及其理论基础,主要从会计数据的信息含量、估值相关性和价值相关性 3 个方面对资本市场实证研究的模型和结论作了详尽的介绍。

　　通过本章的学习,要求了解实证会计理论产生的背景和资本市场中会计研究的主要内容;掌握实证会计理论基础,以及会计数据的信息含量、估值相关性和价值相关性三个方面的实证研究内容。

第一节　实证会计理论的产生及主要内容

一、实证会计理论的产生及发展

(一)实证会计的产生及其背景

　　在会计界,对于实证会计理论的首倡人有两种看法:第一种看法认为是由美国会计学家詹森(Jensen)倡导的。因为 1976 年他在斯坦福大学主持会计讲座期间,在一篇《规范研究与目前理论研究的评述》演讲稿中,首次对规范会计理论提出批判,认为其是不科学的,并提出应以实证的方法来从事会计理论研究。第二种看法是根据台湾学者肖燕锡先生在 1992 年《会计研究学刊》上发表的《首开会计理论研讨先河——鲍尔与布朗资本市场研究》一文,认为鲍尔与布朗更早开始实证会计理论的研究,是实证会计的奠基人,因为他们二人在 1968 年就发表了《会计收益数据的实证评价》的文章。

从 20 世纪 60 年代起,西方会计学术界开始改变原来的规范会计理论研究一统天下的局面,逐渐注重新的实证研究方法。1986 年瓦茨和齐默尔曼出版了著名的《实证会计理论》一书,比较全面、系统地介绍了实证会计理论的形成和发展,这标志着实证会计理论的正式登场。此后,该研究方法在西方会计学术界风靡一时。据有关资料表明,20 世纪 80 年代《会计评论》上实证性研究的论文占全部论文的半数以上,有的年份比例还高达 81%,由此可窥见一斑。

为什么 20 世纪 60—70 年代会在美国产生实证会计呢? 这是有其特定背景的。

(1) 1929—1933 年美国出现了经济危机,这迫使美国政府大力推行凯恩斯主义——对经济进行管制(特别是罗斯福总统的新政期间),这曾给美国经济带来了短暂的繁荣。到了 20 世纪 50 年代,美国的经济却陷入了"滞胀"的境况,因而经济学界就有学者提出反凯恩斯主义,要求政府应放松管制,减少干预,整个社会反管制的呼声越来越高。到了 60 年代,美国政府为了走出"滞胀"的怪圈,只好开始放弃凯恩斯主义,从强调干预和管制转向放松干预和管制。正是这种横扫美国的反传统思潮为实证会计理论的提出提供了合适的温床,会计学界开始改变了传统的规范会计研究而转向实证会计研究。

(2) 20 世纪 60 年代的会计环境对实证会计的产生有一定的促进作用。由于当初的规范会计理论研究缺乏首尾一贯的理论研究依据,其研究成果与会计准则之间相互矛盾,使得这一时期美国会计执业界受到诸多的诉讼,甚至对会计准则提出了质疑,同时一些政治家要求政府接管会计准则的制定权。这些均迫使会计学界改变原来的研究方法,以有力的经验数据为依据的研究结论来进行自我辩护,以缓和或抵制各方面的政治压力,也就迫使实证会计早日形成。

(3) 经济学对实证会计理论的产生也有重要的影响,会计研究方面的许多概念、方法等都引自于经济学。最早将实证理论应用到经济学中的是弗里德曼。1953 年他在《实证经济学方法论》一文中系统地阐述了实证经济学的方法,而瓦茨和齐默尔曼则在经典之作中将实证经济学移植到会计学领域中。实证经济学的形成为实证会计学的形成提供了一个完整的方法论基础,从而形成了实证会计。

(4) 理财学对实证会计理论的产生也有影响。在 20 世纪 60 年代中期,对理财学中的有效市场假设等理论进行大量的实验性验证,其结果与构成规范会计理论基础的假设相矛盾。如规范会计中认为会计盈利的信息是影响股票价格的唯一因素,而会计方法的选择则会影响会计盈利的信息,进而股票价格会受到会计政策选择的影响,故而要对会计政策的选择加以规范;而经验数据表明股票价格与会计盈利的信息之间不是显著相关,故而表明规范会计理论所赖以存在的部分假设实际上并不存在。这就促使会计理论工作者不得不重新评价规范会计理论的合理性,并把理财上的研究方法和与此相联系的理论概念和方法引入会计研究中,从而出现了实证会计。

（二）欧美早期实证会计理论发展及分析

1. 20 世纪 60 年代以前的会计研究困境

20 世纪 60 年代以前，会计理论基本上是规范的。会计研究者通行的做法是，先假定一套会计目标，然后根据假定的会计目标提出会计政策推荐。Hendrickson 对此做了深刻的描述，他将最为恰当的会计理论定义为"可以得出最能达到会计目标的会计程序和会计方法"，并且认为"发展会计理论最先应该做的事情就是清楚地界定会计目标"。因此，当时的会计理论依赖于研究者假定的会计目标，研究者对会计理论的评价也仅仅判断研究者从会计目标到会计政策推荐的演绎是否正确，当时的会计理论并没有对会计理论预测进行有效地实证研究。

由于不同会计理论的演绎过程是相同的，因此会计准则制定机构对会计政策的选择就演变成会计目标的选择。不同的会计研究者对会计目标有不同的理解，他们根据自己对会计目标的理解提出会计目标，因此很难形成一套为所有会计研究者和会计实务者共同接受的会计目标，这样就不可能形成一套能为所有人都接受的会计政策。这种状况导致了投资者对财务报告中会计收益数字的有用性提出了质疑。因此，Hendricksen 认为："除非改变其披露方式，否则财务报告将会走向死亡。"

2. 早期实证会计研究内容

（1）事件研究和关联研究

Ball，Brown 和 Beaver 是资本市场会计研究的开创者，他们都采用了事件研究方法，其中 Ball 和 Brown 同时使用了关联研究方法。这两种研究方法在现在的会计研究中都已被广泛、普遍地使用，但是在当时，他们的研究却是开拓性的。

① 事件研究

在事件研究中，会计研究者通过事件发生前、事件发生时和事件发生后短期证券价格水平或价格可变性或交易量之间的比较来推断会计事件的特性，由此来推断会计事件（如盈余公告）能否向市场参与者传递新信息，并进行相应的研究推断。会计事件研究的具体做法是，如果在会计事件发生前后证券价格发生变化或具有变动性，那么研究者就可以得出结论，会计事件向投资参与者传递了关于公司未来现金流量的金额、发生时间和不确定性的新信息，这些新信息将会修正市场原先的期望，使投资者根据这些信息调整他们的投资。

Ball，Brown 和 Beaver 提供了令人信服的证据，他们在论文中指出，会计盈余公告前后股票价格发生了显著性的变化，这说明会计盈余公告是有信息含量的。Ball 和 Brown 对盈余公告当月股票的非正常盈利变化方向与公司盈余变化方向进行了相关分析，他们发现这两者之间具有显著性的正相关关系。

② 关联研究

关联研究在于检验会计业绩水平(如盈余水平或经营现金流量)与证券盈利之间的相关关系。其中,会计业绩水平与证券盈利的跨越时间相对较长(比如一年或更长),会计业绩水平与证券盈利是同期的。会计研究人员在其研究中使用关联研究方法的目的在于检验某一段时间里引起证券盈利变化的信息集合中,会计信息是否包括于其中以及会计信息在整个信息集中所占份额的大小。由于市场参与者有机会接触到其他更多的、更为及时的关于公司未来现金流量产生能力的信息,如财务分析师的预测、期刊提供的分析等,因此关联研究并没有假设会计信息是市场参与者获得投资决策所需信息的唯一源泉。

Ball 和 Brown 的证据清楚地论证了会计盈余对证券盈利有着显著性的影响。他们的证据同时显示其他信息来源(包括季度盈余)比年度盈余信息优先了 85% 左右。使用年度会计盈余去推断盈余信息的及时性会削弱盈余信息的及时性。除了研究会计盈余与证券盈利之间的关联关系以及会计盈余的信息含量外,Ball 和 Brown 在其研究中还通过检验市场是否快速和无偏差地响应好消息或坏消息的盈余公告的方式来检验市场效率。他们发现,资本市场中存在着无效的异例。

(2) 会计准则评价

会计盈余与证券盈利之间关联研究的早期证据以及理财学和经济学中资本市场效率的证据,使一些会计研究者探讨会计准则委员会的含义。1972 年 Beaver 在《美国会计研究方法论会计联合会的报告》中指出,会计数字与证券盈利的关联程度应该作为备选会计方法排序的依据,以此为基础选出应该成为会计准则的会计方法。报告还指出,采用与证券价格越有关联的会计方法应该成为财务报告的报告方法时还应该考虑其他竞争信息来源以及成本情况。

从中可以看出,最初研究者对会计研究可以指导会计准则制定机构制定出最能满足社会需要的会计准则是抱极大期望的,但是事实证明这种期望是短暂的。Gonedes 和 Dopuch 及其他学者 1974 年指出,用与证券盈利的关联强度作为会计准则的社会接受程度的判断标准是站不住脚的,因为该标准没有考虑一些重要的因素,如它没有考虑资本市场中存在着许多潜在投资者使用会计信息时"搭便车"问题。

因而,许多会计研究者改变了他们的立场,因为他们领悟到当前的会计盈余与证券价格之间并没有存在很强的相关关系,如 Lev;他们提出了可以改善与证券盈利之间相关程度的备选会计方法,如 Lev 和 Zarowin;还有学者认为,会计数字与证券盈利之间的相关程度是财务报告目标的函数。一般来说,一方面资本市场需要财务提供客观的、可检验的以及有助于契约及绩效评价目的的信息,但是提供历史信息的会计处理过程并不能完成此职责,因为会计处理是根据收入确认原则来综合反映实际交易,而不是期望交易所造成的影响。另一方面,证券的市场价格则由资本市场投资者对公司的未来预期所决定。因此,1992 年 Kothari 认为盈利与盈余之间的相关程度将会很小。有鉴于此,Lee 于 1999 年在评价会计准则委员会以及证券盈利和财务信息之间的关联程度研究以后指出:"除非会计管制者作出决定,财务报告中的盈余包括未来交易的期望利润(也就是说,除非我们放弃收入确认原则),否则会计盈余与证券盈利之间的相关强度对于会计准则委员会来说是没有任何意义的。"

(3) 对美国早期实证会计研究的评价

第一,驳倒了当时的流行看法,即历史成本盈余计量过程只会产生毫无意义的数字,使人们重新审视会计信息在资本市场中的作用。随后的许多会计研究者以此为契机,专门研究证券市场与会计信息披露之间的关系,并得出有力的证据。他们的证据表明,会计信息披露有助于提高资本市场的效率,有助于资本资源的合理配置。如果失去了会计信息披露,那么资本市场将有可能不能正常地运转。从某种程度上来说,早期实证会计研究成功解决了人们对会计信息的信任危机,使人们清楚地知道会计信息的功能以及局限性,也使会计研究者和会计实务者清楚地知道该从哪些方面改变会计信息的质量。

第二,为会计研究引入了积极的实证方法论和事件研究设计。早期会计研究为后来的研究提供了从经济学、理财学的新发展中汲取养料的榜样,推进了以后会计研究的发展。随后的会计研究继续从经济学和理财学中汲取有用的理论,如信息经济学、产权理论、契约理论、博弈论等,最终使会计研究成功地从规范科学向实证科学转变。自此以后,会计研究者普遍接受"理论对价值保持中立,目标与手段相分离"的观点。会计研究者的任务只提供特定行为对各种变量的影响,而目标以及反映变量对目标施加影响的函数则由使用者自己提供。这样,会计研究者终于获得了学术研究的独立性。

第三,有助于消除"会计是资本市场唯一的信息来源"的看法,摆脱了会计研究者和会计实务者所面临的困境。早期会计研究的证据明显地告诉人们,会计信息并不是特别及时地影响证券价格的信息来源,有许多其他竞争性的信息来源比会计信息更早地提供盈余信息,这也使准则制定机构可以更加明确自己的职责。早期实证会计研究也有助于准则制定机构更加有效合理地选择备选会计准则,并恰当地从这些备选会计准则中选择出有可能成为法定会计准则的准则。

第四,早期研究也有很大的局限性,了解这一点,特别对我国的会计学者来说特别有意义。实证会计早期研究的最初出发点是假设资本市场是完全竞争的、市场是有效的,这对于欧美的资本市场来说是比较符合的。但是,由于我国资本市场发展时间很短,资本市场还不够成熟,投资者也以散户为主,缺乏理性成熟的机构投资者,因此我国资本市场的效率与有效市场假设相差很远,我们在借鉴欧美会计研究时必须注意到这一点。除此之外,早期实证会计研究将信息披露当成外生的,也就是说没有考虑到管理者的动机问题,这样早期实证会计研究中就不能将管理者的动机有机地融合到研究中。欧美会计研究的后来发展就是针对这两个不足展开继续研究,充分地考虑到了资本市场的效率问题和管理者的动机问题,并得到了卓越的成果,最终使实证会计研究形成了一个较为完整的体系。

二、实证会计的理论基础

实证会计理论有两个重要的理论基础。其一为经济学,其中尤以企业理论、公共选择理论与管制理论为实证会计理论的发展奠定了基础,同时强调人具有社会性因此会影响会计的政策取向。其二为理财学,它主要是通过有效市场假说和资本资产定价模式对资本市场的研究,提供了以会计盈余的价息含量为主要内容的会计新观念。另外,实证主义和证伪主义的思想也为实证会计提供了哲学依据和理论方法。

(一) 实证经济学为实证会计理论的发展奠定基础

正如瓦茨和齐默尔曼在《实证会计理论》中所认为的:"实证理论概念是公司理财理论发展的结果,而公司理财的概念则继承经济学的概念,尤其是对有效市场假说进行大量经验性检验在经济学和公司理财学的引进,最终对会计研究产生了巨大影响。"由此可见,经济学对实证会计的影响是直接和间接(通过理财学)两方面的,经济学对实证会计的基础作用体现在方法和思想两方面。

1. 实证经济学的方法对实证会计有着重大影响

在方法上,实证经济学的方法对实证会计有着重大的影响。Friedman 于 1953 年发表了《实证经济学方法》一文,将实证主义引入到经济研究领域。他认为:"理论被看做是一个主要是假说的实体,对它应该用它所要解释的那一类现象的预言力来评判。对一个假说有效性的唯一恰当的检验,是把它的预言力和经验相对比。"Keynes 不仅将实证研究方法引入经济学研究中,而且还极力地促进了经济学由规范科学向实证科学的转换。实证经济学的发展,极大地促进了会计研究从规范研究向实证研究的转变。1968 年 Ball 和 Brown 及 Beaver 的会计研究就是使用了实证经济学中的实证研究方法,并顺利使会计研究从规范研究向实证研究的转换。对此,瓦茨和齐默尔曼于 1986 年做了精辟地论述,他们认为"会计理论的目标是解释和预测会计现象"。

实证研究方法在会计研究中的应用,不仅仅是方法论的改变,更为重要的是,它使会计研究者摆脱了先前的会计困境,使会计研究者不再将眼光局限于会计政策推荐上。会计研究者采用实证研究方法以后,他们可以更深入地研究会计数据的有用性、财务报告信息披露、准则制定机构自身的动机以及投资者与公司管理者之间的信息不对称等问题,不仅极大地拓宽了会计研究的范围,也使会计研究发生了根本性的变化。

2. 经济学理论对实证会计有着重大影响

对实证会计有重大影响的经济学理论有企业理论(包括交易费用理论、代理理论、契约理论、产权理论,严格地说这些理论之间既有联系又有区别,但这里不拟对此加以区分,而通称为企业理论)、公共选择理论和管制理论。

(1) 企业理论

1937 年 Coase 发表其著作《企业的性质》,奠定了现代企业理论基础。他创造性地提出了交易费用这一概念,不仅为企业理论奠定了基础,而且对今后实证会计理论也有深远影响。20 世纪 70 年代以后,代理理论兴起。Jensen 和 Meckling 于 1976 年将代理关系定义为一种契约,"在这种契约下,一个人或更多的人(委托人)聘用另一个人(即代理人)代表他们来履行某些服务,包括把若干决策权托付给别人即代理人"。代理理论认为委托人和代理人都是效用最大化者,代理人不会总以委托人的最大利益而行动,这就产生了代理成本。代理成本是委托人的监督成本、代理人的保证支出和剩余损失的总和。这时,经理会希望借助自我约束和监督契约的签订来降低代理成本,而会计信息在契约签订过程及监督契约当事人是否违约等活动中扮演重要角色。财务报告的一项功能是约束管理者,使其从股东利益出发。在早期的会计选择实证会计中,往往借助于代理理论中委托人和代理人都是经济理性人的假设,假设经理有机会主义倾向,其选择会计政策是为了使其预期效用最大化。通常使用债务契约和报酬契约、政治过程来解释和预测会计选择。尽管债务和管理报酬契约的代理成本以及与政治过程相联系的代理、信息和其他契约成本形成了经验性会计研究中的三大假设(即分红假设、负债权益比率假设、政治成本假设),但许多契约也可能解释组织选择(包括会计选择),并且用代理成本来解释契约经常导致与标准代理问题不同的契约方案,这使得人们转而采用契约成本概念。在契约理论中,企业可以看做是契约的联结,包括与雇员(含管理者)、供应商、资本提供者等的契约。企业要减少这些与契约相联系的契约成本。契约成本产生于市场交易、企业内部交易、政治过程交易,它包括了交易成本、代理成本、信息成本、协商成本和破产成本。

Jensen 和 Meckling 于 1986 年认为在企业内部,市场价格被管理人员之间的分配决策、衡量、奖励和惩罚管理业绩的系统所取代。会计在系统中扮演了重要角色,这是企业有效契约机制的组成部分。企业中的契约大都与会计变量有关,如雇员的提升与报酬建立在会计基础的业绩计量基础上,借贷者要求企业保持一定的财务比率等。企业如何组织、其财务决策、会计方法与生产方法一样,都是生产产品技术的一部分。因此,会计是各种正式和非正式的契约的组成部分,大量契约的订立和监督是建立在各契约方所接受的会计数据的基础上,会计政策选择是为了降低契约成本,从而实现有效的公司治理。契约成本的存在对企业组织和会计选择模型都很重要,可以说,没有契约成本就没有会计存在,契约成本的相对大小影响着会计政策选择。会计方法影响企业的组织成本,因而保留下来的会计方法是类似的经济均衡的结果。实证会计理论中,认为管理机构进行会计政策选择是为了减少契约成本,从而将契约理论与会计政策选择联系起来。

（2）公共选择理论

公共选择理论是由 Buchanan 提出的。这种理论以传统经济学假设（即所有人都追求自身利益最大化）为前提，依据自由市场交换能使交换双方都获利的经济学原理，分析政策决策行为、民众公共选择行为及二者之间的关系。公共选择理论中一个重要的概念是公共物品。所谓公共物品，是指那些能够同时供许多人享用的物品，并且供给它的成本与享用它的效果并不随享用它的人数规模的变化而变化。公共物品具有不可分割性、非竞争性和非排他性的特点。公共物品的存在，导致了"搭便车"现象。公共物品不能像私人物品一样通过市场机制有效地供给，而必须通过集体选择来决定其生产和供给。按照公共选择理论，会计信息是一种公共物品，存在"搭便车"现象，因而企业就不愿过多披露其信息，从而政府就必须对会计信息披露进行必要的规范。将会计信息当作一种公共物品，就可以对其需求和供给进行分析。在实证会计理论中，会计政策选择是公共选择的结果，应以促进社会福利最大化为原则。瓦茨于 1977 年在《公司财务报告，市场和政治过程的产品》一文中，运用公共选择理论，对财务报告的规范进行了研究。

（3）管制理论

另一种研究会计选择规范的思路是借鉴管制理论。在接受了有效市场假说后，一些人提出用市场失灵（其原因在于会计信息的外部性、信息不对称性和投机性）来解释会计管制，即以管制来挽救市场失灵。而另一些人则认为如考虑契约成本，则外部性、信息不对称和投机性可能不会导致市场失灵，即使市场失灵，政府管制也未必能挽救市场失灵。他们转而采用契约理论，认为管制只是政治家和官员尽可能扩大其自身利益为目标的过程。他们认为管制的价值是一个经验性问题，并运用非零值信息成本假设对会计政策选择、会计准则制定中的政治活动等问题进行了广泛的经验性检验，从而促进了实证会计的发展。

（二）理财学为实证会计理论提供研究手段

实证会计研究与传统会计研究另一个显著不同的地方是，不仅仅有定性分析还有定量分析，这就需要运用某种研究手段。理财学恰好满足其需要。理财学对实证会计的影响主要是有效市场假说（EMH）和资本资产定价模型（CAPM）。

所谓有效市场，按 Jensen 1978 年的定义，"对于一组 θ_t，如果根据该组信息从事交易而无法赚取到经济利润，那么市场就是有效的"。而此前，Fama 于 1970 年将有效市场定义为其价格完全反映可获得信息的市场。对有效市场的检验，有弱式、半强式、强式三种，一般所采用的，是半强式有效。所谓半强式有效，是指 θ_t 包含过去所有可公开获得的全部信息。也就是说，一旦新的信息可公开获得，市场价格将依据新信息迅速做出调整，任何投资者不能通过使用任何方法来分析公开信息以获取超额收益。传统的规范会计理论假设会计报告是公司信息的唯一来源，由于经营者具有选择会计程序的灵活性，因而能够随心所欲地报告公司业绩从而误导股票市场,并认为会计盈余是毫无意义的。而有效市场假说的确立,使得会计研究者可以方便地检验财务信息的有用性。

资本资产定价模型 CAPM 是由 Sharp 和 Lintener 分别于 1964 年和 1965 年提出的,其含义是资产的预期报酬率 $E(r_i)$ 可分解为无风险报酬率加风险报酬,即

$$E_{(r_i)} = r_f + E(r_m - r_f)Cov(r_i, r_m)/\delta^2(r_m) = r_f + \beta_i(E(r_m) - r_f)$$

式中,β_i 是第 i 种股票的 β 系数,即 $Cov(r_i, r_m)/\delta^2(r_m)$,它代表特定资产组合报酬率相对于整个市场组合报酬率的变异程度。

如果会计盈余能够传递企业当前现金流量信息,则可以将会计盈余与企业市场价值联系起来,这就促使人们研究盈余宣布时股票价格报酬率的变化。股票报酬率可分为预期报酬率和非预期报酬率两部分。依据有效市场理论,会计信息公开后就不能赚取非正常报酬,否则会计信息就是不相关的。这就促使人们研究会计盈余信息的相关性(会计盈余与股票价格、现金流量关系)。1968 年及以后大约 10 年间,实证研究的主要内容是会计盈余的信息含量、股票价格对会计盈余信息的反应以及有效市场检验,即资本市场研究,主要建立在有效市场假说和资本资产定价模型的基础上。

(三)证伪主义为实证会计理论提供方法论

对于实证会计的方法论基础,会计界存在不同认识。葛家澍、林志军认为,"实证法来自西方哲学流派中的实用主义……根据实际效用或实在的因果关系来选择会计概念、原则、准则和各种程序"。刘峰则认为,"实证会计研究内在的吸取了逻辑实证主义的思想"。还有一种观点认为实证会计的哲学基础是证伪主义,如陈汉文等认为实证会计研究的基本方法论是证伪主义,曲晓辉教授也指出"证伪的研究更符合实证研究的本来意义"。目前,受学者普遍认可的观点是证伪主义。

实证会计研究所采用的方法是实证法。实证法是解释和预测客观现象的方法,它要以确实的证据,反映或检验客观存在的现象,其哲学基础是证伪主义。

由于证伪主义彻底否定了归纳法,故实证方法论的推理方法只能是演绎法,并且主要是假说演绎法。假说演绎法的前提不是公理而是假说,是以假说为出发点进行逻辑推导,从而得出一系列个别结论的方法。假说演绎法的基本特点是:由于演绎推理的结论没有超出其前提范围,前提和结论之间是一种必然的关系,即假说为真,则结论亦真。在假说演绎法下,证伪的具体对象是根据假说进行逻辑推理所得出的预测结论,而非假说本身。

一般认为,实证法包括下述方法:问卷调查、访谈调查、利用现有资料(如报刊、官方统计资料和数据库等)、资本市场研究、预测能力、比率分析、实验室研究、建立模型、模拟法、小组讨论和实地试验等。在假说检验过程中,又要涉及许多数理统计方法。

三、实证会计理论研究的内容

实证会计理论研究经历了两个主要发展阶段：第一阶段主要是研究会计信息和资本市场的关系；第二阶段着重于试图解释和预测企业的会计实务，即会计政策与会计选择的实证研究。

（一）会计信息与资本市场的关系

这一阶段主要讨论的是会计信息在资本市场上的信号作用，但未能对会计实务作出解释和预测。在这一阶段，人们试图在所报告的会计收益和股票价格的反应中找出某种联系。相关研究都假设企业会根据历史成本会计原则编制财务报表，资本市场也会根据这样的信息来评价企业股票的价值。

1. 资本市场的效率

有关资本市场会计的研究通常包括两部分：一是企业报告的会计信息对股票报酬的影响；二是会计政策变动对股票价格的影响。并且，资本市场研究都是以经济学上的有效市场假说为基础。有效市场假说将实证会计理论和会计准则的制定融入一个整体予以考察，因此具有十分重要的意义。

有效市场假说指出，信息竞争驱使信息加工和信息使用的预期经济利润趋于零。它认为，20 世纪 60 年代流行的会计报告是公司股票信息的唯一来源这一假说无法解释现实状况。它还认为，如果会计收益与股票价格变化有关，会计收益就会是有用的数据。后面这个假设之所以能成立，是因为股票价格是股票未来价值的无偏估计。所有这些观点都会促使着会计研究者去调查研究股票市场受会计程序变化的影响程度，以及会计收益和股票价格的关系。这就需要一个计量模型来反映会计收益与股票价格之间的关系，即资本资产计价模型。

依据资本资产计价模型，对企业进行计价要求对企业的预期未来现金流量及其风险进行估计。如果会计数据能传递企业预期未来现金流量及其风险信息，它们就能够传递企业价值的信息。这些含义促使研究者去探讨会计数据、预期现金流量及其风险和会计收益的时间序列之间的相互关系。

2. 会计收益对股票价格的影响

会计收益与股票价格相互关系方面的研究起源于鲍尔和布朗，他们假定：有效市场假说具有描述性并可据此相应地解释经验性研究的结果。

鲍尔和布朗试图通过实证方法来检验历史成本收益对投资决策是否有用。在给定的有效市场假设成立的条件下，如果收益数字是决策有用的信息，那么，股票价格就会进行调整并反映出这种信息的影响。也就是说,当企业通过其定期财务报告等形式报告其收益变化时,会对股票的价格产生一定的影响。如果收益下降,股价就会下降;如果收益上升,股价就会上升。

鲍尔和布朗认为,收益的增长代表了企业价值的增长,因此股票价格也会随之升高。在有效资本市场中,如果企业的现金流量都将用于资本支出,那么预期现金流量的任何变动都将会导致股票价格的变动。进而言之,如果市场有效,超额经济利润即非正常报酬在收益公布之日就会停止增长。因为,在半强式有效市场中,任何人都不能通过公开可获得的信息赚取超额利润。

(二) 会计政策与会计选择的实证研究

实证会计理论研究的第二阶段着重于试图解释和预测企业的会计实务,即会计政策与会计选择的实证研究。这一阶段的研究焦点集中在以下两个方面:一是试图解释企业在有选择的情况下为什么选择了某一特定的会计方法和程序,而没有选择其他一些可以选择的方法和程序。研究结果表明,之所以选择某一特定会计方法和程序是基于管理人员的这一选择能为其带来最大效用。二是试图解释企业是为了效益的原因选择了某一会计实务,即会计政策是预先选定的,以减少企业和其他权益持有者之间可能发生冲突的成本。上述两个方面并非相互排斥的,为效益目的而预先选择某一会计程序或方法并不妨碍根据过去的经验选择某一会计方法和程序。只有当根据未来预期的效益大于根据经验的效用时,企业通常才会预先选择某一方法和会计程序。在实证会计理论研究的第二阶段,产权理论、契约理论、信息经济学和博弈论得到了广泛应用。

1. 订约程序

试图发展某种理论来解释会计的实证会计学家们接受了关于企业的"产权"理论。在这一理论下,企业是一些有切身利益的个人所签契约的结合体。每个人都明白,他们的自身利益有赖于公司的生存,与此同时他们却有采取减少公司价值和生存机会的动机和行为。人们采取减少(公司)价值的行为(代理成本),其原因在于他们试图从与企业有关的其他方面获取利益。价格保护使得采取减少(公司)价值行为的个人承担其行为的成本,因而促使他们签订契约来限制上述行动。公司的经理人员尤其希望通过订约来限制对额外利益(包括逃避责任)的过度消费。

会计数据在旨在减少代理成本的公司契约中得到运用。一些比率(如负债/权益)被用于债务契约,以限制经理人员从债权人处获取利益的行动;在奖金分配计划中运用会计盈利以减少经理人员逃避责任的行为。由于在确定是否违约方面运用到会计数据,因此要求人们计算这些数据,并监督契约的履行。

2. 报酬计划、债务契约与会计程序

对于企业经理如何选择会计程序,以及会计程序的变更对股票价格有何影响等问题,研究人员运用正式的管理人员报酬计划和债务契约,得出了一些假设。他们的假设是:契约的作用在于降低代理成本。

报酬计划和债务契约均运用到会计数据,如果欲使以会计数据为依据的契约条款在限制经理人员降低企业价值的行为中行之有效,那么,就需对经理人员计算会计数据的方法施加限制。拟定和监督这些关于计算方法的规定将花费成本,这意味着并没有完全消除企业经理自由选择会计程序的权力。因此,一套被认可的程序得以发展,而且企业经理有权从这套程序中进行自由选择。

契约理论表明,会计程序上的变更可能会对股票价格产生影响。由于一套被认可的会计程序发生变动而自愿对会计程序作出的变更会对股票价格产生影响,因而无法对这种影响的方向进行预测。

当自愿变更会计程序的目的是为了提高奖金或减少违约行为的可能性时,这种影响的方向还是可以预计的。然而,这种变更的程度是有限的,而且可能伴随着其他事件的发生,而市场也会预计这种变更。因此,这些变更对股票价格的影响难以辨别。由于会计准则变动而对会计程序作出变更(强制作出的变更),其对于股票价格的影响取决于那套可供使用的会计程序的规模是受到扩展还是遭到限制。扩展将会使股票价格上涨,而限制则使股票价格下跌。

3. 会计与政治活动

之所以分析政治活动对管理人员选择会计程序的影响,是因为信息、游说和联盟成本被假定为正值,政治活动才能对会计实务产生影响(除税收影响外)。假设非零值的契约成本前提下,导出了契约假设。

在西方国家,会计准则的制定是资本市场、政府和团体 3 种力量进行博弈的结果。因此,会计准则具有经济后果。会计准则的经济后果往往是借助于形式多样的会计政策选择得以实现的。

企业是一系列契约的集合体。企业经理对会计政策的选择将对各种契约的签订和履行产生重大影响。企业经理会计行为受下列契约的影响:报酬契约、代理人竞争、债务契约、政府管制等。为此,经理将通过会计政策的选择进行盈余管理,以达到对自己或对股东有利的目的。在不同的契约关系、会计准则和客观环境下,经理将有不同的会计选择和会计行为。

第二节　资本市场中会计研究的历史沿革和现状

在 1934 年出版的经典巨著《证券分析》一书中,著名的投资理论家 Graham 和 Dodd 极力倡导股票投资基础分析的重要性,要求投资者使用企业当前和过去的财务报告中披露的会计信息来判断公司的投资值,通过寻找公司价值被市场低估的股票进行投资。两位投资理论家虽然非常重视财务会计信息在判断股票投资价值中的作用,但是他们并没有将两者的关系上升到定量分析的理论高度,对会计信息和资本市场价格变动之间的关系还只停留在定性认识的基础上,因此并没有对学院派的会计研究产生深远的影响。

真正对会计和资本市场之间的关系进行研究,是从 20 世纪 60 年代末期开始的。1968 年,Ball 和 Brown 的著名论文《会计收入数字的实证评价》在美国的 JAR(Journal of Accounting Research)杂志上发表,首开实证会计研究之先河。他们的研究成果表明:股票价格的变化与公司未预期收益的变动方向和幅度呈现出显著相关性。这一研究结果表明股票市场在公司披露财务报告之前就对其中的财务会计信息已经有所洞察,股价在财务会计收益正式披露之前就已经有了异动反应;除了年度收益数字之外,还存在着竞争性的信息来源(如季度收入)。这就证伪了"财务报告是了解公司信息的唯一来源"的传统规范会计研究的见解,说明会计收益的披露对证券市场的资源配置功能具有重要意义,"会计无用论"站不住脚。Ball 和 Brown 的研究激发了广大会计研究人员的实证研究热情,同年,Beaver 在 JAR 的增刊上发表的论文《年度收入宣告的信息含量》也堪称早期资本市场中会计研究的经典之作。他的研究结果表明,会计收入宣告对于股票定价来说具有信息价值。这两篇论文的出现,正式在会计理论界提出了一个与以往会计研究截然不同的研究内容、思路和论证手段,预示着一种新的会计研究流派——实证会计研究产生了。

上面两项研究的关键特征,也就是被 Friedman 推崇的实证经济学方法,与 Fama 的有效市场假设,以及由 Fama,Fisher,Jensen 和 Roll 4 位著名学者于 1969 年提出的事件研究法,是那个时代发生在美国芝加哥大学经济学和财务学研究的里程碑性事件。现在比较公认的观点认为,真正促成资本市场中的会计研究蓬勃兴起的学术基础是 20 世纪 60 年代的资本资产定价模型(CAPM)、有效市场假设和事件研究法。在这方面,美国芝加哥大学发挥着重要的推动作用。著名经济学家、实证经济学的领袖人物 Friedman 就任教于该校,另外一位著名的财务经济学家、有效市场假设的创立者 Fama 也在该校任教。在他们的号召下,最初关于资本市场中的会计研究的学者主要集中在芝加哥大学。芝加哥大学在经济学和财务学研究方面的深厚造诣,借助赫赫有名的美国证券价格研究中心的资源优势,使其很长时间内在资本市场中的会计研究方面一直保持着世界领先水平。

进入 20 世纪 70 年代后，实证会计研究进入了飞速发展时期，以 Jensen 教授为创始人的"罗切斯特会计学派"的成立，标志着资本市场中的会计研究已经成为会计理论研究中一个独立学派。Jensen 教授的名作《关于会计研究现状及会计管制问题的评论》一文，现在看来是向传统规范会计研究进行挑战的一个宣言。他指出，传统会计研究只关注那些规范性和限定性命题，主要是规范的和描述性的，它们一厢情愿地探求会计"应该是什么"，这对于解释和预测会计实务根本不会起到任何实质性作用，因此是不科学的。他认为应该建立一套旨在解释会计何以如此，会计人员为何做他们现在做的，以及这些现象对人和资源利用有什么影响的实证会计（Positive Accounting），从而正式提出了实证会计理论的概念。

不过，真正促成资本市场中的会计研究具有完整理论架构并具有丰富内涵的要数瓦茨和齐默尔曼这两位知名学者，他们与 Jensen 教授同在罗切斯特大学，是会计研究中"罗切斯特学派"的核心成员之一。1978 年，他们合作发表了著名论文《关于会计准则制定的实证理论》，提出了一个比较成熟的关于会计准则选择的研究思路和方法；1979 年他们又合作发表著名论文《会计理论的供给与需求：市场借口》；直至 1986 年他们出版专著《实证会计理论》（Positive Accounting Theory），至此，标志着实证会计研究已经自成体系。现在看来，他们在 1978 年发表的论文是奠基性的，为研究公司会计政策选择问题找到了理论基础，通过引入时髦的契约理论，他们分析了影响企业经营者系统性地选择会计政策的经济动因，指出在激励补偿、债务契约以及政治进程中会计数字的运用将影响公司的会计选择。瓦茨和齐默尔曼在 1986 年指出"会计理论的目标是解释和预测企业的会计实践"，旗帜鲜明地指出实证会计研究的主要任务就是解释和预测会计实务。

进入 20 世纪 80—90 年代，资本市场中的会计研究开始转向会计数字或财务报告的价值相关性问题，即通过检验股票市场价值和特定会计数字之间的实证关系，解释股票价格的变动原因并服务于股票估值，或者评价该项会计数字在某一会计准则中的作用，如 Holthausen 和 Watts，或者解释和预测企业会计选择行为、信息披露行为、公司治理、税收政策等。关于财务会计报告价值相关性的研究成果非常丰富，JAE（Journal of Accounting and Economics）在 2001 年曾出版两个专刊，对资本市场中的实证会计研究成果进行了回顾和评论，其中有 3 篇非常著名的综述性文章分别全面地总结了这些方面的研究成果。一篇是美国麻省理工大学斯隆管理学院 Kothdari 的《会计中的资本市场研究》，另一篇是美国宾夕法尼亚大学沃顿商学院 Holthausen 和罗切斯特大学 William E. Simon 工商管理学院瓦茨合作的《价值相关性研究文献与财务会计准则制定的关联性》，还有一篇是 Fields，Lys 和 Vincent 的《会计选择中的实证研究》。

Kothari 调查了时间跨度将近 30 年的大量相关研究文献，再加上他本人在实证会计学研究中的深厚造诣，使得他的综述性文章影响深远，正如 Lee 在 2001 年所说，至少"给年轻的研究人员提供了充足的知识架构来获得该研究领域中的主要课题"。Holthausen 和瓦茨通过对大量价值相关性研究文献的分析,评价了价值相关性研究文献在会计准则制定过程中的作用,并指出,尽管研究的文献很多,但是对会计准则制定的贡献与文献数量明显不成比例,很少有文献对会计准则的制定有惊人的洞察力。这篇文章唤起了研究人员对会计信息的价值相关性与会计准则制定之间关系进行研究的又一个高潮,同时资本市场的股票价格表现开始成为检验某项会计准则适用性和优劣的重要标准之一,会计政策制定者和资本市场的监管机构开始重视来自资本市场参与者的声音,越来越多的学院研究成果被应用到资本市场的实践中。

资本市场中的会计研究在我国引起重视的时间不长。在 1997 年以前,我国的会计研究论文基本上还是规范性的,仅有的实证论文也主要是集中在对有效市场假设的检验上。1997 年是中国股票市场发生重要转折的一年,同时资本市场的发展也经历了五六个年头,开展资本市场中的会计研究所需要的数据条件慢慢开始具备。另外,以厦门大学、上海财经大学为首的一大批知名院校的财会、经济、管理等方面的教授和学者开始大力推崇并亲自投身于实证会计研究。在这种情况下,从 1997 年开始,资本市场中的会计研究在中国取得了突飞猛进的发展,研究内容从单纯的对有效市场假设进行检验逐步扩展到了盈余管理或利润操纵、功能锁定或市场过度反应、IPO(Initial Public Offerings,首次公开发行)定价偏低、资产重组、系统风险计量、股利分配、资本结构、高管层的激励和报酬契约选择、关联交易、盈利预测、审计报告等领域,取得了比较丰富的研究成果,为中国资本市场的规范发展和不断创新提供了不竭养料和动力,也为中国实证会计研究的蓬勃兴起发挥了重要作用。

第三节　资本市场中的会计研究内容

探讨资本市场中的会计研究,不能离开会计学的基础。从财务报告是上市公司唯一信息来源,进而资本市场最开始的公司信息来源渠道主要为财务报表披露来看,资本市场中会计研究的主要任务就是探究资本市场中金融资产的价格和同期公司财务报告数字之间的关系,也就是会计数字能在多大程度上解释股票收益的问题。不过,对股票收益或价格与同期公司会计数字之间关系的探讨只是资本市场中会计研究的一部分,因为在交易时间内,股票的价格随时都在波动。这种波动并不完全是因为公司财务状况经常发生变化才导致,而是因为促使股票价格产生波动的因素非常多,这些非会计因素经常发生变化,而会计收入情况只是众多可能的影响因素中的一个。不过,从西方资本市场中会计研究的内容和方法来看,对这两者之间关系进行研究的文献可谓汗牛充栋,数不胜数。为什么会有大量的学者前赴后继地来研究这个问题呢? 表面上看,似乎是要透视股票价格和公司会计数字之间的关系,以便更好地预测股票收益。对这一关系进行研究是资本市场实证研究的一个基础,如市场效率检验、股票市场对收入的响应系数、证券分析师的收入预测特征、基于会计信息的权益估值、财务报告的价值相关性研究、收入质量或收入管理、会计准则制定、公司会计政策选择、会计谨慎性、公司自愿性信息披露等研究，都是以这一关系研究为基础的。可以认为，对会计数字和股票价格之间关系的研究是一个纲，由这个纲可以延伸出很多相关的研究课题，这既服务于资本市场效率的改进，也促使公司财务会计的完善，还有益于监管效率的提高。

对于资本市场中会计研究内容的划分，目前还没有学者进行系统、科学的研究，因而也就没有权威、一致的看法。有些学者对会计研究内容进行了大致的分类，但是从分类的结果看，并不是很全面。

Kothari 将资本市场中的会计研究划分为 5 个领域：（1）资本市场方法论研究，主要包括收入响应系数、会计收入的时间序列特征、公司管理层和证券分析师对收入和收入增长率的预测、从资本市场研究中得出统计推论的方法论问题、任意应计收入和非任意应计收入模型等；（2）不同会计业绩计量指标的价值相关性研究；（3）权益类证券的估值和股票投资中的基础分析；（4）市场有效性的检验；（5）按照不同的财务会计准则披露的会计信息的价值相关性及新会计准则的经济后果研究。

Holthausen 和 Watts 将会计信息的价值相关性研究文献分成 3 类：（1）相对关联研究，即比较股票市场价值（或价值的变化）与财务报告中不同的底线业绩指标之间的关联性；（2）增量关联性研究，通常在假定其他特定变量不变的情况下，使用回归方法来探究会计数字是否有利于解释股票价格或收益；（3）边际信息含量检验，研究一个特定的会计数字是否丰富了投资者可用的信息集合。

Jan Bartholdy，Paula Pear 和 Roger Willett 2000 年将资本市场中的会计研究划分为两个分支。一个分支是价值相关性研究，主要关心的是会计数字在公司估值中的作用，最早可以追溯到 Modigliani 和 Miller，Edwards 和 Bell，Miller 和 Modigliani 等人分别于 1958 年、1961 年和 1961 年的论文发现。但是这一研究因为计量经济上的困难在 20 世纪七八十年代基本上没有什么进展，相反这一时期资本市场的研究重点放在了会计信息披露对股票价格运行的影响上面，这就形成了第二个研究分支——市场反应研究。从 20 世纪 80 年代末期开始，对股票市场价值和公司的会计数字之间的关系进行理论上建模的研究兴趣再次复苏，其中 Ohlson 于 1990 年、1991 年和 1995 年的建模工作可谓这方面研究的一个重要里程碑。

张文贤教授在 2002 年认为，实证会计继 Ball 和 Brown，Watts 和 Zimmerman 的开创性理论研究至今，主要形成了两个分支：一是以有效市场假设和资本资产定价模型为基础的有关会计信息含量的研究分析，即会计信息的有用性研究；二是以契约理论为基础的会计方法选择问题的实证分析。

李明于 1999 年认为，实证会计研究的宗旨是解释现行的会计和审计行为，并对未来的会计和审计行为发展作出预测，其研究重心是会计选择行为。围绕这个重心，实证会计理论涵盖如下领域：

（1）资本市场中的有效市场假设（EMH）和资本资产定价模型（CAPM）。该领域主要研究 EMH 和 CAPM 的确立对实证会计研究的意义，并且将 EMH 和 CAPM 作为开展实证会计研究的基础。

（2）会计收入与股票价格。该领域探讨的是在有效市场假设下公司年度或季度会计收入与股票市场价格之间的关系，研究会计收入在多大程度上解释了股票收益。

（3）竞争性假设的辨识。该领域研究与有效市场假设相竞争的其他假设。

（4）会计数据与破产、风险。该领域研究有关会计收入数据与破产、风险间的关系，它是在前述 3 部分研究成果的基础上所作的进一步深入研究。

（5）收入预测。该领域研究有关会计收入的时间序列特性的证据，对证券分析师收入预测的准确性进行评价。对该领域的研究，必然应用有效市场假设和资本资产定价模型。

（6）信息披露管制理论。该领域研究对公司信息披露进行管制的理由所在。部分研究表明，实际上不存在对公司信息披露进行管制的明显理由，管制是基于相对成本与效益的经验性问题。有效市场假设依然是这一课题必要的研究前提。

（7）签约进程。该领域研究会计在企业及其经理人员签约中的作用。研究中也必须运用有效市场假设和资本资产定价模型。

（8）薪酬激励方案、债务契约与会计程序。该领域研究公司会计政策对报酬方案、债务契约的影响。在给定市场有效的前提下，结合运用资本资产定价模型所进行的研究结果表明，会计政策的变更可能会对股票价格走势产生一定影响。

（9）会计与政治进程。该领域研究政治活动对公司高管人员选择会计政策的影响，以及利益集团对会计准则制定的影响。

（10）会计选择的实证性检验。该领域主要涉及对公司各种有关会计选择行为的验证。

（11）股票价格的检验理论。该领域研究强制性会计政策变动对股票价格的影响。研究过程中运用的主要分析工具依然是资本资产定价模型。

（12）契约理论在审计中的作用。该领域研究契约理论对会计和审计实务的解释作用。

除了上面谈到的一些分类涉及的实证会计研究内容之外，Kothari 认为过去资本市场中的会计研究还回答过如下的一些问题：

（1）以现行成本为基础的会计收入计量是否比历史成本基础上的会计收入计量有更高的信息含量？

（2）公司治理结构的不同是否会影响资本市场中信息不对称的程度，从而影响证券收益和会计收入信息之间关联性的及时性和强弱程度？

（3）由于公司所有权和控制权的分离，管理层的持股比例或者内部人的持股比例是否会影响会计数字的信息含量?

（4）审计师的公允质量是否会影响公司会计收入和证券收益之间的相关性?

（5）对暂时收入作为经常性收入的一部分、暂时损失作为非常项目支出的披露如何影响证券价格?

（6）如何检验会计方法的变化对资本市场的影响?

（7）有关其他退休后雇员受益的信息披露是否具有价值相关性?

（8）在与股票收益和价格的关联性方面,经济增加值(Economic Value Added,EVA)业绩计量指标是否比历史成本基础上的收入计量指标具有更高的关联性?

（9）如果美国证券交易委员会(SEC)不对美国公认会计准则(GAAP)和那些想在美国上市并融资的非美国公司使用的国外或国际会计准则以及 GAAP 之间的不一致进行协调,其后果将会如何?

（10）如果 GAAP 允许公司经理将 R&D (Research and Development,研究与开发)支出资本化,关于现行经济收入(也就是公司市场价值的变化)的财务报告会否更具有信息价值?

Kothari 进一步认为,为了回答上述问题,研究者必须控制财务报告信息和证券收益之间的"正常"关系,以便消除个人兴趣的影响。因为它们之间的正常关系随研究设计的不同而明显不同。例如,在检验管理层股权比例对会计数字信息性的影响时,调查者必须考虑增长机会对收入的信息性的影响,因为管理层持股比例可能与公司的增长机会正相关,而这会影响收入的信息性。这种由增长带来的影响不同于股权控制对收入信息性的潜在代理问题的影响。

第四节　会计信息价值相关性研究

一、价值相关性研究概述

价值相关性研究,是通过调查会计数字是否与股票价格(或其变化)相关来判定该会计数字对于公司估值是否有用。对会计数字价值相关性的研究始于 Ball 和 Brown,Beaver。来自芝加哥大学的 Ball 和 Brown 教授将年度收入宣告月内的股票异常收益符号同当期公司盈利收入较以前年度收入变化的符号进行了符号检验,发现两者之间是正相关的。这一发现足以说明,会计收入同时捕获了反映在证券收益中的信息集合的一部分;季度收入信息的披露构成了年度收益信息的竞争性来源,使得年度收益数字对股票市场来说并不是一个特别及时的信息源。Beaver 通过检验收入宣告前后股票收益波动率和交易量来检验财务报告信息的披露对股票价格的影响,发现公司年度报告披露前后的一周内,股票价格的波动幅度和交易量显著地高于其他交易周,说明投资者在交易时使用了公告信息。

上述两项研究是关于会计数字的价值相关性研究的开山之作。自此以后,关于会计数字的价值相关性研究呈现风起云涌之势,由于对会计数字的价值相关性未能取得比较一致的意见,因此这一领域的研究至今仍然吸引着众多的学者不遗余力地耕耘。关于会计信息披露和股票价格关系的研究文献可以说是汗牛充栋、数不胜数,研究思路、方法和模型甚至结论可谓千差万别,难有统一。不过,还是有学者对该领域的研究进行了大致的分类。比如汤云为和陆建桥1997年就将资本市场中的会计研究按研究方法分成信息观和计价模型观。信息观是 Ball 和 Brown,Beaver 等人在 1968 年所倡导的,它关心的是会计信息和股票价格之间的关系,并不考虑市场是如何把信息转换到股价中去,其前提就是市场是有效的。在他们开创性的研究之后,信息观的研究方法一直占据着主导地位。计价模型观是在对有效市场假设发生怀疑并且对信息作用股票价格的内在机制产生兴趣的基础上提出来的,目的在于设计一套模型来说明会计信息应该怎样转换到股票价格中去,或者去挖掘市场上定价错误的证券以进行套利,或者对有效市场假设进行检验。计价模型观的流行要归功于 Ohlson,Feltham 在 1990 年和 1995 年在股票估值建模方面的开创性工作,在他们提出的剩余收入估值模型中,首次将股票价值与股东权益账面价值和未来会计盈利联系起来,从而确立了会计数字在决定股票内在价值方面的直接作用。

另外,赵宇龙将实证会计研究分成信息观、计量观和契约观三大理论架构。契约观主要研究在内部的激励补偿契约、外部的债务契约以及在政治进程中会计数字如何影响公司的会计政策,而这是会计数字的另外一种价值相关性。

国外对价值相关性的研究文献进行分类是由几篇重要的综述性文章来完成的。Kothari 在 2001 年集中对会计数字的信息含量及收入响应系数的决定因素等资本市场中的会计研究文献进行了综述;Fields,Lys 和 Vincent 在 2001 年对会计选择的实证类研究文献进行了综述;Ota 在 2001 年对估值模型在价值相关性研究中的作用进行了综述;Holthausen和Watts 在 2000 年对价值相关性研究与财务会计准则制定之间关系的研究文献进行了综述;Healy 和 Palepu 在 2000 年对实证信息披露研究文献进行了综述;Healy 和 Wahlen 在 1998 年对收入管理研究文献进行了综述。这些综述性的文章为全面理解和掌握资本市场中的会计研究提供了很好的基础,对价值相关性研究也进行了事实上的分类。例如,根据 Holthausen 和 Watts 的观点,价值相关性研究分成财务会计准则制定、信息含量和会计选择 3 个方面,这显然是从价值相关性的有用性来划分的。

目前对价值相关性已经形成了 3 种基础性的研究方法:第一种是基于 Beaver 采用的方法,第二种是基于 Ball 和 Brown 采用的方法,第三种是证券价格和会计信息披露之间的关联测试。Lo 和 Lys 于 2001 年对这 3 种方法进行了定义,将第一种方法称为信息含量研究,将第二种称为估值相关性研究,将第三种称为价值相关性研究,这种划分较好地体现了资本市场中会计研究方法上的差异。

二、会计数据的信息含量

会计数据的信息含量是会计信息价值相关性研究的基础,它回答了资本市场中会计研究应该回答的最基础性的问题:会计数据究竟有没有作用于资产价格? 至于在多大程度上以及以什么方式作用于资产价格则是更深层次的研究要解决的问题。

(一) 定义

会计数据的信息含量是有效市场中会计信息作用证券价格的直观表现,是 Beaver 首次提出并使用的关于价值相关性的研究方法。它探讨的是某一会计信息的披露是否对信息使用者的决策产生显著影响,若信息使用者因该信息的出现而改变决策初衷,那么就可以认为该信息具有信息含量(也有人称为信息价值或信息有用性,但含义是一样的),否则该信息就不具有信息含量。

(二) 相对信息含量和增量信息含量

检验某一会计公告是否具有信息含量,通常的方法是比较宣告期内证券价格或收益波动率与非公告期即平常的波动率的不同。一旦发现某一信息披露具有信息含量,那么就必须进一步清楚它提供的是增量信息含量还是相对信息含量。

将信息含量划分为增量和相对两种情况,是为了在相互排斥的会计计量变量选择中建立取舍标准,这种划分方法现在已经广泛地应用到会计研究中。进行增量信息含量比较,解决的是在其他计量变量的增量贡献给定的情况下,一个会计变量(或一组会计变量)是否提供了其他变量所没有提供的信息的问题。而相对信息含量比较回答的并不仅仅是一个会计变量或信息披露是否提供了另一变量或信息披露不能提供的信息含量的问题,而且还要研究是不是能提供更多的信息含量。特别是在众多相互排斥的信息披露方案中选择具有最大信息含量的信息披露的时候,或者希望能够对提供的信息价值大小进行排序的时候,价值相关性研究就是相对信息含量研究。如会计准则制定当局或机构在竞争性的会计标准中作出选择,或公司经理在众多可用的会计处理方法中选择哪一种来报告他们的经营成果等,在这些情况下就可以进行相对信息含量比较。

增量信息含量比较比相对信息含量比较更经常地应用在资本市场中的会计研究中,而且主要用在两个方面:一是检验追加会计信息披露的增量信息含量;二是检验财务会计报告各组成部分的增量信息含量。而在会计准则设计、国际会计实践、管理会计方法选择等方面存在着对相对信息含量比较的需求。

（三）会计变量具有信息含量的实证证据

对会计变量的信息含量进行检验，在资本市场中的会计研究领域是一个很热门的课题。对收入、现金流这样两个关键会计变量的信息含量或有用性差异的怀疑一直吸引着大量研究人员的兴趣，因而这两个方面得已取得重要进展：一个是研究信息含量的历史变迁情况；另外一个是竞争性的会计变量的信息含量的实证比较。

已经有研究发现，在过去的几十年里，年度会计收入数字的价值相关性在下降，这就意味着年度会计收入数字的信息含量可能在逐渐降低。不过近来也有不少的研究对此提出了异议。Lo 和 Lys 在 2000 年使用下面的 U 统计量检验了美国股票市场中上市公司季度收入宣告的信息含量的历年变化情况：

$$U_t = \frac{1}{n_t - 2} \sum_{j=1}^{n_t} \frac{\text{ARet}_{j,t}^2}{\tau_{j,t} SD_{j,t}^2}$$

这里，ARet 是以季度收入宣告日为中心的连续 3 个交易日（$-1, 0, +1$）的股票累积超常收益，τ 是事件期间的交易天数，SD 是超常收益的日标准差，n_t 是样本公司家数。

实证结果表明，美国 NYSE（纽约证券交易所）、AMEX（全美证券交易所或美国证券交易所）和 ASDAQ（纳斯达克股票市场公司）3 个股票市场从 1973 年第三季度到 2000 年第一季度结束的 28 年时间里，季度收入宣告的信息含量并没有发生系统性的向上或向下的改变，说明季度收入宣告的信息含量并没有发生显著的变化。他们的结论与 Landsman 和 Maydew 2000 年的发现截然不同，后者发现上市公司公开披露的会计收入的信息含量在过去的 30 年中逐渐增加。比较他们研究的样本可以发现，Landsman 和 Maydew 所使用的样本公司是上市的 1 000 家最大的公司，而 Lo 和 Lys 的样本公司中大、中、小市值规模的公司都包含在内。

除了可以研究会计信息披露的信息含量的历史变化情况外，信息含量研究的更大价值是比较收入、现金流等竞争性会计计量指标的信息含量，采用的方法多是增量信息含量研究法，如 Schaefer 和 Kennelly，Bowen，Burgstahler 和 Daley，Board 和 Day，Livnat 和 Zarowin，Biddle，Seow 和 Siegel，Ali 和 Pope 等分别于 1986 年、1987 年、1989 年、1990 年、1995 年和 1995 年的研究。这些研究的结论比较一致，基本上都认为会计收入提供了现金流不能提供的增量信息含量。如 Biddle，Seow 和 Siegel 通过检验 40 个不同行业的上市公司的净收入、经营现金流、净销售收入的信息含量，发现净收入比现金流和净销售收入提供了更加显著的相对信息含量，而净销售收入比现金流提供了更多的相对信息含量。对于证券分析师或政策研制部门而言，这一发现意味着：如果从这些会计变量中选择的话，净收入要比净销售收入和现金流占优，而净销售收入要比现金流占优。增量信息含量比较同样发现，净收入比净销售收入和现金流提供了更多的增量信息。但是,分行业检验的结论有些变化。通过对一阶滞后随机游走模型的估计和检验,发现现金流在多达 28 个行业中提供了比净销售收入、在 22 个行业中提供了比净收入多的增量信息含量,说明在许多的行业里,现金流要比收入能提供更多的增量信息。

中国资本市场中关于会计信息披露的信息含量研究最近几年才陆续出现,如赵宇龙、陈晓等、孟卫东和陆静、张弘和唐志、薛爽、何佳等、陈梅花等分别于 1998 年、1998 年、2000 年、2000 年、2001 年、2001 年和 2002 年的研究。赵宇龙检验了上海股票交易所中 123 家样本公司在 1994—1996 年 3 个会计年度的会计盈余披露日前后各 8 个交易周内未预期盈余与股票超常收益之间的关系,对混合样本进行研究发现,中国上市公司的会计盈余数字具有信息含量。但是,在对 1994 年、1995 年两个会计年度盈余披露的单独检验中,并没有发现未预期盈余与股票异常收益之间的统计相关性,从而推断出中国证券市场从 1996 年开始发生了投资理念的根本转变,投资者对上市公司的业绩越来越关注,导致公开披露的会计信息的信息含量在逐渐增加。其他学者的研究结论如下:陈晓等证实了上市公司首次股利信号传递公告能产生超常收益;孟卫东和陆静以 1998 年年报为样本,证实年报比较有效地向市场传递了公司盈余状况的信息;何佳等通过分析利润出现大幅波动、高送转、重大投资事件和控制权转移等重大公司事件的信息披露中的信息含量,提出了打击内幕交易、提高信息披露质量的政策建议;陈梅花基于 1995—1999 年上市公司年报的数据,对上市公司年报中披露的审计意见的信息含量进行了实证研究;张弘和唐志利用事件研究法对 2001 年业绩大幅增长、2002 年中期业绩大幅增长、2002 年中期预亏的 3 个上市公司群体进行研究发现,上市公司盈余预警信息具有信息含量。

上面的证据表明,会计信息或公司事件具有信息含量是不争的事实。问题是,在竞争性的信息披露或会计方法选择中,如何选择信息含量最大的会计变量或方法,是增量信息或相对信息研究方法可以解决的。

三、会计数据的估值相关性

如果说信息含量解决的是会计变量有无作用股票价格的话,那么估值相关性则要回答会计变量在多大程度上作用股票价格或对股票收益作出贡献。

(一) 定义

顾名思义,估值相关性探讨股票价格和会计数据之间的相关性,这是 Ball 和 Brown 在 1968 年首次提出并应用的关于价值相关性的研究方法。这里估值使用"Valuation"而不是"Value",是为了与价值相关性进行区别。实际上,估值(Valuation)代表的是一个价值生成过程,而价值(Value)更多的是表示一个数量结果。

研究估值相关性,主要是跟踪一个或多个关键会计计量变量(如 Ball 和 Brown 使用的是会计收入)以及这些变量如何与证券价格的变动发生关系。进行估值相关性研究,首先要确定一个可能具有价值相关性的会计变量 V(如公司会计收入);在 V 被披露之前指定投资者对该会计变量的预期;确定一个信息披露事件和与 V 相关的信息公开的时间区间(这种要求与事件研究法类似);确定一个估值函数 $f(\cdot)$ 来描述股票价格变化的实现值和预期值之间的差异,这里也存在着确定 t 期投资者对股票价格的预测值问题。Ball 和 Brown 使用上一年度报告收入作为本年度收入的预期值,函数 $f(\cdot)$ 就是一个与会计收入事件符号即 $\pm(V_{j,t} - V_{j,t-1})$ 相关的指示函数。研究发现会计收入事件的符号与股票价格的变动是正相关的,这就显示了会计收入的估值相关性。

估值相关性实际上是检验股票收益和公司收入等会计变量之间的关系。自 Ball 和 Brown 的收益-收入关系研究模型提出后,便得到绝大多数研究人员的认可,收益-收入线性回归中的回归系数衡量了会计收入在解释股票收益方面的价值相关性大小,知道了回归系数就可以实现对股票投资收益的计算。因此,收益-收入关系研究在资本市场实证研究中占有相当分量,是资本市场参与者一直在研究并试图弄清楚的基础性关系之一,成为证券投资中很多人孜孜以求的目标。

按照有效市场假设,收入中可预测部分不会对股票价格产生影响,投资者往往根据上市公司盈余变动的信息来决定买、卖或持有股票,因此盈余信息通常会被分解为预期和未预期两个部分。在收益-收入范式中,自变量采用的是上市公司披露的盈余数字中未被市场预期到的部分 UCE(Unexpected Changes in Earnings),也就是"收入惊奇"。由于有效市场中股票价格对预期信息早作了反应,当盈余信息实际宣告时,股票价格的波动实际上反映的是未预期的盈余变动信息,也就是说投资者只能根据公司的未预期盈余信息的变动才可获取超常收益。这样,收益-收入的关系可以通过下面的回归模型展示出来:

$$AR_{j,t} = \alpha + \beta \cdot UCE_{j,t} + \varepsilon_{j,t}$$

实际研究中通常将收益对收入的回归系数称为收入响应系数(Earnings Response Co-efficients,ERCs),通常将拥有比较高的收入响应系数的公司和时间期间视为具有比较高质量的会计收入,如 Collins 和 Kothari,Ramesh 和 Thiagarajan 在 1989 年和 1995 年所认为的。

(二) 收入响应系数 ERCs

关于收益-收入响应系数的研究最终要归结为对收入响应系数的计算,知道了收入响应系数且如果收入响应系数高度显著的话,股票投资就变得很容易了。鉴于收入响应系数在权益类证券的估值和股票投资基础分析中的广泛应用,所以相关的研究文献非常丰富,如

Miller 和 Rock，Kormendi 和 Lipe，Collins 和 Kothari，Ramesh 和 Thiagarajan 等分别在 1985 年、1985 年、1989 年和 1995 年的研究成果。受宏观经济学中的消费和收入之间的时间序列研究的启示，越来越多的研究也将收入响应系数作为研究公司收入的时间序列特征的突破口。

从理论上讲，收入响应系数是收入的时间序列特征和股票市场价值变化中贴现率的一个映射（Mapping）。举例来说，假定公司收入的时间序列表现为持久性（也就是稳定性），同时收入创造和净现金流创造之间是一对一的关系，那么收入响应系数就应该是用风险调整的权益收益率进行贴现的收入创造年金的现值，也就是说年收入中 1 元恒久收入的现值是 $(1+1/r)$，其中 r 是股票的年度风险调整后的收益率。从这个意义上说，收入响应系数的理论值就应该是 $(1+1/r)$。有了这个理论基础，下面将重点回答几个问题：哪些因素会影响 ERCs？ERCs 的历史表现如何？与 ERCs 相关的收入时间序列特征表现如何？收入预测有效吗？

1. 影响收入响应系数的因素

按照上面推导的收入响应系数的理论公式，如果资本市场对收入的预期和公司创造的净现金流之间存在着一对一的关系，那么资本市场对公司创造的 1 元收入的回应就是股票价格变化为 1 元加上对未来所有经营期间内经过修正后的预期收入的贴现值。按照这样的逻辑，Kormendi 和 Lipe，Easton 和 Zmijewski，Collins 和 Kothari 的早期研究认为决定收入响应系数的 4 个变量是：经营持久性、风险性、成长性和利率。另外，还有学者提出会计选择以及收入构成对收入响应系数也将产生重要的影响。

（1）经营持久性。公司经营能否保持持久性将直接影响着市场对公司未来收入的预期，也决定着收入创造的时间序列特征的持久性。Kormendi 和 Lipe，Easton 和 Zmijewski 发现，收入的时间序列特征越恒久的话，那么股票价格变化或收入响应系数就越大，如随机游走和 AR（Auto-Regressive，自回归）、MA（Moving Average，移动平均）、ARIMA（Auto-Regressive Integrated Moving Average，自回归求积移动平均）等时间序列模型就可以用来估计收入响应系数。这就意味着经营持久性与收入响应系数之间的关系将受到公司生命周期的影响。1992 年 Antnony 和 Ramesh 利用公司生命周期和经营战略之间关系的研究成果来解释收入响应系数的截面变化。研究发现，在生命周期的不同阶段，关于一家公司的现金流生产能力的财务报表的信息含量是不同的，这就可以预见到收入响应系数与公司所处生命周期的阶段有关。另外，因为公司所处行业的竞争程度对公司经营的持久性构成严峻考验，身处竞争异常激烈的行业中的公司远比处于垄断地位的公司更容易经营失败，因此收入响应系数将随竞争状况反向变化（Ahmed，1994）。

（2）风险性。这里的风险是指股权现金流波动率中的系统性风险，也就是通常所说的不可分散的系统性风险。风险将对收入响应系数造成负面影响，风险越大，意味着所要求的回报率越大,市场贴现率越高,收入响应系数越小。CAPM 模型的单贝塔或 FF、Carhart 分别建立的三、四因素 CAPM 模型中的多贝塔系数,暗示股权贴现率随着股权现金流的系统性风险的增加而增长。实际上,风险的增加意味着公司经营的收入创造可能会出现转折,公司的持续经营问题将受影响。这时,收入的时间序列特征将有可能得不到满足,其他影响股票收益的因素将更显得突出,因此收入响应系数将变小。

(3) 成长性。Collins 和 Kothari 的研究表明,公司的盈利增长机会将对公司的收入响应系数产生正的边际影响。如果公司正在经营的项目或者未来有机会参与的新投资项目能够产生超出与项目现金流的系统性风险相一致且经过风险调整的收益率的额外收益,那么就可以说公司实现了盈利增长,如 Fama 和 Miller 在 1972 年提出的,这样的公司也就被称为成长性公司。对于成长性公司而言,其当期利润难以反映出其长期持久的盈利能力,股票价格若直接根据当期盈利进行定价势必低估,而且根据历史数据对收入持久性的估计无法反映现行增长机会。因此,在有效市场条件下,高成长性公司的市盈率将高于成长性差的公司,收入响应系数也就相应地大于低成长性公司。一旦投资者发现现行收入中包含了关于公司盈利增长机会的信息,那么可以预期高成长性公司股票的价格变化将比较大。Collins 和 Kothari 证明,这种价格反应将比收入的时间序列持久性特征中暗示的要大一些。

(4) 利率。Collins 和 Kothari 预测,收入响应系数与无风险利率之间存在着一个暂时的负相关性关系,因为贴现率 r 在任何时点上是无风险利率和风险溢价之和。如果无风险利率上升,在其他条件保持不变的情况下,对未来创造的并经过修正的收入的贴现值将降低,这就使得利率水平和收入响应系数之间存在着暂时的负相关性。但是也有不少研究者不这么认为,因为名义利率很大一部分是通货膨胀率。Fama 和 Schwert,Fama 在 1977 年和 1981 年就分别指出,名义利率的改变对通货膨胀率的冲击与对实体经济和股票市场收益的冲击是相反的,更进一步说,实体经济活动和经济前景与股票和债券的预期收益率是负相关的。这就意味着利率与风险升水(即市场预期收益率减去无风险利率)之间可能是正相关的,利率对收入响应系数的影响可能是通过时变的风险升水来实现的,因此利率本身并不是导致与收入响应系数之间负相关的因果关系因素。

(5) 会计方法选择。在会计方法的选择中,公司经理对谨慎性会计原则所持有的态度将会直接影响到会计利润的计算,通常采用谨慎性会计原则计算出来的利润会小于没有执行谨慎性会计原则(或者谨慎不足时)所计算出来的利润。但是由于资本市场是有效的,上市公司会计原则使用选择上的差异本身不会产生现金流或实际的经济增长,那么在相同的盈利水平下,采用谨慎性会计原则所计算出来的收入响应系数就要高于没有采用谨慎性会计原则的公司计算的收入响应系数。这就是说,证券市场不会被上市公司因会计原则选择上的差异而产生的利润差异所蒙蔽。

(6) 收入组成。对收入组成的划分有不同的标准,如根据收入中现金部分和非现金部分的不同,可将公司的经营收入划分为现金和应计两个部分;根据盈利的持久性,可将收入组成划分为恒久收入和暂时收入两个部分,前者通常表现为公司的主营业务创造的利润收入,而后者则可能是公司通过资产出售等非经常行为产生的一次性的获益或损失。恒久收入代表的是公司未来持续的盈利能力,而暂时收入在未来可能无法得到复制。在一个有效的资本市场中,投资者关心的是公司的持续盈利能力,对暂时收入的响应从理论上只停留在"1"的水平上,也就是说暂时收入的响应系数是1,这也是收入响应系数的最小值。这样,如果公司创造的收入中仅包括持久收入,那么收入响应系数就大于盈利中还包括暂时成分的情况。推而广之,在其他条件保持不变的情况下,公司盈利的收入中暂时部分所占比重越大,收入响应系数就越小,即盈利信息对公司股票价格的影响就越小。因为对于暂时收入成分较高的公司而言,可能面临着主营业务困境,需要采取并购、出售等资产重组行为,这些题材显然会冲淡投资者对盈利的兴趣。但是,暂时收入与收入响应系数的负相关性给了市场一个重要启示,通过突击式行为来暂时做高公司收入水平的举措并非改善公司市场形象的长久之计,它难以长久支撑股价表现,股价长期表现优秀的公司通常总是关注自己的主营业务收入创造。

2. ERCs 为什么会小于预期值

如果假定公司年度会计收入序列遵循 Ball 和 Watts 在 1972 年假定的随机游走模型,市场要求的股票风险调整的收益率为 10%,那么收入响应系数的理论值就应该是 11(1+1/0.1)。另外,回忆一下股票市盈率的定义,就可以发现市盈率乘数也可以作为收入响应系数的一个合理估计,如美国股票市场市盈率在 8~20 之间,可以认为美国股票市场的收入响应系数也在 8~20 之间。不过,这些只是收入响应系数理论上的取值,大量的实证研究(不管是采用截面回归还是时间序列回归)表明收入响应系数估计值在 1~3 之间,与预期值相比,收入响应系数出现了明显的缩减。实际发现的收入响应系数与期望值之间的巨大差异,引起了很多学者的注意,大量的文献开始探究是什么因素弱化了同期收益-收入关系,如 Beaver,Lambert 和 Morse,Hayn,Amir 和 Lev,Collins,Mavdew 和 Weiss,Aboody 和 Lev,Lev 和 Zarowin,Abarbanell 和 Lehavy 等分别在 1980 年、1995 年、1996 年、1997 年、1998 年、1999 年和 2000 年所作的研究。

正是因为研究者众多,因此有很多的假设被提出来解释收入响应系数的观察值为什么要远低于理论值,比较有代表性且具有竞争性的假设有 4 个:(1) 价格引导收入假设;(2) 资本市场无效假设;(3) 收入噪音和一般公认会计原则 GAAP 失效假设;(4) 暂时收入假设。其中价格引导收入和暂时收入假设在解释收益-收入同期弱相关性、收入响应系数观察值偏低方面比较有说服力。

(1) 价格引导收入假设。这一假设是 Beaver,Lambert 和 Morse 在 1980 年提出的。他们认为,在一个有效的资本市场中,反映在证券价格中的信息集要比同期的会计收入中的信息集丰富得多,也就是说,会计收入信息集不过是证券价格信息集的一个子集而已。股票价格的瞬间变化,体现的是市场对公司未来创造的现金流预期值进行修正后的贴现值。但是,因为收入实现和费用配比这两个决定收入确认过程的基本原则的制约,会计收入业绩反映在股票价格变化中的信息存在一个系统的延迟,这就是在股票市场上经常看到的股票价格在会计盈利信息披露前就有启动的现象,这种现象被 Beaver,Lambert 和 Morse 称为"价格引导收入"现象。

"价格引导收入"的一个重要含义就是公司年度会计收入的时间序列特征被当然地描述为一个随机游走过程,这就使得后续的股票价格变化用过去的会计收入时间序列信息是不能预测的,反映在证券价格变化中的信息集合包含的是关于未来收入变化的信息。也就是说,从市场的角度来看,后续的年度收入变化是无法预测的(这是由随机游走过程非平稳性的特点决定的)。因此,这一解释的经济后果就是,当股票收益与同期的会计收入变化相关时,仅仅只有收入变化的未预期部分才会引起市场的异常反应,而在一个有效的市场中,收入变化的可预期部分在解释同期证券收益的变化时是无效的。收入变化中存在这种信息无效部分,就像收入中存在着暂时收入的影响一样,它将向下修正收入响应系数,并降低收益-收入回归的解释力。因此,简单地将收入变化和收益联系起来,或者没有使用能够表征预期收入的正确变量,在"价格引导收入"存在的情况下,都被假设为导致收入响应系数如此小的原因。

(2) 资本市场无效假设。"收入惊奇"的出现将会修正市场对未来收入的预期,但是如果市场没有正确地解读或评价"收入惊奇"中的信息,那么与"收入惊奇"相关的股价变化将非常小。因为有大量的实证证据表明,股票市场对公司盈利公告信息的反应不足,股价仅仅在整个事件期间内缓慢地确认收入信息的全部价值影响,因此如果在确定收益-收入关系的时间长度不足够长的话,计算的收入响应系数就要比预测值小。这一假设在解释 ERCs 偏低时值得商榷,因为如果资本市场是无效的话,那就意味着股价对收入的反应不足和反应过度的概率和频率应该是一样的,在股价反应过度的时候,收入响应系数相应的应该会提高,而实际表现却不是这样。

(3) 收入噪音和 GAAP 无效假设。前面讲过,股票价格信息集中可能存在着噪音成分,它被定义为在所有期间内(包括过去、现在和将来)与股票收益不具相关性的一个变量。Beaver,Lambert 和 Morse 等会计学院派人士就非常支持收入中存噪音的看法,他们将会计收入定义为"真实收入"和价值无关的噪音收入之和,收入噪音越大,会计收入与股票收益之间的相关性也就越小。但是,这一假设并没有说明会计收入中的噪音收入具体指的是哪一部分,如果说噪音收入是应计收入部分,那么这就与会计应计收入具有信息价值的证据(这方面的研究文献非常的多,如 Rayburn 和 Dechow 在 1986 年和 1994 的研究成果)相抵触。

按照一般公认会计原则 GAAP 的要求,财务报告要在帮助外部投资者预测公司未来现金流或股票收益方面发挥重要作用,而 GAAP 的支持者们也正是利用股票收益与会计收入之间的相关性大小来衡量 GAAP 达成上述目标的程度。但是,GAAP 的这种目标定位遭到了 Amir 和 Lev,Aboody 和 Lev,Lev 和 Sougiannis,Lev 和 Zarowin 等人的激烈反对,他们是"GAAP 欠完善"论调的积极支持者,因为不完善的 GAAP 会使得公司制造低质量的收入信息。例如,GAAP 对公司研究与开发支出的资本化和费用化等问题含糊不清的表述,给予了公司调剂利润、隐藏费用的机会,使得公司的收入信息无法表现为真实收入,而真实收入越小,则股票收益与会计收入就会仅仅表现出弱相关性。

(4) 暂时收入假设。暂时收入会降低收入响应系数,这在上文已经有所表述,这里要重点研究暂时收入存在的原因及其他经济后果。

暂时收入为什么会存在? 除了上面谈到的非经常性行为如资产出售等原因之外,还有其他一些原因。首先,由于公司经理和外部投资者之间存在着信息不对称,潜在的诉讼风险使得公司经理更倾向于披露谨慎性会计数据。这也就是说,会计数据在反映盈利和损失或反映坏消息和好消息方面存在着速度上的不对称(Basu,Ball,Kothari and Robin 在 1997 年和 1999 年指出)。这种由信息不对称导致的诉讼威胁迫使公司经理披露坏消息要比好消息及时得多,对预期损失的确认及公开披露就要比预期获益频繁而且迅速。由于损失是暂时的(很多的学者指出了为什么损失是暂时的原因,如 Hayn,Barth,Beaver 和 Landsman 等在1995 年和 1998 年所指出的),使得公司的收入组成中也包含了暂时成分。另外,来自代理理论中的经理激励问题也会导致暂时收入的存在。Healy 在 1985 年指出,在签订激励合约的时候,管理层可能会提供一个任意应计收入,以便使非任意收入从较高的水平降下来,或者管理层也许会对财务报表来一个"大洗澡",以披露一个极端的损失。这种"大洗澡"式的任意应计收入确认行为可以经常在新上任的 CEO 们身上观察到,他们这样做的目的无非是想在任期内使公司会计业绩取得爆炸式增长。因此,应计收入中的任意部分有可能就是暂时的,实际上将来会恢复过来。

暂时收入的存在破坏了收入的时间序列特征,使收入响应系数明显低于预期值。Kothari 和 Zimmerman 在 1995 年用一个简单的模型展示了暂时收入对收入响应系数的这种影响。假定:

$$X_t = x_t + u_t$$

这里,X_t 是由一个随机游走成分组成的公告收入,$x_t = x_{t-1} + e_t$,e_t 服从均值为 0、方差为 σ_e^2 的正态分布,是收入中的暂时部分;u_t 是随机扰动项,服从均值为 0、方差为 σ_u^2 的正态分布,也就是收入的随机游走部分。另外,还假定资本市场上除了公告的会计收入的时间序列特征之外再没有其他任何信息,并且 e_t 和 u_t 是不相关的。暂时收入的收入响应系数是1,市场对收入中随机游走部分比较敏感,对收入的恒久部分的响应系数是 $\beta = 1 + 1/r$ 或者

平均的市盈率乘数水平。用前期价格 P_{t-1} 作为缩减变量,经典的收益-收入回归模型如下:

$$R_t = \gamma_0 + \gamma_1 X_t / P_{t-1} + \varepsilon_t$$

对上述模型的回归将产生一个介于 1 到 β 之间的斜率系数,这是因为 X_t 是两个自变量之和,而这两个自变量有着与因变量相关的不同斜率。Collins,Maydew 和 Weiss 在 1997 年认为,如果将这两个部分拆开并将它们独自代入回归模型,将会产生更接近于预测值的回归系数,模型的解释力就会增加。回归系数 γ_1 值的大小,取决于收入中随机游走部分 u_t 和暂时部分 e_t 的方差的相对值大小。如果定义 $k = \sigma_u^2/(\sigma_e^2 + \sigma_u^2)$,那么 γ_1 将会等于 $k(\beta-1)+1$。因此,如果收入中没有暂时部分,即收入恒定的话,那么 $k=1$,上述回归直线的斜率将为 β;在另外一种极端情况下,如果没有恒定的收入部分,收入全部表现为暂时收入,那么 $k=0$,斜率将为 1。

暂时收入破坏了收益-收入之间的线性关系,一个表现就是回归系数小于预期,另外一个表现就是回归模型的拟合度 R^2 偏低。既然如此,那么建立收益-收入之间的非线性关系模型就可能有必要。Beaver,Clarke 和 Wright 1979 年通过实证研究发现了 S 形的收益-收入关系。他们发现,和极端收入变化相关的超常收益同基于非极端收入变化的超常收益相比,并不是按比例一样大,这就导致了收益和收入之间存在着 S 形曲线关系。一个可能的解释就是,因为市场预期极端收入变化不会恒久,因此股票价格的调整相对较小。因为收入变化的绝对值和它保持恒定的可能性是负相关的,由此就可以认为极端收入可能是一次性的意外收入或损失的结果,也可能是产品市场的竞争使公司维持极端高水平的利润是不可能的。

(三) 改善收入响应系数的技术途径

因为 ERCs 衡量了会计收入解释股票收益的能力,是资本市场最重要财务关系收益-收入关系的体现,因此其大小成为人们关注和研究的重点。收入响应系数偏低,是财务学中理论与实际不相符的重要证据之一。那么,是模型出了问题(如存在变量误差或变量遗漏问题)还是样本数据问题(如幸存者偏差、数据挖掘问题等),抑或是理论预设脱离了实际? 这些问题促使大量的计量技术、建模方法被应用进来,以提高收益-收入的相关性。这里列出比较重要的几项能改进收益-收入关系的计量技术。

(1) 未来收入的收益-收入模型。Jacobson 和 Aaker,Warfield 和 Wild 在 1993 年和 1992 年分别提出的收益-收入回归模型,Fama 和 Schwert 1990 年提出的收益和工业产出的回归模型中,均包含了未来年份的收入或产出增长。他们的研究方法就是估计如下的模型:

$$R_t = a + bX_t + cX_{t-1} + \varepsilon_t$$

加入未来收入变量后可以使模型减轻忽略关键变量造成的影响,提高模型的回归拟合度。但是回归结果表明回归系数与理论值相比仍然是有偏的,这是因为这两个收入变量中都可能包含了与解释股票收益 R_t 无关的收入信息。

（2）扩展收益-收入的测量窗口。Easton，Harris 和 Ohlson，Warfield 和 Wild，Fama 和 Schwert 在建模的时候，允许收益和收入的测量时间窗口变化，改变了传统上在一个统计期间内进行回归的做法。拉长测量窗口能够减轻由价格引导收入所产生的变量误差和变量忽略问题。另外，假如收入中的噪音在统计上具有"均值回归"特征，那么噪音的方差对收入中具有价值相关性部分的方差之比将会随着测量窗口的扩大而降低。忽略噪音部分，扩展收益-收入测量窗口时回归模型如下：

$$(R_t+R_{t+1})=a+b(X_t+X_{t-1})+\varepsilon_{t,t+1}$$

这种建模技巧虽然能够提高收入响应系数，但是模型究竟应该扩展到几期，没有人能给出明确的标准。

（3）因变量中增加引导期收益。Kothari 和 Sloan，Warfield 和 Wild，Jacobson 和 Aaker 把当前和过去的收益对当前期的收入之间的关系进行了线性回归，以克服产生于收益-收入回归中的变量误差问题，以此作为价格引导收入的一个结果。这种简单模型的回归方程如下：

$$(R_t+R_{t+1})=a+bX_t+\varepsilon_{t-1}$$

实证发现，模型的回归系数即收入响应系数确实提高了，但是回归拟合度并未见改善，究其原因在于，它忽略了一些解释变量来解释已经反映在当前收益中的未来收入增长的信息。另外，因变量包含有一些 $t-1$ 期的收入信息即 x_{t-1}，但是这并没有包含在解释变量 x_t 中。

（4）解释变量中增加未来收益和未来收入两个变量。当收益对当前收入增长 X_t 和未来收入增长 X_{t-1} 进行回归时，会产生变量误差问题，这部分源于未来收入增长，包含了不能解释当前收益 R_t 的未来信息。Kothari 和 Shanken，Collins，Kothari，Shanken 和 Sloan 通过引入未来收益 R_{t+1} 作为一个自变量来减轻变量误差问题。通过与未来收入增长中的信息的相关性，未来收益的优点体现出来了。从经济意义上讲，未来收益将从未来收入增长变量中消除新信息误差。回归模型是

$$R_t=a+bX_t+cX_{t+1}+\varepsilon_t$$

实践表明，如果能选择分别正确地表征未来收入增长中的新信息和当期收入增长中的可预期部分的代理变量，这一模型将能取得令人满意的回归效果。

（5）水平回归。Easton 和 Harris，Ali 和 Zarowin，Ohlson 和 Shroff 及 Strong 和 Walker 等在 1991 年、1992 年、1992 年、1993 年分别指出，收入的当期水平值以及收入变化在被期初股票市场价值缩减之后，均要比单独的变动变量能更好地代表市场未预期到的收入。Kothari 和 Zimmerman 在 1995 年证明，采用这种水平回归的一个好处就是可以避免变量误差问题，因为当前的股票价格不仅包括了当前收入中的所有信息，而且还包含了因为价格引导收入而产生的并不存在于当前收入中的那些超前信息。因此，当用收入对股票价格进行

回归时,方程右边的变量就不存在变量误差问题,仅仅是那些与解释变量收入无关的超前信息被回归模型所忽略。实证表明,引入水平回归后收入响应系数是无偏的,但模型的解释力降低了,这显然要归因于模型忽略了那些超前收入信息的缘故。

(6)非线性模型。Freeman 和 Tse 1992 年认为,股票超常收益和市场未预期到的收入之间存在着非线性关系,而不是通常假定的线性关系。他们的研究证明,随着公司未预期收入绝对值的增长,收入的持续性下降了(这一发现还可见 Brooks 和 Buckmaster,Feeman 等1976 年和 1982 年的研究成果中),股票的边际价格对未预期收入的反应也是如此(Beaver 等于 1979 年提出)。同时,他们的研究结果还表明,将一个线性关系强加到超常收益-未预期到的收入之间会导致未预期收入的回归系数向零偏斜,这是因为线性模型中的回归系数给予占较大比例的暂时收入很高权重的缘故。为此,Freeman 和 Tse 在 1992 年提出了下面的非线性回归模型:

$$AR_{j,t} = a + b \cdot \arctan(c \cdot UCE_{j,t}) + \varepsilon_{j,t}$$

这里,b 和 C 分别为回归系数。他们预测 b 和 C 是正的,这意味着收入响应系数是正的;对于负的 UCE,异常收益曲线是向上凸的,对于正的 UCE,异常收益曲线是向下凹的。未预期收益对未预期收入的一阶偏导为 $bc/(1+c^2 \cdot UCE^2)$,这意味着收入响应系数随 UCE 而变,也就是说它是随着 UCE 的绝对值增加而下降的。

(四)收入的时间序列特征

前面的研究中多次提到收入的时间序列特征,这是股票价格时间序列特征研究的一个必然延续。基于收入时间序列特征在证券估值以及资本市场计量经济分析中的重要性,所以西方的很多学者将经济学中的时间序列分析方法引入到公司收入分析中,试图全面理解公司收入的时间序列特征,并取得了如下的一些重要共识:

(1)公司年度收入具有显著的时间序列特征。有很多的研究,如 Little,Little 和 Rayner,Lintner 和 Glauber,Ball 和 Watts,Watts 和 Leftwich 等 1962 年、1966 年、1967 年、1972 年和 1977 年的研究,暗示收入具有随机游走或带漂移的随机游走特征。这样的特征是令人费解的,因为并不存在着经济上的原因来预期年度收入遵循随机游走规则,也不存在着什么经济理论能解释收入的随机游走特征。

收入的另外一个时间序列特征就是它存在均值回归现象。Brooks 和 Buckmaster,Ramakrishnan 和 Thomas,Lipe 和 Kormendi,Fama 和 French 等分别于 1976 年、1992 年、1994 年、1998 年研究发现,上市公司的年度收入存在着温和的均值回归现象。年度收入会存在均值回归问题,可以从如下几个方面来解释。第一,产品市场的竞争意味着公司不可能持续获取超常利润,这是由产品的生命周期决定的。第二,会计谨慎性和潜在的诉讼风险使得公司管理层确认损失要比获益迅速得多,对预测到的损失的经常性、主动性确认破坏了收人的恒久性,造成收入序列中可能存在着负的自相关系数。第三,对于陷入财务困境的公司,其管理层如不能预期公司恢复正常,那就有权选择清算公司,这就意味着可以预测到从困境中幸存下来的公司在未来能够扭亏为盈,这种"放弃实权"和"幸存者偏差"一起作用的结果,就是收入的时间序列将呈现逆转。

对年度收入时间序列特征的关注,必然会引起对季度收入的时间序列特征的研究兴趣。相比于年度收入,季度收入对于资本市场及时、充分、准确了解上市公司盈利状况更有帮助,而且很多行业的收入状况表现出明显的季度性(如服装、玩具销售、旅游等),因此 GAAP 很早就将季度收入报告作为公开上市公司年度报告的一个完整的组成部分。虽然季度收入编报的强制要求给上市公司在 4 个季度中间调节利润创造了可能,但是上市公司的年度经营费用在前 3 个季度分配时的有意和无意的偏差将在第 4 个季度得到抵消,这就有助于解读第 4 季度的收入特征和前 3 个季度不同的原因所在。关于季度收入时间序列特征的 Box-Jenkins 自回归求积移动平均模型 ARIMA 已非常完备,而且关于季度收入与股票收益之间估值相关性的研究也有了比较一致的结论。相比于年度收入而言,季度收入更高的准确性决定了"收入惊奇"与股价反应之间的关联性比较温和。

(2)收入构成。收入构成研究是收入时间序列特征研究的一个重要组成部分。通过对收入的分解,如将共计收入分解成现金收入和应计收入两个部分,或分成可预测部分和"收入惊奇"部分,就可以检验收入各组成部分是否超出整体收入与证券价格的相关性而具有增量信息含量,这就可以为收入各组成部分的信息披露和基础分析建立标准。另外,通过合计收入各组成部分而得到的加总收入很可能是一个准确的收入预测,这非常类似于通过季度收入综合来改善年度收入预测的准确性的逻辑,不同的是前者是截面整合,而后者是时间序列上的整合。还有,对应计收入和现金收入的检验可以帮助投资者洞察上市公司内部经营者如何操纵会计收入、扭曲公司业绩,为实证会计理论研究应计收入特征从而检验应计收入管理假设提供突破口。

(五) 收入预测

正是因为会计收入表现出时间序列特征,因此对收入进行预测是可行的。这直接催生了西方成熟股票市场的一个重要功能,即对上市公司季度会计盈利进行预测,以帮助投资者正确选股投资。

目前,盈利预测主要包括上市公司管理层的收入预测和证券分析师等中介机构的收入预测。公司管理层对收入进行盈利预测,对于证券市场的监管者来说具有特别重要的政策意义。因为股票价格变化和公司未预期收入之间存在着明显的股价相关性。那么,对证券市场的监管者来说,为避免市场价格在未预知重大收入变动信息来临时发生剧烈波动,建立对上市公司的会计收入信息的均衡披露和提前预报制度就非常必要。这里"均衡"的含义意指上市公司在正式收入结果披露前要有预测性的提示,尤其是对出现较大程度的收入增长或亏损的可能情况更应该提前作出预测,避免给市场造成的冲击过于集中在收入结果披露当天。出于对股东负责任的考虑,上市公司管理层就要对公司的盈利情况进行预测,这也成为监管者强制要求上市公司增加信息披露内容和频率的潜在证据。当然,对中介机构的收入预测并非强制性的任务,关键是要确保证券分析师预测的独立性和公正性。

1. 收入预测对资本市场研究的重要作用

公开披露的盈利预测信息除了对监管者具有非常重要的政策意义之外,对于资本市场中的会计研究也具有相当的作用,主要表现在:

(1) 用于估值模型。金融市场的理论派和实务派经常使用贴现现金流模型,其中就经常使用经过部分调整后的预测收入作为未来现金流进行公司估值。

(2) 收入分解的需要。针对财务报告信息和证券收益之间相关性的资本市场研究,经常使用一个预期收入模型来将收入中的"惊奇"部分和可预测到的部分区分开来。因为收入中被预测到的部分与股票收益无关,只是价格信息集中的噪音或收入测量误差,会弱化估计的收入和收益的相关性。因此,收入和收益之间的相关性程度与研究者使用的表征预测收入的变量的准确性有关,这就需要对收入预测数据的时间序列特征进行研究。

(3) 检验股票收益可预测性的需要。当前,有效市场假设正面临着建立在无效市场假设基础上的行为金融模型理论和实证方面的怀疑,基于会计的资本市场研究的大量证据也表明证券收益是可预测的。显然,这种可预测性与收入的时间序列特征或证券分析师预测数据的特征是相互关联的,检验股票收益的可预测性,必然要涉及收入的可预测性问题。

(4) 对上市公司收入管理进行研究的需要。实证会计研究通常假定上市公司管理层的收入管理是有效的或者是机会主义的,为探究管理层的会计选择行为,需要利用收入的时间序列特征推算出"正常收入"水平,这就要用到收入预测数据。

(5) 构成资本市场的重要信息来源。正如前面所说,收入预测是资本市场的重要功能之一,管理层或证券分析师的收入预测信息将影响资本市场的信息环境,是影响证券价格水平和变动率的重要因素,因此关于预测的动机、供给和需求、背后的补偿激励问题等都是值得深究的课题。

2. 管理层盈利预测

管理层盈利预测是指上市公司管理层提前对业绩作出预告或预警,也包括对下一期会计业绩作出不必经过审计的预测,使重要会计信息呆在幕后的时间缩短,减少内幕交易的可能性。从国外证券市场信息披露的监管要求来看,管理层盈利预测有多种形式,包括收入预警、收入提前预告、管理层的收入预测等。收入预警和收入提前预告先于收入公告,通常给投资者传递的是坏消息。管理层的收入预测通常是在会计业绩正式披露后的不久进行的,并不必然是向市场传递坏消息。在成熟的证券市场中,管理层预测更多的是一种自愿、自觉行为,是上市公司对投资者和资本市场正常运行负责任的一种表现。但是对于新兴股票市场而言,由于信息披露、公司治理、投资者利益保护等制度建设以及市场参与主体素质的整体落后,信息披露要求只能趋严,因此必须增加管理层预测的强制性要求,对于异常的业绩变动,要提前向市场发布提示性公告,减少利用业绩变动炒作股票的内幕交易行为。

对管理层预测有几个问题值得研究:(1)管理层收入预测是否具有信息含量或股价相关性。对这一问题的研究结果表明,管理层收入预测具有信息含量,如 Patell 于 1976 年研究发现,管理层关于收入预测的信息公告与其股票收益的波动率显著相关,而 Ajinkya 和 Gift 1984 以及 Waymire 于 1984 年发现,在管理层预测的收入中未预期部分和预测公告期内的股票收益之间存在着正相关性。(2)管理层的收入预测与证券分析师的收入预测谁更准确。对这一问题现在还没有一致的看法,尽管管理层的收入预测被证明具有信息含量,但是这种信息价值的大小显然是由预测质量决定的。(3)管理层预测时间安排与内部人股票买卖的时间安排是否存在关联。这是检验证券市场是否达到强型效率的重要机会,因为即便是发达国家的股票市场也不断地暴露出管理层通过收入预测来配合内部人买卖股票的欺诈丑闻。

总体上看,管理层发布收入预测利大于弊,但必须加强对收入预测动机的研究。管理层收入预测如果与实际收入水平相比出现重大差异,监管机构或证券交易所就应要求上市公司管理层作出解释和说明,各个市场可以根据自身的实际建立"重大差异"的标准,作为上市公司信息披露质量的判定依据之一。

3. 证券分析师预测

自愿性的收入预测披露要求,使管理层的收入预测很难逃脱自吹自擂或欺上瞒下之嫌,这就需要独立的第三方来客观、公正、公开地进行收入预测。在西方成熟的股票市场中,这一职责通常是由证券分析师来完成的。但是证券分析师的存在是与市场有效性相矛盾的,因为在一个价格、信息有效的资本市场中,证券分析师的预测不会带来任何超出市场的利润机会。如果说证券分析师的收入预测、股票买卖建议、后市预测等方面越成功的话,那只能说明市场的效率越低,反之则不一定成立。在成熟的证券市场中,市场的高效率意味着证券分析师整体无法战胜市场,而在不成熟的证券市场,证券分析师的低水平则可能成为市场低效率的罪魁祸首,这也是中国股票市场近几年为什么要大力整顿股评市场的重要原因之一。因此,观察分析证券分析师对股价的预测能力是检验市场有效性的一个重要方面,它包括 3 种方法:一种方法看证券分析师的收入预测是否存在乐观性;另一种方法是看证券分析师是否拥有私人信息;还有一种方法直接威胁到证券分析师收入预测的生意问题,只要看单纯的时间序列预测是否比证券分析师的收入预测更准确就可以作出判断。

重点阐述一下证券分析师预测的乐观性问题。发现证券分析师的收入预测存在乐观性的证据出现在 20 世纪 90 年代末期,如 Lim,Brown,Richardson 等。证券分析师收入预测中存在乐观性或者夸大其词成分,可以从他们的收入预测和实际的收入数据之间系统性的正向偏差推导出来。Lim 发现了平均为股票价格 0.94% 的乐观偏差,这种偏差对于小公司来说甚至高达价格的 2.5%。Brown 通过对分析师收入预测的分析发现了一个每股仅为 1 美分的平均偏差,同时对 1984—1997 年的数据进行了年度分析,发现一个从 1993 年每股为 2.6 美分的乐观偏差到 1997 年每股为 0.39 美分的悲观偏差的序列。Richardson 等也发现乐观偏差呈显著下降的趋势,当预测时间长度从一年缩短到一个月后,乐观偏差从价格的 0.91% 下降到 0.09%。同样的,Abarbanell 和 Lehavi 也发现了须测偏差在最近几年从乐观转为悲观的事实。究其原因,主要是因为证券分析师从过去的预测误差中不断吸取了教训,如 Jacob,Lys 和 Neale,同时,像 First Call,Zacks 和 I/B/E/S[①] 等预测数据供应商由过去对全部收入的预测变为对公司持续经营收入、现金流和其他财务数据的预测,证券分析师也被要求只预测来自持续经营的收入。

　　证券分析师的收入预测为什么会存在着乐观性,可以从两个方面进行解释:一是基于激励的解释,二则是认为证券分析师存在着行为金融学中的认知偏差。前一解释认为,证券分析师发布乐观收入预测,有助于所服务的投资银行机构招揽客户,从而获得投资银行的报酬奖励,如 Dechow,Hutton 和 Sloan 1999 年的观点;同时,发布乐观预测,有助于改善分析师和公司管理层的关系,分析师借此可以更多地接触管理层并获取更多的内部信息,这样,在公司管理层和投资者之间信息不对称的时候就更有利可图,如 Lim 1998 年的观点。认知偏差在解释乐观性时主要用到 Tversky 和 Kahneman 以及其他学者的行为理论。基于此理论,DeBondt 和 Thaler 等认为,证券分析师对公司的过往收入信息往往表现出系统性的过度反应,当分析师对好消息的过度反应没有完全被他们对坏消息的过度反应所抵消的时候,乐观的预测偏差就会产生。

　　如前所述,关于证券分析师预测准确性的第三个研究思路就是与单纯的时间序列收入预测相比较,证券分析师的预测是否更准确。Brown 和 Rozeff 在 1978 年首次发现在季度收入预测方面证券分析师要优于收入的时间序列预测,但后续的研究提供了相互冲突的证据,如 Brown,Griffin,Hagerman 和 Znijewski 1987 年在比较证券分析师的预测和时间序列预测的质量时,检验了它们的准确性及与股票收益的相关性,结果表明即使控制了时间选择的优势,证券分析师的预测也更准确,与股票收益的关联性相对更大一些。然而 O'Brien 1998 年提出了相反的证据,他的自回归预测模型的收入预测与股票收益的关联性要比 I/B/E/S 预测数据更高一些。尽管近来出现了这些相互冲突的证据,但是承认证券分析师的预测是一个比时间序列预测更好的关于市场预期的表征变量,已基本成为业界的共识。

---

　　① 美国有 4 种非常著名的用于买卖证券的预测数据,分别为 Value Line、Thomson Financial/First Call、Thomson Financial I/B/E/S 和 Zachs Investment Research。

中国的证券分析师主要是来自于证券公司的研发部门和证券咨询机构的股评家,从职责定位来看,目前中国的证券分析师或咨询机构还没有独立承担起收入预测的职能,证券分析师主要从事一些行业研究、市场走势分析、个股推荐以及买卖咨询等业务。而且,证券分析师行业整体声誉不太好,证券分析师充当机构、庄家或者自身的"鼓吹手",在掌握内幕信息的情况下,通过蛊惑性的甚至不负责任的推荐来帮助庄家出货、欺骗中小散户。为此,中国证监会在1998年正式实施证券投资咨询业务资格审批制度,试图规范、净化证券咨询业,证券分析师的咨询质量有了一定的改观,如赵笑云、雷立军等这样的"荐股英雄"暂时退居幕后。但是,中国证券市场的有效性仍然没有得到根本扭转,比如像著名的"金融界"网站中凡被"黑马推荐"栏目评论的股票第二天的收益通常要远大于市场平均收益,短期收益巨大,但大多不能长期持续。还有著名的银河证券宁波解放南路营业部的"涨停板敢死队",在股市中的短线操作盈利模式身经百战,屡试不爽,创造了很多的盈利神话。这些有违市场有效性的现象在中国股市中仍旧普遍存在,而且还得到了主流媒体和散户投资者的追捧。因此,非常有必要对证券分析师的市场定位和职责定位进行法律规范,加大欺诈、误导和造假的成本。作为市场信息的重要提供者之一的证券分析师,更多的是应该帮助投资者深刻分析、揭破真相、科学预测、理性投资,而不仅仅是根据技术指标或者依靠幕后信息提供简单的咨询服务甚至诱导性的欺骗。

四、会计数据的价值相关性

估值相关性关注的是会计收入对股票收益的影响,经典的收益-收入回归模型是其研究的基础。如前所述,估值相关性关注的是过程,也就是探讨收入水平或变动是如何影响股票收益的。而价值相关性研究的是股票价值的决定因素,需要判断的是包括收入在内的会计数字在多大程度上决定了股票的价值,更关注的是结果。

(一)定义

价值相关性研究主要就是探究公司股票市场价值或者价值的变化与各种会计数字之间的关系,为的是评估这些会计数字在权益估值中的有用性。如果说估值相关性是用收益模型(Return Model)来探讨影响股票收益的会计因素,那么价值相关性则更多的是用价格模型(Price Model)来寻找决定股票市场价值的会计因素。价值相关性可以用下面的函数简单地描述:

$$P_{j,t} = g(I_{j,t}) + \eta_{j,t}$$

在使用价值相关性方法来调查会计数字有用性的时候,要求能明确特定会计项目 $I_{j,t}$ 以及联系 $I_{j,t}$ 和股票价格的函数形式。

价值相关性研究最重要的特点就是股票价格或股票收益作为测度会计变量价值相关性的一个外部标准,其背后的理论基础就是:在一个有效市场中,股票价格是公司权益价值的最好估计。理论上讲,资产负债表、现金流量表或利润表中的各个会计项目都可以进行价值相关性检验,这就为资本市场中的会计研究提供了大量的课题。实际上,自 Ball、Brown 和 Beaver 首开了对会计收入数字价值相关性的研究先河之后,其他的很多会计变量的价值相关性问题被提出来进行研究,比如 Landsman 1986 年研究了权益账面价值的价值相关性,Dechow 1994 年研究了现金流的价值相关性,Frankeil 和 Lee 1996 年研究了剩余收入模型的价值相关性,Barth 1998 年研究了不同会计选择的价值相关性,等等。当然,这些价值相关性研究文献并非是单独对某一会计项目进行价值相关性检验,而是采取横向比较法,对竞争性的会计变量进行价值相关性比较,试图寻找对资本市场具有最大价值效应的会计变量。例如 Dechow 比较了现金流和会计收入的价值相关性,Biddle,Seow 和 Siegel 检验了收入、经营现金流和销售收入的价值相关性,Ali 和 Pope 在 1995 年比较了英国上市公司的收入、资金流和现金流的价值相关性等。

(二)价值相关性的应用及证据

价值相关性研究结论给出了股票价格或价格变化的决定因素,它使人们区别不同的会计变量的估值贡献成为可能,在公司业绩计量指标选择、会计准则制定中也有广泛的应用。

1. 应用

价值相关性的研究方法和结果,对于理解资本市场的财务会计制度变迁和会计准则制定提供了很好的基础。理论上讲,权责发生制下的会计收入要比收付实现制下的会计收入更能衡量公司当期的收入创造。基于此,就可以推断基于权责发生制或者说应计的收入比起现金流收入来说,是公司会计业绩的一个更好的测度指标,如美国 FASB 关于财务会计概念 1 号公告中就明确指出:"用应计会计衡量的公司收入及其组成中包含的信息与现金收付制相比,通常能提供更好的公司业绩计量。"

但是,学院派的这种理论逻辑遭到了实务派的激烈反对。活跃在金融市场中的投资组合经理、证券分析师等实战派人士对公司的经营现金流成果可谓是情有独钟,"现金为王"的口号在资本市场大行其道,越来越多的上市公司首席财务官将最大化公司的现金流作为公司财务的首选目标。其背后的逻辑也是非常直接的:现行的公司账面利润是以权责发生制为基础计算出来的,它等于经营现金流量和应计利润之和,由于应计利润的大小受公司经理选择会计核算方法灵活性的影响,并且不形成当期的现金流,较难检验,容易让人怀疑利润的真实性和可靠性,但是经营现金流不存在这个问题,它反映了公司实际看得见的财富增长情况,因此相对于利润而言,它应具有更大的价值相关性。

上述两种截然不同的观点催生了大量的价值相关性的研究文献,大量的会计收入计量变量被开发出来进行价值相关性研究。研究的结果至少有 3 个方面的作用：第一，让人们看清权责发生制和收付实现制等会计制度孰优孰劣，为会计标准的制定提供决策参考；第二，给公司的管理层选择最佳收入计量变量及会计处理方法提供了实证支持；第三，给探索权益证券定价因素提供了非常宝贵的理论和实证基础。在众多的价值相关性研究文献中，比较收入和现金流的价值相关性的不同是一个基础性问题，而且对应计收入和现金流的价值相关性的比较检验，也就是说决定两者中谁具有更高的价值相关性的问题，不仅是价值相关性研究的焦点问题，而且具有非常强烈的政策导向意义，因为它是直接关系到现行会计制度是继续坚持权责发生制还是要重新倚重于现金收付制的根本性问题。

2. 证据

因为价值相关性研究在应用上的重要性，所以资本市场中的会计研究有相当一部分文献是针对会计数字的价值相关性的。大量的研究结果表明，现行的会计收入比经营现金流具有更高的价值相关性，实证证据支持权责发生制会计制度的适用性和优越性。但是，这一结论在有些情况下值得商榷，如果综合考虑行业特点、生命周期阶段、检验时间跨度等因素，会计收入在价值相关性上并不总是对现金流占优。

（1）从检验时间长短来看，在短期内，收入与股价的相关性要远高于经营现金流，但是随着检验区间的拉长，将会发现这两个业绩计量的会计变量的价值相关性有趋同的趋势。如 Dechow 就发现会计收入比现金流具有更高的价值相关性要受制于 3 个条件：① 公司业绩测度的时间跨度越短越好；② 公司的营运资本需求和投融资活动的波动性越大越好；③ 公司的经营周期越长越好。这些假设主要是基于下面的判断：与收入相比，现金流被认为更具有随意性，时间安排和匹配问题更容易对它产生不利的影响。

（2）从企业生命周期的各个不同阶段的比较来看，收入和现金流价值相关性的不同与公司所处生命周期阶段相关。公司所处生命周期的阶段不同，所表现出来的财务特征也不相同，如创业阶段的公司负债较低，收入和现金流可能都为负，而成熟阶段的公司负债相对较高，净收入和经营现金流为正等。最早注意到生命周期对公司会计业绩计量变量的价值相关性产生影响的是 Bemard（1989 年），而 Dechow，Barth，Beaver 和 Landsman，Black 等分别在 1994 年、1996 年和 1998 年对不同阶段的公司样本进行了实证检验，发现公司所处生命周期阶段对收入和现金流的价值相关性确实存在影响。比如 Black 在 1998 年发现，仅仅在成长/成熟和成熟阶段收入变量比现金流变量更具"有用性"，而且在这两个阶段里面，产生收入的应计收入过程要比经营现金流提供更多的价值相关性信息，收入也比投资现金流和融资现金流更具价值相关性。这是因为这两个阶段里公司收入中不仅暂时成分少，而且保持持续和稳定；在公司生命周期的早期和晚期阶段，现金流要比收入具有更高的价值相关性；对于创业阶段的公司而言，投资现金流要比收入更具价值相关性，在成长、成熟/衰退和衰退阶段，经营现金流比收入更具价值相关性；在创业、成长、成熟/衰退和衰退这 4 个阶段里,现金流和收入的价值相关性至少是比较接近的。这就证明了现金流报告的有用性,并给投资者和银行信贷经理提出暗示,在所投资公司生命周期的早期和晚期收入可能并不是最应该被关注的会计变量。

Barth,Beaver 和 Landsman 发现,对于财务状况比较健康的公司而言,净收入的价值相关性要低于权益的账面价值。还有研究发现,经营周期较短的公司如零售业,由于收入实现和实际收现的时间并无显著的差异,因此收入和现金流的价值相关性相差不大,但是对于诸如像飞机、轮船等生产周期比较长的制造行业来说,收入实现和经营现金流实现并不能保持同步,因此两者对股价的影响明显不同,通常收入的价值相关性要大于现金流。

(3)从收入组成来看,当收入中的暂时成分占比较大的时候,经营现金流就更能反映公司实际来自经营的业绩创造成果,与股价的相关性就比收入大,这是因为暂时收入成分通常表现为一些无现金效应的会计调整或会计变更。同时,当公司收入中应计利润所占比例较小的时候(如服务性行业),盈利和经营现金流就比较接近,与股价的相关性趋于一致,但是当应计利润在收入中的比例比较高的时候,经营现金流的价值相关性就降低了。

(三)价值相关性是否下降的问题

除了横向比较收入和现金流等竞争性的业绩测度变量的价值相关性不同之外,更应该关注的是资本市场的发展是否提升了公司的会计数据的价值相关性,也就是从历史进程来看,会计变量的价值相关性是否在不断地改善。之所以要如此,是因为不断有证据表明,过去的几十年里,收入的价值相关性下降了,这就直接威胁到财务报告公开披露的必要性。

1. 价值相关性的测度

上面用收益-收入回归模型中的收入响应系数 ERCs 作为会计数字估值相关性的测度指标,那么如何衡量会计变量价值相关性的高低呢?现在通常采用股权价值对会计数据进行回归时回归模型的回归拟合度 R^2 作为会计数据价值相关性的测度指标。原因很简单,统计学中的拟合优度 R^2 被定义为因变量 y 的总变差中被自变量。所能解释说明的那部分的百分占比,拟合优度 R^2 越大,表示回归方程与实际数据拟合得越好,因变量和自变量之间的线性关系越明显。具体到价值相关性研究中,如果用股票价格对会计数据进行建模,经过估计得出模型的拟合优度接近 1 的话,那么就可以有充足的把握说明该模型解释股票价格的能力非常强,换言之,会计数据解释股票价格的能力非常强,与股票价格的相关性非常高。现在,利用回归拟合度 R^2 来研究收入、现金流、权益账面价值等公开披露的会计信息的价值相关性已成为一种时尚,在价格模型和收益模型中都有广泛的应用。大量的证据表明,价格模型比收益模型提供了更高的 R^2,说明会计变量与股票价格之间表现出了更加明显的价值相关性,如 Lev 和 Zarowin 1999 年发现了高达 0.76 的 R^2,而使用收益模型时只得到 0.07 的 R^2,会计数字体现出了明显的价值相关性和权益估值的有用性。Lev 1989 年发现收益-收入模型回归的 R^2 大约为 5%,由此他认为,收入数字有用性的程度是非常温和的,如果说一个信息变量只能解释股票收益波动的5%,而且还不稳定,那么可以说这个信息没有什么有用性。

2. R^2 大小的不稳定问题

尽管不同国家、不同行业、不同生命周期的会计数字的价值相关性都被检验过,但是对价值相关性研究而言最重要的课题是研究 R^2 是否保持稳定。因为人们对以历史成本为计价基础的财务报告的信息有用性和价值相关性越来越怀疑,很多的研究表达了对现行财务报告制度在人类经济形态从传统的工业经济向高科技和服务导向的新经济形态转轨过程中逐渐丧失价值相关性的担忧。如 Rimerman 在 1990 年就指出,越来越多的财务报告使用者增加了对财务报告之外的信息源的需求,当资本市场可供免费使用的数据和分析报告越来越多的时候,财务报告的重要性就降低了。Elliott 1995 年认为及时性问题制约了现行财务报告的有用性,例如它们不能反映信息时代特有的资产如信息、创新能力和人力资本等的价值,因此在投资者制定决策所用信息集中所占比例明显下降。

实证情况如何呢? 越来越多的证据表明,不管是在跨期回归还是在截面回归中,用 R^2 度量的会计数据价值相关性都并不是非常显著,而且近来有逐渐降低的趋势。关于 R^2 比较小的证据有 Lev,Easton,Harris 和 Ohlson,Lys,Ramesh 和 Thiasarajan 等的研究;发现 R^2 随着时间发生改变的证据的有 Collins,Maydew 和 Weiss,Francis 和 Schipper,Lev 和 Zarowin,Brown,Lo 和 Lys 等。调查 R^2 下降的证据所采用的方法是回归下面的模型:

$$R_t^2 = \theta_0 + \theta_1 TIME_t + \varepsilon_t$$

这里 R_t^2 是第 t 年通过截面回归得到的价格模型的拟合优度,$TIME_t$ 是一个时间趋势变量。如果 $TIME_t$ 的回归系数小于零,那么将看到会计信息价值相关性逐年下降的现象。

Collins,Maydew 和 Weiss 使用价格模型调查了美国 1953—1993 年上市公司的权益账面价值和收入的价值相关性,发现这两个会计变量的混合价值相关性在样本期间内呈现轻微上升的趋势。另外,他们发现样本期间内收入的增量相关性下降了,而权益账面价值的增量相关性上升了,这要归因于公司增加了损失和一次性项目的披露以及未报告的无形资产经济重要性的提升。Francis 和 Schipper 在使用价格模型的时候也发现价值相关性增加的证据,但同时也报道了收益模型中价值相关性下降的证据,他们将这种下降归因为样本期间内市场收益率波动的增加所致。Ely 和 Waymire 在 1999 年检验了会计标准制定主体的变化对会计数据的价值相关性的影响,发现美国会计标准制定主体从会计原则委员会(APB)时代(1960—1973)到 FASB 时代(1974—1993),价格回归模型中的价值相关性增加了,而收益回归模型中的价值相关性下降了。Lev 和 Zarowin 也发现了价值相关性在两类模型中均下降的证据。总体来看,当估值模型采用价格模型的时候,价值相关性随着时间上升,而采用收益模型的时候,会计数据的价值相关性表现为减弱趋势。

中国内地对价值相关性的研究也在逐渐增多。陆宇峰在 1999 年研究了中国股票市场

1993—1997 年净资产和会计收益的价值相关性的变化情况,发现样本期间内净资产和会计收益的联合解释能力呈现上升趋势,且相比较而言,净资产几乎没有增量解释力,股票价格主要与公司的会计收益相关。但是,魏国强和陈建文 1999 年的研究表明只有净资产才具有价值相关性。

为什么会出现这种不一致性? Brown,Lo 和 Lys 给出了一个解释。他们对 Collins,Maydew 和 Weiss,Francis 和 Schipper 等所报道的为数不多的 R^2 上升的证据,给予了有力的反驳。他们认为,考虑到规模效应的影响,R^2 并不是一个可靠的统计量,因为价格回归模型受到了规模因素的影响。特别是,价格水平回归中的 R^2 会有向上的偏差,该偏差是规模因素的方差系数的增函数,这就是为什么没有考虑规模效应的 Colins,Maydew 和 Weiss 与 Francis 和 Schipper报告了 R^2 上升的研究发现的原因,除非研究人员控制了不同样本中规模因素的方差系数的差异,否则对截面样本或时间序列样本进行 R^2 比较是不恰当的。Brown,Lo 和 Lys 分别复制了 Colins,Maydew 和 Weiss 与 Francis 和 Schipper 的研究样本,在控制了规模效应后,发现美国证券市场在过去的 40 年中会计数字用 R^2 测度的价值相关性下降了。

R^2 的下降意味着基于传统会计制度得出的会计数字有用性的降低,这就威胁到现行以历史成本为计价基础的财务报告体系的可信性和实用性。是什么因素导致了会计数字价值相关性的下降呢? 当前比较一致的看法是会计确认延迟和暂时收入成分对 R^2 减小有重要影响,当然规模因素对回归模型的影响也是导致 R^2 下降的重要原因,但这只是模型计量上的原因。

3. 影响 R^2 的因素

研究会计数字价值相关性的价格模型质量好坏的一个重要衡量指标就是模型的回归拟合优度 R^2,而影响 R^2 的因素可能不只规模效应和会计确认延迟这两个。不过这里只研究目前所发现的这两个最重要的影响因素。

(1) 规模效应

规模效应产生于水平回归(或价格回归)模型中。公司的规模越大,其资本市值就越大,权益账面价值就越大,收入也就越大,小公司则相反。因此,在用公司的资本市值对权益账面价值和收入进行截面回归时,模型捕获的不过是公司规模的影响而已。Easton 和 Sommers 在 2000 年认为,资本市值对财务数据的回归结果主要受样本中只占很小比例的规模最大公司的影响,这种规模最大公司对水平截面回归模型的影响就是规模效应。

既然价格回归中存在着规模效应,那么规模究竟指的是什么呢? 对于这个问题,价值相关性研究中没有一致的看法。比如,Barth 和 Kallapur,Barth 和 Clinch,Hand 和 Landsman 等就分别在 1996 年、1999 年、1999 年认为,规模是不可观察的,它依赖于研究范畴和模型假设,如流通股数量、股票市值与净资产等。净收入、销售收入、总资产等会计变量都可以表征无法识别的规模。然而,用会计数据来表征规模的思想遭到了 Easton,Brown,Lo 和 Lys,Easton 和 Sommers 等的反对,他们认为规模的最好表征变量是资本市值(即股票的市场价值),因为基于市场的会计研究通常将资本市值作为被解释变量,这是检验证明会计数据具有有效性的标准之一,是由股票市场价格在基于市场的会计研究中的中心地位决定的。按照这样的逻辑,研究人员最应该选择收益模型,因为该模型已被延迟的权益市价缩减而不存在规模效应的困扰。

(2)会计确认延迟对 R^2 的影响

在一个有效的资本市场中,股票价格同时融合了市场对公司未来净现金流预期的所有修正信息。但是,市场在当期所观察到的具有价值相关性的事件也许并不会在同期的收入中反映出来,因为在会计收入确认过程中必须遵守可靠性、客观性和谨慎性等原则,因此当期的收入并不会以一种特别及时的方式来反映潜在经济事件,从而也就与股票价格的运动不能保持协同和联动。这就是被 Basu,Easton,Easton 等分别于 1997 年、1999 年和 2000 年所提出的会计在记录经济事件时存在的延迟效应,也就是现在所说的会计确认延迟。

会计确认延迟会导致收入的一部分在正式收入公告出来前就被市场预期到,这是上一期未预期收入在本期的实现,这部分收入信息在股票定价中不能扮演任何角色,因此被称为"失效收入部分"。收益模型将股票当期收益对公司的当期收入进行回归,但是由于会计确认延迟的缘故,市场预期到当期收入中实际上包含了一个不具价值相关性的失效部分,而未来收入中有一部分与当期股票收益存在着价值相关性。当期收入的这种特征说明经典的收益模型中解释变量存在着测量误差问题。

4. 改善的途径

R^2 的过低水平严重挫伤了研究人员的积极性,但这也为进一步的深入研究提供了可能。如何改善收益-收入或价格-收入之间的弱相关性,包括提高回归拟合度和改善回归参数是一个重要问题,下面列示了近些年来在这方面比较有影响的研究成果。

(1)扩展收益-收入的测量窗口。Easton,Hams 和 Ohlson 在 1992 年为了解决会计确认延迟问题,扩展了变量的观察窗口。例如,当收益和收入的测量窗口从 1 年扩展到 2 年、5 年和 10 年的时候,模型的回归拟合度 R^2 从 6% 分别提高到 15%、33% 和 63%。

(2)引入未来收入或过去收益变量。Warfield 和 Wild 在 1992 年提出,如果随后一期的收入也引入到模型中,以增加当期收入对当期收益的解释时,那么对季度、半年、年度和一年两次的收入报告期而言,R^2 分别增加 223%,81%,190% 和 38%。用当期和前期的收益同时对当期收入进行回归时,也可得到类似的结论。

(3)区分盈利公司和亏损公司。为了检验暂时收入对 R^2 的影响,Hayn 1995 年比较了不同类型公司的回归情况,发现对于全部样本进行收益-收入模型回归得到:对于盈利公司而言,模型的 R^2 为 16.9%,而对于亏损公司而言 R^2 几乎为 0。

(4)考虑行业的影响。为了检验样本公司的资产构成不同对 R^2 的影响,Amir 和 Lev 1996 年以无线通讯(移动)公司构造样本来进行回归,发现这些公司的收益回归模型的 R^2

基本上为 0。这些公司的一个重要特征就是在无形资产如研究开发等方面投资占比较大，这说明无形资产占比越高的公司其股票收益或价格与公司收入之间的相关性就越弱。但是这一发现在 2000 年遭到了 Easton，Shroff 和 Taylor 的质疑，他们认为对于无形资产比较密集行业的公司而言，其报告的收入如果是诸如成功研发和新产品推出带来的结果，那么这些收入对股票价格就可能有比较持久的影响，因此从暂时收入的角度看，无形资产比较密集的公司有较强的收益-收入关系。这一推论获得了他们的实证支持，据此他们认为，会计确认延迟被已记录的会计收入的持久效应给掩盖了。

（5）考虑一次性项目的影响。Elliott 和 Hanna 于 1996 年检验了存在很大临时性或偶然性支出等特定项目时收入的信息含量，通过将市场调整的超常股票收益对特定项目（同时包括持久和暂时成分）扣除前的未预期收入进行回归，发现特殊项目的回归系数比较小且不具有统计意义上的显著性。

（6）会计谨慎性的影响。考虑会计谨慎性原则，收入对坏消息的反应要比好消息迅速得多。Basu 1997 年做了一个反向回归，即将收入对收益进行回归，发现全部样本的 R^2 是 7.99%，对于好消息（正的股票收益）样本而言，R^2 为 2.09%，而坏消息（负的股票收益）样本 R^2 则为 6.64%。如果说收入融合坏消息（如重大损失）相对比较迅速回归，因为会计谨慎性，那么从会计确认延迟的角度来说损失就可能与股票收益有很强的相关性。

（7）使用收入预测数据。使用证券分析师和管理层的收入预测数据可以改善收益-收入的回归效果。Liu 和 Thomas 2000 年使用证券分析师的收入预测数据对预期收入进行修正时，发现模型的 R^2 从 5.26% 提高到了 30.67%。Ota 2001 年将管理层对下一期的收入预测引入到收益模型中时，发现模型的 R^2 从 5.9% 提高到了 14.9%。

【名词与术语】

实证会计理论	有效市场假说	资本资产定价模型	相对信息含量
增量信息含量	价值相关性		

【思考题】

1. 实证会计理论产生的理论背景是什么？
2. 实证会计理论主要研究的内容是什么？
3. 会计数据信息含量的意义是什么？有哪些主要的实证结论？
4. 会计数据估值相关性的意义是什么？有哪些主要的实证结论？
5. 会计数据价值相关性的意义是什么？有哪些主要的实证结论？

主要参考文献

[1] 占卫华.资本市场中的会计研究[M].北京:中国金融出版社,2007.

[2] 葛家澍,林志军.西方财务会计理论[M].厦门:厦门大学出版社,2006.

[3] 魏明海,龚凯颂.会计理论[M].大连:东北财经大学出版社,2005.

[4] 陈今池.现代西方财务会计理论[M].北京:中国财政经济出版社,2007.

[5] 陈国辉.会计理论研究[M].大连:东北财经大学出版社,2007.

[6] 苏正建.财务会计概念框架研究[D].兰州:兰州理工大学硕士学位论文,2007.

[7] 肖光红.我国会计准则制定相关问题研究[D].广州:暨南大学硕士学位论文,2006.

[8] 李丹.实证会计理论与我国资本市场问题研究[D].哈尔滨:东北林业大学博士论文,2003.